EL ARTE DE LA
COMIDA
SENCILLA

Notas, lecciones y recetas de una deliciosa revolución

ALICE WATERS

con

Patricia Curtan, Kelsie Kerr & Fritz Streiff

Ilustraciones de Patricia Curtan

Traducido del inglés por Santiago Ochoa

Simon & Schuster Paperbacks

Nueva York   Londres   Toronto   Sídney   Nueva Delhi

Simon & Schuster Paperbacks
Una división de Simon & Schuster, Inc.
1230 Avenida de las Américas
Nueva York, NY 10020

Primera edición en rústica de Simon & Schuster, octubre 2013

SIMON & SCHUSTER PAPERBACKS y su colofón son sellos editoriales de Simon & Schuster, Inc.

Para obtener información respecto a descuentos especiales en ventas al por mayor, diríjase a Simon & Schuster Special Sales al 1-866-506-1949 o a la siguiente dirección electrónica: business@simonandschuster.com.

La Oficina de Oradores (Speakers Bureau) de Simon & Schuster puede presentar autores en cualquiera de sus eventos en vivo. Para más información o para hacer una reservación para un evento, llame al Speakers Bureau de Simon & Schuster, 1-866-248-3049 o visite nuestra página web en www.simonspeakers.com.

Diseñado por Patricia Curtan

Impreso en los Estados Unidos de América

10 9 8 7 6 5 4 3 2 1

ISBN 978-1-4516-9663-9
ISBN 978-1-4516-9673-8 (ebook)

Para
Ella, Xavier, Fanny, Rose y Zac,
con amor

CONTENIDO

Primera parte: Comenzando de ceros

Lecciones y recetas básicas

Segunda parte: En la mesa

Recetas para todos los días

Primera parte: Comenzando de ceros

Lecciones y recetas básicas

Introducción

M I DELICIOSA REVOLUCIÓN comenzó cuando, joven e ingenua, abrí un restaurante y empecé a buscar alimentos de buen sabor para cocinar. Trataba de encontrar ingredientes como los que había amado cuando estudié en Francia: cosas simples como lechugas, ejotes y pan. Estaba buscando sabor y no filosofía, pero vi que las personas que cultivaban los alimentos más sabrosos eran agricultores orgánicos en mi propio patio trasero, pequeños granjeros y rancheros que estaban a menos de cien millas de mi restaurante, que cultivaban variedades tradicionales de frutas y vegetales, y las cosechaban en el momento adecuado. Lo revolucionario de esto era poder comprar los alimentos directamente de la fuente en lugar de limitarme a lo que pudiera encontrar en el supermercado.

Cuando se tienen los ingredientes más sabrosos y de mejor calidad, se puede cocinar con mucha sencillez y la comida será extraordinaria porque sabe a lo que es. Esto fue lo que aprendimos en Chez Panisse después de varios años de comprar, preparar y probar alimentos. La comida sabe naturalmente deliciosa cuando ha sido cultivada con esmero, cosechada en el momento adecuado y transportada de inmediato y sin intermediarios. Pero este tipo de alimentos no son sólo el privilegio de un restaurante como el nuestro; los productores locales venden esos productos frescos en el mercado agrícola, y están al alcance de todos.

Cuando empecé a comprar en los mercados agrícolas, una de las cosas más agradables fue el hecho de conocer a los agricultores y aprender de ellos, así como retroalimentarlos al pedirles que cultivaran frutas y vegetales que habían desaparecido prácticamente del mercado. Después de varios años de este intercambio de carácter semanal, comprendí que me había vuelto dependiente de esta familia de amigos y que ellos también se habían vuelto dependientes de mí. Después de decidir comprar alimentos cultivados localmente y de manera sostenible, saludable y humana, establecí unos vínculos con una comunidad que se preocupaba por las mismas cosas que yo. En cuanto comunidad, compartíamos no sólo un compromiso para proteger nuestros recursos naturales, sino también el hecho de apreciar el valor de los alimentos, el amor por su sabor y belleza, y el profundo placer que nos da al conectarnos con el tiempo y los lugares, con las estaciones, y con los ciclos de la naturaleza.

Cocinar bien no es ningún misterio; no se necesita estudiar gastronomía durante varios años, adquirir utensilios raros y costosos, ni tener un conocimiento enciclopédico de las cocinas del mundo. Sólo se necesitan los cinco sentidos. Obviamente, también se necesitan buenos ingredientes, y para escogerlos y prepararlos se debe experimentar ampliamente con ellos. Son las muchas dimensiones de la experiencia sensual lo que hace que el acto de cocinar sea tan satisfactorio: nunca se deja de aprender.

Este libro es para todas aquellas personas que quieran aprender a cocinar, o a mejorar sus destrezas culinarias. La primera parte contiene una serie de capítulos que abordan los fundamentos de la cocina sencilla, empezando por cómo escoger ingredientes frescos, surtir una despensa y decidir qué cocinar. Los capítulos posteriores se concentran en las técnicas esenciales de cocina, y contienen explicaciones detalladas de las causas y consecuencias, así como recetas sencillas. Si pone estas lecciones en práctica, si ensaya y aprende de sus éxitos (y de sus errores), aprenderá de memoria algunas técnicas básicas y no tendrá que buscarlas de nuevo. Esto le permitirá cocinar con facilidad y seguridad, de modo que las recetas sean una fuente de inspiración —en lugar de someterse ciegamente a ellas— y poder disfrutar el gran placer de preparar y compartir alimentos sencillos con sus familiares y amigos. En la segunda parte del libro encontrará más recetas en el mismo formato, que fueron incluidas porque serán fáciles de preparar cuando se haya familiarizado con las técnicas descritas en las lecciones.

Estoy convencida de que los principios básicos de cocinar bien son los mismos en todas partes. Estos principios tienen que ver menos con las recetas y técnicas que con el hecho de conseguir buenos ingredientes, que es para mí la esencia de cocinar. Siempre que doy clases de cocina dejo a la vista lo que voy a preparar y mis alumnos se sorprenden por la belleza de todo. Me preguntan, "¿Dónde conseguiste eso?", y yo les respondo, "En el mercado agrícola local, y ustedes también pueden conseguirlos". Después de todos estos años, he decantado prácticamente todos mis conocimientos de cocina hasta llegar a esto, y a otros pocos aspectos simples; incluyo una lista de ellos en este libro. Creo que si usted puede seguirlos, se transformará como cocinero. Son los principios de una deliciosa revolución que puede conectar de nuevo a nuestras familias y comunidades con los valores humanos más básicos, ofrecerles el placer más profundo a todos nuestros sentidos y garantizar nuestro bienestar durante toda una vida.

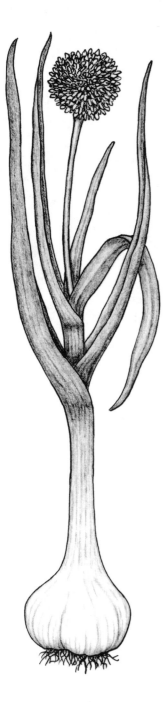

Consumir productos locales y de manera sostenible

Aprenda de dónde vienen y cómo se producen los alimentos. Compre vegetales y frutas a los pequeños agricultores locales que cuiden la tierra. Compre huevos, carne y pescado a productores cuyas prácticas sean orgánicas, humanas y amigables con el medio ambiente.

Comer según la temporada

Elija alimentos de temporada. Aunque esta sea breve, la horticultura y la agricultura orgánica pueden prolongarla: los vegetales se pueden cultivar en viveros e invernaderos, y siempre hay alimentos locales que se pueden almacenar, deshidratar y enlatar para los meses de invierno. Comer según la temporada es una inspiración para sus menús, le dará un sentido del tiempo y del lugar, y los recompensará con la comida más sabrosa.

Comprar en los mercados agrícolas

Los mercados agrícolas crean comunidades que valoran la diversidad, la honestidad, las temporadas, lo local, la sostenibilidad y la belleza. Conozca a las personas que cultivan los alimentos que consume. Considérese socio de los agricultores, aprendiendo y trabajando con ellos.

Tener una huerta

Consumir alimentos cultivados por usted, en su patio trasero o en una huerta o jardín comunitario, será una experiencia muy satisfactoria. Una simple maceta o tiesto con hierbas en la ventana de su casa puede transformar su cocina y conectarla con los cambios de estación, como puede hacerlo también el hecho de recolectar alimentos silvestres, tanto en la naturaleza como en las granjas que permitan esta práctica. Aprenda todo lo que tiene para ofrecer el espectro comestible.

Conservar, reciclar y hacer un compost

Lleve su propia canasta al mercado. Reutilice todos los envases que puedan. Mantenga cerca un cubo de compost cuando cocine para reciclar los desechos. Mientras más conserve, menos residuos dejará y mejor se sentirá.

Cocinar de forma sencilla, con la participación de todos sus sentidos

Planee comidas sencillas. Deje que los alimentos sepan a lo que son. Disfrute del hecho de cocinar como un placer para los sentidos: toque, escuche, mire, huela y, sobre todo, pruebe los alimentos. Degústelos mientras cocina. Experimente, practique y descubra continuamente.

Cocinar en compañía

Incluya a sus familiares y amigos, y especialmente a los niños. Si les enseña a cultivar, a cocinar y a servir los alimentos, seguramente también querrán comerlos. La experiencia práctica del cultivo de alimentos y de la cocina enseña a los niños el valor y el placer de la buena comida prácticamente sin ningún esfuerzo.

Comer juntos

No importa qué tan modesta sea la comida, organice un lugar especial para sentarse juntos, y ponga la mesa con cuidado y con respeto. Disfruten del ritual de la mesa. La hora de comer es un momento para la empatía y la generosidad, para alimentarse y comunicarse.

Recordar que la comida es preciosa

La buena comida sólo puede provenir de buenos ingredientes. Su precio adecuado incluye el costo de preservar el medio ambiente y pagar un precio justo por el trabajo de las personas que la producen. La comida nunca se debe dar por sentada.

Comenzando de ceros

Los ingredientes y la despensa
Los utensilios y la organización

PARA SER UNA COCINERA O COCINERO sólo se necesitan algunos elementos esenciales: apetito, ingredientes, una cocina, algunos utensilios y algunas ideas sobre qué cocinar. Pero, ¿qué es lo primero? Tal vez el apetito: lo único que tienen en común todas las personas que conozco a quienes les gusta cocinar, es que les encanta comer: esto fue lo que las motivó a convertirse en buenas cocineras. También disfrutan de pensar en la comida, imaginando los sabores y sus diferentes combinaciones, de leer libros y recetas de cocina, y de cocinar mentalmente. Las ideas acerca de qué cocinar provienen de ese proceso de pensamiento y de la práctica; obviamente, hay que pasar un buen tiempo en la cocina antes de tener ideas con facilidad y de crear un menú que sea instintivo. La idea que tengo acerca de la comida y de la cocina proviene de varios años de experiencia y ya es casi instintivo para mí. Pero, ¿cómo enseñar la forma en que funciona esto? Creo que hay que comenzar por los ingredientes: siempre han sido mi mejor fuente de inspiración.

Ingredientes

ANTES QUE NADA, se debe tener algo para cocinar. El mejor lugar para buscar los ingredientes más frescos y de temporada, frutas y verduras —y también huevos y productos lácteos— son los mercados agrícolas y otros mercados que vendan alimentos orgánicos producidos localmente. Vaya al mercado con una mente abierta antes de decidir qué va a cocinar. Mire lo que hay y tenga la mente abierta a los productos que estén disponibles. La virtud de comprar directamente de la fuente es que puede aprender de los productores, y a su vez, influir en lo que deberían cultivar ellos.

Pregunte: ¿Qué variedad es esta? ¿Cómo se cultiva? ¿Cómo se cocina? ¿Cuánto tiempo está en temporada? En la medida de lo posible, compre productos locales certificados como orgánicos. Pero tenga en cuenta que aunque sean etiquetados como orgánicos, esto no significa necesariamente que han sido producidos localmente o de forma sostenible. Una buena manera de comprar frutas y vegetales producidas localmente y de manera sostenible (y algunas veces leche, huevos y productos cárnicos), es comprar acciones en una granja CSA. CSA significa Agricultura Apoyada por la Comunidad (por sus siglas en inglés), y se refiere a un acuerdo mediante el cual los consumidores y sus familias hacen un compromiso anual para apoyar a una granja local a cambio de recibir productos con cierta frecuencia (generalmente cada semana). Las pequeñas granjas familiares reciben dinero por adelantado para financiar sus operaciones y el consumidor obtiene una variedad de productos frescos de la zona. El número de granjas CSA está creciendo en todo el país.

Durante las épocas del año en que no hay mercados agrícolas, o si la única opción que tiene es hacer las compras en un supermercado, no dude en pedirle al administrador que adquieran ingredientes orgánicos saludables. Busque en los extremos del supermercado, donde se encuentran generalmente los alimentos frescos no procesados, y evite los alimentos procesados.

Hay ciertos productos alimenticios que considero esenciales, y que proporcionan una base sólida a mi cocina. Son los ingredientes que me gusta tener disponibles casi todo el tiempo, a fin de tener muchas opciones para cocinar los alimentos frescos que traigo a casa. Algunos son tan indispensables que a veces los llevo conmigo cuando viajo, en caso de que sean difíciles de encontrar: aceite de oliva, sal marina, un buen vinagre, ajo y pan. (La gente se burla de mí por esto, pero cuando empiezo a desempacar ingredientes exquisitos, no ven la hora de cocinar con ellos). Tan simples y básicos como son, estos productos pueden ser difíciles de encontrar en casi cualquier tienda o supermercado: dependiendo de dónde viva, tendrá que buscarlos en tiendas especializadas, en supermercados étnicos o en tiendas naturistas. Antes de comprarlos en línea, hable con las tiendas y mercados de su área para que adquieran los productos que usted busca.

La despensa

EN CASA, mis alimentos necesarios se dividen en dos grupos que se definen básicamente por la frecuencia con la que tengo que reabastecerme de ellos: el primer grupo incluye productos de larga duración como harinas y aceite de oliva, y el segundo consiste en productos frescos relativamente perecederos, así como en productos lácteos que se deben refrigerar. Si su despensa y refrigerador están llenos de estos ingredientes, pueden tener la seguridad de que sin importar la hora, ni quién llegue hambriento a su casa, siempre tendrá algo para comer.

Productos imperecederos

aceite de oliva
vinagres
sal
granos de pimienta negra
especias
pastas

polenta y harina de maíz
arroz
frijoles secos
tomates enlatados
anchoas
alcaparras
harinas

azúcar
polvo de hornear y bicarbonato
   de soda
vainilla
levadura
mermelada
vino

Productos perecederos

ajo
cebollas
chalotes
apio
zanahorias

aceitunas
hierbas frescas
huevos
limones
mostaza
queso

frutos secos
caldo de gallina
mantequilla
leche
pan
papas

Productos imperecederos

Aceite de oliva

Yo no podría cocinar sin aceite de oliva. Por lo general tengo dos variedades a mano: una con sabor neutral, y menos costosa para cocinar, y otra de aceite de oliva extra virgen con un sabor más afrutado para ensaladas, como salsa, y para terminar platos. Aunque el aceite de oliva de buena calidad es caro en comparación con otros ingredientes, es increíble la forma como transforma los alimentos más simples. En incontables oportunidades me han preguntado, "¿Cómo hiciste eso?", y siempre respondo: "Simplemente lo cociné, le puse un poco de sal y de aceite de oliva".

El aceite de oliva extra virgen se elabora triturando aceitunas, sin calentar ni refinar, simplemente decantándolo, separando el agua y filtrándolo. Hay diversas variedades de aceitunas, cada una con su propio sabor único. Algunos aceites de oliva extra virgen tienen sabores redondos, ricos y afrutados, mientras que otros son especiados, con aromas y sabores a vegetales verdes. La mayoría tienen un acabado distintivo, fuerte y persistente. Los aceites de alta calidad son importados de países del Mediterráneo, pero cada vez se producen más aquí en California. Pruebe tantas variedades como pueda. Las tiendas y mercados especializados suelen tener botellas disponibles para degustar. Si utiliza una gran cantidad de aceite de oliva, resultará económico comprarlo por cajas y obtener así un descuento. Considérelo como una inversión semestral para comer realmente bien. Guárdelo siempre en un lugar fresco y oscuro, porque el calor y la luz pueden estropearlo.

Vinagres

Un buen vinagre de vino sin pasteurizar es el mejor y el que realmente hace la diferencia, ya sea elaborado de vino blanco, vino tinto, o jerez. Los de buena calidad cuestan un poco más, pero valen la pena. El vinagre de vino de preparación casera seguramente será mejor que la mayoría de los vinagres balsámicos comerciales, los cuales me parecen demasiado dulces. El vinagre balsámico de Módena italiano, genuino y artesanal, es sumamente costoso y debe ser utilizado literalmente gota a gota. Tenga siempre a mano una pequeña botella de vinagre de vino de arroz para el sushi, y para rociar pepinos. Los vinagres duran casi indefinidamente si están herméticamente tapados y se guardan lejos del sol. No se preocupe si una masa turbia (llamada madre) comienza a aparecer en la parte inferior de la botella; es parte natural de la fermentación, y es completamente inofensiva.

Sal

Utilizar sal marina de buena calidad es una de las cosas más fáciles que pueden hacer para que su comida sepa mejor. La sal marina contiene minerales que le dan un sabor fuerte y salado a los alimentos, más complejo que la sal de mesa común, la cual contiene productos químicos para evitar que se aglutine, afectando así el sabor de todos los alimentos. Mantengo dos tipos de sal marina: una muy gruesa que se vende a granel (de color gris, y con alto contenido mineral, que es especialmente buena) para salar agua hervida y para salmueras, y otra más fina —en hojuelas o escamas— para aderezar y terminar platos. Tal vez el mayor "secreto" de la buena cocina es saber sazonar con sal. Una cantidad excesiva hace que los alimentos tengan un sabor salado, pero los alimentos con poca sal tienen un sabor soso. La sal realza el sabor de todo lo que uno cocine, pero también se concentra al hervir cualquier alimento. Pruebe constantemente, aprenda la relación que hay entre la sal y los sabores y utilícela para sacar el máximo provecho de todo lo que cocine.

Aprender a salar los alimentos, cuándo y en qué cantidad, es una de las cosas más importantes que puede hacer para que los alimentos tengan el mejor sabor posible.

Granos de pimienta negra

La pimienta comienza a perder de inmediato el sabor y el aroma de sus aceites volátiles, por lo que se debe moler justo antes de usarse. Tenga un molino de pimienta cerca de la estufa para utilizarla cuando necesite. Cómprela en pequeñas cantidades para mayor frescura.

Especias

Otras especias que debe tener a mano son hojas de laurel, semillas de comino, semillas de hinojo, semillas de anís, chiles secos, cayena, nuez moscada, canela, clavos, cardamomo y jengibre en polvo. Todas las especias que utilice deberían ser frescas y fragantes. Cómprelas en pequeñas cantidades y reemplácelas con frecuencia. Adquiéralas en mercados con altos volúmenes de ventas.

Pastas

Tenga dos o tres tipos de pastas secas de cualquier variedad. Mis preferidas son los espaguetini, los fusilli, y los fideos de huevo. Compre pasta elaborada con trigo duro o sémola, pues tiene más textura y sabor que las elaboradas con otras harinas.

Polenta y harina de maíz

Cada vez hay más molinos pequeños que elaboran polenta y harina de maíz de granos enteros. Cómprelas en pequeñas cantidades y almacénelas en un lugar fresco, o en el refrigerador, especialmente en los meses cálidos.

Arroz

Consiga dos o tres variedades: de grano corto para risottos y sushi, y de grano largo, como basmati. Guarde lejos de la luz solar.

Frijoles secos

Tenga varios frascos de frijoles secos en la despensa. Mantengo por lo general lentejas, garbanzos, frijoles cannellini, y otro par de variedades. Al igual que cualquier producto comprado a granel, debería etiquetar y anotar la fecha de compra de los frijoles para que recuerde utilizarlos en menos de un año, aproximadamente.

Tomates enlatados

Si no congela o enlata los tomates, compre tomates enteros y orgánicos en conserva; las latas de tomates triturados, en cubos o en puré no tienen un sabor tan bueno.

Anchoas con sal

Las buenas anchoas no sólo tienen un sabor fuerte, sino que mejoran también el sabor de otros ingredientes con su compleja salazón. Son indispensables en salsas como la verde y la *bagna cauda*. Creo que las anchoas con huesos y envasadas con sal tienen un mejor sabor y textura que las que vienen en filetes y están envasadas en aceite o en salmuera. Compre latas grandes e importadas que pesen más de un kilo. Cuando las abra, manténgalas cerradas en el refrigerador, o mejor aún, guarde las anchoas en un recipiente que no sea de metal. Deberían durar hasta un año si se cubren con una capa de sal húmeda. Para utilizarlas, remójelas durante un máximo de 10 minutos en un poco de agua fría para suavizarlas y luego retire suavemente los dos filetes del hueso. Quite las escamas, las aletas y la cola, y enjuague los filetes.

Alcaparras

Compre alcaparras de buen tamaño, con sal si es posible, pues tienen más sabor. Guárdelas en el refrigerador. Para usarlas, enjuague la sal, déjelas remojar un momento, retire el agua y exprímalas. Las alcaparras envasadas en salmuera también se deben lavar, enjuagar y exprimir. Son buenas en la salsa verde y en otras salsas, y le añaden carácter y fuerza a la ensalada de huevo.

Harinas

La harina para todo uso, fresca y sin blanquear, es muy superior en sabor y rendimiento a la harina blanqueada. Es útil tener a mano harina para repostería si hacen pasteles con frecuencia. Recomiendo comprarla al por mayor. Debería olerla al abrirla para comprobar su frescura; debe tener un olor fresco, sin ningún signo de ranciedad o estancamiento. La harina se debe renovar cada pocos meses. Todas las harinas se descomponen más rápidamente si se exponen a la luz solar directa. Las harinas integrales (de granos enteros) se deben guardar en el refrigerador.

Azúcar

El azúcar orgánica —granulada, integral o en polvo— es menos refinada que el azúcar blanca convencional. Conserva más el sabor y los nutrientes, pero se quema con mayor rapidez. Los postres caramelizados, como flanes y tartas tatin, son un poco más difíciles de hacer con azúcar granulada orgánica, porque esta se carameliza con menos uniformidad que el azúcar granulada refinada.

Polvo para hornear y bicarbonato de soda

El polvo para hornear y el bicarbonato de soda son agentes químicos leudantes. Dependiendo de la marca, el polvo para hornear puede contener sulfato de aluminio de soda, que según mi opinión, le da un sabor metálico y desagradable a los alimentos. Busque una marca que no tenga este ingrediente. El polvo para hornear tiene una vida útil relativamente corta; reemplácelo después de un año aproximadamente.

Vainilla y extracto de vainilla

La vainilla natural es maravillosa para darles sabor a los flanes y helados. Guárdela bien envuelta y alejada de la luz directa. Cuando compre extracto de vainilla, asegúrense de que sólo contenga extracto puro de vainilla, y no vainillina sintética, un saborizante artificial que es muy amargo. La vainilla orgánica está ampliamente disponible.

Levadura

La levadura mencionada en este libro es la levadura seca activa, la cual dura varios meses almacenada en el refrigerador, en un recipiente herméticamente cerrado.

Mermelada

Me gusta tener siempre a mano un poco de mermelada para glasear tartas de frutas, para esparcir en las tostadas del desayuno, o para cubrir la parte superior de los pancakes. La mermelada de damasco es una de mis favoritas, y también las de naranja y limón.

Vino

El vino es útil para algunas salsas, risottos, y para humedecer estofados. A excepción de los postres, prefiero cocinar con vinos simples y secos, sin ningún sabor pronunciado a roble, pues compiten menos con los sabores de los alimentos. El vino sin usar se debe refrigerar, con el corcho bien apretado.

Alimentos perecederos

Los ALIMENTOS PERECEDEROS esenciales son los ingredientes frescos que se necesitan tener a mano para una gran variedad de platos: ensaladas y aderezos simples, sopas y guisos, comidas rápidas a base de pasta o huevos, y así sucesivamente. Mire su despensa antes de ir al mercado; estos alimentos están disponibles casi todo el año.

Ajo

El ajo está en la parte superior de la lista de lo que necesito en mi despensa. Es raro el día en que no lo utilizo: para darle sabor a una vinagreta, para la salsa de una pasta, para un adobo, o simplemente para frotar en un pedazo de pan tostado. Guarde el ajo en un lugar oscuro y ventilado para evitar la germinación. El único ajo que se debe refrigerar es el de primavera, o ajo verde, que debe guardarse en una bolsa de plástico para que no se reseque.

Cebollas

Las cebollas son indispensables para un sinnúmero de platos: caldos, sopas, estofados, guisos y como base para muchas salsas para pasta y platos de vegetales. Consiga las distintas variedades de cebollas que están

disponibles todo el año. Las cebolletas y las cebollas verdes se deben guardar en el refrigerador. Las cebollas de piel seca se deben mantener en un lugar oscuro y bien ventilado.

Chalotes

El chalote es una variedad de cebolla de bulbos pequeños con un carácter distintivo y propio, menos fuerte y a la vez más intenso que el de otras cebollas. Lo utilizo en la mayoría de las ensaladas (en cubos muy finos y macerado en un poco de vinagre, para hacer salsa de vinagreta) y para algunas salsas clásicas. Guárdelo como las otras cebollas, en un lugar fresco, oscuro y bien ventilado.

Apio

Junto con las zanahorias y cebollas, el apio es uno de los vegetales llamados aromáticos, que le dan un indispensable sabor de fondo a todo tipo de caldos clásicos, guisos, estofados y sofritos. Cuando los ingredientes aromáticos se cortan de manera uniforme, se mezclan y se saltean, constituyen lo que se llama un *mirepoix*.

Zanahorias

Escojan zanahorias sueltas o en gajos, pero no en bolsas, que tengan la parte superior fresca (si todavía la tienen). La cáscara de la zanahoria tiene un sabor amargo, por lo que deben pelarse, con la excepción de la variedad más reciente y pequeña que a veces se encuentra en los mercados agrícolas. Corte las puntas antes de refrigerar las zanahorias, y pélelas y justo antes de usar.

Aceitunas

Pruebe las diversas variedades para ver cuáles le gusta, y hágalo cada vez que las compren: son todas muy diferentes. Yo prefiero el sabor de las aceitunas con hueso. Las que más utilizo son las niçoise negras, las Nyon y las Kalamata, así como las Picholines y las Lucques verdes. Las aceitunas niçoise son especialmente buenas para cocinar. Las aceitunas son un aperitivo instantáneo, ideales para acompañar una copa de vino con un invitado.

Hierbas frescas

Las hierbas frescas son fundamentales en mi cocina. Utilizo constantemente perejil, tomillo, romero, salvia, albahaca, menta, mejorana, orégano, ajedrea de invierno y verano, cebollino, estragón y perifollo. Las ramas y ramitos de hierbas les dan sabor a los caldos, sopas, asados y guisos; las hojas de las hierbas tiernas adornan ensaladas y las hierbas picadas están presentes en cualquier número de platos para darles una explosión final de frescura. Una manera fácil de tener hierbas frescas a mano es cultivarlas. Muchas hierbas son increíblemente resistentes y crecen casi en cualquier lugar. Si no tiene una huerta, siembre semillas en una maceta con hierbas en una ventana soleada. Al comprar hierbas, busque racimos vivos y frescos.

Huevos

Si tiene huevos, siempre podrá hacer algo de comer. Preste especial atención a la forma en que han sido producidos. Los huevos orgánicos de una granja local, que trata bien a sus pollos, serán más frescos, saludables y fáciles de separar. Su volumen aumenta más al cocinarse y saben mucho mejor que los huevos producidos industrialmente.

Limones

El jugo de limón puede alegrar un platillo en el último minuto. Los limones también se utilizan en salsas, para hornear, en pescados y para limonadas. La cáscara, exactamente la parte amarilla de la cáscara, también se utiliza para dar sabor, ya sea rallada, cortada en rodajas finas o picada con un pelador de vegetales. También hago dulce con la cáscara de limón para adornar postres, o como un postre en sí mismo. Los limones se mantienen mejor en el refrigerador.

Mostaza

La mostaza preparada, con su mezcla de sabor fuerte (de la mostaza semilla) y ácido (del vinagre), es otro ingrediente que añade mucho sabor. Prefiero la mostaza estilo Dijon, ya que rara vez es endulzada, y su sabor picante se mantiene inalterado por la cúrcuma y otras especias. Tenga mostaza a mano para agregar a aderezos para ensaladas y salsas, y para servir como un condimento con salchichas o con una cena hervida.

Queso

Siempre que sea posible, cómprelo donde puedan degustar quesos frescos, o en un mercado con un alto volumen de ventas. Mire siempre la fecha de vencimiento en la envoltura. Para un mejor sabor, ralle o rebane el queso en el último minuto. Tenga unas pocas variedades a mano, como un queso duro para rallar, por ejemplo parmesano o grana padana. (El queso italiano parmigiano-reggiano es el parmesano original; es costoso, pero hace una diferencia notable en la cocina). Los quesos más suaves y fundidos como el Monterey Jack son buenos para hacer quesadillas y sándwiches de queso asado. El gruyere es excelente en sándwiches, omelettes, gratinados y suflés, y también solo. Busque quesos artesanales y de producción local en los mercados agrícolas, como quesos de cabra suaves y frescos.

Frutos secos

Tenga frutos secos a mano para utilizar en ensaladas, hornear, asar y ofrecerle algo sabroso a los visitantes inesperados. Los frutos secos se cosechan en otoño y tienen un sabor excepcional en esa época del año. Guárdelos en el refrigerador; se mantendrán frescos por unos pocos meses. Nunca los guarde a la luz directa, pues se pueden poner rancios con mucha facilidad, y tener un sabor terrible. Olfatearlos le dirá todo lo que necesita saber. Cómprelos al por mayor, pues tienden a ser más frescos.

Caldo de gallina

El caldo de gallina es maravilloso para tener a mano como un alimento básico. Es fácil de preparar en grandes cantidades y congelar en pequeñas cantidades. Las sopas, guisos, risottos y salsas siempre saben mejor con un caldo preparado en casa que otro enlatado o en caja. Puede congelar los huesos y carcasas de pollos asados y utilizarlos para preparar un par de galones de caldo (añadiendo un pollo entero o trozos de pollo sin cocinar).

Mantequilla

La mantequilla se utiliza en salsas, para freír, para terminar vegetales, para hornear y a veces simplemente para esparcir en un pedazo de pan. Se congela muy bien. Si no usa mantequilla con mucha frecuencia, guarde una barra en el refrigerador y encierre el resto herméticamente en el congelador, ya que la mantequilla absorbe los sabores indeseados y se deteriora rápidamente. Si es salada o no es una cuestión de preferencia personal (aunque la salada parece preservarse mejor). Cuando utilice mantequilla salada para hornear, recuerde agregar sal en consecuencia: una barrita de mantequilla salada contiene aproximadamente ¼ de cucharadita de sal.

Leche

Lea la etiqueta. Apoye los productos lácteos locales y orgánicos, y compre leche y crema sin hormonas ni aditivos. Evite la leche y la nata ultra-pasteurizadas (a veces etiquetadas como UHT, que es la temperatura ultra-alta a la que son esterilizadas); dejando a un lado los problemas de salud, la crema y la leche UHT tienen un desempeño deficiente en la cocina.

Pan

Una de las lecciones que se encuentran en este libro está dedicada por completo al pan, que sirvo de una forma u otra en casi todas las comidas. Me parece que el pan más versátil para todos los días es el pan crujiente de estilo rústico, naturalmente fermentado y horneado lentamente. Dura varios días si se almacena correctamente. El pan no se debe desperdiciar. Pueden convertirlo en migas de pan, para espolvorear sobre un gratinado, o en rodajas secas para acompañar una sopa; además, se congela bien.

Papas

Dependiendo de la época del año y de los productos locales, debería ser posible conseguir algunas variedades de papa: por ejemplo, las alargadas o "fingerling" para asar enteras, las Yellow Finn —que son más grandes— para gratinados y purés, o las "russet" de color rojizo, para freír en sartén y, en temporada, las papas "nuevas" con sus pieles frágiles y papeladas. A excepción de las papas nuevas, que se deben refrigerar y comerse rápidamente, la mayoría de las papas se conservan durante varias semanas en un lugar oscuro con una temperatura fresca y buena circulación de aire. Cualquier signo de piel verde indica la presencia de una toxina: no las compre y si las tiene, deséchelas.

Cocinando de la despensa

PODRÁ PREPARAR un número sorprendente de platos si tiene una despensa abastecida con los alimentos básicos y los ingredientes que aparecen en las páginas 11–20.

Sopas
Caldo de gallina
Sopa de ajo
Sopa de zanahoria
Minestrone
Sopa de pollo y fideos
Sopa de pollo y arroz
Sopa de cebolla
Panade
Sopa de frijoles
Sopa de frijoles y pasta
Sopa de tomate
Sopa de papas
Polentina

Arroz
Arroz blanco
Arroz pilaf rojo
Risotto

Pasta y polenta
Espaguetini con aceite y ajo
Pasta con anchoas y perejil
Fideos de huevo,
    mantequilla y parmesano
Fusilli y queso gratinado
Pasta con frijoles blancos
Fusilli y salsa de tomate
Espaguetini alla Puttanesca
Polenta
Pastel de polenta

Queso y huevos
Sándwich de queso a la
    parrilla
Suflé de queso

Omelette de queso y hierbas
Huevos duros
Huevos rellenos
Ensalada de huevo
Huevos al gusto

Crutones
Puré de frijoles
Ajo y aceite
Tapenade
Anchoas
Queso

Vegetales
Papas fritas
Puré de papas
Ensalada de papa
Pasteles de papa
Papas asadas
Cebollas especiadas al
    horno
Ajos asados
Chalotes asados
Puré de papas y ajo
Cebollas al horno
Tarta de cebolla
Apio estofado
Bagna cauda
Zanahorias glaseadas
Ensalada de zanahoria
    rallada
Puré de zanahoria
Aceitunas marinadas y
    frutos secos tostados

Salsas
Vinagreta
Salsa verde

Mayonesa
(Mostaza, limón, hierbas,
    alioli)
Mantequilla con hierbas
(mantequilla con anchoas,
    mantequilla de ajo)
Salsa bearnesa
Salsa holandesa

Panes y pancakes
Pizza
Pan con hierbas
Pan de maíz
Galletas
Pan de soda
Pancakes
Waffles
Blini

Postres
Flan colado
Flan
Crema de caramelo
Budín de pan
Cuajada de limón
Tarta de limón
Sorbete de limón
Masa para tartas
Masa dulce para tartas
Galletas de mantequilla
Pastel 1-2-3-4

Utensilios

Soy MINIMALISTA en materia de utensilios. No me gustan mucho los aparejos ni llenar la cocina con cosas que rara vez utilizo. Mis amigos se burlan de mí y me tildan de anticuada porque ni siquiera me gustan los pequeños aparatos eléctricos. En cambio, me encanta utilizar un mortero y tener un contacto manual con la comida. Eso puede ser raro en esta época, pero he descubierto que realmente no es necesario tener muchos utensilios. Tiendo a utilizar los mismos cuchillos y ollas una y otra vez. Lo que importa es que sean cómodos, bien hechos, resistentes y de larga duración.

La lista de utensilios que encontrará aquí contiene todo lo que pueden necesitar para preparar todas las recetas de este libro, pero si va a empezar de cero y equipar una cocina con un presupuesto limitado, invierta su dinero en dos o tres cuchillos muy buenos y en unas pocas piezas de cocina de buena calidad, pesadas y que transmitan el calor con eficacia. Se trata de inversiones que son para toda la vida. Adquiera otros utensilios poco a poco, cuando pueda, a su debido tiempo. No pase por alto las ventas de garaje y las tiendas de segunda mano para adquirir utensilios como sartenes de hierro fundido, máquinas para hacer pasta, moldes y platos para hornear, y otros utensilios.

Cuchillos

Los cuchillos deben ser agradables al tacto, bien equilibrados, y adaptarse a su mano. No tienen que ser pesados, y no se necesitan tantos como podría pensar. Comience con un cuchillo para pelar, con una hoja de tres a cuatro pulgadas de largo, un cuchillo de chef con una hoja de ocho pulgadas, y un cuchillo largo de sierra para cortar pan. Los mejores cuchillos de cocina tienen un contenido de carbono relativamente alto, lo que los hace más suaves y más fáciles de mantener afilados; cuando los cuchillos de acero inoxidable —que son más duros— se amellan, son difíciles de afilar en casa. Busque los cuchillos de su preferencia y cuídelos: lave y seque la hoja después de utilizarlos, no los lave en el lavaplatos o en el lavavajillas, ¡y manténgalos afilados! Recomiendo afilar un cuchillo con regularidad pasándolo un par de veces por una chaira (una varilla de acero muy duro con asa), en un ángulo de veinte grados. Si un cuchillo se ha amellado, afílelo en un piedra de afilar o llévelo a un afilador de cuchillos profesional.

Tabla de cortar

La tabla de cortar debe ser lo suficientemente grande para trabajar y tener una superficie de al menos un par de pies cuadrados. Prefiero las tablas de madera; son más bellas que las de plástico y menos perjudiciales para los cuchillos. Se deben mantener limpias y secas, y no lavarlas en el lavavajillas. Lave la tabla de cortar con agua y jabón, y ráspela y séquela con una rasqueta. Lubríquela ocasionalmente con aceite mineral o aceite de oliva, cuando la madera se vea seca.

Ollas y sartenes de fondo grueso

Las ollas y sartenes deben ser pesadas y sólidas, de fondo grueso y pesado, y con bordes o paredes que dispersen el calor de manera uniforme por todo el recipiente, y no sólo en la parte inferior. Estos utensilios no se doblan al poner sobre el calor directo. Los utensilios de cocina que cumplen con estos requisitos pueden ser de cobre, de hierro fundido, o de aluminio y acero inoxidable.

Las recetas requieren con frecuencia ollas y sartenes no reactivas, ya que algunos metales reaccionan químicamente con los alimentos ácidos, produciendo sabores metálicos, y decolorando los alimentos y los recipientes. Las ollas y sartenes no reactivas son de acero inoxidable, de cerámica o de hierro fundido esmaltado, o están revestidas con acero inoxidable no reactivo. Las cacerolas de hierro fundido son prácticamente no reactivas cuando están bien secas (calentadas y recalentadas con una película de aceite, que forma gradualmente una superficie antiadherente).

Estas son las ollas y sartenes que utilizo con mayor frecuencia:

Sartén de hierro fundido de 10 pulgadas, bien seca
Sartén para saltear de 12 pulgadas, recubierta con acero inoxidable
Olla de 2 a 3 litros, de acero inoxidable y con tapa
Olla de 3 a 4 galones para caldos
Olla refractaria de 4 a 6 litros, con tapa
Olla poco profunda o salsera de 3 litros
Olla de un litro

Recipientes de cerámica

Los recipientes de cerámica, vitrificados por dentro y a veces por fuera, son particularmente apropiados para una cocción lenta y uniforme. Las ollas de barro se deben curar antes de usarse por primera vez: después de remojarse en agua durante la noche, se llenan con agua y se lleva a ebullición durante unos pocos minutos; se pueden utilizar en el horno y en la estufa, con fuego lento o medio. Recomiendo protegerlas de la llama directa con un supresor de llama.

Los recipientes más versátiles son los platos para gratinar de varios tamaños (unas fuentes para hornear de 2 a 3 pulgadas de profundidad, con una superficie amplia), y una olla para frijoles o sopas con una capacidad mínima de 4 a 6 litros, y con tapa.

Tazones

Un conjunto de tazones para mezclar siempre serán útiles y no tienen que ser fastuosos.

Coladores y tamices

Utilizo dos coladores para escurrir y transferir ensaladas verdes y similares. También es útil tener un par de tamices o cedazos de diferentes tamaños, uno de ellos con malla fina de acero inoxidable.

Centrifugadora para ensaladas

Una centrifugadora para ensaladas es muy útil para secar vegetales de hojas verdes. Consiga una que sea sólida, ya sea con manivela o con bomba, pues tienen un fondo antideslizante.

Prensa purés (o mezcladora)

Un prensa purés es preferible a un procesador de alimentos o a una licuadora para ciertas preparaciones, porque tritura los alimentos sin airearlos.

Máquina para pasta

La pasta se puede amasar y cortar a mano, pero las máquinas italianas de manivela son muy buenas para amasar y enrollar, así como para hacer hojas largas de pasta para lasaña y ravioles.

Morteros y manos de mortero

Un mortero grande con una capacidad mínima de dos tazas es muy versátil, pero uno más pequeño es adecuado para triturar especias, semillas, ajo y jengibre. El suribachi japonés consiste en un cuenco con un patrón de crestas estriadas y afiladas en su superficie interior sin esmaltar, y una mano de mortero de madera.

Bandejas para hornear

Las bandejas caseras estándar miden 12 por 18 pulgadas aproximadamente, son planas y con bordes, uno de los cuales tiene un pestillo que sobresale para facilitar su manipulación. Las bandejas convencionales miden 18 por 24 pulgadas aproximadamente, y son demasiado grandes para la mayoría de los hornos caseros). Vale la pena ir a una tienda de equipos de cocina o de implementos para restaurantes y comprar dos semi-moldes profesionales: en el mejor de los casos, los delgados y livianos nunca doran uniformemente las galletas y, en el peor, las torcerán y quemarán.

Cubiertas

El papel pergamino se utiliza para cubrir bandejas y moldes para pasteles; evita que los alimentos se peguen y facilita la limpieza. Los tapetes o esterillas "Silpat", unas cubiertas antiadherentes, elaboradas con vidrio tejido y silicona, son igualmente efectivos, y reutilizables.

Moldes para hornear

Tengo un molde redondo para pasteles de 9½ pulgadas, dos de 9 por 2 pulgadas, uno redondo de 9 por 3 pulgadas, un molde para pastel cabello de ángel y otro para muffins, así como varias bandejas de repostería. Busque recipientes circulares que sean relativamente profundos. También puede adquirir un molde redondo para tartas de 9 pulgadas con fondo desmontable y otros: por ejemplo, moldes redondos de 4 pulgadas con fondo removible y pequeños moldes de varias formas para mini tartaletas.

Procesador de alimentos o licuadora

No me gustan los procesadores de alimentos en general, pero es muy difícil hacer migas de pan con la textura adecuada sin un procesador o licuadora; esta es muy útil para hacer sopas en puré.

Batidora de pie

Las mejores son las resistentes y con un motor fuerte, especialmente para hacer la masa del pan. Pero no son baratas. Aunque las batidoras ahorran trabajo, no se necesita para preparar las recetas que se incluyen en este libro.

Máquina para hacer helados

Hay muchos modelos para elegir y la mayoría funciona bien. Escoja uno que se adapte a su presupuesto y capacidad de almacenamiento.

Horno y tostador

Mi favorito es un pequeño horno tostador, sobre todo para hacer crutones y tostar frutos secos.

Pequeños utensilios

Pinzas

Busque pinzas que sean de resorte, livianas, y de unas 10 pulgadas de largo. Las tiendas de implementos para restaurantes son una buena fuente de suministro. Evite las pinzas con una banda metálica deslizante y que se cierran con fuerza, porque pellizcan.

Espumaderas

Una espumadera es una cuchara grande de alambre para sacar los sólidos del líquido (imagine una tela de araña con un mango rígido en un extremo). Las chinas, con asas de bambú, son muy baratas y fáciles de conseguir.

Espátulas metálicas

Una grande para pancakes, y una pequeña en forma paleta para glasear y suavizar.

Molino de pimienta

Espátula de caucho

Cucharas de madera

Cuchara grande de metal, y otra ranurada

Cucharón

Batidor

Pelador de vegetales

Abrelatas

Termómetro de lectura instantánea

Termómetro para horno

Cesta de vapor

Cuchillo para ostras

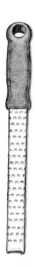

Rallador con mango

Los que tienen una hoja metálica de ½ pulgadas y pequeños agujeros afilados, son excelentes para cortar tiras finas y delgadas.

Ralladores

Los ralladores de caja son un poco más fáciles de usar para rallar quesos, pero los planos fabricados por Microplane suelen ser más afilados. Es útil tener dos: uno para rallar nuez moscada y otras especies, y otro grueso para los quesos.

Tazas y cucharas para medir

Una taza con medidas para líquidos y con una capacidad mínima de dos tazas, y un juego de tazas para medir ingredientes secos.

Tazón raspador

Es un disco flexible de plástico ovalado que sirve para amontonar y raspar.

Rasqueta

Son cuchillas metálicas, rectangulares y romas, con un mango plástico o de madera. Se utilizan para trabajar y cortar masa, y para limpiar superficies pegajosas. Son muy útiles para picar cebolla y otros vegetales.

Rodillo

Cepillo de pastelería

Mangas pasteleras

Exprimidor de jugos

Toallas o paños de cocina

Algodón

Sacacorchos

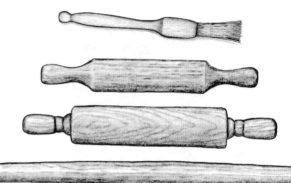

Cómo organizarse

UNA RECETA ES UNA GUÍA para cocinar un platillo específico, pero prepararlo no debería ser un ejercicio de memoria. Incluso una receta bien escrita, con mediciones precisas y proporciones correctas, no tendrá éxito sin su participación activa. Esto empieza mucho antes de cocinar. El primer paso es leer toda la receta, desarrollando una vívida imagen mental de lo que vaya a cocinar, y completarla con aromas y sabores. A continuación, lea la receta de nuevo, pero esta vez tome notas —mentales o en papel— de los ingredientes y las cantidades utilizadas, de las técnicas empleadas, del orden de los acontecimientos y del tiempo. Al hacer esto, debería tener una idea bastante clara de cómo será el aspecto final y el sabor del platillo, y cómo prepararlo. Si alguna parte de la receta es vaga o confusa, saque el tiempo para investigar o analizarla hasta entenderla. Tendrá más éxito si entiende todo el proceso antes de comenzar. Cuando ensayo una nueva receta, escribo con frecuencia una versión abreviada con mis propias palabras, como una especie de mapa personalizado del proceso. Si se ha preparado bien, la cocción fluirá sin tener que detenerse a mirar algo mientras las ollas y sartenes chisporrotean.

Después de leer bien la receta y de familiarizarse con las técnicas e ingredientes necesarios, el siguiente paso es organizar los ingredientes y utensilios. Esta es una parte crucial de cocinar. Saque del refrigerador los ingredientes que deben estar a temperatura ambiente. Lave, pele, corte y mida los ingredientes como se indica en la receta. Póngalos en recipientes, coladores o platos para tenerlos a su alcance cuando los necesite. Reúna los utensilios que necesita para hacer la receta. Tenga a su alcance todos los utensilios pequeños, tazones, ollas y sartenes que necesita. Precaliente el horno y reorganice las rejillas si es necesario. Toda esta preparación se conoce como *mise en place*, una expresión francesa que significa "poner en su lugar". Cuando todo está en su lugar, podrá cocinar sin apresurarse para preparar algo que hayan pasado por alto, mientras que algo más está a punto de quemarse o de cocinarse en exceso. La *mise en place* es también una fuente de placer estético: ordenar los ingredientes preparados y colocarlos en el orden en que se utilizarán, y en recipientes agradables, puede ser enormemente satisfactorio.

Técnicas para cortar

CORTAR Y PREPARAR VEGETALES y otros alimentos se convierte en algo natural una vez que adquiera los conocimientos y las técnicas básicas en el manejo del cuchillo. Es esencial tener cuchillos afilados, que sean cómodos y con un peso confortable. El resto depende de la práctica y la familiaridad con el vocabulario de las recetas.

Picar significa cortar en trozos, haciendo cortes cada vez más pequeños hasta lograr el tamaño deseado. Este corte es más apropiado para ingredientes como hierbas, hojas, cáscaras, aceitunas y alcaparras.

Para picar hierbas, haga una pila y córtela en trozos pequeños. Use los dedos de la otra mano para presionar suavemente sobre el extremo del cuchillo, y para afianzar y guiar la hoja del cuchillo mientras pica las hierbas hacia atrás y hacia adelante. Sostenga el mango del cuchillo con las yemas de los dedos: un agarre liviano permite un mayor control y un movimiento eficiente. Continúe cortando las hierbas, amontonándolas de nuevo, hasta que estén picadas tan finamente como usted desee.

Cortar en dados significa cortar en cubitos. En general, me parece más rápido y fácil cortar la mayoría de los vegetales en dados que picarlos. A veces es recomendable partir en cubos uniformes, pero casi siempre, cuando una receta dice partir en dados, no me preocupo por hacerlo con mucha exactitud. Piense en lo que está cortando como si fuera una cuadrícula. Corte rodajas iguales en una dirección, luego córtelas en bastones o cerillas, y luego en el otro sentido para hacer cubos. Cuanto más fino sea el corte, más finos serán los cubos.

Para cortar en cubos cebollas y otros vegetales redondos, como chalotes o bulbos de hinojo, retire el tallo y las puntas de la raíz, dejando la mayor parte del extremo. Corte por la mitad y a lo largo, y retire las capas exteriores de cada mitad. Ponga las mitades en una tabla de cortar, corte los lados hacia abajo, sosteniendo la mitad de una cebolla con la palma abierta de su mano y, con el cuchillo paralelo a la tabla, haga cortes horizontales, comenzando por la punta del tallo y siguiendo hasta el extremo de la raíz, pero sin cortarlo. A continuación, utilice la punta del cuchillo para hacer varios cortes verticales hacia abajo, cortando de nuevo sólo hasta el extremo de la raíz. Corte transversalmente en cubos y deseche la punta de la raíz. Siga picando para lograr una textura más fina. El tamaño de los cubos se determina por el número de cortes verticales y horizontales. Es más fácil cortar dientes de ajo en cubos pequeños, y de uno en uno, que cortar varios dientes enteros, cortando repetidamente hacia abajo hasta lograr una textura fina. Cortar en cubos también tiene la

ventaja de hacer cortes limpios en un vegetal, especialmente en chalotes, ajos y cebollas, ya que pueden terminar aplastados si se cortan finamente.

Picar significa hacer cortes muy finos. Corte primero en cubos —el ajo por ejemplo— y luego corte aún más fino.

La juliana es la técnica de cortar los alimentos en forma de cerillas delgadas y requiere sólo los dos primeros pasos de la técnica del cortado en rodajas. Una juliana clásica tiene 2 x ⅛ x ⅛ de pulgada. Corte la verdura en bastones de 2 pulgadas de largo, luego en rodajas de ⅛ de pulgada, y luego en cerillas de ⅛ de pulgada. Para vegetales como zanahorias, corte un bastón largo y delgado, apoyando la zanahoria en una superficie plana para evitar que se mueva mientras la corta. Para una juliana más fina y pequeña, puede cortar rodajas muy finas y uniformes con una mandolina, apilando unas pocas capas (o superponiéndolas), y cortando en juliana con un cuchillo. Estas cerillas también se pueden cortar en cubos o dados.

La chiffonade es una preparación de hierbas de hojas verdes, lechugas o vegetales cortados en tiras finas o cintas. Para hacer una chiffonade, apile con cuidado las hojas una encima de otra y luego enrolle a lo largo hasta formar un puro o cigarro. Corte en sentido transversal, en cintas muy finas. Esto funciona especialmente bien para la albahaca, que se oxida al cortarse. Se vuelve negra si se pica, pero cuando se corta en chiffonade, sólo los bordes pierden el color y el resto se mantiene verde brillante.

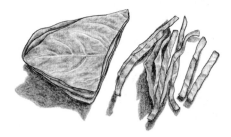

¿Qué cocinar?

Planificación de menús

Comidas para todos los días y cenas para amigos

Picnics y almuerzos para llevar

TODOS LOS DÍAS escucho esta pregunta: "¿Qué hay para la cena?". Entonces trato de ordenar mis pensamientos y decidir qué cocinar. Me enfrasco en un diálogo interno diferente: ¿Qué quiero preparar? ¿Quién más comerá? ¿Cómo está el clima? ¿Cuánto tiempo tengo? ¿Cuánta energía quiero dedicarle? ¿Qué hay en el refrigerador? ¿Qué hay en el mercado? ¿Cuál es mi presupuesto? Al responder a estas preguntas, aparecen diferentes soluciones y sopeso las alternativas. El proceso tiene un ritmo propio, ya sea que esté planeando un menú para una simple comida familiar en casa, o para una ocasión especial con invitados.

Cómo planear los menús

CUANDO PLANEO MENÚS, trato de pensar de manera fluida y en hacer planes para más de un día. Cuando usted cocine con regularidad, desarrollará naturalmente una rutina para planificar un poco el futuro. Creo que la clave es hacer buenas compras y conseguir varios ingredientes a mano: algunas carnes y aves de corral, diversos vegetales, ensaladas y frutas. Después de las compras, vuelvo a casa y hago algunos preparativos: adobo el pollo, marino las chuletas de cerdo con hierbas y condimentos, y remojo algunos granos. Tener estas cosas en el refrigerador, listas para cocinarlas, es un comienzo reconfortante, pues no tengo que preocuparme en el último minuto o al final de un día agotador por lo que vaya a preparar para la cena. En lugar de esto, pienso qué es lo que quiero cocinar y con qué acompañarlo. Por lo general, empiezo con un ingrediente principal, como pollo. Tal vez decido asarlo, y luego escojo uno o varios vegetales, o arroz o ensalada y así sucesivamente, evaluando mentalmente el contenido del refrigerador y la despensa. Los ingredientes que no he escogido se convierten en la base de la cena de la noche siguiente.

Este proceso es muy usual para mí, porque me gusta ir de compras sin tener planes específicos, y me siento abierta a los alimentos que tengan el mejor aspecto y estén muy frescos y en temporada. A continuación, hago menús con lo que encuentro. Otro método consiste en planear ideas para el menú y hacer una lista de compras antes de ir al mercado, pensar en varias posibilidades y ser organizada y eficiente. Sin embargo, recomiendo que modifiquen los planes y la lista sobre la marcha para adaptarse a lo que encuentren en el mercado. Si tienen ingredientes de buena calidad, siempre podrán hacer algo delicioso con ellos.

Cuando preparo una comida familiar con algo sencillo como un pollo asado, tiendo a pensar en un par de platos de acompañamiento que me permitan alcanzar un equilibrio de sabor, color y textura. También tengo en cuenta la cantidad de tiempo y la energía disponible. Después de preparar el platillo principal, puedo seguir con una ensalada (o no) y algo de fruta fresca o un postre de frutas.

Aquí están algunas ideas para menús de muestra:

Pollo asado y...

Papas asadas y ensalada del jardín con vinagreta de ajo
Nabos y hojas de nabos al vapor con arroz basmati
Vegetales cocidos con ajo, y puré de papas y apio
Calabaza asada con salvia y polenta
Berenjenas asadas y tomates al horno con salsa verde
Coliflor al vapor con limón, alcaparras y alioli
Ejotes verdes y ensalada de tomates cherry
Zanahorias glaseadas y hongos salteados
Espárragos con aceite de oliva, limón y parmesano

Para tener ideas sobre el menú, comience con un repertorio sencillo de sus platos favoritos. A continuación, busque otras fuentes y recetas. Hable con sus amigas y amigos para saber qué están cocinando. Tome notas mentales sobre lo que le gusta comer y lo que le parezca agradable. Hable con quienes comparten su mesa y cocina. Utilice esta información para ampliar lentamente su repertorio, retomando los viejos favoritos con sabores diferentes o con técnicas refinadas. Aproveche las estaciones, experimentando diferentes maneras de cocinar y comer los mismos vegetales.

Muchas veces, el mejor platillo es el más simple: vegetales al vapor o salteados con un poco de aceite de oliva, o mantequilla y limón, o un bistec, chuleta o pollo sazonado con sal, pimienta negra fresca y molida, y hierbas, ligeramente asado, frito, o al horno. Estos platos rápidos y fáciles requieren un mínimo de tiempo y experiencia, pero ofrecen el máximo sabor.

Es probable que algunos días quiera dedicarle un poco más de tiempo y de energía a la cocina, preparando un guiso o estofado, un gratinado de vegetales o ragú, una tarta de frutas o un platillo crujiente. El guiso o estofado se puede preparar en cantidad suficiente para dos comidas de la semana, mientras que un platillo complejo de vegetales puede ser el centro de una comida gratificante que satisface nutricionalmente y sensualmente.

Experimente, de modo que hacer las compras y cocinar se ajusten a su horario. Haga que su familia ayude en la planificación de los menús. Cocinen juntos un día; puede ser una forma muy agradable de pasar el tiempo juntos, y preparar platos para toda la semana. Invite a sus amigos a cocinar, compartan el trabajo y la mesa, y preparen una cantidad suficiente para que todas puedan llevar a sus casas.

Comidas para todos los días

La GENTE SIEMPRE me pide ideas para cocinar todos los días, y no para preparar platos de restaurante o cenas para ocasiones especiales. ("Por favor dígame qué cocinar. No puedo pensar en nada"). Lo que hace una buena comida no es la elegancia, dificultad y complejidad de la preparación, sino lo satisfactoria que sea. Me siento satisfecha cuando una comida equilibra el sabor, el color y la textura, cuando he disfrutado de su preparación, y cuando la sirvo con esmero. Un platillo completamente blanco, o en el que todos los ingredientes son blandos, no es tan agradable como otro que tenga una variedad de colores y texturas. Los sabores deben complementarse entre sí y fundirse en un todo, sin rivalizar por el protagonismo. No me gusta servirles a mis familiares y amigos una cena que me ha dejado estresada. La presentación de la comida para que se vea linda y apetitosa hace que tenga un mejor sabor, y es satisfactorio tanto para el cocinero como para los comensales. Una mesa bien puesta (y esto puede ser tan sencillo como poner una servilleta doblada y un tenedor), es el toque final para una buena comida, que alimenta todos los sentidos y nutre el cuerpo.

Las siguientes son algunas ideas para un menú de temporada. Casi nunca hago postre para comidas familiares, pero me encanta terminar una comida con fruta fresca y madura.

OTOÑO

Tarta de cebolla y anchoas
Ensalada de rúgula
Frutas: melón dulce

Ensalada de persimón
Piernas de pollo estofadas con hinojo y fideos de huevo

Ensalada de achicoria
Espaldilla de cerdo estofada y frijoles de vaina gratinados
Fruta: manzanas

Sopa de lentejas y pan de maíz
Flan

Ensalada picada
Pappardelle con salsa boloñesa
Sorbete de pera

INVIERNO

Sopa de calabaza
Piernas de pato asadas con vegetales verdes blandos
Fruta: peras

Ensalada romana
Linguini con almejas
Compota de frutas de invierno
Ensalada de hinojo
Pescado frito con migas de pan y espinacas blandas

Ensalada de endibias
Cena hervida con salsa verde
Tarta de manzanas

PRIMAVERA

Salmón escalfado con mantequilla de hierbas
Espárragos al vapor y papas nuevas asadas
Fruta: fresas

Ensalada de alcachofas
Pierna de cordero asada con tapenade y nabos al vapor
Fruta: cerezas

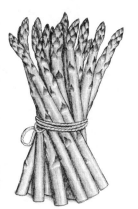

Ensalada de aguacate y toronja
Costillas de cerdo asadas y cebollas con mantequilla de hierbas y
polenta

Linguini con pesto y ejotes
Damascos rellenos al horno

Pechuga de pollo a la parrilla
Ragú de vegetales de primavera
Pastel de cerezas

VERANO

Rodajas de tomate con albahaca
Cerdo asado con ensalada de papas
Frutas: frutos del bosque de verano

Ensalada de rábanos y hierbas
Minestrone con crutones de ajo
Fruta: nectarinas

Sopa de maíz dulce
Pescado a la parrilla y calabaza con salsa verde
Fresas en vino tinto

Crutones de tomate
Carne con hierbas, papas asadas y ensalada
Biscotti y uvas

Ejotes y ensalada de pimientos asados
Halibut al horno y berenjenas asadas con alioli
Fruta: frambuesas y duraznos

Penne rigate con salsa de tomates frescos
Ensalada del jardín
Queso de cabra con higos

Suflé de queso
Ensalada verde
Fruta: ciruelas Santa Rosa

Una cena para amigos

Escriba el menú, haga una lista de compras, otra de preparación, y un horario.

Me encanta cocinar y comer con mis amigos y amigas, y creo que fue por esto que abrí un restaurante. Le presto más atención y me concentro más en el menú y en la velada cuando estoy cocinando para invitados, ya sea que se trate de una ocasión especial como una fiesta de cumpleaños o de vacaciones, o simplemente de una reunión informal con amigos cercanos. Trato de planificar un menú agradable y apropiado para la ocasión pero, igual de importante, que no sea demasiado complicado ni difícil de preparar. Quiero disfrutar de la cena, y que mis invitados se sientan relajados, sabiendo que todo está bajo control.

Las siguientes son algunas prácticas que utilizo para planear y preparar un menú. Son fundamentales para grandes reuniones y eventos complejos, pero también son útiles para cenas sencillas. Cuando haya definido el menú, elabore un plan de acción. En primer lugar, anote el menú por escrito y haga una lista de compras. Si al momento de hacer la lista concluye que las compras —para no hablar de la preparación— son muy complicadas, revise de nuevo el menú, o vea si alguien le puede ayudar. Compre los ingredientes en cantidades adecuadas para no llegar a casa con un montón de bolsas y sin tiempo para cocinar.

Una vez tenga el menú y la lista de compras, puede hacer otra lista con todo lo que necesita para cocinar y servir la comida, así como un horario a seguir. Me gusta dividir cada platillo en sus elementos. Tomemos una ensalada verde, por ejemplo: los vegetales se deben lavar y secar, los rábanos se deben lavar y cortar, la vinagreta se debe preparar, y finalmente, se debe aderezar y servir la ensalada. El horario consiste en planear cuándo hacer cada uno de esos pasos. Las lechugas y los rábanos se pueden preparar con mucha antelación, la vinagreta un par de horas antes, el recipiente para servir la ensalada se debe escoger y dejar a un lado, pero la ensalada sólo se debe mezclar justo antes de servir. Para calcular el tiempo de cocción más largo de otros platos —como un asado— cuente el tiempo de manera regresiva desde el momento en que vaya a servir la cena. Por ejemplo, si va a servir a las siete en punto y tarda una hora y media aproximadamente en hacer un asado, y lo deja reposar media hora antes de servir, entonces lo debe llevar a un horno precalentado a eso de las cinco de la tarde.

Cuando el menú se componga de varios platos, es aconsejable preparar uno o dos con anticipación; así, sólo tendrá que recalentarlos o rociarlos con una salsa. Esto le permitirá concentrarse en el platillo que demandará su atención hasta el último minuto. Si es posible, haga por ejemplo un estofado o una sopa el día anterior, pues sólo tendrá que recalentarla; además, sabrá mejor si la prepara con un día de antelación. Dependiendo del menú, me gusta hacer el postre por la mañana, o incluso un día antes. Por ejemplo, si el postre es una tarta de manzana, hago la masa o la saco del congelador el día anterior. La amaso al día siguiente en horas de la tarde y la tengo lista en el refrigerador. Cuando llegan los invitados en la noche, le pido a alguien que pele y corte las manzanas y las vierta en la masa, mientras otro invitado se encarga de otra cosa. Puedo hornear la tarta mientras nos sentamos a cenar y estará lista a la hora del postre. A todas las personas les encanta participar en la cocina y si usted ha elaborado un horario a seguir, sabrá qué tareas asignarles.

Escoger los platos de servicio y poner la mesa es también una parte del horario. Me gustaba poner la mesa desde que era una niña, y todavía lo disfruto. Siempre lo hago mucho antes de que lleguen los invitados, porque cuando me dispongo a cocinar, no me gusta que me distraigan, y también porque quiero que los invitados lleguen y vean la mesa lista y digan: "¡Nos estaban esperando!". Esto también me permite visualizar la cena y la forma de servirla. Acostumbro servir casi todo con un estilo familiar e informal, pasando la cena alrededor de la mesa en bandejas, en recipientes grandes o en los mismos platos en que he preparado los alimentos. Hay algunas excepciones; por ejemplo, casi todos los platillos de pasta, que recomiendo servir en la cocina y no en la mesa. También me gusta tener algo listo para picar cuando lleguen los invitados. Puede ser algo tan simple como un tazón de aceitunas o frutos secos tostados. Acostumbro hacer crutones cubiertos con algo delicioso (ver página 58). Otro de mis favoritos es un plato o fuente con vegetales de temporada recién cortados (zanahorias, rábanos, hinojo, apio, pimientos) con sólo una pizca de sal y unas gotas de limón. Preparo esto en la cocina para que los invitados puedan socializar, comer y acompañarme mientras termino los últimos pasos de la cena.

No me canso de insistir en la importancia de hacer que el menú sea sencillo, apetitoso y fácil de preparar. Es mucho mejor cocinar algo que ustedes sepan hacer bien, que intentar un menú ambicioso que los deje agotados y frustrados. Con una buena organización y planificación, podrán organizar fabulosas fiestas de cena y disfrutar cada momento de ellas.

Estas son algunas ideas de menús para ocasiones especiales.

MENÚS FESTIVOS

Tartare de halibut con ensalada de frisée
Pierna de cordero asada con papas y ajos verdes gratinados
Chícharos con mantequilla
Fresas al vino tinto

Sopa de ajo
Pescado entero al horno y arroz al azafrán con chermoula y harissa
Nabos y zanahorias al vapor
Suflé de damasco y tisana de cedrón

Crutones con anchoas y tapenade
Alioli con pescado a la plancha, ejotes, coliflor, papas,
hinojo y zanahoria
Ensalada verde
Tarta de nectarina y tisana de menta

Ensalada de alcachofas, hinojo y queso parmesano
Estofado de carne con fideos de huevo y gremolata
Sorbete de naranja y galletas "lengua de gato"

Ostras crudas y tostadas de pan de centeno
Vinagreta de puerros y huevo picado
Cerdo asado con col estofada
Papas al vapor
Tarta tatin

Picnics

Un picnic es un gran pretexto para cambiar la rutina y salir al parque, al bosque o a la playa. El apetito se agudiza, los sabores se realzan al aire libre, y los escenarios naturales le dan un sabor adicional hasta al más sencillo de los picnics. Una cosa que transforma esta experiencia es servir la comida en platos de verdad. No deben ser demasiado frágiles o irremplazables, y la mayoría de los platos y tazones son seguros para un picnic. Esto hace una gran diferencia en el aspecto visual de un picnic; es mejor servir los alimentos en fuentes y platos llamativos, con la comida muy bien organizada, y extender un mantel grande y colorido. Me gusta usar vajilla reutilizable (no de papel ni de plástico): platos y tazas de hojalata, por ejemplo, que son divertidos y prácticos, o tazas de porcelana y vasos de cristal de diferentes estilos que son apropiados para el vino, el agua, la limonada o el té. Los platos y los alimentos se pueden llevar en una o dos canastas grandes; tal vez sean un poco pesadas, pero este esfuerzo adicional bien vale la pena. Si hace calor, lleve una pequeña hielera (para enfriar bebidas y frutas, así como para mantener frío el alioli y evitar que los vegetales verdes frescos se ablanden). Si hace frío, un termo grande es muy práctico para mantener calientes el té o la sopa.

Algunos de mis ingredientes preferidos para un picnic son: pan, crutones, aceitunas y rábanos; carnes curadas como prosciutto, salami y jamón; paté, pepinillos y mostaza, queso, tomates cherry y otros vegetales crudos como zanahorias, hinojo y apio, rúgula y berros, ensalada de pollo, huevo, papas, o de lentejas, ejotes y ensalada de tomate, alioli y vegetales; huevos duros con anchoas o huevos rellenos; frittatas, carnes frías o pollo asado; tabulé, puré de habas, y sándwiches de todo tipo. También me encantan las frutas frescas, las tartas de almendra, las tartaletas de limón, los biscotti y las galletas. Ya sean alimentos elaborados o no, sencillos o sofisticados, lo importante es preparar unos que sean fáciles de llevar.

Almuerzos para llevar

Como cualquier madre lo sabe, empacar un almuerzo escolar que sea nutritivo y sabroso —y que sus hijos coman con gusto— puede ser un verdadero desafío. Uno de mis objetivos es revolucionar los almuerzos escolares, para que los estudiantes puedan comer alimentos saludables y deliciosos, donde ellos han participado al cultivarlos, cocinarlos y servirlos. La mejor manera que tienen los niños de aprender a cuidar de sí mismos, a comer bien y a contribuir al sostenimiento de los recursos naturales, es saber de dónde provienen los alimentos. Este es un esfuerzo a largo plazo, y un tema para otro libro. Mientras tanto, existen las loncheras.

Cuando mi hija era pequeña, me di cuenta de que si yo pensaba en prepararle un almuerzo para la escuela, no como la fórmula consabida de un sándwich con papas fritas y jugo, sino más bien como algo semejante a lo que ella comía en casa, podría tener ideas mucho mejores. A ella le encanta la vinagreta (y he visto que a la mayoría de los niños también les gusta) y come casi cualquier alimento aderezado con ella. Así pues, una cosa que hice durante varios años y con muchas variaciones, fue hacer un poco de vinagreta, servirla en un recipiente pequeño, y preparar varias cosas para acompañar: hojas de lechuga romana, palitos o láminas de zanahoria, ejotes, rebanadas de hinojo, rábanos, pepino, brócoli y coliflor al vapor, todo tipo de vegetales crudos y cocidos, sobras de pollo o de pescado, y crutones. Muchos de los alimentos apropiados para picnics también lo son para los almuerzos escolares. Las ensaladas de arroz con trozos de verduras y carne, o frutas y frutos secos; ensaladas de lentejas, de farro y de tabulé, ensaladas de papa, huevo y vegetales con aceite en lugar de mayonesa, son opciones adecuadas para niños a quienes no les gustan los sándwiches. Un termo pequeño es maravilloso para llevar sopas o para un guisado tibio. Y en lugar de dulces, le empacaba a mi hija fruta fresca, madura e irresistible. Las peras jugosas, los frutos del bosque tiernos, y otros alimentos frágiles, deben envasarse en recipientes para evitar que se aplasten. Las bolsas aislantes ofrecen una protección adicional y mantienen los alimentos frescos.

Siempre traté de involucrar a mi hija cuando decidía qué empacarle para el almuerzo. No tuve mucho éxito cuando intenté hacerlo a primera hora de la mañana, pues había poco tiempo. Sin embargo, muchas veces después de la cena, sacaba un momento para ver si me habían quedado sobras que pudiera usar para el almuerzo del día siguiente. Preparar una parte del almuerzo desde la noche anterior facilita mucho las cosas, y seguramente este será más balanceado. Otra cosa que hacía para mantener su interés en el almuerzo fue tratar de sorprenderla al preparar algo inesperado. Yo quería que mi hija esperara una sorpresa y no lo mismo de siempre.

Empacar un almuerzo para el trabajo puede ser menos costoso, más saludable y sabroso que comprarlo en la calle. Si prepara una cantidad suficiente en la cena y guarda un poco, siempre tendrá algo para comer al día siguiente.

Cuatro salsas esenciales

Vinagreta

Salsa verde

Alioli

Mantequilla con hierbas

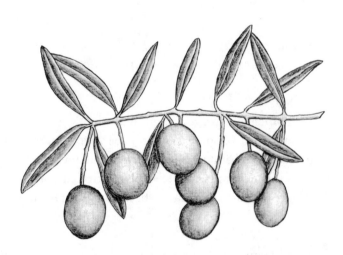

Estas cuatro salsas, aunque básicas, agregan mucho sabor, dimensión y color a las comidas, y no puedo imaginar cocinar sin ellas. Cualquiera de estas salsas puede estructurar una comida y convertir un simple platillo de carne y vegetales en un platillo terminado. Son muy fáciles de preparar cuando las haya hecho un par de veces, y nunca tendrá que buscar estas recetas de nuevo. El único inconveniente es que son tan simples que los ingredientes no tienen ningún secreto. Se debe empezar con ingredientes que tengan buen sabor: aceite de oliva afrutado, vinagre de vino con carácter y sabor, hierbas y mantequilla fresca.

Vinagreta

ESTA ES LA SALSA que preparo con mayor frecuencia, y si se hace con un aceite de oliva y un vinagre de vino de buena calidad, es el mejor aderezo para ensaladas que puedo imaginar. En su forma más simple, la vinagreta es una mezcla de aceite y vinagre en una proporción de 1 parte de vinagre por 3 o 4 de aceite. Comience por calcular qué cantidad de vinagreta necesita. Esto depende del uso que quiera darle; por ejemplo, un cuarto de taza es más que suficiente para cuatro porciones de ensalada verde, aunque no necesita medir las cantidades exactas. Vierta el vinagre en un tazón, disuelva una pizca de sal y pruebe. La sal tiene un efecto sobre el vinagre. Si agrega la cantidad adecuada de sal, el ácido del vinagre se suavizará y tendrá un equilibrio maravilloso. Trate de agregar la sal poco a poco y pruebe el sabor. ¿Cuánto es mucha sal? ¿Cuánto es muy poco? Si agrega demasiada sal, basta con añadir un toque más de vinagre.

Muela un poco de pimienta negra y mezcle con el aceite. La vinagreta debe tener un sabor equilibrado, ni muy graso ni muy ácido. Rectifique el sabor, añada más vinagre si la salsa tiene mucho aceite, y agregue más sal si necesita.

REGLA GENERAL

1: 4

1 parte de vinagre por 3 a 4 partes de aceite

Vierta en un tazón pequeño:
1 cucharada de vinagre de vino tinto
Añada:
Sal
Pimienta negra recién molida
Remueva para disolver la sal, pruebe y rectifique si es necesario. Use un tenedor o un batidor pequeño, y bata lentamente:
3 a 4 cucharadas aceite de oliva extra virgen
Pruebe a medida que avanza, hasta que tenga buen sabor.

VARIACIONES

◆ Añada un poco de puré de ajo o chalote picado, o ambos al vinagre. Puede reemplazar una parte o todo el vinagre de vino tinto por vinagre de vino blanco, de jerez, o por jugo de limón.

◆ Bata un poco de mostaza antes de agregar el aceite.

◆ Reemplace una parte del aceite de oliva por aceite de nuez fresco, como de nogal o avellana.

◆ Puede reemplazar una parte o todo el aceite de oliva por crema batida o crème fraîche.

◆ Pique hierbas frescas y agregue a la vinagreta.

Salsa verde

RINDE ⅔ DE TAZA

HIERBAS DE
ELECCIÓN

perejil

albahaca

cebollino

perifollo

estragón

cilantro

alazán

mejorana

ajedrea

tomillo

menta

romero

LA SALSA VERDE, una clásica salsa italiana, tiene aceite de oliva, perejil picado, cáscara de limón, ajo y alcaparras. Esta salsa le añade frescura a casi cualquier platillo sencillo. Es preferible utilizar perejil italiano de hojas lisas, pero también puede usar rizado o crespo. La hierba más utilizada en esta salsa es el perejil fresco —mientras más fresco, mejor— pero casi cualquier otra hierba fresca y tierna puede mejorar una salsa verde: estragón, perifollo, cebollino y son otras opciones adecuadas.

Utilice un cuchillo afilado para cortar el perejil (y otras hierbas). Un cuchillo afilado pasa limpiamente a través de las hojas, preservando el sabor y el color, mientras que un cuchillo sin filo las machaca y golpea.

Evite rallar la parte blanca y amarga que está debajo de la cáscara del limón. La cáscara mejora el sabor de la salsa, así que use con generosidad; es posible que necesite más de un limón.

No dude en experimentar. Preparo la salsa verde más o menos gruesa dependiendo del uso. Tiendo a utilizar menos aceite para carnes asadas y vegetales a la parrilla, y mucho más para pescados.

Combine en un tazón pequeño:

⅓ de taza de perejil picado (las hojas y los tallos finos solamente)
Ralladura de 1 limón
1 diente de ajo, picado muy fino o triturado
1 cucharada de alcaparras, enjuagadas, escurridas y picadas
½ cucharadita de sal
Pimienta negra recién molida, al gusto
½ taza de aceite de oliva

Mezcle bien y pruebe la sal. Deje reposar para realzar los sabores.

VARIACIONES

◆ Puede reemplazar una parte —o la totalidad— del perejil por otras hierbas, o combinaciones de hierbas.

◆ Añada un poco de filete de anchoa salada y picada, chalote picado, huevo duro picado, o los tres.

◆ El jugo de limón o el vinagre le dan un toque cítrico a la salsa, pero agregue sólo antes de servir, ya que el ácido decolora las hierbas. (Puede macerar un poco de chalote picado en el vinagre o el limón, si desea.)

Cómo preparar mayonesa

La mayonesa de ajo, aterciopelada y deliciosa —lo que los franceses llaman alioli— es otra salsa que uso todo el tiempo: en sándwiches, con vegetales crudos y cocidos; con carne y pescado, como aglutinante para ensaladas de pollo y de huevo, y como base para salsas como la tártara. A la mayoría de los niños, incluso a los más pequeños, les encanta el alioli como un *dip* para acompañar con zanahorias, papas y verduras que de otro modo podrían rechazar.

Dos o tres dientes de ajo pequeños por una yema de huevo, machacados en un mortero, le dan un sabor picante a la mayonesa, dependiendo del ajo. La intensidad del sabor del ajo puede variar mucho, dependiendo de la frescura, temporada y variedad. Siempre macho el ajo en un mortero y reservo la mitad para agregar más tarde al alioli si es necesario. (Puede añadir más ajo, pero no utilice menos). Es importante triturar el ajo en un puré muy suave para que la salsa tenga un sabor a ajo de principio a fin, y no sea simplemente una mayonesa con trozos de ajo.

Una yema de huevo absorbe hasta una taza de aceite, pero puede añadir menos si no necesita tanta mayonesa. Bata el aceite gota a gota, añadiendo más a medida que avanza. Hágalo en un recipiente estable y sobre un paño de cocina para evitar que se mueva.

Añadir un poco de agua a la yema de huevo antes de agregar el aceite evita que la salsa se separe o se "rompa". Si la mayonesa se separa, deje de añadir aceite y no se preocupe. Simplemente rompa un huevo fresco, vierta la yema en otro recipiente y agregue un poco de agua. Luego vierta lentamente la salsa que se ha separado y añada el resto del aceite.

Haga el alioli media hora antes de utilizarlo para que los sabores se mezclen bien. Al igual que con cualquier platillo preparado con huevos crudos, refrigere si no va a servir la mayonesa dentro de una hora. El alioli sabe mejor el mismo día.

Alioli (Mayonesa con ajo)

RINDE DE 1 TAZA APROX.

REGLA GENERAL
1 yema de huevo por
1 taza de aceite de oliva

Pele:

2 o 3 dientes de ajo pequeños

Machaque bien en un mortero, junto con:

Una pizca de sal

Vierta en un tazón:

1 yema de huevo

Añada la mitad del ajo y:

½ cucharadita de agua

Mezcle bien con un batidor. Mida en una taza con un pico vertedor:

1 taza de aceite de oliva

Vierta lentamente el aceite a la mezcla de yema de huevo, batiendo constantemente. Cuando la yema de huevo absorbe el aceite, la salsa se espesa, el color se aclara, y se vuelve opaca. Esto ocurre con bastante rapidez. Luego puede añadir el aceite un poco más rápido, batiendo todo el tiempo.

Si la salsa está más espesa de lo que quiere, agregue unas gotas de agua. Pruebe y agregue más sal y ajo al gusto.

VARIACIONES

✦ Cuando sirvo un asado, me gusta añadirle un poco de los jugos del asado al alioli.

✦ Un cangrejo con alioli es aún más delicioso cuando se le agrega un poco de mantequilla del cangrejo al alioli. (La mantequilla del cangrejo es la sustancia suave y amarilla que se encuentra dentro del caparazón).

✦ Para un alioli intenso, añada una buena cantidad de alcaparras y anchoas picadas.

La mayonesa común, elaborada de la misma manera que el alioli, pero sin ajo, y terminada con un toque de vinagre o jugo de limón, se puede variar de muchas formas:

✦ La mostaza o mayonesa de rábano picante es deliciosa para los sándwiches.

✦ Una mayonesa con hierbas picadas como perejil, cebollino, estragón, y perifollo y un poco de limón, van muy bien con pescados y mariscos.

✦ Para hacer la salsa tártara, agregue pepinillos picados y jugo de pepinillos, cebolla rallada, alcaparras, perejil y una pizca de pimienta de cayena.

✦ Para hacer una hermosa mayonesa verde, triture berros o albahaca en el mortero y añada a la mayonesa.

Mantequilla con hierbas

RINDE ¾ DE TAZA
APROX.

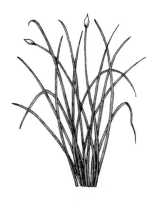

OTRAS
MANTEQUILLAS

mantequilla con perejil

mantequilla con
anchoas

mantequilla con
pimienta negra

mantequilla con salvia

mantequilla con
albahaca

mantequilla con
chipotle

mantequilla con
capuchinas

Esta MANTEQUILLA es blanda y aromatizada con hierbas. Es una salsa excelente para carnes, pescados o vegetales; proporciona mucho sabor y es muy fácil y rápida de preparar. Me gusta que tenga muchas hierbas, y suficiente mantequilla para aglutinarla. El pescado escalfado, servido con una mantequilla de hierbas elaborada con las clásicas finas hierbas de la cocina francesa (perejil, cebollino, estragón y perifollo), es sublime.

La mantequilla salada o sin sal es apropiada para una mantequilla de hierbas. Recuerde sazonar debidamente cuando agregue la sal.

El jugo de limón resalta el sabor de las hierbas. La pimienta de cayena añade un poco de picante. Se puede utilizar casi cualquier hierba fresca. Las hojas de las hierbas más tiernas, como el perejil, la albahaca, el cebollino, o el perifollo, deben ser muy frescas y picarse en el último minuto. Las hierbas más fuertes, como la salvia o el romero, son más sabrosas si se pican y se calientan ligeramente en un poco de mantequilla derretida. (Deje enfriar a temperatura ambiente antes de añadir a la mantequilla ablandada). O haga también una mantequilla condimentada con o sin hierbas con una o dos anchoas envasadas en sal (enjuagadas, en filetes, y picadas), ralladura de limón y pimienta negra o, para un sabor y color inusuales, agregue unas flores de capuchina picadas o chiles.

Sirva la mantequilla cuando esté blanda, o cúbrala con plástico o papel encerado, y enfríe hasta que se endurezca, córtela en forma de monedas y vierta sobre su alimento preferido. Puede congelar la mantequilla de hierbas que sobre y utilizarla después.

Mezcle bien en un recipiente pequeño:
8 cucharadas (1 barra) de mantequilla ablandada
½ taza de mezcla de hierbas (como perejil, perifollo y cebollino)
1 diente de ajo, finamente picado
Exprima el jugo de limón
Sal y pimienta negra recién molida
Una pizca de cayena
Pruebe y rectifique la sal y el limón si es necesario.

VARIACIONES

• Los chalotes picados y el ajo machacado son adiciones deliciosas.
• Para más sabor a limón, añada un poco de ralladura de limón.
• Para una mantequilla más picante que va muy bien con mazorcas de maíz, agregue chiles secos, remojados, escurridos y triturados en una pasta.

Ensaladas

Ensalada de lechugas del jardín

Ensalada griega

Ensalada de naranja y aceitunas

ME ENCANTAN LAS ENSALADAS: lavar y comer las verduras. En lo que a mí respecta, una comida sin ensalada es una comida incompleta. Mis ensaladas preferidas son una mezcla de lechugas, verduras y frutas preparadas de un modo muy simple, con una vinagreta refrescante. Su inmediatez es lo que hace que una ensalada sea tan convincente y atractiva, así que utilice ingredientes que estén frescos y en temporada, ya sean lechugas, tomates, zanahorias, rábanos, papas, persimones o nueces pecanas. Casi cualquier ingrediente de buen sabor se puede convertir en una deliciosa ensalada, incluso un manojo de perejil fresco, aderezado con jugo de limón, aceite de oliva y un poco de sal.

Lechugas del jardín

PRIMAVERA Y
VERANO
Rúgula
Hoja de roble verde
Hoja de roble roja
Mâche
Ensalada roja
Lollo rosso
Lechuga crespa
Tom thumb
Little gem
Lechuga romana

OTOÑO E INVIERNO
Densidad de invierno
Escarola
Achicoria treviso
Radicchio
Endibias (frisée)
Endibias belgas

Hacer una ensalada de lechugas del jardín —lavar lechugas frescas, hermosas y recién recogidas y mezclarlas con un puñado de hierbas y una vinagreta— me parece tan agradable como comerla. Me encantan las variedades coloridas de lechugas amargas y dulces, el sabor y complejidad de hierbas como el perifollo y el cebollino, y el brillo de una vinagreta sencilla, preparada con vinagre de vino tinto, aceite de oliva, y un toque de ajo, que realza las lechugas y las hierbas sin abrumarlas.

Para que una ensalada tenga vida y sabor, se deben utilizar lechugas frescas y recién cosechadas. Tengo la suerte de tener un pequeño huerto en mi patio donde cultivo lechugas y hierbas para diversas ensaladas, pero si usted no tiene un huerto, tal vez tenga que esforzarse un poco para conseguir lechugas de buena calidad. Los mercados agrícolas son los mejores lugares para adquirirlas. Cuando no tengo lechugas en mi jardín, o cuando estoy fuera de casa, compro lechugas y trato de crear mis propias combinaciones de lechugas, rúgula, achicorias y cualquier hierba tierna que pueda encontrar. Por lo general, evito las ensaladas mixtas, especialmente las pre-empacadas, pues suelen incluir uno o dos tipos de verduras que no van bien con las otras. Procure encontrar una buena mezcla en un expendio local; en caso contrario, compre las mejores lechugas que encuentre y haga su propia mezcla.

Lave la lechuga, suavemente pero a fondo, en un recipiente o tazón con agua fría. Examine las lechugas, retirando y arrojando al compost las hojas exteriores que estén duras, amarillentas o dañadas. Luego corte el extremo del tallo y separe el resto de las hojas en el agua. Agite suavemente las hojas con las manos, saque la lechuga del agua y pase a un colador. Si la lechuga está muy sucia, cambie el agua y lave de nuevo.

Seque la lechuga en una centrifugadora para ensaladas, pero sin llenarla demasiado. Es mucho más eficaz secarla por partes. Vacíe el agua de la centrifugadora después de secar cada porción. El agua que se adhiera a las hojas diluirá la vinagreta, así que examine las hojas y séquelas de nuevo si están un poco húmedas. Yo extiendo cada porción de hojas en una sola capa sobre un paño de cocina. Luego las cubro suavemente con una toalla y las guardo en el refrigerador hasta el momento de servir la ensalada. Puede hacer esto con unas cuantas horas de anticipación.

Al momento de servir, vierta la lechuga en un recipiente grande para poder mezclar la ensalada. Agregue un puñado pequeño de cebollino o de perifollo, o ambos, ya sea picados o cortados con tijeras.

Mezcle todo con la vinagreta, usando sólo la salsa suficiente para cubrir ligeramente las hojas de modo que brillen. No vierta mucho aderezo en las lechugas pequeñas y tiernas, pues se ablandarán y quedarán empapadas. Acostumbro mezclar las ensaladas con las manos. (También las como con las manos). Esto me permite asegurarme de que cada hoja esté aderezada de manera uniforme. Pruebe, y si es necesario, agregue un poco de sal o aclare con un chorrito de vinagre o jugo de limón. Pruebe de nuevo, mezcle por última vez y sirva la ensalada de inmediato.

Uno de mis utensilios favoritos es un pequeño mortero de cerámica japonés, llamado suribachi. Tiene crestas ranuradas, que son perfectas para hacer un puré o machacar hierbas. Lo utilizo para triturar dientes de ajo y preparar vinagretas.

Ensalada de lechugas del jardín

4 PORCIONES

Lave cuidadosamente y seque:
4 puñados generosos de lechuga
Mezcle:
1 diente de ajo machacado en puré
1 cucharada de vinagre de vino tinto
Sal
Pimienta negra fresca y molida
Remueva para disolver la sal, pruebe y rectifique si es necesario. Agregue:
3 a 4 cucharadas de aceite de oliva
Pruebe la vinagreta con una hoja de lechuga a medida que agrega el aceite. Vierta la lechuga en un recipiente grande, agregue unas tres cuartas partes de la vinagreta, mezcle y pruebe. Añada más aderezo si crees necesario. Sirva de inmediato.

VARIACIONES

◆ La disponibilidad de las lechugas varía según la temporada. La lechuga romana suele ser mejor en verano. El otoño y el invierno dan lechugas más fuertes como las achicorias (radicchio, escarola, endibia belga y frisée o endibias rizadas).

Cómo preparar una ensalada

Cuando sirvo una ensalada compuesta, coloco las lechugas en un plato y luego agrego los otros ingredientes, que he aderezado por separado.

UNA ENSALADA "compuesta" es aquella que tiene muchos ingredientes, ya sea mezclados o aderezados por separado y dispuestos en un plato. Las ensaladas compuestas, como la griega que incluyo a continuación, es muy abundante; podría ser el platillo principal de una cena en una noche cálida con un poco de pan crujiente. Una ensalada compuesta puede llevar trozos de carne de cangrejo, gajos de toronja, y escarolas con un aderezo cremoso, servida como primer platillo elegante. Casi cualquier cosa puede agregarse a una ensalada compuesta: diversas variedades de lechugas y vegetales verdes para ensaladas, por supuesto, pero también verduras crudas o cocidas, picadas, en cubos, o cortadas en láminas finas; carnes asadas cortadas en cubos o rebanadas delgadas; atún y otros pescados o mariscos, así como huevos cocidos, partidos en cuartos o picados.

Las sobras pueden ser deliciosas en una ensalada compuesta. No combine demasiados ingredientes en una ensalada simple, pues habrá demasiados sabores en conflicto. Los ingredientes se deben elegir cuidadosamente, teniendo en cuenta los sabores y texturas que aporten, y el aderezo debe complementarlos a todos. A veces, una vinagreta funciona mejor cuando se requiere una salsa un fuerte y picante; una mayonesa puede funcionar en otras ocasiones, cuando se quiere un sabor suave y profundo, mientras que una salsa cremosa puede ser la mejor opción para otras ensaladas. Por ejemplo, puede agregar cualquiera de estos aderezos a una ensalada de papas, y cada uno dará lugar a una ensalada claramente diferente.

Si va a preparar una ensalada compuesta que incluya lechugas tiernas y otros ingredientes más sólidos, como corazones de alcachofa o trozos de fruta, aderece los ingredientes más pesados por separado y sirva alrededor de la lechuga. De lo contrario, la ensalada no tendrá un aspecto agradable porque todos los ingredientes terminarán en la parte inferior y las hojas quedarán aplastadas. Incluso las ensaladas que no tienen lechuga deben prepararse con cuidado. Lo más importante es que cada ingrediente tenga buen sabor. Pruebe todo y sazone cada ingrediente con un poco de sal o de aderezo antes de añadir al conjunto. Si todos los ingredientes van juntos, no los mezcle en exceso, pues empezarán a perder su carácter distintivo, enturbiando así los sabores y arruinando el aspecto de la ensalada. (Puede preparar una ensalada y rociar con vinagreta, o servir la vinagreta en una jarra).

Pruebe el sabor de cada ingrediente antes de agregarlo, para saber así cuáles debe incluir en una ensalada y cómo aderezarla. Esta es realmente la única regla que se debe seguir, y aunque puede sonar muy imprecisa, lo cierto es que usted empezará a reconocer y a recordar los sabores que le gustan, y sus mezclas favoritas, a medida que adquiera práctica para preparar ensaladas.

Ensalada griega

4 PORCIONES

Retire el extremo del tallo y corte en trozos:

2 tomates maduros pequeños

Sazone con:

Sal

Pele, corte a lo largo y en rodajas gruesas:

1 pepino mediano

(Si tiene semillas grandes, retírelas raspando con una cuchara por el centro del pepino cortado a la mitad).

Pele y corte en rodajas finas:

½ cebolla roja pequeña o 5 cebollas verdes

Parta por la mitad, retire el corazón y las semillas, y corte en rodajas finas:

1 pimiento rojo pequeño

Enjuague (y si lo prefiere, despepite):

¼ de taza de aceitunas negras

(2 o 3 aceitunas por persona)

Desmenuce o corte en trozos pequeños:

4 onzas de queso feta

Haga una vinagreta. Mezcle:

2 cucharaditas de vinagre de vino tinto

1 cucharadita de jugo de limón (opcional)

2 cucharaditas de orégano fresco, picado

Sal y pimienta negra recién molida

Agregue:

6 cucharadas de aceite de oliva extra virgen

Sazone los pepinos y las cebollas con sal. Pruebe los tomates y sazone de nuevo si es necesario. Remueva suavemente las verduras con unas tres cuartas partes de la vinagreta. Pruebe y agregue más sal o vinagre si es necesario. Deje reposar la ensalada durante unos minutos para que los sabores se mezclen. Mezcle suavemente la ensalada y decore con el queso y las aceitunas antes de servir. Vierta el resto de la vinagreta.

VARIACIONES

◆ Sirva la ensalada sobre hojas de lechuga romana o de otro tipo.

◆ Unas pocas anchoas envasadas con sal, enjuagadas y fileteadas, son un complemento agradable.

◆ Puede sustituir el orégano seco por el fresco, pero use sólo 1 cucharadita.

Cómo hacer ensaladas con frutas

Los persimones son crujientes y dulces; son excelentes para ensaladas de otoño, especialmente cuando se combinan con nueces y otras frutas como peras y granadas.

QUERÍA DECIR unas pocas palabras sobre las ensaladas de frutas: no me refiero a los cócteles dulces de frutas en almíbar, sino a las deliciosas ensaladas preparadas al igual que las ensaladas compuestas. Pueden consistir sólo en fruta fresca, o en fruta fresca combinada con lechugas u otros vegetales para ensaladas, junto con nueces y queso para más riqueza y textura. Cuando no hay vegetales disponibles y quiero algo fresco, las ensaladas de frutas son alternativas refrescantes, ya sea al principio o al final de una comida. Los higos, las manzanas, las peras, las granadas, los persimones, y casi todos los cítricos son buenos en ensaladas, con o sin verduras. Estas frutas de invierno combinan bien con achicorias como escarola, radicchio, y endibia rizada. Entre mis ensaladas de frutas favoritas están la ensalada de naranja con aceitunas negras, rebanadas de aguacate y cascos de toronja; persimones o peras asiáticas con frutos secos y vinagre balsámico, y rodajas de naranja con remolachas marinadas.

Las naranjas y otras frutas cítricas utilizadas en ensaladas se deben pelar y servir en cascos. Al pelar la fruta, se debe retirar toda la cáscara exterior y las membranas que se encuentran entre los cascos, exponiendo la fruta jugosa. Necesitará un cuchillo pequeño y afilado para hacer esto. Corte primero la parte superior e inferior de cada fruta, cortando en rodajas con suficiente profundidad para exponer la pulpa. A continuación, ponga el cuchillo entre la fruta y la cáscara, y corte cuidadosamente siguiendo los contornos de la fruta. Continúe alrededor de la fruta, cortando desde arriba hacia abajo y rotando la naranja hasta retirar la cáscara y la membrana. Retire todas las partes blancas de la membrana. Puede cortar la naranja en cruz o entre las membranas para sacar los cascos.

Las manzanas y las peras se pueden utilizar con o sin la piel, pero debe prepararlas justo antes de servir para evitar la oxidación, que le da un color oscuro a las superficies cortadas. Los persimones se deben pelar; puede hacerlo por adelantado, pero manténgalos cubiertos para que no se sequen mucho.

Las ensalada de frutas generalmente llevan un aderezo muy sencillo, a veces sólo un chorrito de aceite de oliva o vinagre, o una vinagreta con jugo de cítricos y un toque de vinagre, un poco de chalotes picados, sal, pimienta y aceite de oliva.

Ensalada de naranja y aceitunas

4 PORCIONES

Las naranjas de pulpa roja son deliciosas, con tonos rubí y ámbar. Solo están en temporada unos pocos meses en pleno invierno.

Retire la cáscara y la membrana, dejando al descubierto la pulpa jugosa de:

4 naranjas pequeñas o 3 medianas

Corte en torniquetes redondos de ¼ de pulgada de grosor y acomode en un plato.

Corte a lo largo, pele y corte finamente:

1 cebolla roja pequeña

Las rodajas de cebolla cortadas horizontalmente son más agradables que las cortadas longitudinalmente. Si las cebollas son particularmente duras, remoje en agua con hielo de 5 a 10 minutos. Escurra bien antes de añadir a la ensalada.

Haga una vinagreta. Mezcle:

2 cucharadas de jugo de naranja

1 cucharadita de vinagre de vino tinto

Sal y pimienta negra recién molida

Agregue:

2 cucharadas de aceite de oliva

Pruebe y agregue más sal y vinagre si es necesario. Esparza las rodajas de cebolla sobre las naranjas y añada la vinagreta.

Adorne con:

Aceitunas negras pequeñas (4 o 5 por persona)

Prefiero servir las aceitunas con hueso para preservar su integridad y belleza, pero asegúrese de decirles a sus invitados que tienen hueso. Utilice aceitunas niçoise si puede encontrarlas, pero cualquier aceituna negra y salada estará bien (puede cortar en trozos grandes si desea).

Pan

Crutones

Pan o masa con hierbas para pizza

Migas de pan

EZCLAR HARINA, LEVADURA, sal, y agua, y convertir esto en una barra de pan, tiene algo mágico. Aunque no soy panadera y en mi barrio hay una panadería maravillosa, a veces hago pan o pizza en casa por el placer de tocar la masa, de verla crecer, y de oler el aroma irresistible a levadura caliente que invade toda la casa al hornear. Por otra parte, a todo el mundo le encanta el pan hecho en casa: todos querrán comerlo, aunque no haya crecido debidamente o se haya horneado por más o por menos tiempo del recomendado.

Crutones

ACOMPAÑE LOS
CRUTONES CON:

ajo y aceite

tapenade (pasta de
aceitunas)

puré de frijol

rábanos y mantequilla

aguacate

hígado de pollo salteado

tomates maduros

ensalada de cangrejo

ensalada de huevo

pescado ahumado

vegetales salteados

caviar de berenjena

anchoas

queso

embutidos

LO PRIMERO QUE SE ME OCURRE para un *snack* rápido, o cuando un par de invitados están a punto de llegar y quiero tener algo preparado, es preparar crutones. Los crutones, croutes, crostini, tostadas y bruschetta son nombres para distintos tamaños de pan, por lo general tostados o a la parrilla, o también al horno o fritos. La bruschetta es un pedazo grueso de pan, preparada a la parrilla sobre un fuego abierto, o tostada, frotada con ajo y rociada con aceite de oliva, servida sola o con tomates jugosos y albahaca. Los crutones, el crostini, y las tostadas se refieren por lo general a rebanadas finas de pan, pero los crutones también pueden ser pequeños pedazos de pan cortados en dados o en trozos irregulares, tostados o fritos en mantequilla o aceite de oliva, y utilizados para decorar una sopa o una ensalada.

Cualquier pan de buena calidad hará un buen cruton. Una rebanada gruesa de un pan grande y redondo de estilo rústico, asado a la parrilla y rociado con aceite de oliva verde, hace un cruton claramente superior a otro elaborado con una rebanada fina de pan tostado blanco y denso, sin la corteza, untado con mantequilla derretida, y servido con un poco de perejil. Los crutones que preparo con mayor frecuencia son rodajas de un pan grande, redondo y de tipo "levain". Su tamaño no suele ser uniforme y siempre les agrego aceite después de tostarlos y frotarles un poco de ajo. Los trozos de pan tostado en el horno, y con un poco de aceite, van bien con las ensaladas.

Las baguettes también sirven para hacer crutones, ya que se pueden partir fácilmente en pedazos redondos o en óvalos diagonales, ideales para sumergir en un puré de habas o en una tapenade.

Para unos crutones uniformemente dorados y crujientes, y con un sabor más frito, únteles aceite o mantequilla a las rebanadas de pan antes de cocinar. Puede mezclar los crutones en un recipiente con aceite o mantequilla derretida antes de hornearlos. Ponga los trocitos planos y grandes en una sola capa sobre una bandeja para hornear, pincelando con aceite o mantequilla y hornee a 350°F hasta que se doren en los bordes. Tenga cuidado, ya que el tiempo puede variar mucho dependiendo del tipo de pan utilizado, la humedad que tenga, y el grosor del corte. Para un sabroso aderezo para una sopa o ensalada, mezcle crutones recién salidos del horno con ajo y hierba picados.

Corte cubos pequeños de pan y fríalos en mantequilla para acompañar una sopa en puré. Use suficiente mantequilla para cubrir el pan con generosidad, y agregue más a medida que sea absorbida por los crutones, removiendo con frecuencia a fuego medio hasta que estén dorados. Para asar rodajas de pan, colóquelas en la parrilla sobre un lecho de brasas a fuego medio durante un minuto o dos por cada lado. El pan debe tener las marcas carbonizadas de la parrilla, y un color café en ciertas partes. Acostumbro frotar las rebanadas con un diente de ajo y agregarle aceite de oliva después de asarlo.

Los crutones saben mejor cuando están recién hechos, pero puede partir el pan con antelación. Envuelva las rebanadas de pan en un paño de cocina para que no se sequen (los crutones tienden a deformarse y a curvarse si se dejan al descubierto).

Puede preparar y tostar el pan con rapidez poco antes de servir.

Cómo hacer pan

Un raspador de masa es una herramienta muy útil para cortar, trabajar la masa en una superficie, y para limpiar superficies.

CUANDO SE TRATA de hacer pan, muchas cosas afectan el resultado, y algunas son más evidentes que otras. Lo más importante es la harina. No se puede hacer buen pan con una harina mediocre. Escoja harina sin blanquear ni procesar, y libre de aditivos. Todas las harinas, y en especial las de granos enteros, se echan a perder y adquieren un sabor y un olor rancio con el tiempo. Trate de comprar harina que sea relativamente fresca; la mejor apuesta es comprarlo en un lugar de alta rotación y que venda productos orgánicos al por mayor.

El agua también es importante, pues la temperatura y la cantidad afectan la textura. El tipo de leudante, y el tiempo que se deje reposar y crecer el pan, tienen un gran efecto en el resultado final: los panes rápidos hechos con bicarbonato de soda o polvo para hornear son suaves y tienen casi la textura de un pastel, mientras que los panes con levadura silvestre y que se dejan crecer lentamente son más masticables y crujientes, y conservan la mayoría de sus sabores complejos. El clima también afecta el pan: la humedad, el calor y el frío ejercen su propia influencia. Todo esto hace que el hornear cambie constantemente y sea siempre fascinante.

Hay todo un mundo de panes: rápidos como el pan de maíz y el pan de soda irlandés, que se preparan con facilidad en un tiempo relativamente corto; maravillosos panes planos como las tortillas frescas o los puris de harina integral que se inflan al freírse, o el pan pita asado a la parrilla, y los clásicos panes leudados de Francia e Italia, incluyendo mi favorito de todos los días: el pan *levain*. Este pan es leudado con una levadura silvestre, tiene una fermentación larga y lenta, y se deja crecer en canastas cubiertas con lona. Tradicionalmente, y antes de hornear cada lote, se guarda una pequeña cantidad del iniciador para fermentar el siguiente lote. Antes que dar una receta para un pan *levain* (que es un poco complicado de hacer en casa), he incluido una receta para hacer una masa versátil, que sirve para hacer una focaccia plana y crujiente, o una pizza tradicional (a los niños les encanta amasar y hacer sus propias pizzas).

Pan o masa con hierbas para pizza

RINDE PARA UNA FOCACCIA, O PARA DOS PIZZAS DE 10 PULGADAS

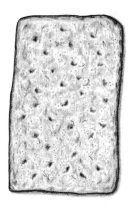

Un poco de centeno o de otro cereal entero le añade sabor a la masa.

Mezcle:

2 cucharaditas de levadura seca

½ taza de agua tibia

Agregue y mezcle bien:

¼ de taza de harina blanca sin blanquear

¼ de taza de harina de centeno

Deje reposar la mezcla hasta que esté muy burbujeante, por 30 minutos aprox.

Mezcle en otro recipiente:

3 ¼ tazas de harina blanca sin blanquear

1 cucharadita de sal

Agregue a la mezcla de harina y levadura con:

¾ de taza de agua fría

¼ de taza de aceite de oliva

Mezcle bien con las manos o en una batidora eléctrica. Si lo hace a mano, extienda la masa sobre una superficie ligeramente enharinada y amase hasta que esté suave y elástica, por 5 minutos aprox. Añada más harina si la masa está demasiado húmeda y pegajosa, pero sólo hasta formar una masa suave y ligeramente pegajosa. O utilice la batidora y amase por 5 minutos aprox. La masa tendrá la textura adecuada cuando se desprenda de las paredes de la batidora, pero se adhiera todavía a la parte inferior. La mejor focaccia se hace con una masa muy suave y ligeramente húmeda.

Ponga la masa en un tazón grande, cubra y deje crecer en un lugar cálido hasta doblar su tamaño, por 2 horas aprox. Para un mejor sabor y una masa más flexible, deje crecer lentamente la masa durante la noche en el refrigerador. (Retire 2 horas antes de darle forma).

Engrase bien una fuente o molde para hornear de 10 por 15½ pulgadas con bordes. Retire con cuidado la masa del recipiente y aplane sobre el molde, dándole forma hasta cubrir el molde presionando suavemente hacia abajo, desde el centro hacia los bordes. Si la masa comienza a resistirse y se repliega, deje reposar 10 minutos y dele forma de nuevo. Trate de no expulsar o desinflar todo el aire de la masa mientras le da forma. Pinche la superficie de la masa ligeramente con los dedos.

Rocíe con:

2 cucharadas de aceite de oliva

Cubra y deje crecer hasta que doble su altura, por 2 horas aprox.

Precaliente el horno a 450°F mientras la masa está creciendo. Si tiene una piedra para hornear, ponga en la rejilla inferior y deje que se caliente durante 30 minutos antes de hornear el pan.

Espolvoree la masa con:

1 cucharadita de sal marina gruesa

y ponga el molde para hornear directamente sobre la piedra. Hornee la focaccia hasta que esté dorada y crujiente en la parte superior e inferior, de 20 a 25 minutos aprox. Invierta la sartén para retirar el pan y deje enfriar en una rejilla.

VARIACIONES

♦ Espolvoree 1 cucharada de romero fresco picado o de hojas de salvia sobre la masa antes de hornear.

♦ Corte 1 cucharada aprox., de hierbas frescas tiernas y añada a la masa con el aceite.

♦ Divida la masa en dos antes de darle forma y forme dos discos gruesos de ½ pulgadas. Ponga los discos en bandejas para hornear engrasadas de 8 pulgadas. Haga hoyuelos en la masa, engrase, deje crecer como se indica anteriormente, hornee, y revise después de 10 minutos.

♦ Cubra con cebollas salteadas, queso, rodajas de tomate o verduras salteadas antes de hornear.

Cómo hacer pizza

PARA HACER PIZZAS, en lugar de formar un rectángulo con la masa, divida la masa en dos y haga una bola suave y agradable con cada pedazo. Deje reposar las bolas de masa a temperatura ambiente, envueltas en plástico, por una hora aprox. Aplane cada bola en un disco de unos 5 o 6 pulgadas de diámetro, vierta un poco de harina, cubra y deje reposar 15 minutos. Ponga una piedra para hornear en la rejilla inferior del horno (y retire las otras rejillas). Precaliente el horno a 500°F.

Estire suavemente uno de los discos en un círculo de 10 pulgadas de diámetro aprox., y acomode en un molde enharinado o en una bandeja para hornear invertida. Unte la masa con aceite de oliva y vierta los ingredientes de su elección como ajo picado, salsa de tomates frescos y queso mozzarella, cebollas doradas, hierbas y anchoas, verduras salteadas y salchichas, y así sucesivamente, dejando un borde de ½ pulgada sin cubrir. Coloque la pizza en la piedra para hornear hasta que la corteza esté dorada, por 10 minutos aprox.

Migas de pan

LAS MIGAS DE PAN casero recién hechas tienen algunos usos obvios: se rocían sobre un gratinado para formar una corteza; como un recubrimiento para freír carnes, pescados y verduras, y para darle una textura más ligera a rellenos y albóndigas. Pero en mi cocina también tienen un papel importante como un tipo de salsa crujiente infinitamente versátil: migas doradas de pan recién tostado, mezcladas con casi cualquier hierba o combinación de hierbas cortadas (perejil, mejorana, tomillo), un poco ajo finamente picado, y esparcidas sobre casi cualquier cosa—pastas, verduras, asados, ensaladas—como un toque final. He empezado a adornar las migas de pan con hierbas fritas. Frío hojas de hierbas como romero, salvia y ajedrea en aceite de oliva por un minuto (o menos), sólo hasta que estén crujientes y luego las mezclo con las migas de pan.

No todos los panes sirven para hacer migas frescas. La mayoría de los panes comerciales, tajados y en bolsa, con conservantes y edulcorantes, simplemente no funcionan: los aditivos arruinan la textura crujiente que tiene el pan y los edulcorantes le dan un sabor desagradable y hacen que se oscurezca con excesiva rapidez. Las mejores migas se hacen con un pan que tenga un día o dos, y que se haya secado un poco. El pan fresco tiene mucha humedad interna como para hacer buenas migas, haciendo que sean húmedas. Para empanizar y freír, los panes blancos de textura fina, como el *pain de mie* o el pan "pullman" son los mejores para hacer migas. Para migas tostadas, prefiero usar pan *levain* u otro pan rústico y de textura tosca.

Estos tipos de migas son diferentes a las que se obtienen de panes completamente secos, y totalmente distintas a las que se venden en cajas, las cuales son demasiado pequeñas, no tienen buen sabor, y no sirven para las recetas de este libro.

La manera más fácil de hacer migas es en una licuadora o procesador de alimentos. Retire la corteza del pan, ya que es demasiado dura y las migas con corteza se doran de forma desigual. Parta el pan en dados y procese por lotes. El pan deberá quedar completamente triturado para que las migas sean más o menos del mismo tamaño; esto asegurará un dorado uniforme durante la cocción. Las migas utilizadas para empanizar se deben triturar muy bien, para que se adhieran y cubran el alimento de manera uniforme. Las migas tostadas pueden ser gruesas o finas, dependiendo del uso final.

Antes de tostar las migas, rocíe con aceite de oliva (o con mantequilla derretida o grasa de pato) y distribúyalas uniformemente en una bandeja para hornear. Remueva con una espátula de metal de tanto en tanto. Las migajas que están en los bordes de la bandeja serán las primeras en dorarse, así que mezcle bien, pasándolas de los bordes al centro. Las migas se dorarán lentamente en un comienzo, porque se deben secar antes de dorarse, pero lo hacen con rapidez en el último par de minutos. Revise con cuidado hacia el final del tiempo de cocción para evitar que se doren demasiado.

Si tiene más pan viejo del que vaya a usar, conviértalo en migas y congele para usar después. Si no tiene pan seco y necesita hacer migas, corte rebanadas gruesas de pan fresco, ponga en una bandeja para hornear a temperatura tibia en el horno, y seque ligeramente antes de procesar.

Migas de pan tostadas

Precaliente el horno a 350°F. Retire toda la corteza de:

Pan *levain,* u otro pan de estilo rústico

Corte el pan en dados y procese en una licuadora o procesador de alimentos hasta que las migas sean tan pequeñas como usted desee.

Agregue:

Una pizca de sal

1 cucharada de aceite de oliva por cada taza de migas

Acomode las migas en una bandeja para hornear en una capa delgada. Hornee hasta que estén doradas, removiendo cada pocos minutos para un dorado uniforme.

VARIACIONES

* Sofría un puñado de hierbas en aceite de oliva a fuego medio hasta que estén crujientes. Escurra bien y mezcle con las migas tostadas y una pizca de sal si es necesario.

* Puede agregarle hojuelas de chile para un sabor picante.

Caldos y sopas

Caldo de pollo

Sopa de zanahoria

Minestrone

No me gustaban las sopas cuando empecé a cocinar, porque no sabía cómo prepararlas. Era ingenua y creía que se trataba simplemente de arrojar las sobras a una olla, calentarlas con caldo o agua, y listo. Pero con el tiempo comprendí que es necesario aprender algunas técnicas básicas para mejorar el sabor: cómo hacer un buen caldo, cómo empezar una sopa con una base de verduras y hierbas suaves, y cómo agregar una sola verdura para una sopa pura y sencilla, o una combinación de muchas (así como pastas, carne o pescado), para una sopa más compleja. Las variaciones son infinitas.

Cómo hacer un caldo

PASOS
Lleve a ebullición
Retire la grasa
Agregue verduras
Hierva a fuego lento
Cuele

LA BASE de muchas sopas es un caldo (o consomé) de carne y verduras (o sólo de verduras), que proporciona una base con cuerpo y sabor. Un caldo suficientemente rico y fragante hace que una sopa sea maravillosa por sí sola. Me encanta el caldo de pollo con un poco de pasta y perejil, o con un huevo escalfado. El caldo no sólo es fácil de hacer, sino también una de las pocas cosas que congelo a fin de tener siempre a mano esta base para una sopa o un risotto.

Utilizo un pollo entero para hacer caldo, lo que puede parecer extravagante, pero produce un caldo dulce, fragante y con cuerpo. (Puede sacar el pollo de la olla después de una hora de cocción, retirar las pechugas, y regresar el resto de los ingredientes a la olla. Las pechugas escalfadas son muy sabrosas, especialmente acompañadas con un poco de salsa verde). La carne es lo que hace la diferencia en el caldo. Si va a utilizar huesos, elija unos que sean sustanciosos, como pescuezos, cuartos traseros y alas. Los huesos sin carne producen un caldo delgado. Los huesos que sobren de un pollo asado también se pueden añadir al caldo. La carne asada le da un sabor más profundo. (No recomiendo huesos sobrantes del pollo a la parrilla, pues le dan un sabor acre y humeante al caldo).

Al hacer caldo con un pollo entero, incluya el fragmento de pescuezo que hay en la cavidad. Retire las vísceras (el corazón, la molleja y el hígado). Agregue la molleja y el corazón al caldo, y reserve el hígado para otro uso. Prepare siempre el caldo con agua fría, ya que el sabor se obtiene de la carne y de los huesos a medida que el agua hierve. La cantidad de agua determinará la intensidad del caldo. Un pollo escasamente sumergido en agua produce una sopa muy rica y fragante. Si le agrega más agua tendrá un caldo más ligero y delicado.

Lleve el caldo a ebullición a fuego alto y luego reduzca la intensidad del fuego. La ebullición hace que las proteínas de la sangre y de otro tipo se coagulen en una espuma que se acumula en la superficie; retire con una espumadera para un caldo claro. Si deja hervir mucho tiempo, el caldo se pondrá opaco y la grasa se puede emulsificar, mezclándose con el agua y haciendo que el caldo quede oscuro y grasiento.

Utilice un cucharón y retire sólo la espuma; deje la grasa, pues aporta mucho sabor mientras el caldo se cocina; puede retirar la grasa al final. Añada las verduras después de retirar la espuma. Agregue las verduras enteras o en trozos grandes para que no se desintegren y opaquen el caldo.

La sal ayuda a desarrollar el sabor mientras el caldo se cocina, y queda mucho más sabroso que si añade toda la sal al final. Sin embargo, no agregue en exceso, ya que el caldo perderá volumen debido a la evaporación mientras se cocina, así que comience con poca sal.

Cocine el caldo a fuego lento, es decir, con un hervor suave y con burbujas en la superficie del líquido a intervalos irregulares. Si por accidente el caldo se cocina muy rápido y el líquido se reduce, añada un poco más de agua y vuelva a hervir a fuego lento.

Cuando quiero un caldo liviano y delicado, lo cocino por 3 horas aprox.; de lo contrario, lo dejo por un mínimo de 4 a 5 horas.

El caldo se debe cocinar lo suficiente para extraer todo el sabor de la carne y los huesos, pero no tanto que comience a perder su delicadeza y frescura. Cocine el caldo de pollo de 4 a 5 horas. Pruebe con frecuencia y apáguelo cuando esté lleno de sabor. Mientras hace esto, saque un poco de caldo y agregue sal para obtener una mejor idea del sabor que tendrá cuando esté completamente sazonado. Haga esto en diferentes momentos a lo largo del proceso de cocción para descubrir cómo se desarrollan los sabores.

Cuele el caldo cuando termine de cocinarlo. Retire de la olla con un cucharón y páselo por un colador a un recipiente no reactivo. Si el caldo está muy claro, cuele de nuevo con un paño de algodón limpio y húmedo, o con una gasa o estopilla.

Retire la grasa si va a utilizar el caldo de inmediato. De lo contrario, deje enfriar el caldo y refrigere con su grasa, la cual se solidifica en la parte superior, ayudando a preservar el caldo y su sabor. La grasa fría y dura es fácil de retirar. No cubra el caldo hasta que esté frío, pues no se enfriará lo suficientemente rápido en el refrigerador y se fermentará y volverá amargo. (Me ha sucedido; usted sabrá de inmediato si el caldo se ha echado a perder). El caldo se mantendrá por una semana en el refrigerador o hasta tres meses en el congelador. Recomiendo congelar el caldo en recipientes de una o dos pintas para no tener que descongelar más del que necesita, y hervir por completo el caldo refrigerado o congelado antes de usar.

Caldo de pollo

RINDE 5 LITROS APROX.

Vierta en una olla grande:

1 pollo entero, de 3½ a 4 libras

Añada:

1½ galones de agua fría

Lleve a fuego alto hasta que hierva, y luego reduzca a fuego bajo. Retire la espuma. Añada:

1 zanahoria, pelada

1 cebolla, pelada y en mitades

1 cabeza de ajo, cortada por la mitad

1 tallo de apio

Sal

½ cucharadita de granos de pimienta negra

1 bouquet garni de perejil, ramitas de tomillo y una hoja grande de laurel

Cocine el caldo a fuego lento, de 4 a 5 horas aprox. Cuele. Si va a utilizar de inmediato, retire la grasa y sazone con sal al gusto. Sirva caliente, o deje enfriar y luego refrigere o congele.

Una sopa sencilla de vegetales

LA SOPA SENCILLA que preparo con mayor frecuencia comienza con una base de cebollas suavizadas a las que agrego uno o dos vegetales. La sopa se humedece con caldo o agua y se cocina a fuego lento hasta que las verduras estén tiernas.

En primer lugar, las cebollas se cocinan suavemente en mantequilla o aceite hasta que estén suaves y con mucho sabor. Es fundamental tener una olla de fondo grueso, ya que el calor se distribuye de manera uniforme, haciendo que los vegetales se cocinen lentamente, sin oscurecerse. La cantidad de grasa también es importante. Recomiendo cubrir bien las cebollas con una buena cantidad de mantequilla o aceite. Después de 15 minutos aproximadamente de cocción lenta, las cebollas se transformarán en una base muy suave y translúcida para la sopa.

A continuación, agregue un vegetal, como zanahorias cortadas de manera uniforme para una cocción pareja. (De lo contrario, los vegetales de la sopa tendrán diferentes grados de cocción). Añada una buena cantidad de sal (para que las verduras tengan buen sabor) y continúe la cocción durante unos minutos. Este sazonamiento y cocción le dará a la grasa el perfume y el sabor de las verduras. (La grasa distribuye el sabor en toda la sopa).

Esta es una técnica importante, no sólo para la sopa, sino también para cocinar en general: construir y desarrollar el sabor en cada paso antes de continuar.

Agregue el caldo o el agua, lleve a ebullición y reduzca a fuego lento. Cocine hasta que las verduras estén tiernas pero no deshechas. La sopa estará lista cuando los vegetales estén cocidos y le hayan dado su sabor al caldo. Pruebe constantemente. Es maravilloso descubrir cómo cambian y se desarrollan los sabores mientras la sopa se cocina. ¿Necesita más sal? Si no lo sabe, agregue una cucharada pequeña y vea si tiene mejor sabor. Es la única manera de saberlo.

Se puede hace una sopa excelente con muchos vegetales siguiendo esta fórmula. La única variable es la cantidad de tiempo que tardará en estar. La mejor manera de tener éxito es probar constantemente. Algunas sopas deliciosas de vegetales son: de nabo y hojas de nabo, maíz, papas, puerro, calabaza y cebolla.

Si el vegetal es muy fresco y agradable, prepare la sopa solo con agua para un sabor más puro y delicado.

Una sopa de verduras preparada de este modo, con un caldo lleno de sabor en lugar de agua, y servida como una sopa rústica y "caldosa", es deliciosa. (De hecho, si el caldo es bastante gustoso, a veces agrego una pre-cocción en mantequilla y añado dos cebollas y verduras directamente al caldo hirviendo a fuego lento). Si la sopa se hace con agua en vez de caldo, y luego se tritura en un puré con una textura uniforme, el resultado será una sopa más delicada, dominada por el sabor puro de los vegetales. Esto es especialmente deseable para las sopas de vegetales tiernos y dulces como habas, chícharos o maíz. Hago las sopas en puré con la ayuda de un prensa purés, pero también puede hacer purés finos en una licuadora. Tenga mucho cuidado cuando la sopa esté caliente: asegúrese siempre de que la tapa tenga un respiradero abierto para dejar escapar el vapor y evitar así un accidente.

Se pueden añadir varias guarniciones e ingredientes al momento de servir la sopa. Muchos cocineros terminan una sopa en puré agregando un poco de crema o un trozo de mantequilla, añadiendo hierbas y especias en el último minuto, o rociando jugo de limón. Sin embargo, use con discreción, ya que una guarnición puede confundir o dominar el sabor de la sopa.

Sopa de zanahoria

RINDE 8 PORCIONES

Derrita en una olla de fondo grueso:

4 cucharadas (½ barra) de mantequilla

Añada:

2 cebollas en rodajas

1 ramita de tomillo

Cocine a fuego medio-bajo hasta que estén tiernas, por 10 minuto aprox.
Añada:

2½ libras de zanahorias, peladas y en rodajas (6 tazas aprox.)

Sazone con:

Sal

Cocine por 5 minutos. Cocinar las zanahorias junto con la cebolla le dará más sabor a la sopa. Añada:

6 tazas de caldo

Lleve a ebullición y cocine a fuego lento hasta que las zanahorias estén tiernas, por 30 minutos aprox. Sazone con sal al gusto y haga en puré si desea.

VARIACIONES

• Use caldo para una versión más sencilla y liviana, pero suprima la cocción preliminar de las cebollas. Añada directamente al caldo con las zanahorias y cocine a fuego lento hasta que estén tiernas.

• Adorne con un poco de crema batida o crème fraîche sazonada con sal, pimienta y hierbas picadas. El perifollo, el cebollino y el estragón son buenas opciones.

• Añada un ¼ de taza de arroz basmati con las zanahorias, utilice agua en vez de caldo, agregue 1 taza de yogur natural justo antes de hacer el puré y decore con menta.

• Cocine un jalapeño con las cebollas, añada un poco de cilantro antes de hacer el puré y decore con cilantro picado.

• Caliente un poco de mantequilla clarificada o aceite de oliva, agregue una cucharada de semillas de comino, y vierta en la sopa como guarnición.

Una sopa con muchos vegetales

Una sopa sustanciosa como la minestrone es profundamente satisfactoria. Puede prepararla durante todo el año, sustituyendo los vegetales según la temporada.

MINESTRONE SIGNIFICA "sopa grande" en italiano; es una sopa abundante y con muchos vegetales. Se deben añadir por etapas para que todos se cocinen al mismo tiempo. En primer lugar, se prepara un *soffritto* delicioso (una base de vegetales aromáticos) se agregan vegetales de larga cocción, se humedecen con agua o caldo, se lleva a ebullición la sopa, y luego se añaden los vegetales más tiernos. Los frijoles secos y las pastas se cocinan por separado y se añaden al final. La receta que incluyo a continuación es un minestrone clásico de verano, seguida por variaciones estacionales.

El sofrito se puede preparar con cebollas, pero a menudo sólo incluye zanahorias y apio. Puede sustituir el hinojo por apio cuando se quiere un sabor más delicado. El ajo se añade siempre al final de la cocción para que no se queme. Utilice siempre una olla de fondo grueso y aceite de oliva en abundancia. Para una sopa más sustanciosa, deje que el sofrito tenga un matiz dorado; para una versión menos fuerte, no permita que los vegetales desarrollen todo su color. Los vegetales se deben cocinar en cualquiera de estas dos formas, hasta darle a la sopa todos sus sabores, lo que tomará 10 minutos o más. Estarán listos cuando tengan buen sabor y un aspecto agradable.

Las verduras agregadas después del sofrito —como la calabaza y los ejotes— se cortan en trozos pequeños para que cada cucharada de sopa contenga una mezcla de verduras. Se añaden de forma secuencial, según el tiempo que tarden en cocinarse, sin que se ablanden mucho. Los vegetales verdes se deben cortar en trozos del tamaño de un bocado, ya que si se cortan en tiras largas, se pueden doblar sobre la cuchara y chorrear gotas de sopa caliente en su mentón o ropa. Las verduras de invierno como la col rizada o la acelga tardan más tiempo en cocinarse y se deben agregar en el primer grupo de verduras. Los vegetales tiernos como las espinacas se cocinan en pocos minutos y se deben añadir al final de cocción. Agregue sal a la sopa mientras la cocina; esto intensificará y mejorará el sabor; no lo hará si la agrega en el último minuto.

Los frijoles secos —y las pastas, si las utiliza— se deben cocinar por separado antes de agregar a la sopa. Guarde el líquido de cocción del frijol, pues le añade sabor y cuerpo a la sopa. Los frijoles cocidos se deben agregar durante los últimos 10 minutos, de manera que tengan la oportunidad de absorber el sabor, pero no los cocine demasiado. La pasta se debe añadir al final para que no se cocine en exceso y se vuelva blanda e hinchada.

El aderezo de aceite de oliva y de queso se debe añadir cuando sirva la sopa, a fin de preservar su sabor fresco. Siempre llevo un plato con queso rallado y una botella de aceite de oliva a la mesa.

Minestrone
8 PORCIONES

Corte todas las verduras del tamaño de un bocado para que cada cucharada tenga una variedad de sabores y texturas.

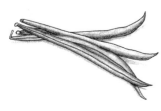

El pesto es otro complemento excelente para sopas.

Prepare:

1 taza de frijoles secos, cannellini o borlotti (vea la página 78)

Rinden de 2½ a 3 tazas de frijoles cocidos. Reserve el líquido de la cocción.

Caliente en una sartén pesada a fuego medio:

¼ de taza de aceite de oliva

Añada:

1 cebolla grande finamente picada

2 zanahorias peladas, finamente picadas

Cocine durante 15 minutos o hasta que estén tiernas. Añada:

4 dientes de ajo picados en trozos grandes

5 ramitas de tomillo

1 hoja de laurel

2 cucharaditas de sal

Cocine por 5 minutos más. Agregue y lleve a ebullición:

3 tazas de agua

Cuando hierva, añada:

1 puerro pequeño, cortado en cubitos

½ libra de ejotes, cortados en trozos de 1 pulgada

Cocine por 5 minutos, y luego agregue:

2 zucchinis medianos, cortados en dados pequeños

2 tomates medianos, pelados, sin semillas y picados

Cocine por 15 minutos. Pruebe la sal y rectifique si es necesario.

Agregue los ejotes cocidos, y:

1 taza del líquido de cocción de los frijoles

2 tazas de hojas de espinaca, picadas en trozos grandes (1 libra aprox.)

Cocine por 5 minutos. Si la sopa está demasiado espesa, agregue más líquido de cocción de los frijoles. Retire la hoja de laurel.

Sirva en platos, adornando cada uno con:

2 cucharadas de aceite de oliva extra virgen

1 cucharada o más de queso parmesano rallado

• Sopa minestrone con col rizada y calabaza butternut: siga la receta anterior, añada 2 tallos de apio finamente picados al sofrito y cocine hasta que estén dorados. Agregue ½ cucharadita de romero picado en lugar del tomillo, y 1 cucharadita de salvia picada con el ajo. Los frijoles borlotti o cranberry se pueden sustituir por frijoles cannellini. Suprima los ejotes, zucchinis, tomates frescos y las espinacas, y reemplace por un puñado de col rizada, sin tallo, lavada y picada, 1 lata pequeña de tomates escurridos y picados, y calabaza butternut, pelada y cortada en cubos de ¼ de pulgada (2 tazas aprox.) Cocine los tomates y la col rizada por 5 minutos con el sofrito, añada el agua y cocine por 15 minutos. Agregue la calabaza y continúe la cocción hasta que estén tiernas, de 10 a 15 minutos aprox., antes de añadir los frijoles cocidos.

• Minestrone de invierno con nabos, papas y col: siga la receta original, pero agregue al sofrito 2 tallos de apio finamente picados, y cocine hasta que se doren. Corte ½ cabeza de col en trozos del tamaño de un bocado y cocine en agua hirviendo con sal hasta que estén tierna. Sustituya los ejotes, zucchinis y tomates por 1 libra de nabos y ½ libra de papas amarillas, peladas y cortadas en trozos del tamaño de un bocado. Si los nabos tienen hojas frescas, retírelas, lave, corte y añada a la sopa con los nabos y las papas. Agregue los frijoles hacia el final de la cocción, y reemplace la espinaca por col.

• Minestrone de primavera con chícharos y espárragos: use un bulbo de hinojo, limpiado y cortado en trozos del tamaño de un bocado en lugar de la zanahoria para el sofrito. No deje que se dore. Si tiene ajo verde, utilice 2 o 3 tallos, recortados y picados, en lugar de dientes de ajo. Utilice 2 puerros en lugar de uno. Agregue el líquido (mitad agua y mitad caldo, si es posible), lleve a ebullición y cocine a fuego lento durante 10 minutos. Suprima los chícharos, zucchinis y tomates. Sustituya 1 taza de chícharos sin la vaina (1 libra con vaina) y ½ libra de espárragos, recortados y en rodajas en diagonal en trozos de ½ pulgada de grosor. Añada con los frijoles y cocine por 5 minutos antes de agregar las espinacas. Enfríe rápidamente en un baño de hielo si no va servir esta sopa de inmediato, para que los espárragos no pierdan su color verde brillante.

Frijoles secos y frescos

Frijoles blancos con romero y ajo

Frijoles cranberry gratinados

Puré de habas

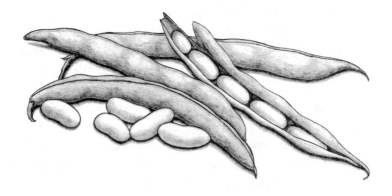

LOS FRIJOLES PERTENECEN a una familia botánica muy extensa, que incluye a todas las plantas cuyas flores fertilizadas forman vainas o conchas con semillas en su interior. Son las leguminosas, y los frijoles, los chícharos, la soya y las lentejas pertenecen a esta familia. Cuando estas plantas florecen en primavera, sus vainas crecen y se hinchan, y las semillas maduran adentro hasta que, por muy poco tiempo —no más de unas pocas semanas— alcanzan la madurez y la exquisitez plenas antes de comenzar a secarse. Las vainas se resecan y marchitan, y los frijoles están listos para ser cosechados. Obviamente, los ejotes se consumen con vaina y todo, aunque algunas variedades —como los frijoles romanos— maduran muy bien cuando se dejan en la planta. Sin embargo, la receta de esta sección utiliza granos o frijoles de vaina: aquellos que se secan, se sacan de sus vainas, se cocinan por el tiempo adecuado y se comen frescos en la temporada de cosecha, o aquellos otros que se secan y se almacenan, y luego se remojan antes de cocinar.

Frijoles secos

Preparo los frijoles de formas diferentes: con romero, ajo y aceite de oliva, en sopas, solos o con otros vegetales, en puré, gratinados, o con migas de pan crujientes. Los frijoles se pueden cocinar de antemano y guardarse por un día o dos, refrigerados en su líquido de cocción, y recalentar y servir solos, o bien incorporar en cualquier número de platillos. Los frijoles son muy nutritivos y asequibles comparados con otras fuentes de proteína, y tal vez lo mejor de todo es que a los niños pequeños les encantan.

Hoy en día es fácil encontrar muchos frijoles frescos y secos en los mercados agrícolas y tiendas de comestibles de buena calidad. La primavera es la temporada de las habas frescas. (Las habas secas están ampliamente disponibles, pero acostumbro cocinar con frescas). A finales del verano, entre agosto y septiembre, busco las diversas variedades de frijoles frescos y maduros que están disponibles por muy poco tiempo. Son un verdadero tesoro de finales de verano y principios de otoño. A diferencia de sus contrapartes secas, los frijoles frescos no necesitan remojarse y se cocinan muy rápidamente. Y durante el invierno hay muchas variedades de frijoles secos, que les dan variedad y color a los menús de invierno.

Los frijoles se secan con el tiempo. Los frijoles recién cosechados también se hinchan y se cocinan rápidamente luego de remojarse. Creo que es mejor comprar frijoles secos en grandes cantidades, ya que es más probable que sean de una cosecha reciente. Los frijoles más viejos tardan mucho más tiempo en remojarse y cocinarse, y no tienen tan buen sabor. Muchas veces se cocinan de forma desigual; unos se convierten en papilla, mientras que otros quedan duros. Si no puede encontrar frijoles orgánicos de buena calidad en su área, hable con el gerente de producción de la tienda y con los agricultores en el mercado agrícola. Hágales saber que usted quiere frijoles. Mientras tanto, puede ordenar frijoles orgánicos por correo o por Internet.

Variedades de frijoles

Esta es una lista breve de algunas variedades; la diversidad de frijoles secos, lentejas y chícharos es sorprendente. Según mi experiencia, las variedades tradicionales de frijol suelen ser más sabrosas que muchas de las variedades más comunes. Pruebe diferentes variedades hasta encontrar sus favoritas.

Los cannellini son los frijoles blancos que más utilizo. De sabor suave y con una textura cremosa, son ideales para muchos platos italianos y franceses. Otros frijoles blancos son: haricots blancs, white runner, soldados europeos, Great Northerns, navy y frijoles pequeñitos de arroz.

Los frijoles cranberry tienen un color café rojizo claro, y manchas cafés oscuras. Gorditos y llenos de sabor, son los típicos frijoles para *pasta e fagioli*, *ribollita* y otros platos italianos. Se encuentran frescos a finales verano y de otoño, y secos durante todo el año. Hay muchas variedades similares, con lindos nombres como borlotti, ojo de cabra, y lengua de fuego.

Los frijoles "flageolet" son diminutos, de color verde claro, con un distintivo sabor vegetal y una textura relativamente firme. Se utilizan para acompañar cordero y pato en la cocina francesa.

Los frijoles lima son exquisitos cuando están frescos. Una de las variedades que más me gusta, frescos y secos, son los Christmas; son enormes, de color café con manchas rosadas, y tiene un sabor único a nuez.

Los frijoles pintos son un ingrediente básico de la cocina mexicana y de la tex-mex. Son sabrosos, ya sean enteros o fritos en manteca de cerdo y triturados. Muchas variedades tienen un sabor excepcional, incluyendo los frijoles flor de mayo, flor de junio, y serpiente cascabel.

Los frijoles negros son la base de muchas cocinas latinoamericanas. Le dan un maravilloso sabor terroso a las sopas, pero a menudo tardan más en cocinarse que otras variedades.

Las lentejas no son frijoles exactamente; tienen forma de lentes, pertenecen a otra especie de legumbre seca, y los hay de muchos colores. Se cocinan rápidamente y no necesitan remojarse. Hay muchas variedades, pero las que más uso son las pequeñas lentejas verdes francesas y las beluga negras, porque mantienen su forma durante la cocción. También me encantan las lentejas amarillas, rojas y anaranjadas, utilizadas en la India para sopas y purés.

Frijoles carita o de ojo negro (y sus primos, los chícharos "crowder"): son utilizados en algunos platos clásicos sureños. Aunque son difíciles de desgranar, vale la pena probarlos frescos. Me encantan con ejotes y hierbas en ragús.

Los garbanzos son duros y densos cuando están secos y tardan un poco más en cocinarse que los otros frijoles. A finales de verano es posible encontrar garbanzos frescos, y tienen un color verde y delicado. (La harina de garbanzos se utiliza en muchos platos interesantes).

Frijoles de soya: los cocino frescos en agua hirviendo con sal, y los sirvo en sus vainas con sal marina (también se les llama edamame). Cómalos sin nada más, retirándolos de las vainas. Son un *snack* saludable y les gustan a los niños.

Cómo remojar y cocinar frijoles

Los FRIJOLES SECOS se cocinan mejor si se remojan durante varias horas. Sugiero remojarlos desde la noche anterior. Cubra los frijoles con mucha agua para evitar que sobresalgan por encima de la superficie luego de absorber el agua y se abulten demasiado. Yo los cubro al menos con tres porciones de agua por una de frijoles. Si los frijoles no se sumergieron completamente durante la noche, algunos se cocinarán a un ritmo diferente de los otros, y el resultado será unos frijoles pocos cocinados y otros cocinados en exceso. Escurra después de remojar y utilice agua fresca para cocinarlos.

En todo el mundo, los frijoles se cocinan tradicionalmente en ollas de barro (y por alguna razón parece que saben mejor), pero puede hacerlo en cualquier olla no reactiva. Escoja una olla ancha para que los frijoles no queden muy profundos; de lo contrario, los frijoles serán difíciles de remover y los que están en el fondo de la olla quedarán aplastados. Asegúrese de usar suficiente agua para removerlos con facilidad: el nivel del agua siempre debe estar aprox. una pulgada, por encima de los granos. Si utiliza muy poca agua, los frijoles se amontonarán y tenderán a deshacerse cuando los remueva. Peor aún, podrían pegarse y quemarse en el fondo de la olla. Es mejor añadir la sal hacia el final de la cocción para que los frijoles se mantengan tiernos.

REGLA GENERAL

1 libra de frijoles secos =

2 tazas de frijoles secos =

6 tazas de frijoles cocinados

Una vez cocinados, los frijoles deben estar tiernos pero firmes, aunque es mejor que queden más cocinados de lo normal, y no menos. No deben quedar al dente ni crujientes. La mejor manera de comprobar esto es morder uno. Comience a probarlos después de una hora de cocción. Deje reposar en su líquido antes de escurrirlos cuando estén completamente cocinados. Si los escurre inmediatamente después de cocinar, la piel se agrietará y tendrán un aspecto pastoso.

No es necesario remojar los frijoles de vaina; simplemente desgránelos y vierta en una olla. Cubra con agua por un máximo de 1½ pulgadas aprox., ya que no absorben mucha agua. Agregue la sal al principio y comience a probar 10 minutos después. Los frijoles pueden tardar hasta una hora en cocinarse dependiendo de la variedad, pero por lo general estarán listos en mucho menos tiempo.

Puede condimentar los frijoles al final de la cocción y servirlos de inmediato, o puede enfriarlos, condimentados o no, refrigerarlos (o congelar) en su líquido, y utilizar más adelante.

REGLA GENERAL

1 libra de frijoles frescos =
1 taza de frijoles
desvainados =
1 taza de frijoles cocinados

Frijoles blancos con romero y ajo

RINDE 3 TAZAS DE
FRIJOLES

Remoje desde la noche anterior en 4 tazas de agua:

1 taza de frijoles secos blancos (cannellini, white runner, Great Northern, navy, y otros)

Escurra y vierta en una olla pesada. Cubra con dos 2 pulgadas de agua. Lleve a ebullición. Reduzca el fuego y retire la espuma. Deje cocinar a fuego lento por 2 horas aprox., hasta que los frijoles estén tiernos. Añada más agua si es necesario durante la cocción.

Sazone al gusto con:

Sal

Caliente a fuego lento en una cacerola o sartén de fondo grueso:

¼ de taza de aceite de oliva extra virgen

Añada:

4 ajos picados en trozos grandes
1 cucharadita de hojas de romero, picadas en trozos grandes

Cocine hasta que el ajo esté suave, por 2 minutos aprox. Remueva los frijoles, pruebe la sal, y rectifique si es necesario. Deje reposar unos minutos antes de servir para que los sabores se incorporen.

VARIACIÓN

• Las hojas de salvia o de ajedrea de invierno o verano son alternativas deliciosas al romero.

Sazonando frijoles

La clave para unos frijoles llenos de sabor es cocinarlos hasta que estén tiernos y luego agregar ingredientes frescos como ajo y hierbas.

LOS FRIJOLES COCINADOS Y SERVIDOS con una sazón sencilla —con ajo y romero, como los cannellini de la receta anterior— son uno de los muchos deliciosos platos a base de frijoles —sopas, gratinados, purés y otros— que saben mejor cuando su aroma primario aparece después de la cocción inicial. A veces agrego ajo con hierbas, o un poco de cebolla cuando los frijoles se están cocinando por primera vez, pero he visto que el buen sabor se acentúa más cuando se agregan después de la cocción inicial. El sabor añadido puede ser cualquier cosa, desde un chorro de aceite de oliva a una salsa de tomate compleja, dependiendo del platillo. Por ejemplo, en el clásico platillo italiano llamado *fagioli all'uccelletto* (que significa "frijoles sazonados como un pájaro pequeño"), los frijoles se cocinan a fuego lento en una salsa de tomate con ajo y un montón de salvia. Un ejemplo de la cocina mexicana son los *frijoles refritos*, que luego de la primera cocción, se fríen en manteca de cerdo con ajo y cebollas salteadas, y se trituran después. (Hay excepciones a la regla, y una que acude a mi mente es la pierna de jamón o un hueso de prosciutto, que se utiliza para darle sabor a los frijoles, y que se puede añadir al principio de la cocción lenta de los frijoles).

Se debe escurrir la mayor parte del líquido antes de añadir los aromas finales. (Reserve el líquido de la cocción para hacer una deliciosa base para sopas, o para humedecer un gratinado). Agregue los aromas cuando los frijoles estén listos. Siga cocinando juntos durante al menos 10 minutos para permitir que los sabores impregnen los frijoles.

Para hacer gratinados como la receta siguiente, rehogue primero las cebollas, las zanahorias y el apio. Sazone los vegetales al gusto antes de añadir a los frijoles para que aporten todo su sabor. Los frijoles son muy magros, y agregarles un poco aceite o grasa les da un mejor sabor.

Frijoles cranberry gratinados

6 PORCIONES

Remoje durante la noche en 4 tazas de agua:

1¼ tazas de frijoles borlotti o cranberry

Escurra y cubra en una olla con 2 pulgadas de agua fría. Lleve a ebullición. Reduzca el fuego y retire la espuma. Hierva a fuego lento por 2 horas aprox., hasta que los frijoles estén tiernos. Añada más agua si es necesario durante la cocción.

Sazone al gusto con:

Sal

Deje enfriar los frijoles en su líquido. Mientras tanto, corte en cubos finos:

½ cebolla (¼ de taza aprox., en cubitos)

1 zanahoria pequeña pelada ((¼ de taza aprox., en cubitos)

1 tallo de apio pequeño (¼ de taza aprox., en cubitos)

Caliente en una cacerola de fondo grueso:

¼ de taza de aceite de oliva

Añada los vegetales picados y cocine hasta que estén tiernos, por 10 minutos aprox.

Agregue:

4 dientes de ajo, en rodajas finas

6 hojas de salvia fresca, picadas

Sal

Cocine por 5 minutos y agregue:

½ taza de tomates orgánicos picados, frescos o en lata

Cocine por 5 minutos. Pruebe y agregue sal si es necesario.

Escurra los frijoles y reserve el líquido. Mezcle los frijoles con los vegetales y vierta en un plato para hornear de tamaño mediano. Pruebe la sal. Agregue líquido de los frijoles casi hasta cubrir. Rocíe con:

¼ de taza de aceite de oliva extra virgen

Cubra con:

½ taza de Migas de pan tostado (página 63)

Hornee durante 40 minutos en un horno precalentado a 350°F y revise de vez en cuando. Si el gratinado se está secando, vierta un poco de líquido de los frijoles con una cuchara (hágalo por los bordes, para que las migajas no se humedezcan).

Cubrir los frijoles con aceite y migas de pan les da una capa deliciosa y crujiente.

VARIACIONES

◆ Los frijoles gratinados, frescos y de vaina, son aún más sabrosos. Desgrane 3 libras de frijoles cranberry frescos. Cubra con una pulgada de agua. Lleve a ebullición, reduzca a fuego lento y empiece a comprobar el grado de cocción 20 minutos después aprox.

◆ También puede preparar los frijoles cocinándolos con los tomates y las verduras durante 10 minutos antes de servir, sin gratinarlos.

◆ Puede sustituir la salvia por otras hierbas: ensaye con ½ cucharada de romero, tomillo, ajedrea de verano o invierno, mejorana, perejil u orégano finamente picados.

Habas frescas

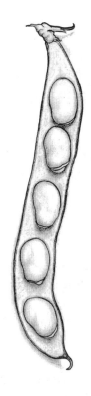

Las habas son un anuncio de la primavera. Al igual que otros tipos de frijoles, se forman en las vainas, y están cubiertas por una piel dura y ligeramente amarga. Las primeras cosechas dan habas verdes brillantes y pequeñas, y son tan tiernas que no necesitan pelarse. Si no se comen crudas directamente de la vaina, saben muy bien si se cocinan brevemente en un poco de agua y aceite o mantequilla. Las habas siguen madurando, crecen en tamaño y tienen más almidón a medida que avanza la temporada. Ya se pueden sacar de sus vainas, retirarles la piel, cocinarlas y hacer un puré delicioso y verde que me encanta servir con crutones crujientes o con carne asada. A finales de la temporada, las habas se vuelven amarillas, secas, y demasiado maduras para comerse de este modo.

Las habas requieren un poco de preparación, pero su sabor delicado y su color valen la pena el esfuerzo. Sacar las habas de sus vainas suaves y gruesas es una actividad agradable que incluso los niños pequeños disfrutarán. Una manera fácil de desgranar las habas es tomar una con las manos, doblar la vaina contra los pulgares y presionar hacia afuera. Después de esto hay que retirarles la piel opaca que recubre el exterior. (Aunque en la cocina mediterránea se deja algunas veces; esto aumenta el tiempo de cocción y las habas tendrán un sabor diferente). Para ello, sumerja las habas en agua hirviendo hasta que la piel sea fácil de retirar; tomará menos de un minuto, así que ensaye con una. (Si se cocinan por mucho tiempo, se aplastarán cuando les retire la piel). Escurra las habas y ponga en un recipiente con agua helada. Escurra y saque las habas cuando estén frías, cortando la piel con la uña y sacando las habas con los dedos.

No cocine las habas con piel a fuego muy alto, sino a fuego medio-bajo. Remueva de vez en cuando mientras se cocinan y añada un poco de agua si ve que se están secando. Estarán listas cuando puedan aplastarse hasta formar una pasta suave luego de presionarlas con una cuchara.

A todos los tipos de frijoles, ya sea frescos consejos, se les pueden agregar varios ingredientes y preparar purés sabrosos. Me encanta el puré de frijoles cannellini, de frijoles cranberry, y de frijoles pintos refritos. Otro aperitivo delicioso son los garbanzos con aceite de oliva y chile picante en puré, servido con pan plano o galletas.

Puré de habas

RINDE 3 TAZAS APROX.

Las habas frescas y maduras tienen un mayor contenido de almidón que los frijoles de tamaño pequeño y le dan mejor sabor a un puré.

Hierva una olla de agua mientras desgrana:

4 libras de habas

Blanquee rápidamente en el agua hirviendo y deje enfriar en agua helada. Escurra y desgrane las habas.

Caliente en una cacerola de fondo grueso:

½ taza de aceite de oliva

Agregue:

4 dientes de ajo, en rodajas

1 rama de romero

Sal

½ taza de agua

Cocine las habas hasta que estén muy tiernas, removiendo de vez en cuando y agregue más agua si es necesario. Las habas estarán listas cuando se aplasten con facilidad con el dorso de una cuchara, en 15 minutos aprox. Triture con una cuchara o con un prensa purés.

Agregue:

¼ de taza de aceite de oliva extra virgen

Pruebe y sazone con sal si es necesario. Añada agua si es necesario. Sirva de inmediato o a temperatura ambiente.

Pastas y polenta

Pasta fresca

Espaguetini con aceite y ajo

Polenta y pastel de polenta

LA PASTA Y LA POLENTA son dos de los grandes pilares de la despensa y de la mesa italiana. Una caja de pasta seca y otros pocos alimentos pueden convertirse en una comida rápida sin mucha planificación; y la polenta, que es simplemente harina de maíz, también es muy versátil y excepcionalmente sabrosa. La pasta y la polenta se preparan de forma similar, en agua hirviendo con sal, y en su forma más simple se pueden servir solo con mantequilla o aceite y un poco de queso. También me gusta hacer pasta fresca, debido a que su textura se adapta particularmente bien a ciertos platillos, como la lasaña horneada y los fideos cortados a mano con una salsa o guiso de carne, y es esencial para la elaboración casera de ravioles y canelones.

Cómo hacer pasta fresca

La masa para pasta se puede hacer con muchas horas de antelación y refrigerarse hasta el momento de amasar.

LA PASTA FRESCA, por lo menos la versión que hago con mayor frecuencia, consiste simplemente en huevos y harina. La idea de hacer pasta en casa puede parecer intimidante, pero les aseguro que es sorprendentemente fácil. La parte más dispendiosa es amasarla, aunque una máquina de manivela hace que este trabajo sea rápido y fácil. (Puede conseguir una en tiendas de segunda mano y en ventas de garaje).

La harina es el ingrediente principal de la pasta. La que uso con más frecuencia es la harina cruda, orgánica y para todo uso. (La harina blanqueada, además de tener productos químicos, tiene muy poco sabor y hace una masa pegajosa). Para diferentes sabores y texturas, las harinas integrales como las de trigo entero, alforfón, farro y otras, se pueden sustituir hasta por la mitad de la harina; si usa una mayor cantidad, la masa se desmenuzará con facilidad y no se podrá amasar tan fina como se requiere en algunas recetas. La harina de trigo duro es excelente para hacer pasta, pero por desgracia, es difícil de encontrar; si la consigue, sustituya hasta la mitad de toda la harina. La sémola se obtiene al moler el trigo duro, pero es una harina muy gruesa y dura como para hacer pasta al huevo. Experimente hasta encontrar sus harinas y proporciones preferidas.

Para hacer la masa a mano, mida la harina en un recipiente amplio. Rompa los huevos en otro tazón y bata ligeramente para mezclar las yemas y las claras. Haga un agujero en la harina (con una cuchara o con la mano) y vierta los huevos batidos. Use un tenedor para remover como si se tratara de huevos, raspando poco a poco la harina de los lados. Continúe removiendo con las manos si la mezcla de huevo y harina se vuelve demasiado dura. Cuando se haya absorbido casi toda la harina, extienda la masa sobre una superficie ligeramente enharinada y amase ligeramente hasta que se una; no estará completamente suave. Envuelva en una bolsa plástica y deje reposar una hora a temperatura ambiente (o más si va a refrigerar). La masa debe reposar para que el gluten que se ha activado por la agitación y el amasado se suavice, haciendo que sea más fácil de manipular y amasar.

Para hacer la masa con una batidora de pie, vierta la harina en el recipiente y agregue lentamente los huevos mientras mezcla a baja velocidad, hasta que la masa comience a aglutinarse en grumos pequeños y húmedos. Extienda sobre una superficie ligeramente enharinada y amase. Cubra y deje reposar siguiendo las instrucciones anteriores.

He descubierto que es mucho más fácil trabajar con una masa húmeda, especialmente cuando se amasa con las manos (y no se compacta tan rápido como una masa seca). La textura ideal es una masa que se una fácilmente pero no que no sea pegajosa. Si la masa está seca y se desmorona después de mezclarla, humedezca con un poco de agua. Añada más si es necesario, poco a poco, pero sin mojar mucho. Puede agregar más harina si la masa está demasiado húmeda y pegajosa, pero deje reposar por lo menos una hora. La harina variará de un lote a otro, así que lo que parecía ser la cantidad perfecta de líquido en una ocasión, puede ser demasiada o muy poca en otra.

La pasta se puede amasar a mano o con una máquina. Los rodillos de la máquina hacen unos fideos perfectamente suaves, mientras que hacerlo a mano ofrece interesantes irregularidades en la superficie para que la salsa se adhiera, añadiendo matices y sabores. Recomiendo amasarla una vez a mano para probar y sentir la diferencia.

Mezcle la masa en la máquina enrollándola, doblándola en tercios y enrollándola de nuevo.

Para estirar la masa con una máquina para hacer pasta, aplane la bola de la masa con las manos, abra la máquina al máximo y pase la masa por los rodillos mientras le da manivela lentamente, pero sin pausa. (Si está haciendo una gran cantidad de masa, divida en bolas pequeñas para no sobrecargar la máquina). Doble la masa en tres partes como si doblara una carta y pásela de nuevo por la máquina hasta amasar bien. Espolvoree un poco de harina si la masa está pegajosa. Suavice la harina con la mano antes de estirar la masa de nuevo. Doble y estire dos veces más; la masa debería estar suave y sedosa. En caso contrario, amase una vez más.

Una vez amasada, la masa está lista para estirarse. Pásela una vez más por el ajuste más amplio de la máquina y vaya estrechando cada vez que pase la masa. A medida que la masa comienza a alargarse y adelgazarse, ponga la otra mano (no con la que está dando manivela) con mucha suavidad sobre la masa mientras da manivela, para que la masa mantenga su rumbo y no se atasque debajo de los rodillos. Examine bien la consistencia de la pasta; si se vuelve pegajosa, espolvoree un poco de harina, y nivele esta con la mano. (Cualquier grumo de harina hará agujeros en la masa). Para manipular la pasta mientras la enrolla, doble la lámina de masa a medida que sale de la máquina como si doblara un papel. A continuación, pase un extremo de la pasta laminada por los rodillos en el ajuste más delgado. La masa se desenrollará mientras pasa por la máquina.

Los fideos al huevo cortados a mano, como el pappardelle, son perfectos para servir con un guiso o con salsa boloñesa.

Puede cortar la masa cuando haya alcanzado el grosor deseado. Tenga en cuenta que la pasta se expandirá un poco mientras se cocina, así que si no sabe qué tan delgada debe estirar la masa, corte y cocine un poco de fideos. Si son demasiado gruesos y sólo necesitan un pequeño ajuste, pase la pasta por el mismo orificio. La mayoría de los fabricantes de pasta ofrecen accesorios para cortar, pero puede hacerlo manualmente; tendrán un agradable aspecto casero y una textura irregular. Corte la masa en hojas de 12 a 16 pulgadas de largo y apile una sobre otra, espolvoreando una buena cantidad de harina entre las hojas. Doble la pila por la mitad y a lo largo, y doble de nuevo por la mitad. Corte a través de masa para hacer fideos tan anchos como desee. Mezcle con un poco de harina para despegarlos (me encanta la forma en que los fideos caen en mis dedos), y extienda en una bandeja o molde. Cubra con papel pergamino o con un paño fino y refrigere si no va cocinarlos de inmediato. Para lasaña, canelones, ravioles y otras pastas rellenas, corte las hojas de pasta en cuadrados más grandes o colóquelas en bandejas grandes y rellene posteriormente.

La pasta fresca absorbe una gran cantidad de agua, por lo que se debe cocinar con una buena cantidad de agua hirviendo con sal. Remueva para evitar que los fideos se peguen. La pasta estará lista cuando los fideos estén bien cocinados pero tengan una textura firme y agradable (*"al dente"*, decir, al diente). La pasta fresca se cocina con mucha rapidez, de 3 a 6 minutos, dependiendo del grosor de los fideos.

Pasta fresca

4 PORCIONES

PASTA FRESCA QUE
PUEDE HACER

linguine

fettuccine

pappardelle

lasaña

canelones

fazzoletti

cappelletti

agnolotti

raviolis

tortellini

*Los fideos frescos
cortados a mano, como
el fettuccine y el linguine,
van bien con salsas
cremosas o mantecosas,
y con ingredientes
delicados como chícharos
y prosciutto.*

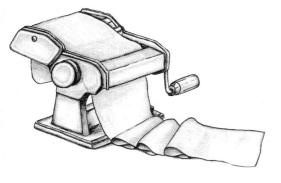

Mida y vierta en un tazón:

2 tazas de harina

Mezcle en otro recipiente:

2 huevos

2 yemas de huevo

Haga un pozo en la harina y vierta los huevos. Mezcle con un tenedor como si batiera huevos, incorporando la harina poco a poco. Termine de mezclar con las manos si la harina está demasiado dura para mezclarla con un tenedor. Extienda la masa en una superficie enharinada y amase ligeramente. O vierta la harina en una batidora de pie y agregue los huevos mientras mezcla a baja velocidad. Mezcle hasta que la masa comience a unirse, añadiendo unas gotas de agua si la masa está seca y quebradiza. Apague y amase según las instrucciones anteriores. Forme la masa en un disco y envuelva en una bolsa plástica. Deje reposar por lo menos una hora antes de enrollar.

Amase con las manos sobre una tabla ligeramente enharinada o con una máquina. Si utiliza una máquina, pase la pasta por el ajuste más amplio, doblando en tres partes y pasando por la máquina de nuevo. Repita dos más veces y luego enrolle, disminuyendo una muesca en la máquina en cada ocasión, hasta que la pasta tenga el grosor deseado. Corte en fideos.

VARIACIONES

◆ Para fideos con hierbas, mezcle la harina con un ¼ de taza de perejil, orégano o tomillo picado, o 2 cucharadas de romero o salvia antes de añadir los huevos.

◆ Para hacer fideos de espinaca, saltee ligeramente un ¼ de libra de espinacas en un poco de mantequilla hasta que estén tiernas. Deje enfriar, exprima todo el líquido y mezcle con un con 1 huevo y 1 yema de huevo hasta que esté suave. Utilice este puré en lugar de los huevos.

Cómo hacer canelones y raviolis

PARA HACER CANELONES, extienda la pasta y corte las hojas en rectángulos de 4 por 3 pulgadas aproximadamente. Cocine en agua hirviendo con sal hasta que estén listos. Enfríe en un tazón grande con agua y extienda los rectángulos sobre una tela. No los apile, pues se pegarán entre sí a menos que los pincele primero con aceite de oliva o mantequilla derretida.

Vierta un poco del relleno en un tercio de la pasta con una cuchara o manga pastelera. Enrolle suavemente la pasta y haga un popote o pitillo grande. Acomode los canelones con la costura hacia abajo en una bandeja para hornear engrasada con mantequilla. Hornee con salsa, caldo, o mantequilla derretida y queso durante 20 minutos a 400° F.

Para hacer raviolis, estire la pasta hasta que esté delgada y corte en láminas de 14 pulgadas de largo aprox. Mantenga las láminas de pasta bien enharinadas debajo una toalla para evitar que se sequen mientras trabaja con una hoja. Con una manga pastelera o cuchara, vierta 1 cucharada del relleno sobre un tercio de una hoja de pasta. Deje un espacio sin cubrir entre cada relleno de 1½ pulgadas aprox. Rocíe con muy poca agua. Doble la mitad superior de la pasta sobre la mitad inferior y expulse suavemente todo el aire de los raviolis comenzando por el pliegue, presionando las dos capas de pasta con las yemas de los dedos. Cuando haya presionado los raviolis, utilice un rodillo o cortador en zigzag para retirar el borde inferior y cortar entre cada relleno. Separe los ravioles y acomode en una bandeja espolvoreada con harina, sin que se toquen entre sí para evitar que se peguen. Cubra con un paño o papel pergamino y refrigere hasta que vaya a cocinarlos. Mantenga refrigerados hasta el momento de la cocción para evitar que el relleno se filtre a través de la pasta, ya que los raviolis podrían pegarse a la sartén.

Cocine los raviolis en agua hirviendo con sal de 5 a 6 minutos, o hasta que la pasta esté lista. Escurra y vierta en una fuente o en platos individuales. Agregue la salsa y decore a su gusto.

Cómo cocinar pasta seca

AUNQUE LOS ESPAGUETIS son uno de los favoritos de siempre, hay fideos de muchas formas y variedades que merecen igual atención. Sin importar los que elija, la cocción adecuada y la salsa hacen toda la diferencia. Estos son algunos consejos para un delicioso platillo de pasta.

El agua juega un papel importante en la cocción y en el aderezo de la pasta. Cocine la pasta en una cantidad abundante de agua hirviendo con

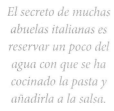

El secreto de muchas abuelas italianas es reservar un poco del agua con que se ha cocinado la pasta y añadirla a la salsa.

sal. La pasta absorbe el agua mientras se cocina y se pegará si los fideos están muy apretujados. Lleve el agua a ebullición completa antes de agregar los fideos para que se muevan constantemente y no se depositen en el fondo de la olla. Remueva una o dos veces al principio de la cocción para evitar que se peguen entre sí o al fondo de la olla. Salar los fideos hará que estén sazonados antes de agregarles la salsa, y tendrán más sabor. No es necesario agregar aceite al agua. Si lo hace, es probable que los fideos no se peguen (cosa que no sucederá si les ha agregado suficiente agua), pero el revestimiento aceitoso que adquieren durante la cocción evita que la salsa se adhiera a los fideos en el plato. Y a menos que haga una ensalada de pasta, no enjuague los fideos después de cocinarlos, ya que esto les quita todo el almidón exterior que le añade textura y sabor a la salsa.

Cocine la pasta al dente: debe estar firme al morderla, y sin el núcleo blanco en el centro. Pruebe un fideo de vez en cuando para ajustar el punto de cocción; el núcleo blanco es señal de que la pasta necesita más cocción. Los fideos de huevo secos se cocinan con bastante rapidez (5 a 6 minutos) mientras que los fideos más rústicos tardarán mucho más (10 a 13 minutos). Cuando la pasta esté cocida, escurra de inmediato para evitar que se siga cocinando. Reserve siempre un poco del agua de la cocción antes de escurrir, ya que puede ser muy útil para la salsa de la pasta.

Existen métodos diferentes para combinar la pasta con la salsa. Una de ellas es agregar la pasta escurrida directamente a la salsa y mezclar. (Recomiendo sazonar los fideos con un poco de sal antes de agregarlos a la salsa, especialmente si se utiliza una salsa muy sencilla). Otra opción es mezclar los fideos con aceite o mantequilla y queso y un poco de salsa, servir en platos, y luego agregarles más salsa; esto funciona bien para pastas con salsa de carne. Otra alternativa es escurrir la pasta cuando le falte un poco para estar lista y terminar la cocción en la salsa durante unos minutos. Esto sólo funciona con salsas jugosas, ya que la pasta continuará absorbiendo líquidos mientras se cocina. El agua de la cocción reservada antes de escurrir los fideos es muy útil para diluir salsas espesas o fideos pegajosos, y está llena del sabor y la textura de la sal y el almidón de los fideos. Si hace esto, tendrá un platillo mucho más ligero que si añade más aceite, mantequilla o salsa.

Los fideos son más adecuados para ciertas salsas según su variedad. Los grandes y gruesos van bien con salsas espesas y abundantes, los fideos de huevo se complementan bien con salsas a base de mantequilla o con un ragú de carne, y los fideos largos y delgados saben bien con salsas a base de tomate y de aceite de oliva como la siguiente.

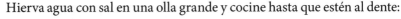

Espaguetini con aceite y ajo

4 PORCIONES

Puede hacer esta pasta en sólo 15 minutos y aunque su despensa esté casi vacía.

Hierva agua con sal en una olla grande y cocine hasta que estén al dente:

1 libra de espaguetini

Mientras tanto, caliente en una cacerola de fondo grueso a fuego medio-bajo:

⅓ de taza de aceite de oliva extra virgen

Cuando el aceite esté un poco caliente, añada:

4 dientes de ajo, finamente picados

3 ramas de perejil, sin tallos, con las hojas picadas

Una pizca de hojuelas de chile picante

Sal

Cocine hasta que el ajo esté suave y apague el fuego cuando empiece a chisporrotear. No deje que se dore ni se queme.

Escurra la pasta cuando se termine de cocinar, reservando una parte del agua de la cocción.

Añada los fideos a la salsa en la sartén con una pizca de sal y remueva.

Pruebe la sazón y agregue un poco del agua de la cocción si es necesario. Sirva de inmediato.

VARIACIONES

• Duplique la cantidad de perejil, o añada otras hierbas tiernas picadas, como albahaca, mejorana o ajedrea de verano.

• Agregue ⅔ de taza de tomates cherry lavados y partidos por la mitad al aceite un minuto después de añadir el ajo.

• Adorne con queso parmesano rallado.

• Añada unas cuantas aceitunas negras y/o anchoas picadas con el ajo y el perejil.

• Sustituya el fettuccine al huevo por espaguetini, y la mantequilla por aceite.

Cómo hacer polenta

La POLENTA ES UN PLATILLO MUY SIMPLE, elaborado con harina de maíz cocida en agua. Es muy sabrosa y notablemente versátil, al igual que la pasta. La polenta es suave cuando termina de cocinarse, pero adquiere una consistencia firme al enfriarse; puede freírse, prepararse a la parrilla o al horno. Suave o firme, la polenta es deliciosa para acompañar una carne asada o estofada, o en una salsa con tomates, carne u hongos. Para variar, puede agregar granos de maíz o habas frescas. La polenta también se puede transformar en un delicioso pastel, formando capas con verduras cocidas, queso y salsa. Ya sea elaborada con maíz amarillo o blanco, la polenta es más gruesa que la harina de maíz, pero más fina que la sémola de este cereal. Cuando está fresca, tiene un olor dulce y un color amarillo brillante. Al igual que todos los cereales, se debe almacenar en un lugar fresco y oscuro, y desechar si está vieja.

Cocinar la polenta a fuego lento durante una hora desarrolla un profundo sabor a maíz y una textura liviana.

Cocine la polenta en abundante agua hirviendo. La proporción aproximada es de cuatro porciones de agua por una de polenta. Esto varía dependiendo de la variedad del maíz y del grosor y la frescura de la polenta; cada lote que compre puede ser ligeramente diferente. Elija una olla de fondo grueso para cocinar la polenta y evitar que se pegue y se queme; utilice un supresor de llama si no tiene una olla pesada. Lleve el agua a ebullición rápida y añada la polenta en un flujo lento y continuo, mientras agita constantemente con un batidor. Apague el fuego y siga batiendo 2 o 3 minutos, hasta que la polenta esté suspendida en el agua y no se asiente en el fondo de la olla. (Esto ayuda a evitar que se pegue al fondo de la olla). Sazone con sal y cocine la polenta a fuego mínimo, removiendo ocasionalmente, por una hora aprox. La polenta estará totalmente suave y cocinada 20 o 30 minutos después, pero un tiempo de cocción más largo hace que desarrolle todo su sabor. La polenta espesa estará muy caliente, así que tenga cuidado al agitar y probarla. Acostumbro servir un poco en un plato pequeño y enfriar antes de hacer esto.

La polenta debe tener una consistencia suave y cremosa. Si se vuelve gruesa o dura durante la cocción, añada agua para mantener la consistencia adecuada. Si agrega una cantidad excesiva de agua y la polenta se vuelve más líquida y fina, simplemente siga cocinando para evaporar el agua. La polenta se endurecerá rápidamente si no se mantiene caliente, así que apague el fuego y cubra la olla para mantenerla suave y caliente por 20 minutos aprox., o mantenga por más tiempo en una olla doble, o introduciendo la olla en un recipiente más grande con agua caliente, al baño María. Puede agregarle mantequilla o aceite de oliva y queso a la polenta para enriquecerla y darle más sabor. El queso parmesano es el más utilizado, pero puede ensayar con otros como fontina, cheddar, o pecorino. El mascarpone o queso azul es un complemento sofisticado para terminar un platillo de polenta suave.

Para hacer polenta firme, esparza uniformemente la polenta suave y caliente sobre una bandeja para hornear con bordes (no es necesario engrasarla). Una profundidad de una pulgada funciona bien para la mayoría de los casos. Deje reposar la polenta a temperatura ambiente o refrigere hasta que cuaje. No cubra hasta que se haya enfriado. La polenta firme se puede cortar en diversas formas para hornear, asar a la parrilla o freír. Para hornear, unte con aceite y hornee a 350°F por 20 minutos, o hasta que la polenta esté crujiente; para preparar a la parrilla, unte aceite con un cepillo y ponga en una parrilla sobre brasas calientes; asegúrese de que la parrilla esté caliente para evitar que se pegue. Para freír, use grasa superficial o profunda. La polenta se endurece cuando se enfría, pero si la polenta está muy fina o tiene mucha mantequilla o aceite, puede desmoronarse si se fríe o prepara a la parrilla.

El pastel de polenta se hace con varias capas —ya sea de polenta suave recién hecha, o de polenta fría y firme— y con salsa de tomate, de carne, o pesto, así como con verduras cocidas u otros vegetales, y queso. El pastel de polenta se puede preparar con anticipación, y podrá calentarlo cuando desee.

Polenta

4 PORCIONES

REGLA GENERAL

1: 4

1 parte de polenta por
4 partes de agua

Hierva en una olla de fondo grueso:

4 tazas de agua

Añada mientras hierve:

1 taza de polenta

1 cucharadita de sal

Reduzca el fuego y añada constantemente hasta que la polenta esté suspendida en el agua y no se asiente en el fondo de la olla. Cocine durante 1 hora, removiendo ocasionalmente a fuego mínimo. Añada agua si la polenta está muy espesa.

Agregue:

3 cucharadas de mantequilla o aceite de oliva

½ taza de queso parmesano rallado

Pruebe y agregue más sal si es necesario. (Tenga cuidado al probar la polenta, ya que estará muy caliente.) Mantenga tibia hasta el momento de servir, o vierta y deje enfriar en una bandeja para hornear con bordes.

VARIACIONES

* Saltee 1 taza de granos frescos de maíz por 4 minutos, sazone con sal, y agregue a la polenta preparada.
* Agregue 1 taza de habas sin vaina a la polenta terminada.
* Reemplace el queso parmesano por fontina, pecorino o cheddar.

Pastel de polenta

6 PORCIONES

Prepare:

4 tazas de polenta suave (vea la página 92)

Prepare:

2 tazas de Salsa sencilla de tomate (página 264)

Ralle:

1 taza de queso parmesano

Corte a un ¼ de pulgada de grosor:

½ libra de mozzarella fresco (de 2 bolas medianas aprox.)

Engrase una fuente de cerámica o bandeja para hornear de poca altura. Vierta 1⅓ tazas de polenta, agregue el resto de la salsa de tomate y del queso mozzarella. Rocíe con la mitad del queso parmesano rallado. Añada las ⅓ tazas restantes de polenta y deje reposar el pastel por un mínimo de 30 minutos antes de hornear. Precaliente el horno a 350°F quince minutos antes de hornear. Hornee hasta que esté caliente y burbujeante, por 30 minutos aprox.

VARIACIONES

✦ Prepare una receta de Acelgas con cebolla (página 309), y vierta la mitad de la acelga cocida sobre cada capa de queso parmesano rallado.

✦ Haga el pastel con polenta firme, corte los pedazos, vierta en la bandeja y haga capas como se explica anteriormente.

✦ Agregue 2 tazas de vegetales cocidos (por ejemplo, vegetales verdes, frijoles secos o maíz) a la polenta y haga capas con salsa y queso.

✦ Utilice 1 taza de Pesto (página 230) en lugar de la salsa de tomate o en adición a esta.

✦ Utilice 1 taza de queso fontina rallado en lugar del mozzarella.

✦ Utilice 2 tazas de Salsa boloñesa (página 227) o de Ragú de hongos (página 228) en lugar de la salsa de tomate.

Arroz

Arroz corriente

Arroz pilaf rojo

Risotto bianco

UN PLATILLO DE arroz es tan básico, reconfortante y adaptable a la alimentación diaria como el pan. Existen más de 40.000 variedades de arroz derivadas de una sola especie, la *Oryza sativa*, y se dividen en dos categorías: de grano corto o largo. Las variedades de granos cortos, gruesos, y almidonados se han cultivado y consumido tradicionalmente en Japón, Corea, partes de China y de Europa (las variedades que se cultivan para hacer paella en España y para el risotto en Italia son de grano corto). Las diversas variedades de grano largo, que son relativamente menos pegajosas y tienen granos más finos y largos, incluyen el fragante arroz basmati de la India, el arroz jazmín de Tailandia y el arroz Carolina de los Estados Unidos.

Cómo preparar arroz corriente

Para quienes cocinan arroz con frecuencia o todos los días, una olla arrocera es muy útil y casi a prueba de errores. Funciona mejor para arroz de grano corto, y para sushi.

Si ha preparado mucho arroz (y es más fácil preparar mucho que poco), utilícelo el día siguiente. Caliente con un poco de agua en una olla cubierta o prepare como arroz frito.

Cada grano de arroz está cubierto por una capa de salvado y se encuentra dentro de una cáscara cuando es cosechado, ya sea de grano corto o largo. El arroz integral es aquel al que se le ha retirado la cáscara. Cuando la capa de salvado del arroz integral se muele y se remueve, el resultado es el arroz blanco, el cual se cocina con mayor rapidez, tiene menos sabor a nuez, y es mucho más suave que el arroz integral. (Lo que se conoce como arroz salvaje es el núcleo de la semilla casi negra de otra planta diferente: una hierba acuática y silvestre de América del Norte). El arroz corriente puede ser fundamental en una comida rápida, como por ejemplo, en un sushi preparado en casa, en un platillo caliente de arroz japonés de grano corto y pegajoso, acompañado con pescado en rodajas, zanahorias y pepinos en rodajas finas, y hojas de alga crujiente, o en un almuerzo completamente satisfactorio de sopa de lentejas doradas con ajo y comino, servido con un delicado arroz basmati.

Inicialmente me parecía difícil preparar arroz corriente, aunque yo sabía objetivamente que consistía simplemente en cocinar los granos de arroz secos en líquido, cubiertos o sin cubrir, hasta que estuvieran hechos. Y, de hecho, el arroz se puede hervir en una cantidad abundante de agua y escurrir cuando esté listo, o puede utilizar sólo el agua, que se evaporará y será absorbida por el arroz durante el tiempo que tarda en cocinarse a la perfección. Puede utilizar también una combinación de estos métodos. La clave es aprender las proporciones correctas de agua por arroz. El arroz puede ser desagradablemente pegajoso, por lo que determinadas variedades se benefician de un lavado preliminar para eliminar el exceso de almidón. (El tipo de arroz que se usa para el risotto y la paella no se lava, ya que el almidón extra es un ingrediente esencial en estos platos). Para lavar arroz, vierta en un tazón grande, cubra con agua fría y mueva el arroz, frotándolo entre las manos de vez en cuando. Retire el agua cuando esté turbia, (un colador le será útil), y repita el proceso hasta que el agua esté transparente o casi transparente. Escurra bien el arroz. Si la receta indica que hay que remojarlo, hágalo en este momento. Cubra por lo menos con una pulgada de agua (o con la cantidad especificada en la receta) y remoje durante el tiempo requerido.

Para cocinarlo por el método más simple de absorción, mida el arroz y el agua en una olla, lleve a ebullición, baje de inmediato a fuego lento, cubra la olla herméticamente, y cocine el arroz hasta que el agua se absorba, de 15 a 20 minutos aprox. para arroz blanco, y por 40 minutos aprox. para arroz integral. El arroz absorbe diferentes cantidades de líquido según su variedad: 1 taza de arroz integral absorbe 2 tazas de agua, 1 taza de arroz blanco de grano largo absorbe 1½ tazas aprox., y 1 taza de arroz blanco de grano corto absorbe sólo 1 taza y 2 cucharadas de agua. Muchos cocineros siguen el segundo método de absorción ofrecido aquí; le añaden una pizca de sal y una cucharadita de mantequilla o de aceite de oliva a cada taza de arroz, tanto para darle más sabor como para evitar que los granos se peguen entre sí. Independientemente del método que utilice, deje reposar cubierto el arroz cuando esté hecho, de 5 a 10 minutos para que se esponje antes de servir. Esto hace que los granos se esponjen con mayor facilidad, porque se separan un poco cuando se han enfriado ligeramente.

¿Cómo saber si toda el agua ha sido absorbida? Aunque algunas personas dicen que esto arruina el arroz, puede levantar la tapa y remover el arroz para echarle un vistazo a la parte inferior de la olla. ¡Les aseguro que no arruinarán el arroz! Si todavía está húmedo, es probable que necesite más tiempo de cocción. Si el fondo de la olla está seco, seguramente el arroz estará listo. Pruebe un grano: si está demasiado duro y no hay agua en la olla, vierta unas cucharadas de agua caliente sobre el arroz y siga cocinando. Pero si el arroz parece hecho pero todavía está húmedo, retire la tapa y cocine hasta que el agua se evapore.

Para cocinar el arroz, hierva un litro de agua salada por cada taza de arroz. Agregue el arroz y cocine a fuego alto hasta que esté tierno pero no blando. El arroz blanco estará en 6 o 7 minutos si lo ha remojado previamente; en caso contrario, tardará de 10 a 12 minutos. El arroz integral tarda por lo menos 30 minutos. Una vez cocinado, escurra bien el arroz y mezcle con sal si es necesario, y agregue un poco de mantequilla o aceite de oliva.

Otra forma de hacer el arroz es combinando los métodos de absorción y ebullición: hiérvalo por 6 o 7 minutos en agua abundante hasta que esté casi tierno; escurra y vierta de nuevo en la olla con mantequilla o aceite, tape herméticamente, y hornee en un horno caliente por 15 a 20 minutos adicionales. El arroz quedará relativamente seco, esponjoso y se mantendrá caliente y agradable.

El basmati es un arroz de grano largo, del norte de la India. Se añeja por un año o más, concentrando su sabor y aroma, y haciendo que crezca en granos finos y esponjosos cuando se cocinan.

Arroz corriente: Absorción (primer método)

3 A 4 PORCIONES

Este es mi método preferido para cocinar un arroz de grano corto, como el arroz japonés para sushi.

Enjuague o lave:

1 taza de arroz de grano corto

Escurra bien y vierta en una cacerola de fondo grueso con:

1 taza y 2 cucharadas de agua fría

Cubra y deje hervir a fuego medio-alto. Reduzca inmediatamente a fuego a bajo y cocine hasta que el agua se haya absorbido, por 15 minutos aprox. Apague el fuego y deje reposar cubierto por otros 10 minutos. Sirva.

VARIACIONES

* Añada una pizca de sal y 1 cucharadita de mantequilla o aceite de oliva a la olla antes de cocinar.
* Para arroz de grano largo, lave bien y aumente el agua a 1½ tazas.
* Para arroz integral, aumente el agua a 2 tazas y el tiempo de cocción a 40 minutos.

Absorción (segundo método)

3 A 4 PORCIONES

El arroz basmati es mi favorito; me encanta su aroma tostado y su textura delicada.

Lave bien, cambiando el agua algunas veces:

1 taza de arroz basmati, u otro de grano largo

Vierta en una cacerola de fondo grueso con:

Una pizca de sal

2 tazas de agua

Deje remojar por 30 minutos. Cuando esté listo para cocinar, agregue:

1 cucharada de mantequilla

Lleve a ebullición y cocine sin tapar, hasta que el agua se absorba y la superficie del arroz esté cubierta de orificios. Reduzca a fuego bajo y cubra bien. Cocine durante 7 minutos. Apague el fuego y deje reposar 10 minutos. Remueva suavemente para esponjar el arroz. Sirva.

VARIACIÓN

* Añada una cucharadita de azafrán a la mantequilla.

Arroz de grano largo hervido y horneado

3 A 4 PORCIONES

Esta es forma práctica de cocinar una gran cantidad de arroz con antelación y mantenerlo tibio, para evitar el estrés de prepararlo en el último minuto.

Lave bien, cambiando el agua algunas veces:

1 taza de arroz basmati o de otro grano largo

Cubra con agua por 1 pulgada, y remoje durante 20 minutos aprox. Lleve a ebullición en una olla de fondo pesado:

1 litro de agua salada

Escurra el arroz, añada al agua hirviendo y cocine de 6 a 7 minutos.

Pruebe el arroz. Los granos deben estar ligeramente al dente, o duros en el centro. Escurra bien y vierta de nuevo en la olla. Caliente hasta que se derritan:

2 cucharadas de mantequilla

1½ cucharadas de leche o agua

Vierta la mezcla de mantequilla sobre el arroz y tape la olla herméticamente con papel aluminio o con una tapa ajustada. Hornee a 350°F durante 15 minutos hasta que esté seco y esponjoso.

Cómo hacer arroz pilaf

El PILAF ES UN ARROZ DELICIOSO salteado previamente en grasa, y que luego se cocina en un líquido sazonado (es diferente de un risotto porque el líquido es absorbido por completo). El pilaf también puede llevar frutos secos, especias, algunas hortalizas, o incluso un guiso de carne complejo dependiendo de la receta. Acostumbro hacer pilafs sencillos como el de arroz rojo que incluyo a continuación; para acompañar con quesadillas y frijoles negros, o un arroz pilaf basmati con azafrán y cebollas para acompañar un ragú de verduras. El arroz de grano largo es utilizado por lo general en pilafs, aunque algunas cocinas utilizan arroz de grano corto.

Saltear el arroz antes de añadir los líquidos enriquece el sabor del platillo y cubre cada grano con grasa. Esto, así como un lavado a fondo, evita que el arroz se pegue o quede terroso. El aceite de oliva y la mantequilla son las grasas más utilizadas. Añada un poco de aceite para evitar que la mantequilla se queme mientras saltea el arroz, o use mantequilla clarificada (ver página 125).

La cebolla se suele saltear por unos minutos en la grasa antes de añadir el arroz. Cuando se ha salteado el arroz, se vierte un líquido aromático sobre él y se lleva a ebullición. El pilaf se cocina cubierto y a fuego lento, hasta que todo el líquido se haya absorbido, por 15 minutos aprox. Dependiendo de los tiempos de cocción, las verduras y carnes se añaden a veces con el líquido, o después de que el arroz lleva un tiempo cocinándose. El tomate que aparece en el pilaf rojo de esta receta se añade al principio para colorear el arroz de manera uniforme. Una vez esté listo, deje reposar el pilaf unos 10 minutos antes de servir.

Arroz pilaf rojo

3 A 4 PORCIONES

Saltee el arroz hasta que tenga un color ligeramente dorado para un sabor a frutos secos.

Caliente en una olla de fondo grueso:

1½ cucharadas de aceite de oliva

Añada y cocine a fuego medio hasta que esté transparente, por 5 minutos aprox.:

1 cebolla pequeña, finamente picada

Remueva y cocine por 5 minutos:

1 taza de arroz de grano largo, enjuagada y escurrida

Añada:

2 dientes de ajo, finamente picados

1 tomate pequeño, pelado, sin semillas y finamente picado

(o 2 tomates ciruela, en lata o frescos)

½ cucharadita de sal (o menos si utiliza caldo sazonado)

2 cucharadas de cilantro picado

Remueva y cocine por 1 o 2 minutos. Vierta:

1½ tazas de caldo de pollo o de agua

Lleve a ebullición, reduzca a fuego bajo y cubra bien. Cocine hasta que que todo el líquido se absorba y el arroz esté tierno, por 15 minutos aprox. Apague el fuego y deje reposar cubierto durante 10 minutos antes de servir.

VARIACIONES

• Cuando haya cocinado el arroz cubierto por 7 minutos aprox., añada vegetales como chícharos, ejotes verdes cortados, o flores de coliflor o brócoli. Cubra y siga cocinando hasta que el arroz esté listo. Deje reposar durante 10 minutos. Remueva el arroz y las verduras justo antes de servir.

• Agregue trozos de pollo asado (sin huesos), o de cerdo asado o estofado antes de cubrir y cocinar el arroz por los últimos 15 minutos.

• Suprima los tomates y agregue ¼ de taza de cilantro.

• Utilice arroz basmati, remoje 20 minutos en agua y escurra. Saltee cebolla en cubitos y añada el arroz con una pizca generosa de hebras de azafrán.

• Cocine por unos minutos más y añada el caldo o el agua y la sal, y cocine cubierto hasta que esté hecho.

Cómo hacer risotto

El RISOTTO ES UN DELICIOSO PLATO ITALIANO de arroz, cocinando en su propia salsa cremosa. Considerado por muchos como un platillo muy elaborado y propio de restaurantes, el risotto es realmente un platillo completo que agrada a todos los paladares. Se prepara con arroz almidonado de grano corto que adquiere un sabor concentrado y una textura caldosa cuando se humedece con adiciones sucesivas de caldo.

De las variedades de grano corto que se han desarrollado en el norte de Italia para el risotto, la más conocida es el Arborio; otras son el Vialone Nano (un arroz de grano extra corto), Baldo y Carnaroli, mi favorito. Todas estas variedades tienen granos cortos y abultados que pueden absorber una gran cantidad de líquido al mismo tiempo que conservan algo de integridad textural (se dice que los granos tienen una buena textura al morderlos), con abundante almidón superficial para hacer que el risotto sea cremoso.

Debido a que el arroz para el risotto se cocina en grasa antes de añadir el caldo, use una olla pesada, preferiblemente de acero inoxidable o de hierro fundido esmaltado, pues de lo contrario, el arroz se quemará con demasiada facilidad. Elija una olla con paredes relativamente altas (pero no tanto que sea difícil de agitar, y que impida la evaporación), y de un diámetro lo suficientemente ancho para que al añadir arroz crudo, este quede entre un cuarto y media pulgada de profundidad.

El primer paso es preparar una base llena de sabor a base de cebolla picada y salteada. La cebolla se cocina hasta que esté suave en una cantidad generosa de grasa (por lo general mantequilla, pero algunas veces se utilizan aceite de oliva, médula de carne, e incluso grasa de tocino). Cuando las cebollas están blandas, se añade el arroz y se saltea unos pocos minutos. En italiano se le llama la "*tostatura*"; el objetivo es cubrir y sellar cada grano de arroz. El arroz empezará a crepitar y a volverse translúcido, pero no debería tener un color café. En este punto se añade un poco de vino para agregar un poco de acidez y sabor a frutas. Utilizo ½ taza de vino aprox. para 1½ tazas de arroz, pero nunca me molesto en medirla: simplemente agrego vino hasta llegar a la parte superior del arroz, pero sin cubrirlo. Esto funciona para cualquier cantidad de arroz y es mucho más fácil que hacer cálculos o mediciones. Agregar el vino antes que el caldo hará que se reduzca y pierda el sabor del alcohol. Puede utilizar vino tinto o incluso cerveza. Si no tiene una botella de vino, añadir una cucharadita aprox. de vinagre de vino a la primera adición del caldo le dará una acidez semejante a la del vino.

Las hebras de azafrán, utilizadas típicamente para darle sabor y color al risotto, son los estambres de una flor recolectados a mano. Utilice una pequeña cantidad para que su sabor no sea muy abrumador.

Añada el caldo cuando el vino se haya absorbido. Casi siempre utilizo un caldo de pollo liviano, pero los caldos de verduras, hongos y mariscos también son excelentes para el risotto.

Tenga en cuenta que el risotto será tan bueno como el caldo que utilice. Los caldos sin sazón o ligeramente condimentados son los mejores. Muchas recetas sugieren mantener el caldo a fuego lento (en otra sartén) durante todo el tiempo de cocción del risotto. Esto no es necesario, y de hecho, prefiero no hacerlo. Mientras más tiempo se cocine el caldo, más se reducirá, y su sabor podría ser demasiado fuerte y concentrado. Hiervo el caldo mientras cocino la cebolla y luego lo apago; se mantiene caliente.

La primera adición de caldo debe cubrir apenas el arroz. Ajuste el calor para mantener un fuego constante, y con un hervor vigoroso. No es necesario remover el risotto constantemente, pero no se debe descuidar. Cuando el nivel ha bajado lo suficiente para dejar el arroz al descubierto, agregue más caldo hasta cubrir. No permita que el caldo se evapore completamente, pues el almidón se coagulará y se quemará. Añada caldo continuamente y en pocas cantidades; el arroz no debe estar inundado ni permitir que se seque.

Sazone el arroz con sal desde el principio. Mi regla personal es salar el risotto cuando hago la segunda adición de caldo. Esto permite que la sal penetre en los granos de arroz mientras se cocinan. La cantidad de sal necesaria depende de la salinidad del caldo que utilice. Un risotto tarda de 20 a 30 minutos en estar desde el momento en que el arroz se añade a la cebolla. Pruebe con frecuencia para no descuidar la sazón y el punto de cocción del arroz. La última adición de caldo es el factor que decide la consistencia del risotto. Si le agrega una cantidad excesiva de líquido, el risotto quedará espeso y se cocinará más de lo debido; si le agrega muy poca, quedará pesado y no se alcanzará a cocinar. Es fácil añadir más caldo que retirarlo.

Agregue un poco de mantequilla y un puñado de queso parmesano rallado cuando el arroz esté casi hecho, y listo para la última adición de caldo. Agite bien la olla, apague el fuego y deje reposar un par de minutos; este procedimiento, llamado la *mantecatura*, es el gran final que le da una cremosidad maravillosa al almidón. El risotto debe estar perfectamente cocinado, el arroz tierno y con textura (pero no blanco en el centro), y la salsa debe estar suelta, pero no muy espesa. Sirva de inmediato y deje sin cubrir, pues de lo contrario, el arroz seguirá absorbiendo líquido y cocinándose aunque el fuego esté apagado.

El *risotto bianco*, o risotto blanco, es delicioso sin nada más, pero es también una base a la que puede agregarle casi cualquier cosa: carnes, verduras, mariscos, quesos, y mucho más. Una buena regla a seguir cuando agregue ingredientes crudos es duplicar el tiempo de cocción normal. Por ejemplo, los chícharos o el camarón, que tardan de 4 a 5 minutos en cocinarse en agua hirviendo, deben añadirse al risotto 10 minutos antes, cuando el arroz lleve un poco más de la mitad de la cocción. Los vegetales de larga cocción —como las zanahorias— se pueden saltear con las cebollas. Los purés de vegetales, y las carnes y vegetales que se han cocinado aparte, se pueden incorporar al final. Los hongos se pueden saltear y agregar en dos etapas: al principio, para darle sabor al caldo, y al final, para un contraste de sabores y texturas. Añada el azafrán y las hierbas más fuertes con las cebollas, pero agregue las hierbas tiernas justo antes de servir. La ralladura de cítricos se puede agregar en dos etapas, al igual que los hongos, y si se añaden en cantidad, se deben blanquear con antelación. No es necesario agregar queso a algunos risottos, especialmente a los preparados con mariscos.

Risotto bianco

4 PORCIONES

Si queda muy poco caldo al final de la cocción, disuélvalo con un poco de agua caliente.

Derrita a fuego medio en una cacerola de fondo pesado de 2½ a 3 litros:

2 cucharadas de mantequilla

Añada:

1 cebolla pequeña, finamente picada

Cocine hasta que la cebolla esté blanda y transparente, por 10 minutos aprox.

Añada:

1½ tazas de arroz risotto (Arborio, Carnaroli, Baldo, o Vialone Nano)

Cocine el arroz, removiendo de vez en cuando, hasta que esté transparente, por 4 minutos aprox. No deje que se dore.

Mientras tanto, en otra sartén, lleve a ebullición y luego apague:

5 tazas de caldo de pollo

Vierta sobre el arroz salteado:

½ taza de vino blanco y seco

Cocine, removiendo con mucha frecuencia hasta que todo el vino se haya absorbido. Añada 1 taza de caldo de pollo tibio y cocine a fuego lento y vigoroso, removiendo ocasionalmente. Vierta otra ½ taza de caldo y agregue un poco de sal (la cantidad depende de la salinidad del caldo) cuando el arroz comience a espesar. Siga añadiendo el caldo de a ½ taza cada vez que el arroz se vuelva grueso; no deje secar el arroz. Empiece a comprobar el punto de cocción y la sazón del arroz 12 minutos después. Cocine hasta que el arroz esté tierno pero firme en el centro, de 20 a 30 minutos. La adición final de caldo es la más importante: añada sólo lo suficiente para terminar de cocinar el arroz, pero sin que se vuelva asopado. Cuando el arroz esté casi hecho, agregue:

1 cucharada de mantequilla

⅓ de taza de queso parmesano rallado

Agite vigorosamente para que el almidón quede cremoso. Apague el fuego, deje reposar 2 minutos y sirva. Añada un chorrito de caldo si el arroz está muy espeso.

VARIACIONES

* El vino tinto o la cerveza se pueden sustituir por vino blanco.
* Si no tiene vino, agregue 1 cucharadita de vinagre con la primera adición de caldo.
* Puede añadir romero o salvia a la cebolla mientras la saltea.
* Puede agregar una pizca de azafrán a las cebollas mientras las saltea.

Al horno

Pollo asado

Pierna de cordero asada

Vegetales con raíz al horno

Una ave de corral gorda o un trozo grande de carne, bruñidas por el calor y servidas enteras; tradicionalmente se han celebrado días festivos, y numerosas familias lo han festejado con este tipo de alimentos al horno, y todavía se acostumbra agasajar a nuestros familiares y amigos con este tipo de viandas. Hace varios siglos, la carne se cocinaba en espetones y en brasas de leña, mientras que hoy en día se suele cocinar al calor de un horno convencional. De cualquier manera, y si se hornea con cuidado, la carne tendrá una superficie dorada con sabores concentrados, y un interior húmedo y tierno. Y cuando se deja reposar, se puede partir en rebanadas jugosas. Las chuletas, piernas y costillas —como los cortes de costilla, las piernas de cordero y el lomo de cerdo, y también las aves enteras, como pollos y pavos— son ideales para hornear. Y recuerde que los vegetales también se benefician del dorado y del sabor proporcionado por el horneado.

Cómo hornear un pollo

Me encanta asar un pollo con muchos dientes de ajo sin pelar. Se cocinan en un puré suave; puede exprimirlos de la piel y mezclar con los jugos y el pollo.

Un POLLO ASADO, gordo, dorado y jugoso es perfecto para toda ocasión, desde una fiesta a una cena familiar. Por suerte, es un platillo fácil de preparar, especialmente si sigue estos consejos.

Primero y ante todo: consiga un pollo que haya sido bien criado. Dado que los pollos son tan baratos y ampliamente disponibles, casi nunca pensamos de dónde vienen y cómo los crían. Infortunadamente, hoy en día la mayoría de los pollos provienen de ambientes industriales donde viven encerrados en pequeñas jaulas hacinadas, con el pico extirpado, y alimentados con una dieta que contiene muchos antibióticos y suele incluir subproductos animales. Estas condiciones son insalubres y estresantes para las aves (y también para los trabajadores) y producen pollos de una integridad y un sabor dudosos. Los pollos o gallinas orgánicas son alimentados con granos orgánicos, sin antibióticos ni hormonas, están menos encerrados y tienen mejores condiciones de vida, dando lugar a aves sanas y sabrosas. Tener este tipo de aves es lo que hace que un pollo asado sea realmente delicioso. Los pollos libres y orgánicos se pueden encontrar en algunos mercados agrícolas. Son criados por lo general en grupos pequeños y en pastos al aire libre, y son los más sabrosos de todos. Si su carnicería o mercado local no venden pollo orgánico, puede ayudar a crear una demanda al pedirles que lo hagan.

Si es posible, sazone el pollo con sal un día o dos antes de asarlo. Si va a asarlo el mismo día que lo compra, adóbelo tan pronto llegue a casa. El adobo impregnará el ave, haciendo que la carne sea más tierna, jugosa y sabrosa. Mezcle 1½ cucharadita de sal y ¼ de cucharadita de pimienta negra recién molida. Retire la envoltura del pollo. Si está envuelto en papel, reserve. Gire las puntas de las alas y métalas debajo del ave para evitar que se quemen mientras se asan. Espolvoree la sal y la pimienta por dentro y por fuera del pollo, vuelva a empacar y guarde en el refrigerador. Si lo desea, puede frotar las hierbas y el ajo debajo la piel. Afloje suavemente la piel y deslice gruesas rebanadas de ajos pelados, clavos de olor y ramitas tiernas de hierbas frescas, y cubra los muslos y pechugas.

Saque el pollo del refrigerador al menos una hora antes de cocinar. Un ave fría sacada directamente del refrigerador no se asará de manera uniforme; el exterior se cocinará, pero no el interior. Precaliente el horno a 400°F. Ase el pollo en una fuente o plato para hornear que tenga casi el mismo tamaño del pollo. Si utiliza una fuente muy grande, los jugos que despide el pollo mientras se asa comenzarán a quemarse y despedir humo. Recomiendo utilizar un plato de cerámica o una fuente pequeña para asar, así como una sartén refractaria o un molde de pastelería. Engrase ligeramente el recipiente, ponga el pollo con la pechuga arriba, y hornee 20 minutos; luego coloque el pollo con las pechugas hacia abajo. Girar el pollo ayuda a que se cocine uniformemente gracias a la circulación de los jugos y de la grasa por toda el ave, y hace que la piel se dore y quede crujiente. Gire la pechuga de pollo de nuevo después de otros 20 minutos, y hornee hasta que esté hecha.

Un pollo de 3½ a 4 libras tarda casi una hora en cocinarse. Empiece a comprobar el punto de cocción unos 50 minutos después. El ave estará lista cuando las piernas y muslos no tengan un color rosado y la pechuga esté jugosa y tierna. Cuando adquiera un poco de experiencia, podrá juzgar el grado de cocción de un ave asada al verla, pero tendrá que practicar un poco al principio. No tenga miedo de cortar el pollo. Los muslos son las últimas partes que se terminan de cocinar, así que córtelo cerca de la articulación que está entre la pierna y el muslo. La carne debe estar caliente y haber perdido su color rojo. He asado una gran cantidad de pollos, y siempre me guío por las señales visuales: sé que el pollo está listo cuando la piel de los muslos se ha empezado a separar de la carne. También sacudo ligeramente la pierna, y si se mueve libremente, sin replegarse, esto me confirma lo que ya me ha dicho la piel. Es importante que el pollo esté bien cocinado, pero es igualmente importante que no quede excesivamente cocinado. Un pollo reseco y excesivamente cocinado es un desperdicio.

Deje reposar el pollo en un lugar cálido por un mínimo de 10 a 15 minutos antes de servir. Los jugos se asentarán, la temperatura interna se estabilizará, y el pollo estará mucho más suculento que si lo corta de inmediato. Pase el pollo a un plato caliente. Retire la grasa de los jugos que quedan en la sartén y conviértalos en una salsa o *gravy*, o vierta en una jarra y lleve a la mesa.

Corte el pollo asado a través de la piel que hay entre el muslo y la pechuga. Ponga el ave de nuevo en el molde para hornear ya que despedirá una gran cantidad de jugos. Incline el pollo hacia adelante para drenar los jugos y luego retírelo del molde. Doble o retire la pierna del cuerpo y localice la articulación de la rabadilla con el cuchillo, cortando firmemente hacia abajo y a través de la articulación para cortar la pierna. Para desprender el muslo, sujete el nudillo de la pierna y corte a través de la articulación de la parte interior. Para retirar la pechuga, comience por la horquilla en la parte superior de la pechuga: deslice la punta de su cu-

Los jugos que despide un pollo asado son realmente deliciosos. Después de retirar la grasa, me gusta añadirle un poco de caldo de pollo al pan, raspar todos los pedacitos dorados y hornear hasta que se espesen y concentren. Remojar los restos jugosos con un poco de pan es un verdadero placer: ¡es mi bocado favorito!

chillo en cada lado del esternón. A continuación, corte hacia abajo y a lo largo de la horquilla en dirección a las alas. Deslice el cuchillo debajo de la carne, levantándolo de la caja torácica. Por último, sostenga la carne y corte hacia abajo a través de la articulación del ala, removiendo la pechuga y el ala en una sola pieza. Puede cortar en rodajas o por la mitad en sentido diagonal, dejando la parte del ala ligeramente más pequeña. Reserve los huesos para hacer un caldo delicioso.

Pollo asado

4 PORCIONES

Retire las menudencias de la cavidad de:

1 pollo de 3½ a 4 libras

La cavidad tiene grandes cantidades de grasa; retire y deseche. Ponga las puntas de las alas hacia arriba o hacia abajo para evitar que se quemen. Sazone con 1 o 2 días de antelación, si es posible. Espolvoree por dentro y por fuera con:

Sal y pimienta negra recién molida

REGLA GENERAL

20 minutos hacia arriba

20 minutos hacia abajo

20 minutos hacia arriba

Cubra y refrigere. Saque y vierta en una fuente ligeramente engrasada, con la pechuga hacia arriba por lo menos 1 hora antes de hornear. Precaliente el horno a 400°F. Hornee por 20 minutos, gire la pechuga hacia abajo, y hornee otros 20 minutos. A continuación, gire la pechuga hacia arriba otra vez y ase hasta que esté hecha, por otros 10 a 20 minutos. Deje reposar 10 a 15 minutos antes de cortar.

VARIACIONES

* Introduzca unas ramitas tiernas de tomillo, ajedrea, romero o debajo de la piel de las pechugas y muslos antes de asar.
* Introduzca unas cuantas rodajas gruesas de ajo debajo de la piel, con o sin hierbas.
* Rellene la cavidad del ave con hierbas, ya que perfumarán la carne mientras el pollo se asa. Llene toda la cavidad.

Cómo asar carne

El aceite de oliva y las ramitas de hierbas frescas esparcidas en un asado son un adobo delicioso y rápido.

Un cuchillo afilado de hoja larga y delgada es muy útil en un asado. Se mantendrá afilado si lo pasa unas cuantas veces por una chaira.

Un asado bien sazonado y en su punto es un platillo elegante y sencillo de preparar, y muy útil para alimentar a un buen número de familiares o amigos. Si no se tienen los conocimientos suficientes en materia de asados, la carne a la parrilla puede ser una perspectiva intimidante, así que éstas son algunas reglas básicas para preparar un delicioso asado en casa.

Sé que estoy repitiendo, pero la mejor carne procede de animales que han sido criados en pastos y alimentados orgánicamente. Las granjas industriales pueden producir una gran cantidad de carne barata, pero esto supone un gran costo para la salud de la tierra, de los animales, de las personas que la consumen y de las que participan en su producción. La carne de los animales criados en buenas condiciones no sólo es más sabrosa, sino que su compra apoya a quienes cuidan la tierra, creando una relación de mutua recompensa. Es muy importante buscar mercados y carniceros que tengan este tipo de carne.

Algunos cortes de carne se pueden comprar con o sin hueso. Asar carne con hueso producirá un mejor asado, pues la carne retendrá sus jugos y añadirá sabor mientras se cocina. La pierna, la espaldilla, las costillas y el lomo de cordero; el lomo de cerdo con hueso, el lomo y las costillas de cerdo son algunos ejemplos de cortes que se pueden asar con el hueso. Se puede retirar el hueso antes de partir la carne para facilitar el corte. También puede cortarla en la cocina y servirla en un plato; es lo que acostumbro hacer la mayor parte del tiempo.

Sazonar la carne con anticipación da lugar a un asado más jugoso, tierno y sabroso. Está bien salar la carne un día antes, pero hacerlo con dos o tres días de antelación es aún mejor, especialmente para un asado grande. Recomiendo adobar la carne con hierbas frescas o con condimentos secos pocas horas antes, o incluso desde la noche anterior.
Es importante que la carne esté a temperatura ambiente antes de asarla. Si se asa fría, se cocinará de forma muy desigual. La parte exterior se cocinará por completo antes de que el interior tenga la oportunidad de calentarse. Saque la carne del refrigerador por lo menos una hora antes de asar, o dos horas antes si tiene hueso.

Una buena temperatura para asar es de 375°F. Utilice una sartén un poco más grande que la carne y dele vuelta dos veces durante la cocción. La primera, cuando la carne se haya dorado, después de 20 o 30 minutos, y luego al cabo de otros 20 minutos, cuando la parte inferior se haya dorado. Dele vuelta y termine de hornear. Esto hace que la carne se dore de manera uniforme, y que los jugos y la grasa se distribuyan mientras la

REGLA GENERAL

Temperaturas internas para la carne asada:

Cordero, medio a crudo

128°F

Res, medio a crudo

120 a 125°F

Cerdo, medio a medio crudo

135°F

carne se cocina. (Si la carne es pequeña, dore en una sartén con un poco de aceite a fuego alto antes de llevarla al horno. En ese caso, no necesita darle vuelta, a menos que se dore demasiado en la parte superior). Si va a asar una costilla de cordero, un lomo de cerdo con hueso, o una costilla de res, acomode la carne en la sartén con los huesos hacia abajo. No necesita darle vuelta a este tipo de carnes.

¿Cómo saber cuándo está la carne? Yo la pincho para ver si está bien asada, pero siempre tomo la temperatura interna para estar segura. Un termómetro de lectura instantánea se puede insertar en cualquier parte de la carne e inmediatamente revelará la temperatura interior. Para una lectura más precisa, inserte el termómetro longitudinalmente en la parte más gruesa de la carne, paralela al hueso (pero sin tocarlo). Se recomienda medir la temperatura en la parte más fría de la carne, ya que le indicará dónde está menos terminada. Retiro la carne de cordero cuando está a 128°F, la carne de res o vacuno a 120°F y el lomo de cerdo a 135°F. Estas temperaturas son para un cordero y res a término medio, y para un cerdo a término medio-crudo. La carne es más tierna, jugosa y llena de sabor a estas temperaturas. Si prefiere la carne más cocinada, incremente hasta diez grados de temperatura por cada nivel de cocción: 138°F para una pierna de cordero a término medio, por ejemplo.

Es muy importante dejar reposar la carne asada antes de cortar y servir. Esto hace que la temperatura interna se estabilice y que los jugos se asienten. El tiempo mínimo recomendado para reposar un asado es de 20 minutos (puede dejar reposar por mucho más tiempo sin efectos negativos si mantiene la carne en un lugar cálido para que no se enfríe demasiado). La carne se sigue cocinando cuando se saca del horno; la temperatura interna continuará aumentando durante un tiempo mientras reposa. Si corta la carne de inmediato, el interior quedará a medio cocinar y los jugos se secarán con mayor rapidez, teniendo como resultado porciones de carne secas y cocinadas de forma desigual.

Los jugos en reposo y los pedazos crujientes de color café que se acumulan en el fondo de la bandeja son ideales para una deliciosa salsa o *gravy*. Retire la grasa de los jugos, raspe los pedacitos crujientes de la bandeja y añada un chorrito de vino si desea. Vierta con una cuchara sobre la carne cortada o sirva en una jarra y lleve a la mesa.

Pierna de cordero asada

10 PORCIONES

Una manera excelente de darle sabor y perfumar una pierna de cordero es asarla en una cama de tomillo o en ramas de romero.

Para mantener la carne caliente mientras reposa, cubra con papel aluminio como si fuera una carpa. No la cierre herméticamente ni la selle, pues la carne se seguirá cocinando.

Uno o dos días antes de asar, deje sólo una fina capa de grasa de:

1 pierna de cordero con hueso, de 7 libras aprox.

Sazone con:

Sal y pimienta negra recién molida

Si la pierna no tiene hueso o está parcialmente deshuesada, ate con un hilo de algodón si es necesario para un asado uniforme. Cubra y refrigere. Saque la carne del refrigerador por lo menos 2 horas antes de cocinar, y vierta en una sartén para asar un poco más grande que la pierna. Precaliente el horno a 375°F. Ase la pierna de cordero durante 30 minutos, o hasta que se dore en la parte superior, luego dele la vuelta y cocine otros 20 minutos, o hasta que la parte inferior esté dorada. Gire de nuevo y termine la cocción hasta que un termómetro de lectura instantánea marque 128°F en el interior de la carne. Empiece a comprobar la temperatura 45 minutos después; el tiempo de cocción será de 1 hora y 20 minutos aprox. Deje reposar 20 minutos en un lugar cálido.

Para cortar una pierna de cordero con hueso, sujete el mango del hueso con una servilleta o paño y corte lonchas finas del músculo grande y redondo en el extremo trasero, deslizando el cuchillo (siempre lejos de usted) casi paralelo al hueso. Gire la pierna y corte algunos pedazos de la parte más delgada. Puede cortar la pierna en sentido perpendicular al hueso. Un cuchillo afilado facilitará mucho esta labor. Puede retirar también los principales músculos del hueso y cortar en rodajas en la cocina.

VARIACIONES

+ Frote tomillo seco en la grasa con la sal y la pimienta.
+ Rocíe la pierna con aceite de oliva y romero picado cuando la haya sacado del refrigerador y esté a temperatura ambiente.
+ Triture semillas de hinojo y añada a la sal y a la pimienta cuando sazone el cordero.
+ Ase el cordero en una parrilla a fuego bajo. Rocíe con aceite de oliva, usando una rama de romero a manera de cepillo.

Vegetales asados

Cuando sirvo verduras asadas, mis invitados me preguntan a menudo: "¿Cómo las cocinaste? ¡Están deliciosas!". "Les puse un poco de aceite y sal, y las llevé al horno", es mi respuesta. Ellos arquean las cejas en señal de incredulidad, pero es verdad: asar verduras es así de fácil y quedan deliciosas. Mientras los vegetales se asan, sus sabores se intensifican y sus bordes dorados y caramelizados le agregan dulzor y textura. Se utiliza muy poco aceite, por lo que también son muy *light*. Casi todos los vegetales se pueden asar, ya sea solo con un poco de sal y aceite de oliva, o con ajo, hierbas y especias para añadirles sabor. Los factores críticos para asar vegetales son: la forma en la que se cortan, se condimentan y se engrasan, y la temperatura del asado.

Los vegetales de invierno con raíz se deben pelar y cortar en trozos chicos, pero se pueden asar enteros si los vegetales son muy pequeños. Las zanahorias, los nabos, la raíz de apio, las colinabos, la chirivía y el kohlrabi son deliciosos asados. Corte las verduras en trozos que tengan casi el mismo tamaño para que se cocinen de manera uniforme y estén al mismo tiempo. Evite cortarlas en formas con bordes delgados, ya que tienden a quemarse antes de que el centro se cocine, y no las corte muy pequeñas, pues quedarán tostadas y perderán casi todo su sabor suave y vegetal.

Mezcle las verduras cortadas con las manos o con una cuchara en un recipiente grande, y cubra uniformemente con sal y aceite de oliva. Sólo necesitan una capa fina de aceite; si éste se acumula en el fondo del recipiente, habrá utilizado mucha cantidad. Pruebe un pedazo para ver si están sazonadas correctamente y siga agregando sal hasta que tengan un sabor adecuado. Coloque las verduras en una sola capa sobre una bandeja para hornear con paredes bajas. Esto hace que sea mucho más fácil remover las verduras durante la cocción y evitar que se resequen.

Cocine las verduras en un horno precalentado a 400°F. Los vegetales se secarán a una temperatura más baja, mientras que una temperatura más alta los quemará. Remueva los vegetales unas pocas veces durante la cocción, y pase al centro los que están en los bordes. Cocine hasta que estén tiernos y bien dorados. Inserte la punta de un cuchillo para ver si están listos, o mejor aún, pruebe uno (pero deje enfriar primero). No los dore demasiado: un dorado ligero hace que sean más dulces, pero tendrán un sabor amargo si quedan muy oscuros.

Las papas se pueden asar enteras. Utilice papas nuevas (o también alargadas o tipo "creamer"). Lave las papas y retire la cáscara si prefiere. Coloque en un plato para hornear que tenga paredes tan altas como las papas, o un poco más. Espolvoree con sal y rocíe con aceite de oliva. Añada una cabeza o más de ajo, con los dientes separados pero no pelados y unas ramitas de hierbas frescas. Agite la sartén ocasionalmente mientras que las papas se cocinan, y deles vuelta si se oscurecen mucho por encima o por debajo.

Las calabazas de invierno más pequeñas, como la Delicata y la bellota o Des Moines, se pueden asar en mitades y servir con la cáscara. Corte la calabaza por la mitad y retire las semillas con una cuchara, acomode las mitades con la parte cortada hacia arriba en una bandeja para hornear engrasada, rocíe un poco de aceite y espolvoree con sal, gire la parte cortada hacia abajo, y ase hasta que estén blandas. La calabaza butternut (o auyama) o la Delicata, partidas por la mitad y sin semillas pero con la cáscara, se pueden cortar en rodajas y colocar en una bandeja para hornear engrasada. La piel quedará tan tierna que se puede comer. La calabaza también se puede cortar en cubos y hornear; es deliciosa con muchas hojas de salvia fresca agregadas antes de la cocción.

Los espárragos gruesos y aliñados con aceite y sal también son deliciosos (sin embargo, retire las puntas). El tomillo de limón es una hierba misteriosa para acompañar los espárragos. Utilice espárragos grandes para asar, ya que los más pequeños tienden a ablandarse y secarse. Para asar brócoli, pele y corte los tallos en rodajas gruesas y parta la cabeza en pedazos, y luego engrase y sazone. La berenjena se puede cortar en trozos grandes o en rodajas y colocarse en una bandeja para hornear engrasada. Rocíe con aceite de oliva y espolvoree con sal. Los trozos de berenjena se pueden pegar al principio, pero se pueden retirar fácilmente de la sartén cuando se caramelizan y se doran. Son deliciosos con vinagre y con hierbas picadas (albahaca, por ejemplo) y servidos como aperitivo a temperatura ambiente.

Cubrir la bandeja para asar con papel pergamino evita que las verduras se peguen y facilita la limpieza del recipiente.

Vegetales con raíz al horno

4 PORCIONES

Corte las verduras en trozos con el mismo tamaño y forma para que se cocinen uniformemente.

Mezcle en un tazón grande:

3 zanahorias medianas, peladas y cortadas en rodajas de ½ pulgada

1 apio pequeño, pelado, en cuartos, y cortado en rodajas de ½ pulgada

2 chirivías medianas, peladas y cortadas en rodajas de ½ pulgada

Con:

Sal al gusto

Aceite de oliva para cubrir las verduras

Extienda sobre una bandeja para hornear poco profunda. Hornee, removiendo de vez en cuando, a una temperatura de 400 a 425° F hasta que estén tiernas, por 25 minutos aprox.

VARIACIONES

◆ Corte las verduras en formas diferentes, como cubos de ½ pulgada o bastones de 2 pulgadas de largo.

◆ Utilice otros vegetales, como colinabos, kohlrabi, hinojo, o nabos.

◆ Mezcle las verduras con hojas de mejorana fresca, tomillo o ajedrea en adición a la sal y el aceite.

◆ Sazone los vegetales con ¼ de cucharadita de comino además de la sal y el aceite.

◆ Mezcle las verduras con 2 dientes de ajo pelados y finamente picados, con una cucharada de perejil picado, o con ambos mientras están todavía calientes.

De la sartén

Coliflor salteada

Chuletas de cerdo fritas

Pescado con migas de pan

UNA SARTÉN PARA freír es el caballo de batalla en cualquier cocina. Los vegetales y los camarones salteados, las chuletas y filetes fritos, el lenguado en migas de pan crujiente se cocinan rápidamente y a fuego directo en el mismo tipo de sartén. Saltear (del francés *sauter*, que significa "saltar o brincar") es una manera muy rápida de cocinar a fuego alto, con sólo un poco de grasa o aceite: los alimentos se cortan en trozos pequeños y se remueven rápidamente en la sartén hasta que estén hechos. Los alimentos fritos se dejan en trozos más grandes y se voltean sólo una o dos veces. La fritura superficial requiere más grasa, pero no tanta que el alimento quede sumergido, como sucede con la fritura profunda. Los alimentos fritos con poco aceite se suelen cubrir con harina o con migas de pan, y el exceso de grasa es necesario para un empanizado crujiente y para proteger el alimento del contacto directo con la sartén. Freír es un método de cocción que requiere de su atención activa. Ponga la mesa antes de empezar, porque el alimento debe salir directamente de la sartén al plato, todavía jugoso y ardiente.

Cómo saltear

Casi siempre utilizo aceite de oliva, en especial para saltear vegetales, pero estoy atenta al calor de la sartén para evitar que el aceite se caliente demasiado.

Saltear es una experiencia emocionante en la cocina. Todos los sentidos se involucran con el fuego alto, con el fuerte chisporroteo de la sartén, con el acto de mezclar y remover, con los agradables olores que se levantan al dorar los alimentos, y con los perfumes de los ingredientes aromáticos añadidos al final.

Saltear es ideal para pequeños trozos de carne, pescado, mariscos y verduras. Los trozos se mezclan o remueven en una sartén caliente con un poco de aceite: se cocinan con rapidez, la carne suculenta y los vegetales frescos y jugosos. Será más fácil remover los alimentos en una sartén redonda que en una sartén para freír o cacerola clásica, aunque en caso de necesidad, una sartén para freír también será adecuada.

Para saltear los alimentos, los ingredientes se añaden con abundancia, aunque no en tanta que no se puedan remover con facilidad, y hay que hacerlo con rapidez para que todos los lados de los alimentos tengan un contacto inmediato con la sartén. Esta debe estar muy caliente y a fuego alto para asegurarse de que los alimentos se sellen de inmediato. De lo contrario, comenzarán a sudar, reduciendo las posibilidades de dorarse, y aumentando las probabilidades de que se peguen. Se debe producir un chisporroteo agradable cuando el alimento entra en contacto con la sartén. Para comprobar si la sartén está lo suficientemente caliente, vierta una o dos gotas de agua.

Use un aceite con un punto alto de humo para saltear. La mantequilla clarificada también funciona bien, pero la mantequilla entera se quemará, así la mezcle con aceite. Sólo se necesita una pequeña cantidad de grasa, lo suficiente para cubrir la sartén y evitar que los alimentos se peguen. Ocasionalmente, algunos ingredientes absorben todo el aceite y pueden pegarse; añada más aceite de inmediato, vertiendo por un lado de la sartén, de manera que ésta se pueda calentar.

La carne y las verduras se sazonan con sal y pimienta, ya sea antes o al comienzo de la cocción, la mayoría de los demás condimentos se agregan hacia el final para evitar que se quemen. En algunas recetas, el ajo o el jengibre se cocinan brevemente en aceite caliente para agregar sabor y se retiran antes de incorporar los principales ingredientes a la sartén. Tenga todos los ingredientes listos antes de cocinar, pues no tendrá tiempo para buscarlos cuando empiece a saltear.

Coliflor salteada

4 PORCIONES

Es sabrosa como acompañamiento o en una salsa para pastas, mezclada con fideos grandes.

Retire las hojas de:

1 cabeza de coliflor grande o 2 cabezas pequeñas

Retire la base del tallo con un cuchillo pequeño y afilado. Corte la coliflor en rebanadas de ¼ de pulgada desde arriba hacia abajo. Si la coliflor es grande, parta por la mitad para facilitar el corte).

Caliente en una sartén de fondo grueso a fuego medio-alto:

2 cucharadas de aceite de oliva

Cuando el aceite esté caliente, pero no humeante, agregue a la coliflor:

Sal

Deje que la coliflor empiece a dorarse un poco antes de agitar o remover. Cocine, sin dejar de agitar hasta que la coliflor esté tierna, por 7 minutos aprox. No se preocupe si la coliflor empieza a romperse: es parte del encanto de esta receta. Pruebe la sal y añada más si es necesario. Termine con un chorrito de:

Aceite de oliva extra virgen

VARIACIONES

• Añada un par de dientes de ajo picados y 1 cucharada de perejil picado a la coliflor casi un minuto antes de estar.

• Adorne con un puñado de migas de pan tostadas (página 63).

• En la clásica receta italiana se le agrega perejil y ajo picado junto con anchoas y alcaparras curadas en sal, hojuelas de chile, y trozos de aceitunas. Es deliciosa con pastas.

• Espolvoree con comino recién molido, ajo picado, cúrcuma, y cilantro picado durante los últimos minutos de la cocción.

Cómo freír

Los cortes tiernos de carne —por ejemplo, de pechugas de pollo, filetes y chuletas— son los mejores alimentos para freír en sartén, y cuando se cocinan adecuadamente tienen un exterior dorado, tierno y crujiente, y un interior jugoso. Freír hace que la cena sea una brisa, ya que prácticamente no se necesita ninguna preparación adicional y la carne se cocina rápidamente y se lleva directamente a la mesa. Las bases para obtener buenos resultados son una sartén pesada, una temperatura alta, y una carne muy fina.

¿Por qué es importante una sartén pesada? ¿Alguna vez ha cocinado algo en una sartén delgada y se ha quemado, con la quemadura exactamente de la misma forma que la resistencia eléctrica de la estufa? Esto demuestra que una sartén delgada transmite el calor directamente desde la resistencia a lo que esté cocinando, en lugar de propagar el calor por toda la superficie. Una sartén pesada puede distribuir el calor —y en grandes cantidades— desde el quemador a la parte inferior de la sartén. Esto es clave al freír y saltear, porque la sartén tiene que estar muy caliente para caramelizar o dorar —pero no para quemar— la superficie de lo que está cocinando.

Si yo tuviera sólo una sartén, escogería una de hierro fundido. El hierro pesado se calienta uniformemente, lo cual es maravilloso para dorar y freír. Una ventaja adicional es que una sartén curada de hierro fundido es prácticamente antiadherente. La segunda mejor opción es una sartén de acero inoxidable recubierta con aluminio pesado, o con núcleo de aluminio. El aluminio es un excelente conductor del calor, mientras que el acero inoxidable tiene una agradable superficie no reactiva para cocinar. Además de ser pesada, la sartén debe tener paredes bajas para que la carne no se evapore mientras se cocina.

Debido a que freír en una sartén requiere altas temperaturas, la mejor apuesta es elegir una carne muy delgada. Las chuletas deben tener entre ½ y ¾ de pulgada de grosor, y los filetes 1 pulgada o menos. Si se cocinan fuego alto, los cortes más gruesos quedarán secos y blandos por fuera antes de que el interior esté hecho. Un buen método para cocinar chuletas y filetes más gruesos es dorarlos, cocinándolos brevemente por ambos lados a fuego alto, y terminar la cocción en un horno a 375°F. También se puede terminar de cocinar a fuego bajo con la sartén cubierta después de dorar. El grosor de la carne debe ser igual en todas las partes para que tenga una cocción uniforme. Puede golpear ligeramente las pechugas de pollo en el extremo más grueso para que se cocinen uniformemente.

Se recomienda tener todos los ingredientes listos antes de empezar cocinar: el aceite debe estar a la mano, la carne debe estar sazonada y, si va a hacer una salsa, debe tener también los ingredientes a su alcance. Caliente primero la sartén: esto, en combinación con el aceite caliente, sellará la carne y evitará que se pegue. De lo contrario, la carne sudará y los jugos que despida harán que la carne se adhiera a la sartén. Agregue un poco de aceite, o de aceite y mantequilla (la mantequilla sola se quema demasiado rápido a altas temperaturas) cuando la sartén esté caliente, para evitar que el aceite despida humo y se queme antes de cocinar. Sólo necesita un poco de aceite para freír en una sartén, lo suficiente para cubrir generosamente el fondo. Vierta la carne en la sartén después de unos segundos, cuando el aceite esté brillante.

Siempre salo la carne y la sazono con hierbas frescas picadas mucho antes de empezar a cocinar.

Una carne a temperatura ambiente se cocinará de manera más rápida y uniforme que una carne sacada directamente del refrigerador.

La carne debe caber en una sola capa, con un poco de espacio entre cada pieza. Si están amontonadas o superpuestas, el líquido liberado evitará que la carne se dore, y si hay grandes áreas de la sartén al descubierto, el aceite en estas áreas se quemará y echará humo. Si es necesario, fría en lotes o en dos sartenes al mismo tiempo. Cocine la carne por un lado hasta que se dore bien. Mire la parte inferior de la carne después de 2 o 3 minutos para que no se dore mucho; baje el fuego si se está dorando con mucha rapidez, o aumente el fuego en caso contrario. Dele vuelta a la carne con tenazas o con un tenedor largo de dientes afilados para dorar por el otro lado. En general, la mayoría de los cortes de carne se cocinan durante 4 a 5 minutos por cada lado. Las pechugas de pollo pueden necesitar más tiempo por el lado de la piel, 8 minutos aprox., y la parte carnosa sólo unos minutos. Soy partidaria de cocinar el pollo con la piel, pues tiene la ventaja de evitar que la carne se seque, al mismo tiempo que le agrega mucho sabor a la pechuga mientras se cocina. Si no quiere comer la piel, simplemente retírela después de cocinar.

Compruebe el punto de cocción de la carne presionándola con el dedo. La sentirá suave si está poco hecha, y tendrá una textura más elástica a medida que se cocina. No dude en cortarla para ver el punto de cocción. Las pechugas de pollo y las chuletas de cerdo son más jugosas cuando están un poco rosadas en el hueso o en el centro. Retire la carne de la sartén y deje reposar unos 5 minutos antes de servir para que el calor residual termine la cocción y los jugos se estabilicen. Esto es fundamental.

Puede preparar una salsa rápida en la sartén caliente. Vierta un poco de agua, vino o caldo y cocine el líquido hasta que se reduzca a la mitad, raspando los trocitos oscuros adheridos al fondo de la sartén. Agregue un poco de mantequilla al final si desea y termine añadiendo los jugos reposados de la carne. Casi siempre roció las carnes fritas con un poco de ajo y perejil picado.

Costillas de cerdo fritas

4 PORCIONES

Hay razas de cerdo excepcionales. Pregúntele a su carnicero por ellas.

Sazone:

4 chuletas de cerdo de ½ pulgada de grosor

con:

Sal y pimienta negra recién molida

Caliente una sartén pesada a fuego medio-alto. Vierta:

Aceite de oliva para cubrir la sartén

Agregue las chuletas de cerdo y cocine hasta que estén doradas por un lado, por 5 minutos aprox. Deles vuelta y cocine hasta que estén hechas, dando vuelta de nuevo si es necesario para una cocción uniforme. Deje reposar las chuletas 4 minutos antes de servir, para que estén más blandas y tiernas.

VARIACIONES

* Adorne con perejil picado, ajo, o ralladura de limón. (Se pican juntos en esta mezcla, llamada gremolata; vea la página 231).
* Sirva con mantequilla de salvia, chile, hinojo, romero, o de otras hierbas (ver página 48).
* Frote las costillas con las hojas antes de freír. La salvia, el romero, la mejorana y la ajedrea son buenas opciones.
* Haga una salsa rápida en la sartén con ½ taza de caldo o agua, cocine hasta reducir a la mitad, y agregue 2 cucharaditas de mostaza Dijon y una de mantequilla. Pruebe la sal y remueva los jugos asentados antes de servir.

Fritura superficial

Como su nombre lo indica, este método de cocción requiere más grasa que la fritura convencional o que el salteado, pero no tanto como la fritura con mucho aceite. Para freír superficialmente, los alimentos se recubren con migas de pan o harina. Esta capa se dora y sella los jugos, dando como resultado platos tan crujientes y suculentos como pollo frito, costillas de cerdo empanizadas, zucchini frito, y lenguado con migas de pan.

El objetivo es tener un empanizado delgado, uniforme y compacto. Sazone con sal y pimienta, y vierta la harina, sacudiendo el exceso. Algunos alimentos, como los filetes delgados de pescado, se fríen directamente. Otros alimentos, en particular los que tardan más en cocinarse, como el pollo con hueso o un pescado entero, se benefician al reposar una hora aprox. después de empanizar para que la superficie enharinada se seque y se endurezca. No deje que las piezas se toquen entre sí, pues el recubrimiento se pegará y se caerá cuando las vaya a cocinar. (Una manera fácil de empanizar el pollo con harina es poner la harina en una bolsa de papel grueso, añadir el pollo y agitar).

Los alimentos fritos y con migas de pan fresco hechas por usted tendrán mejor sabor.

Las migas de pan se queman con más facilidad que la harina y van mejor con la carne y las verduras que se han cortado lo suficientemente delgadas para que el interior se cocine cuando las migajas se doren. Sazone la carne o verduras con sal, pimienta y hierbas o especias, según desee. El alimento tiene que estar uniformemente húmedo para que las migas de pan se adhieran. Agregue la harina, sumerja en huevo batido con un poco de agua y luego aplique migas de pan frescas y secas. (Puede reemplazar con harina de maíz gruesa). Sumerja el alimento en la harina y en las migas con una mano, y en la mezcla de huevo con la otra para no llenarse las manos de migas. El recubrimiento con migas de pan quedará más crujiente si se deja reposar una hora aprox. antes de la cocción. Una vez más, asegúrese de que los trozos empanizados no se toquen unos con otros mientras los deja reposar.

Para freír superficialmente, utilice aceites que despidan humo a altas temperaturas, como aceite de oliva puro o de cacahuate, o mantequilla clarificada, que ofrecen un rico sabor. O utilice una mezcla de aceite y de mantequilla clarificada. La manteca de cerdo, el sebo, la grasa de pato, y la grasa del pollo tienen un sabor distintivo. Las papas, uno de los pocos alimentos que no necesitan enharinarse o empanizarse antes de freírse superficialmente, son especialmente sabrosas cuando se cocinan en una mezcla de mantequilla clarificada y de grasa de pato.

Una sartén pesada calienta la grasa de manera uniforme, y debe tener paredes bajas para girarla fácilmente y evitar que produzca vapor. La sartén debe tener suficiente grasa para cubrir la mitad de lo que esté cocinando. Esto significa entre ¼ y½ pulgada de profundidad para la mayoría de los alimentos. De lo contrario, el recubrimiento quedará correoso y no se cocinará en los bordes, pues el aceite no los cubrirá. Caliente el aceite hasta que esté caliente, pero no humeante, y vierta suavemente los alimentos. No llene demasiado la sartén, y fría en lotes si es necesario. Cocine hasta que estén crujientes y dorados, deles vuelta y cocine hasta que estén crujientes por el otro lado. Supervise el calor, reduzca si el alimento se dora demasiado rápido y aumente si no se oscurece después de un minuto o dos. Si la grasa es absorbida durante la cocción, añada más según sea necesario para mantener el nivel adecuado. Tal vez deba darles vuelta un par de veces a los alimentos que tardan más en cocinarse, como el pollo. Retire de la sartén y escurra bien en un papel o toalla absorbente antes de servir.

Pescado con migas de pan
4 PORCIONES

Sazone con sal y pimienta:

4 filetes de lenguado, de 5 onzas cada uno

Mezcle:

1 huevo

1 cucharadita de agua

Vierta en un tazón poco profundo:

2 tazas de migas finas de pan

Cubra los filetes con:

Harina

Sacuda el exceso de harina, luego sumerja en la mezcla de huevo y cubra con las migas. (Añada a los ingredientes secos con una mano, y a los huevos con la otra). Refrigere los filetes empanizados durante 1 hora para que se sequen. (No deje que los filetes se toquen entre sí, pues las migas no se secarán bien).

Caliente en una sartén pesada y poco profunda:

Mantequilla clarificada o aceite y mantequilla, a ½ pulgada de profundidad

Cuando el aceite esté caliente pero no humeante, añada los filetes de pescado y cocine hasta que estén dorados y crujientes, por 3 minutos aprox. Deles vuelta y cocine hasta que el otro lado esté crujiente y tenga un color dorado. Retire de la sartén y escurra sobre un paño o papel absorbente. Sirva de inmediato.

PASOS PARA EMPANIZAR:
harina

huevo

migas de pan

VARIACIONES

◆ Antes de empanizar, espolvoree los filetes con hierbas picadas como perifollo, cebolleta, perejil, o estragón, solas o en combinación.

◆ Agregue una pizca de cayena o de pimiento dulce a la harina.

- ◆ Espolvoree los filetes con cáscara de limón finamente rallada al condimentar con sal y pimienta.
- ◆ Utilice harina de maíz gruesa en lugar de migas de pan.
- ◆ Para ostras fritas con migas de pan, utilice 12 ostras sin concha en lugar del pescado. Son deliciosas con Salsa tártara (página 225), al igual que el pescado.

Mantequilla clarificada

La MANTEQUILLA CLARIFICADA es aquella a la que se le ha retirado toda el agua y los sólidos lácteos. Estos sólidos se queman y oscurecen a una temperatura baja; pero cuando se retiran, la grasa clara restante es deliciosa y excelente para freír y saltear.

Para hacer mantequilla clarificada, derrita la mantequilla en una cacerola pequeña y pesada a fuego medio. Cocine la mantequilla hasta que se separe y los sólidos lácteos adquieran un color dorado claro, de 10 a 15 minutos aprox. Pase por un colador para eliminar los sólidos y tener una mantequilla clarificada limpia y dorada. Se mantendrá varios meses en el refrigerador, así que vale la pena preparar una libra aprox.

En caso de necesidad, puede hacer una mantequilla semi-clarificada con rapidez. Derrita suavemente la mantequilla y retire y deseche los sólidos cuando suban a la superficie. Quedarán algunos, pero puede eliminar la mayor parte de esta manera. A continuación, agregue un poco de aceite a la mantequilla y sofría. Esto funciona bien para los alimentos recubiertos con migas de pan que se cocinan rápido.

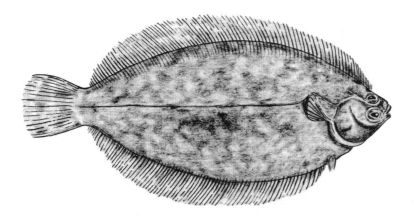

Comida lenta

Piernas de pollo estofadas

Estofado de res

Espaldilla de cerdo estofada
con chiles secos

No HAY NADA que produzca tanta sensación de bienestar como estofar lentamente o cocinar un guiso a fuego lento en la estufa o en el horno. Los aromas cálidos que llenan el aire son profundamente reconfortantes. La cena se está cocinando; un sencillo pedazo de carne se está transformando lentamente bajo un calor húmedo, alcanzando poco a poco una consistencia tierna que se desprende del hueso, rodeado de una salsa rica y sabrosa. Me encanta la facilidad y la economía de cocinar de esta manera, pues no requiere de la ostentación de un asado costoso ni del entusiasmo de un salteado rápido. Una vez ensamblado, un guiso o estofado se cuece en una olla, casi sin necesidad de echarle un vistazo. Se puede preparar con anticipación y calentar al día siguiente, y será aún más sabroso.

Cómo estofar y guisar carne

La carne de una res alimentada con pasto tiene muy buen sabor y tiende a ser magra; es deliciosa y tierna en un estofado.

Un bouquet garni sencillo incluye ramitas de perejil, tomillo y hojas de laurel.

Eſtofar y guiſar carne es un método de cocción largo, lento y suave con un calor húmedo, en una pequeña cantidad de líquido, y en un recipiente cubierto. El estofado se hace típicamente con pedazos grandes de carne, que muchas veces conservan el hueso, mientras que un guiso está hecho con trozos más pequeños y cortados en tamaños iguales, cocinados con un poco más de líquido que los estofados, casi lo suficiente para cubrirlos. (El pescado y las verduras se pueden cocinar de forma similar, pero por menos tiempo, pues son más delicados). Los componentes básicos de un estofado o guiso son la carne, las verduras aromáticas, los sabores como hierbas y especias, y el líquido.

Los cortes económicos de carne son los mejores para cocinar a fuego lento, ya que sus tejidos conectivos se derriten mientras se cocinan, produciendo una textura sedosa y con mucho sabor. La carne magra o musculosa se contrae y exprime toda su humedad mientras se cocina, quedando tan seca como una toalla escurrida. Los cortes más duros como el lomo, las piernas, las patas y las colas (las partes que hacen la mayoría del trabajo) están llenas de tendones y ligamentos de colágeno, el cual se transforma en gelatina cuando se cocina en un líquido. Las magras fibras musculares que lo rodean absorben este líquido gelatinoso y lleno de sabor, y se vuelven deliciosamente tiernas. La gelatina se enriquece y también le da más cuerpo a la salsa.

Las cebollas, el apio, las zanahorias, el hinojo y los puerros se conocen como vegetales aromáticos. Pueden soportar una larga cocción y agregar sabor y textura a un estofado o guiso. Se pueden retirar al final de la cocción o dejar en el plato. También se pueden añadir crudos, poco cocinados, o completamente hechos y dorados. Los vegetales crudos o ligeramente cocidos hacen una salsa más liviana y fresca. En general, mientras más color tengan las verduras, más profundo serán el sabor y el color de la salsa. Pero si están demasiado oscuras, tendrán un sabor amargo.

Añada las hierbas frescas, ya sea sueltas o en un ramo atado con un hilo de algodón. El ramo es más fácil de retirar, pero no me molesto en atar las hierbas si voy a colar la salsa o si el platillo es muy rústico. Al retirar un ramo de la olla, exprima bien para extraer todos los jugos que contenga. Las hierbas secas son muy penetrantes y pueden dominar fácilmente el sabor de un platillo, así que agregue con moderación, pruebe la salsa después de 30 minutos de cocción y añada más si es necesario. Es mejor agregar las especias enteras, especialmente la pimienta negra. Envuelva en un pedazo de gasa o estopilla si no quiere que floten en la salsa.

El vino, el caldo y el agua son los líquidos que más se utilizan en estofados o guisos. El vino le aporta acidez y frutas; en algunas ocasiones se reduce (hirviéndolo) antes de añadirse, para concentrar sus sabores. Puede reemplazar por tomates o por un chorrito de vinagre. El caldo añade una profundidad de sabor y riqueza que no puede obtenerse con agua. El caldo de pollo va bien con cualquier tipo de carne, e incluso con algunos pescados. Use caldo de carne para carnes de res, caldo de cordero para carne de cordero, y así sucesivamente.

Las mejores ollas para estofar y guisar son pesadas, ya sea que estén hechas de barro, hierro fundido esmaltado, o metal, porque que permiten una cocción lenta y uniforme. Utilice una olla lo suficientemente grande para que la carne quepa cómodamente. Una olla grande requiere de más líquido, diluyendo así los sabores de la salsa; si es más pequeña, la carne podría apretujarse mucho y no cocinarse adecuadamente, y es probable que la salsa no sea suficiente para toda la carne. Una olla cerrada mantiene mejor el líquido a fuego bajo y constante. Se recomienda una tapa que ajuste bien. Si la tapa es muy pequeña, puede reemplazar por papel aluminio. La olla debe ser lo suficientemente profunda para albergar la carne y su líquido, pero no tanto que haya mucho espacio de aire entre la tapa y la carne, ya que podría evaporarse una gran cantidad de líquido y la carne podría secarse. Si solo tiene una olla muy profunda, corte un pedazo de papel de pergamino del mismo diámetro de la olla y colóquelo sobre la carne antes de cubrir con la tapa.

Para preparar un estofado o guiso, sazone la carne con sal y pimienta. Para un mejor sabor, haga esto con un día de antelación. La carne suele sellarse o dorarse antes de agregar a la olla, lo que hace que se vea más apetitosa y le añada sabor y color a la salsa. Utilice una olla adecuada para dorar la carne; de lo contrario, utilice una olla de hierro forjado. Caliente bien, agregue la grasa y luego la carne como si fuera a saltear. No vierta una gran cantidad de carne, pues comenzará a transpirar y se coloreará con mucha dificultad. Tómese el tiempo para dorarla bien por todos los lados, y en tantos lotes como sea necesario. Retire la carne, reduzca el fuego, vierta la grasa, y añada el vino u otro líquido mientras la olla está muy caliente. Cuando empiecen a aparecer burbujas, raspe todos los pedacitos oscuros del fondo de la olla, ya que añaden mucho sabor. Este paso se llama desglasar. Raspe bien los pedazos, ya que la salsa no tendrá mucho sabor si no los despega, así cocine el platillo durante varias horas.

El vino para cocinar no tiene porqué ser el mejor, pero debe ser lo suficientemente bueno para beberlo: seco y afrutado, sin taninos fuertes o sabor a roble.

Si va a cocinar vegetales, vierta los jugos desglasados sobre la carne dorada y limpie la olla. Caliente un poco de aceite en ella y añada las verduras, cocinando según las indicaciones. Transfiera las verduras, la carne y sus jugos desglasados a la olla en que va a cocinar y vierta el caldo o agua. Para un estofado, el líquido debe cubrir la carne hasta la mitad; para un guiso, debe casi cubrir la carne, pero no por completo. Lleve el líquido a ebullición, baje el fuego y cocine a fuego lento hasta que esté tierna, ya sea en una estufa o en un horno a 300° F. Compruebe de vez en cuando para asegurarse de que no se cocine muy rápido, y que el nivel de líquido no haya disminuido. Si esto ocurre, añada más líquido.

Algunas recetas requieren varios ingredientes adicionales, como verduras y pedazos de tocino, que se deben cocinar por separado de diferentes maneras y añadirse al final del estofado o guiso; esto preserva la frescura y la integridad de las verduras. Por ejemplo, las papas pequeñas asadas y los nabos al vapor pueden darle más complejidad a un guiso de carne de res, mientras que los chícharos y habas de temporada pueden animar un estofado de cordero. Las cebollas pequeñas glaseadas, los hongos salteados, y el tocino dorado se añaden siempre al *coq au vin*, el clásico platillo francés de pollo estofado en vino tinto. Agregar hierbas tiernas y picadas a cualquier guiso o estofado terminado le dará un toque fresco, al igual que un confeti de perejil mezclado con ajo finamente picado (y, posiblemente, cáscara de limón rallado) rociada en el último minuto.

Sirva un estofado o guiso con pasta fresca o fideos, papas al vapor o en puré, arroz pilaf, polenta, o en un pedazo de pan asado o tostado y frotado con ajo para que se empape de todos los jugos sabrosos.

Haga el estofado a la brasa si tiene una chimenea y una olla grande. El sabor de la madera permea el estofado de un modo extraordinario.

Piernas de pollo estofadas

Las piernas de pato se pueden estofar del mismo modo que las de pollo, pero tardan más tiempo en cocinarse.

Una vez que el platillo está ensamblado, las piernas de pollo estofadas tardan menos de una hora en cocinarse y se pueden combinar prácticamente con todas las hierbas, especias y vegetales. Su carne es tierna y suculenta, y su salsa concentrada y sabrosa. Las piernas son la mejor opción para un estofado, pero puede utilizar pechugas para quienes prefieren la carne blanca. Tenga en cuenta que si las pechugas son tiernas y jugosas, debe cocinarlas por mucho menos tiempo.

Condimente las piernas con sal y pimienta. Hágalo un día antes si el tiempo lo permite. Deje las piernas enteras, o corte a través de la articulación para separar los muslos y las piernas. Dore en una sartén de hierro fundido o de fondo pesado a fuego medio, en una cantidad generosa de aceite y con la piel hacia abajo. O para más sabor, use una mezcla de aceite y mantequilla. La piel tarda unos 12 minutos en estar realmente crujiente y tener un color café dorado. Saque el tiempo para hacer esto o se sentirá decepcionada al final, porque si la piel sólo tiene un color superficial, desaparecerá mientras se cocina y quedará pálida y poco apetecible. Una vez que la piel se dore, gire las piezas y cocine brevemente por el otro lado, 4 minutos aprox. (la carne se dorará rápidamente, pues no tiene piel por este lado).

Retire las piernas y la grasa de la sartén. Agregue vino, tomates, caldo o agua para desglasarla, raspando todos los pedacitos oscuros adheridos al fondo de la sartén. Cocine los vegetales aromáticos en un poco de aceite como se indica anteriormente, o añádalos crudos a la sartén. Ponga las piernas con la piel hacia arriba y sobre los vegetales, y vierta los jugos desglasados y el caldo o agua hasta cubrir las piernas a la mitad. Lleve a hervir, baje a fuego lento, tape la olla y cocine 45 minutos. También puede hornear a 325°F.

Cuando las piernas de pollo estén cocinadas, retire de la sartén y descarte los tallos sueltos de las hierbas, las hojas de laurel o el *bouquet garni* (apretando para extraer el jugo). Cuele el jugo en una cacerola o tazón pequeño y quítele toda la grasa. Pruebe la salsa y agregue sal si es necesario. Incorpore todas las partes, así como los vegetales que haya cocinados por separado, y sirva de inmediato o recaliente más tarde. Si tiene mucha salsa, redúzcala para concentrar los sabores. La sal también se concentrará, así que no añada más hasta que la salsa se haya terminado de reducir.

Si va a estofar las pechugas de pollo, no les quite la piel ni los huesos; ambos aportan sabor y ayudan a mantener la carne húmeda y tierna. Retire las dos primeras articulaciones del ala cortando a través de la articulación. Deje las pechugas enteras o corte en dos para reducir el tamaño del ala más gruesa. Sazone y dore los trozos de pechuga junto con las piernas. Agregue las pechugas doradas con sus jugos reposados a la sartén cuando las piernas se hayan cocinado durante 30 minutos.

Otro método para estofar las piernas de pollo es cocinarlas cubiertas al horno, hasta que estén tiernas y doradas, y luego retirar la cobertura. Esto funcionará especialmente bien si cocina para muchas personas, pero no si prepara pechugas. Acomode las piernas sazonadas con la piel hacia abajo, sobre los vegetales aromáticos (cocinados o no, según lo indique la receta) con las hierbas y especias. Vierta el vino y suficiente caldo o agua para cubrir la mitad de las piernas. Hierva el caldo antes de agregarlo para ahorrar tiempo. Cubra bien el plato y cocine en un horno a 350°F durante 40 minutos, o hasta que las piernas estén tiernas. Retire la tapa o cobertura y deles vuelta a las piernas. Si el líquido cubre las piernas, sáquelo hasta que la piel quede completamente descubierta y reserve para más adelante. Lleve de nuevo las piernas descubiertas al horno y cocine hasta que estén doradas en la parte superior, por 20 minutos aprox. Retire la grasa de la salsa y sirva como se indica anteriormente.

Piernas de pollo estofadas con tomate, cebolla y ajo

4 PORCIONES

Las sobras del pollo estofado se pueden cortar y convertir en un delicioso sándwich o ensalada de pollo (genial para el almuerzo).

Sazone, un día antes si es posible:

4 piernas de pollo

con:

Sal y pimienta fresca recién molida

Caliente una sartén de fondo grueso a fuego medio. Añada:

2 cucharadas de aceite de oliva

Ponga las piernas de pollo en la sartén con la piel hacia abajo y cocine hasta que estén crujientes y doradas, por 12 minutos aprox. Deles vuelta y cocine por 4 minutos. Retire el pollo y añada:

2 cebollas, en rodajas o en dados gruesos (grandes)

Cocine hasta que estén transparentes, por 5 minutos aprox. Agregue y cocine por 2 minutos:

4 dientes de ajo, en rodajas finas

1 hoja de laurel

1 ramita de romero pequeño

Agregue y cocine durante 5 minutos, raspando los pedacitos oscuros del fondo de la sartén:

4 tomates enteros, cortados en cubitos gruesos o 1 lata de pequeña (12 onzas) de tomates orgánicos cortados en cubitos (incluyendo el jugo)

Coloque el pollo en la sartén con la piel hacia arriba y vierta el jugo que haya destilado. Vierta:

1 taza de caldo de pollo

El líquido debe cubrir la mitad del pollo; añada más si es necesario. Lleve a ebullición y luego reduzca a fuego lento. Tape y cocine lentamente o lleve a un horno a 325°F durante 45 minutos. Cuando termine de cocinar, vierta el líquido del estofado en un recipiente pequeño y retire la grasa. Saque la hoja de laurel y el romero. Pruebe la sal y rectifique si es necesario. Vierta de nuevo en la sartén y sirva.

VARIACIONES

+ Antes de añadir los tomates a la cebolla, agregue ⅓ de taza de vino blanco y seco y reduzca a la mitad.

+ Decore con 1 cucharada de perejil picado, mezclado con 1 diente de ajo bien picado.

+ Reemplace 2 pechugas por 2 piernas. Dore, pero no las agregue al estofado hasta que se hayan cocinado durante 30 minutos.

+ Utilice o albahaca, orégano o mejorana en lugar de romero.

Cómo hacer un guiso

Para guisar cortes de carne con hueso, use 1 libra por persona, y ¾ de libra si no tiene hueso.

LOS RABOS, los chamberetes, la espaldilla, las costillas de res y de cerdo, las mejillas de res, la espaldilla y el pescuezo de cordero son buenas opciones para guisos. Estos cortes tienen mucha grasa y tejidos conjuntivos; son tiernos y están llenos de sabor. La carne para guisos se debe cortar en trozos más pequeños. Pídale a su carnicero que corte las carnes con hueso como costillas y patas de cordero de modo que tengan dos pulgadas de largo. Corte las carnes sin hueso, como la espaldilla y la paleta, en cubos de 1½ pulgadas. Se pueden cortar más grandes para un guiso más rústico, pero si se cortan más pequeñas tenderán a desmoronarse cuando se cocinen. Si compra carne de res cortada para preparar un estofado, pregunte de qué corte proviene. La mayoría de las carnicerías venden pulpa negra y pulpa blanca, pero creo que no son apropiadas para buen guiso o estofado, ya que se secan al cocinarse. Pídale al carnicero que le corte un poco de paleta para preparar un guiso de carne, o compre un pedazo grande y córtelo en casa.

Sazone la carne con sal y pimienta. Si tiene tiempo, sazone con un día de anticipación. Si va a hacer un adobo, remueva la carne de vez en cuando para que quede bien marinada. Cocino los vegetales ligeramente en un poco de aceite para más sabor si voy a utilizarlos en el adobo. Deje que se enfríen antes de añadir a la carne.

Dore bien la carne en una cantidad generosa de aceite, manteca o grasa. No amontone los trozos de carne, y dórelos en tantos lotes como sea necesario. Puede utilizar el mismo aceite, siempre y cuando la sartén no se queme. Si esto sucede, límpiela y agregue aceite fresco. Cuando la carne está dorada, escurra la grasa de la sartén y desglase con vino, tomates, caldo o agua. Las costillitas y los rabos son algunos de mis cortes favoritos para guisos, pues producen una salsa llena de sabor. Estos cortes se pueden dorar en el horno: precaliente a 450°F; coloque en una bandeja poco profunda, y cocine hasta que la carne esté dorada y la grasa se haya derretido. No utilice sartén para desglasar; este método es más rápido y fácil que dorar en la estufa.

Si va a dejar las verduras aromáticas en el guiso, corte en trozos de tamaño mediano. Si va a desecharlas al final, corte en trozos grandes para facilitar su extracción. Vierta las verduras, la carne y el líquido desglasado en una olla lo suficientemente grande para acomodar la carne en dos o tres capas. Si agrega más capas, la inferior se cocinará y desintegrará antes de que las capas superiores estén hechas. En este caso será inútil remover, y las probabilidades de que la carne se pegue y se queme serán mucho mayores. Añada el caldo o el agua como lo indique la receta, casi hasta cubrir la carne, pero sin sumergirla. Cuando uso un adobo a base de vino, me gusta reducir (hirviendo) a la mitad o más antes de añadir a la olla. Esto elimina el sabor crudo del vino y deja espacio para más caldo, produciendo una salsa más rica.

Lleve el líquido a ebullición, reduzca a fuego lento y cubra la olla. Use un supresor de llama si es necesario para evitar que hierva el guiso. O cocine el guiso en un horno precalentado a 325°F. Si se cocina con rapidez, existe una buena probabilidad de que la carne se deshaga y la salsa se emulsifique (la grasa y el líquido se unirán, oscureciendo la salsa). Revise de vez en cuando para controlar la cocción y el nivel del líquido, y añada más caldo o agua si es necesario.

Revise el estofado varias veces hacia el final de la cocción. La mejor forma para asegurarse de que la carne está tierna es probar un poco.

Cocine hasta que la carne esté muy suave. Esto tomará entre 2 y 4 horas dependiendo del corte. La carne deberá ofrecer muy poca o ninguna resistencia al pincharla con un cuchillo pequeño o pincho. Retire toda la grasa de la salsa cuando la carne esté cocida; es mucho más fácil hacerlo cuando haya apagado el fuego y el líquido esté reposado. Puede colar la salsa, pero hágalo con cuidado: la carne es muy delicada y podría deshacerse. Si va a servir el guiso otro día, simplemente retire la película de grasa después de enfriar en el refrigerador.

Espese una salsa delgada o acuosa mezclando una parte de harina y otra de mantequilla suave. Agregue lentamente a la salsa hirviendo, cocinando cada adición a la salsa por un minuto antes de agregar la siguiente; se trata simplemente de darle un poco de cuerpo a la salsa. Prefiero este método en vez de rociar harina sobre la carne mientras se dora.

Caliente el guiso, pruebe la sal y agregue las verduras que haya cocinado por separado. ¡El estofado está listo! Sirva espolvoreando con hierbas (opcional) y asegúrese de acompañar con algo para absorber toda la salsa.

Estofado de res

4 PORCIONES

Los clavos enteros y fragantes realzan sutilmente los otros sabores del guiso.

Puede cortar fácilmente láminas de cáscara de naranja con un pelador de vegetales de hoja giratoria.

Sazone generosamente, un día antes si es posible:

3 libras de espaldilla de una vaca alimentada con pasto, cortada en cubos de 1½ pulgadas

con:

Sal y pimienta negra recién molida

Caliente en una sartén de fondo grueso a fuego medio-alto:

2 cucharadas de aceite

Añada:

3 rebanadas de tocino, cortadas en trozos de ½ pulgada

Cocine hasta que se hayan derretido y estén ligeramente doradas pero no crujientes. Retire el tocino y añada la carne; dore bien por ambos lados en tantos lotes como sea necesario. Vierta la carne dorada en una olla pesada o en un recipiente para estofar. Retire la mayor parte de la grasa, reduzca el fuego y añada:

2 cebollas, peladas y cortadas en cuartos

2 clavos (inserte en cuartos de cebolla)

2 zanahorias, peladas y cortadas en trozos de 2 pulgadas

2 ramitas de tomillo, de ajedrea y de perejil

1 hoja de laurel

Unos pocos granos de pimienta

Cocine hasta dorar ligeramente y agregue a la olla. Lleve la olla a la estufa y suba el fuego. Vierta:

3 cucharadas de brandy (opcional)

Esto podría producir llamas, así que tenga cuidado. A continuación, añada:

1¾ tazas de vino tinto

Cocine hasta reducir en dos tercios, raspando los pedacitos quemados del fondo de la sartén. Vierta esto sobre la carne y las verduras. Añada:

3 tomates cortados en cubitos, frescos o en lata

1 cabeza pequeña de ajos, separados en dientes, pelados y picados

Una tira fina de cáscara de naranja

2 tazas de caldo de carne (o caldo de pollo)

Revise el nivel del líquido; debe cubrir por lo menos tres cuartas partes de la carne. Añada más líquido si es necesario. Cubra la olla herméticamente y cocine a fuego mínimo en la estufa, o en un horno a 325°F, durante 2 a 3 horas. Revise de vez en cuando para asegurarse de que no esté hirviendo y que tenga suficiente líquido. Apague el fuego cuando la carne esté tierna y deje reposar unos minutos. Retire toda la grasa y deseche la hoja de laurel, los clavos y los granos de pimienta. Pruebe la sal y rectifique si es necesario.

Sirva espolvoreando con una mezcla de:

1 cucharada de perejil picado

1 o 2 dientes de ajo, finamente picados

VARIACIONES

◆ Agregue ½ taza de aceitunas negras pequeñas y con el hueso 30 minutos antes de que el guiso termine de cocinarse. Si utiliza aceitunas deshuesadas, añada cuando el guiso esté listo.

◆ Use ¾ de taza de vino blanco en lugar de vino tinto. Reduzca a la mitad.

◆ No corte la carne si va a hacer un guiso. Puede utilizar bola o pecho. El líquido solo debe cubrir la mitad de la carne asada. Aumente el tiempo de cocción a 1 hora.

◆ Remoje ¼ de taza de hongos porcini secos y en cubos en ½ taza de agua caliente durante 10 minutos. Escurra, corte en trozos y añada a la olla junto con 2½ cucharadas de pasta de tomate en lugar de los tomates. Si el líquido de los hongos no es demasiado arenoso, sustituya por un poco del caldo. Suprima la ralladura de naranja.

Cómo estofar un lomo asado

ESTA ES UNA EXCELENTE MANERA de cocinar un lomo asado, ya sea de cerdo, de cordero o de res, pues combina lo mejor del asado y del estofado para producir una carne asada deliciosamente dorada, tierna y con una salsa rica y llena de sabores. La carne se cocina en el horno sin cubrir con una pequeña cantidad de líquido, lo que permite que gran parte de la carne asada se dore y su grasa se derrita en el calor seco del horno, mientras que la parte inferior se hierve a fuego lento en los jugos llenos de sabor. Después de una hora aproximadamente, se le da vuelta a la carne, sumergiendo la parte dorada en los jugos para que absorban la humedad y el sabor, mientras que la parte inferior se dora al calor del horno. A partir de entonces, la carne asada se entra y se saca del líquido para dorarse y cocinarse alternativamente fuego lento. Mientras la carne está en el líquido, es bañada con los azúcares de las verduras y del vino; estos azúcares se caramelizan cuando se exponen al calor seco, haciendo una fabulosa corteza dorada que se vierte de nuevo en la salsa para evitar que se queme.

Cualquier corte de lomo será perfecto; para más sabor, elija un corte con el hueso (preferiblemente de la espaldilla). La carne estará tierna después de cocinarse y se separará fácilmente del hueso. Si el carnicero no lo ha hecho, retire la mayor parte de la grasa del exterior de la carne y sazone bien con sal y pimienta. Para más sabor, utilice un adobo seco: hierbas, especias y chiles molidos mezclados con la sal y la pimienta. O haga una pasta con ajo, hierbas y especias machacadas y un poco de aceite de oliva para frotar en la carne después de sazonar. Haga esto con antelación —la noche anterior si tiene tiempo— para que los sabores penetren la carne.

La carne desmenuzada, tierna y guisada, es excelente para sándwiches, en una salsa para fideos de huevo, o para rellenar ravioles o tortellini.

Corte los vegetales aromáticos en trozos grandes. Colóquelos en una fuente para hornear que sea pesada y un poco más grande que la carne. Agregue las hierbas y especias y acomode la carne sazonada sobre los vegetales, con la parte grasosa hacia arriba. Vierta el líquido (vino, caldo o agua) de manera que cubra casi un cuarto de la carne. Cocine sin tapar en un horno a 375°F por una hora aprox. Dele vuelta a la carne y cocine 30 minutos; gire de nuevo y cocine otros 30 minutos. Revise la carne para ver si está hecha. Deberá ofrecer poca o ninguna resistencia al pincharla con un cuchillo o pincho afilado. Si necesita más tiempo, dele vuelta y cocine hasta que esté hecha, girando la carne cada media hora. El tiempo total de cocción puede ser de hasta 3 horas y media dependiendo del tamaño de la carne.

Revise el líquido de la carne mientras se cocina y añada más si es necesario. Esto podría ser engañoso, ya que la grasa derretida le haga pensar que haya más líquido del que tiene en realidad. Introduzca una cuchara para medir el nivel del líquido y añada más si es necesario. Si todo el líquido se evapora, las verduras y la carne se pegarán y quemarán, y no tendrá salsa para servir con la carne.

Retire la carne de la sartén cuando esté hecha. Retire toda la grasa de la salsa y deseche los vegetales si han perdido todo su sabor y no los quiere servir, o vierta en un procesador de alimentos o colador y agregue a la salsa sin la grasa. Vuelva a calentar la salsa, corte la carne en rodajas, y sirva cubriendo con la salsa, o vierta en una jarra o salsera.

Espaldilla de cerdo estofada con chiles secos

4 PORCIONES

Los chiles anchos tienen un sabor dulce e intenso y no son muy picantes; los chiles chipotles tienen un sabor ahumado y son muy picantes.

El cerdo también es delicioso estofado sin chiles.

Haga un adobo seco mezclando:

1 cucharada de sal

¼ de cucharadita de pimienta negra recién molida

1 cucharada de mejorana u orégano fresca picada

1 cucharadita de chile ancho

Utilice el adobo seco para sazonar un día antes si es posible:

Una espaldilla de cerdo con hueso de 4 libras, sin la grasa

Cubra y refrigere hasta una hora antes de cocinar.

Vierta en un plato pesado para hornear o fuente para asar del tamaño de la carne:

2 cebollas, peladas y picadas toscamente

1 zanahoria, pelada y picada en trozos

3 chiles anchos secos, partidos y sin semillas

1 chile chipotle seco, partido y sin semillas

1 cabeza de ajo grande, pelado y picado grueso

Unos granos de pimienta negra

Unas ramitas de mejorana u orégano fresco

Precaliente el horno a 375°F. Ponga la carne sazonada sobre los vegetales y vierta:

2 tazas de caldo de pollo (o agua)

Revise el nivel del líquido; debe cubrir una cuarta parte de la carne aprox. Añada más líquido si es necesario. Cocine en el horno 1 hora y 15 minutos. Gire la carne y hornee durante 30 minutos, luego gire de nuevo. Examine el nivel del líquido de vez en cuando y agregue si es necesario. Hornee otros 30 minutos, compruebe el punto de cocción de la carne sin dejar de darle vuelta y cocine hasta que esté hecha. Retire la carne de la sartén. Cuele la salsa y deseche la grasa. Vierta los vegetales en un procesador de alimentos y agregue de nuevo a la salsa. Retire los huesos, corte la carne y vierta en un plato tibio. Puede agregar la salsa al palto, o servirla en una jarra o salsera.

VARIACIONES

* Utilice cualquier combinación de chiles secos.
* Espolvoree con mejorana u orégano fresco picado antes de servir.
* Machaque 4 dientes de ajo y agregue al adobo seco con 2 cucharadas de aceite de oliva. Frote en la carne para sazonar.

A fuego lento

Huevos escalfados con ensalada de endibias rizadas

Salmón escalfado

Cena hervida

Escalfar y hervir a fuego lento son unos métodos de cocción en los que se utilizan líquidos y un fuego lento. Cuando los alimentos son escalfados, se cocinan con delicadeza sobre un calor muy suave y sin la presencia de burbujas. Un huevo es sublime cocinado de esta manera, así como un filete de salmón. Cuando se cocina a fuego lento, el calor se aumenta ligeramente y las burbujas aparecen de vez en cuando en el líquido. Una olla de caldo hirviendo a fuego mínimo es perfecta para cocinar un pollo, un pedazo de carne, un par de salchichas, y algunos vegetales sabrosos. Este tipo de comida puede sonar más romántica cuando se le llama *pot-au-feu* o *bollito misto* en lugar de "cena hervida", el nombre tradicional en nuestro idioma. Pero independientemente de cómo se les llame o dónde se coman, el caldo lleno de sabores y las carnes deliciosamente tiernas de una olla a fuego lento son simplemente imperdibles.

Huevos escalfados

Un huevo orgánico, fresco y escalfado tiene una delicadeza incomparable.

Un huevo escalfado es muy fácil de cocinar, increíblemente nutritivo, económico, y fácil de servir en cualquier comida. Los huevos escalfados sobre una rebanada de pan tostado con mantequilla son un desayuno perfecto; el caldo de pollo humeante, servido con un huevo escalfado, es un almuerzo nutritivo que produce una cálida sensación de bienestar, y una endibia rizada en una vinagreta tibia con tocino y rematada con un huevo escalfado es una de mis ensaladas favoritas para la cena, ya que el huevo enriquece la vinagreta mientras recubre las hojas.

Para escalfar un huevo, se rompe la cáscara y se cocina el huevo en agua, caldo, o a veces en vino, hasta que la clara se haya solidificado y la yema se haya calentado. El líquido debe estar muy caliente, pero sin burbujas. Este calor suave mantiene la clara tierna y ayuda a que el huevo conserve su forma durante la cocción. Es mejor utilizar huevos frescos. Un huevo fresco vertido en un plato tiene una clara gruesa y gelatinosa que se adhiere a la yema anaranjada, permaneciendo firme y con cuerpo. Cuando los huevos no están frescos, su sabor se disipa y su clara se diluye; estará acuoso en los bordes y será muy difícil escalfarlo.

Utilice una sartén pesada para un calor uniforme; esto evita que los huevos se peguen. Si no tiene una sartén pesada, utilice un supresor de llama. Será más fácil sacar los huevos del agua caliente si usa una sartén poco profunda. Yo uso una cacerola con paredes bajas. Llene el recipiente con agua a 2 a 3 pulgadas de profundidad, añada un chorro abundante de vinagre y ponga la sartén a fuego medio. El vinagre acelera la coagulación de la clara, evitando que se mezcle con el agua. Utilice un vinagre de buen sabor, pues su sabor se sentirá. Yo le añado 1 cucharada de vinagre a 4 tazas de agua aprox., pero añada más si le gusta el sabor del vinagre en los huevos. No añada vinagre si hierve los huevos en sopa o en caldo.

La cáscara del huevo se puede sacar fácilmente, partiéndola a la mitad.

Rompa los huevos con cuidado, sin quebrar las yemas, en tazas individuales o tazones pequeños. De esta manera podrá eliminar fácilmente cualquier fragmento de la cáscara y poner cada huevo en el agua; si una yema se rompe, puede reservar para otro uso. Cuando el agua esté bien caliente, pero no burbujeante, coloque la taza al nivel del agua y vierta el huevo con cuidado. Esta entrada suave en el agua hará que el huevo conserve su forma. Después de un minuto, remueva suavemente el agua para evitar que el huevo se pegue al fondo de la cacerola.

Tenga cuidado, ya que los huevos son muy delicados. Reduzca el fuego si el agua empieza a hervir.

El tiempo de cocción puede variar según el número de huevos, su tamaño y temperatura antes de entrar al agua. En promedio, un huevo grande sacado directamente del refrigerador tarda unos 3 minutos en cocinarse. Las yemas se solidificarán pero la yema todavía será suave; cocine por un máximo de 5 minutos para una yema más firme. Pruebe si está hecho, levantando el huevo con una espumadera y presionando suavemente con el dedo para palpar la textura de la clara y de la yema. Saque con cuidado los huevos cocidos y escurra un momento en una toalla, secando la parte superior con mucha suavidad. Si va cocinar para muchas personas, puede mantener los huevos escalfados por unos pocos minutos en un recipiente con agua caliente o caldo, mientras prepara más.

Huevos escalfados con ensalada de endibias rizadas

4 PORCIONES

Retire las hojas verde oscuras exteriores de:
2 cabezas grandes de endibias rizadas (frisée)
Separe en hojas individuales. Lave y seque bien.
Corte en pedazos de ⅓ de pulgada:
2 rebanadas de tocino
Caliente en una sartén pequeña a fuego medio:
2 cucharaditas de aceite de oliva
Añada el tocino y cocine hasta que esté dorado y derretido, pero no crujiente. Saque de la sartén. Retire la grasa de la sartén y reserve.
Para preparar el aderezo, mezcle:
1 cucharada de vinagre de vino tinto
1 cucharada de mostaza de Dijon
Sal
Pimienta negra recién molida
1 diente de ajo picado
Agregue:
2½ cucharadas de aceite de oliva
1½ cucharadas de grasa de tocino
Pruebe la sal y el ácido y rectifique si es necesario.
Llene una cacerola con 4 tazas de agua y añada:
1½ cucharaditas de vinagre de vino tinto
Caliente a fuego muy bajo y añada:
4 huevos sin la cáscara
Escalfe de 3½ a 4 minutos. Use una espumadera para sacarlos del agua.
Sirva la vinagreta en un tazón grande (retire el diente de ajo machacado),

añada el tocino y ponga el recipiente sobre agua caliente. Añada las verduras y mezcle bien. Disponga los vegetales en 4 platos tibios. Seque los huevos con cuidado, y sirva un huevo sobre cada ensalada. Muela un poco de pimienta negra por encima y sirva de inmediato.

VARIACIONES

• Los vegetales van bien en esta ensalada: incluya espinacas, escarola, diente de león, o variedades tiernas de radicchio como Castelfranco o Sugar Loaf.

• La ensalada se puede servir sin huevos escalfados.

• Suprima el tocino, aumentando la cantidad de aceite de oliva en la vinagreta para compensar la grasa de tocino.

• Prepare crutones fritos de rústicos pan y añádales ajo finamente picado mientras están calientes. Rocíe los crutones con un poco de vinagreta y mezcle con los vegetales.

Pescado escalfado

EL PESCADO ESCALFADO ES especialmente delicioso, y su delicado sabor y textura se conservan en el suave calor del líquido. Si el pescado se sumerge hasta que esté hecho en el líquido caliente, pero no hirviendo, quedará húmedo, tierno y ligero. El salmón, el halibut, el bacalao, el lenguado y la trucha son algunos pescados ideales para escalfar, ya sea enteros o en filetes. Puede utilizar desde agua salada a un sabroso caldo de verduras con vino (llamada Court bouillon; ver página 335) para el líquido. Debido a sus sabores delicados, es mejor servir el pescado hervido con una salsa sencilla, como una salsa de mantequilla, mayonesa, o una variación de salsa verde.

Otra forma de escalfar el pescado, especialmente para una comida casual, es ligeramente diferente del método clásico de sumergir completamente en el líquido. Yo lo llamo escalfado superficial. No hay que hacer ningún caldo especial; el pescado se vierte en la sartén y está listo en cuestión de minutos, y se puede hacer una salsa deliciosa y rápida con el líquido. Vierta una o dos pulgadas de agua en una sartén pesada y baja, o hasta cubrir el pescado a la mitad. Añada un chorro generoso de vino blanco (o un poco menos de vinagre de vino), una ramita o dos de perejil, hinojo o tomillo, o una combinación de estos, y una pizca de sal. A veces le agrego una rodaja o dos de limón al agua. Lleve a ebullición a fuego alto y reduzca inmediatamente a fuego mínimo. Vierta el pescado previamente sazonado con sal. Cocine durante unos minutos por cada lado, dele vuelta con cuidado y cocine hasta que esté hecho. Asegúrese de que el agua no hierva durante la cocción. Un filete fino de ½ pulgada aprox., tarda entre 5 y 7 minutos en cocinarse, mientras que un filete grueso puede tardar hasta 12 minutos. Pruebe el pescado para determinar el punto de cocción.

Retire el pescado con una espumadera cuando esté hecho y sirva en un plato tibio. Para hacer una salsa rápida, aumente el fuego y reduzca el líquido a la mitad. Corte dos pedazos grandes de mantequilla en trozos pequeños. Bata o mezcle la mantequilla poco a poco. Apague el fuego y retire la sartén cuando haya agregado la mantequilla, y siga mezclando fuera de la estufa. Pruebe la sal y agregue un chorro de limón, una pizca de sal, o ambos si desea. Vierta la salsa sobre el pescado y sirva.

Los pescados muy delgados como el lenguado se pueden cocinar con menos agua, y agregar la mantequilla con antelación. Vierta ¼ de pulgada de agua en una sartén pesada, sazone con sal y añada una ramita o dos de hierbas frescas. Vierta un chorrito de vino o de vinagre de vino y 2 cucharadas de mantequilla. Ponga la sartén a fuego medio; espere un momento, agregue los filetes y cubra la sartén. Cocine hasta que el pescado esté hecho, de 4 a 5 minutos. Revise el fuego de vez en cuando. Retire el pescado, aumente el fuego, y lleve la salsa a ebullición para que espese. Pruebe y rectifique la sazón si es necesario. Vierta la salsa sobre el pescado y sirva.

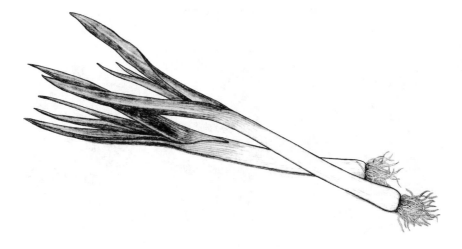

Salmón escalfado

4 PORCIONES

Sazone:

Filetes de salmón de 4 a 5 onzas o

2 rodajas grandes de salmón (de 12 a 14 onzas)

con:

Sal

Vierta agua hasta cubrir la mitad de salmón en una olla pesada. Añada:

¼ de taza de vino blanco y seco

2 ramitas de perejil

2 ramitas de tomillo

Una pizca de sal

Lleve a ebullición y reduzca a fuego lento de inmediato. Vierta el pescado y deje cocinar 3½ minutos (1 o 2 minutos más para filetes más grandes), gire el pescado y cocine hasta que esté hecho, unos 3 minutos más. Mantenga el calor de modo que el agua esté muy caliente, pero sin hervir. Retire el pescado a un plato tibio y sirva. Para una salsa rápida, reduzca el líquido a la mitad, y bata o remueva:

4 cucharadas (½ barra) de mantequilla, cortada en trozos

Pruebe y añada si es necesario:

Sal

Jugo de limón

Vierta la salsa sobre el pescado caliente

VARIACIONES

◆ Utilice 1½ cucharadas de vinagre de vino blanco en lugar del vino.

◆ Agregue 2 rodajas finas de limón al agua.

◆ Varíe las hierbas: el hinojo, la albahaca, el estragón, el perifollo, y la mejorana y son deliciosas.

Cómo cocinar carnes y vegetales a fuego lento

Una cena hervida no sólo es una comida de invierno. Me gusta prepararla en diferentes épocas del año con diversas combinaciones de vegetales, según la temporada.

UNA CENA HERVIDA, que para mayor precisión se podría llamar una cena a fuego lento, consiste en una variedad de carnes y verduras cocidas a fuego lento y suave hasta estar tiernas. El caldo resultante es claro y lleno de sabor, mientras que la carne queda suave y húmeda; es una comida casera en todo su esplendor, reconstituyente para el cuerpo y el alma. Se pueden utilizar varias carnes; por ejemplo, una que tenga un corte gelatinoso para añadir un poco de cuerpo al caldo, y otra con hueso para enriquecer el sabor. Algunos cortes favoritos son las costillas cortas, el pecho, las mejillas de res, el chambarete, el rabo, la espaldilla, la lengua de vaca, el pollo (ya sea piernas o un pollo entero), y las salchichas, y las hojas de col rellenas con salchicha. La cena hervida se acostumbra servir con el caldo como primer platillo, seguido de las carnes y verduras, pero yo prefiero servir todo al mismo tiempo, con la carne y las verduras en platos hondos para sopa, humedecidas con un cucharón generoso de caldo. Los acompañamientos típicos para la carne son la sal marina gruesa, los pepinillos encurtidos y las salsas picantes como la salsa verde, la mostaza Dijon, la crema de rábano picante (rábano picante rallado, crema batida, una pizca de sal y un chorrito de vinagre de vino blanco), o una salsa de tomate con alcaparras.

Recomiendo comprar la carne un par de días de antelación y sazonar generosamente con sal y pimienta; esto hará que sea aún más suculenta y sabrosa. Si va a utilizar lengua de vaca (que preparo con mucha frecuencia), deberá remojarla en agua con sal por un mínimo de ocho horas para purgarla y sazonarla. Compre una buena cantidad de carne, incluyendo un poco más de la cuenta. El caldo es fabuloso para sopas y risottos, y la carne es deliciosa en rodajas frías o calientes con salsa verde, en sándwiches, o para hacer un picadillo.

Una cena hervida se suele hacer con agua. Para un caldo más rico y dulce me gusta usar caldo de pollo, o caldo de pollo y agua por partes iguales. Este platillo es fácil de hacer, pero tarda más tiempo en estar, así que saque unas horas. Mantenga la olla a fuego muy lento, con burbujas muy ocasionales en la superficie. La carne quedará más seca y fibrosa si la cocina a fuego más alto. La lengua de res, las salchichas y la col deben cocinarse aparte de la carne de res y del pollo debido a que sus sabores pueden dominar el caldo. Considere la posibilidad de preparar hojas de col rellenas como una opción para la col y las salchichas, o como una adición agradable. Añada verduras para servir con las carnes hacia el final de la cocción, de modo que dejen un sabor fresco y dulce en el caldo.

Cena hervida

10 PORCIONES

ESTA ES UNA RECETA para una cena hervida completa —el clásico *bollito misto* italiano— que incluye diferentes cortes de carne de res, lengua de res, piernas de pollo, salchichas y col rellena. Este es un platillo generoso que puede consistir fácilmente en carne hervida con zanahorias. Aunque el tiempo de cocción es largo, algunos ingredientes se pueden preparar con antelación. La carne y la lengua se pueden cocinar con anticipación y reservar en su caldo. Es mejor preparar y cocinar la salchicha, la col rellena, y las verduras poco antes de servir. El tiempo no es crítico; una vez que todo esté cocido y listo para comer, todas las carnes y verduras se pueden calentar de nuevo en el caldo y servir.

Sazone uno o dos días antes:

3 libras de costillas, pecho o espaldilla de vaca alimentada con pasto, o

4 piernas de pollo

con:

Sal

Pimienta negra recién molida

Mezcle para hacer una salmuera:

4 cucharadas de sal

2 litros de agua

Añada a la salmuera y remoje toda la noche:

1 lengua de vaca alimentada con pasto, de 2 libras aprox.

Para cocinar la lengua, retire de la salmuera, vierta en una olla pesada y cubra con 2 pulgadas de agua. Lleve a ebullición, reduzca a fuego lento, retire la grasa y añada:

1 cebolla en rodajas gruesas

1 zanahoria pelada

¼ de cucharadita de granos de pimienta negra

3 granos de pimienta de Jamaica

4 ramitas de tomillo

1 hoja de laurel

½ taza de vino blanco o 3 cucharadas de vinagre de vino blanco

Una pizca de sal

Cocine la lengua hasta que esté tierna, por un máximo de 5 horas. Añada agua si es necesario para mantenerla sumergida en el líquido. Cuando esté hecha, deje enfriar y retire la capa gruesa de piel. Deseche el líquido de la cocción.

Mientras tanto, vierta la carne sazonada en una olla de 3 galones con:

2 litros de caldo de pollo

2 litros de agua

El líquido debe estar 2 pulgadas por encima de la carne. Añada más si es necesario. Lleve a ebullición, reduzca a fuego bajo y retire la grasa. Agregue:

1 cebolla

2 clavos de olor, insertados en la cebolla

1 zanahoria pelada

1 hoja de laurel

Cocine a fuego mínimo por 2 horas. Retire la grasa de vez en cuando.

Mientras tanto, prepare la col rellena. Separe 10 hojas de:

1 cabeza de col

Cocine las hojas en agua hirviendo con sal hasta que estén tiernas, por 4 minutos aprox.

Escurra y enfríe. Mezcle y deje 10 minutos en remojo:

½ taza de Migas de pan (ver página 62)

⅓ de taza de crema

Mientras tanto, mezcle suavemente en otro tazón:

¾ de libra de carne de cerdo o de pollo molida

2 hígados de pollo, lavados y picados

1 huevo

1 cucharadita de sal

¼ de cucharadita de pimienta negra recién molida

1 cucharadita de tomillo fresco picado

Remueva con la mezcla de las migas de pan y la crema. Ensaye y fría un poco de relleno en una cacerola pequeña; pruebe la sal y rectifique si es necesario.

Las variedades rojas, amarillas y blancas de zanahorias alegran la presentación de este platillo en los meses de invierno.

Retire la vena gruesa de las hojas de col, extienda las hojas, y vierta una cuchara generosa de relleno en la tercera parte inferior de cada una. Enrolle cada hoja, doblando los lados sobre el relleno. Ate suavemente con hilo de algodón.

Después de cocinar la carne por 2 horas, agregue las piernas de pollo y cocine 30 minutos más. Retire la cebolla y la zanahoria que añadió al comienzo de la cocción. Agregue:

8 zanahorias pequeñas peladas, o 4 zanahorias grandes, peladas y cortadas por la mitad

4 puerros grandes u 8 pequeños, limpios y arreglados.

4 cebollas medianas, peladas y cortadas por la mitad,
   o 24 pequeñas, peladas

Cocine a fuego lento hasta que las verduras estén tiernas pero no muy blandas, por 30 minutos aprox., y deseche cuando estén listas.

Vierta un poco del caldo de la carne y las verduras en una cacerola más pequeña. Caliente a fuego lento y agregue a las hojas de col rellenas junto con:

4 o 5 salchichas con ajo

Cocine a fuego lento por 20 minutos o hasta que estén hechas. Retire y mantenga tibias. Puede guardar el caldo para otro uso.

Cuando todo esté hecho, pase el caldo de carne por un colador fino y retire toda la grasa. Corte las carnes y la salchicha, y caliente con las verduras y la col rellena, humedeciendo con un poco del caldo antes de servir. Vierta en una fuente profunda o en platos de sopa individuales y vierta el caldo caliente. Acompañe con sal gruesa, Salsa verde (página 45), y mostaza si desea.

VARIACIONES

• Utilice sólo carne. Use 8 libras de cortes con huesos como rabos o costillas, o 6 libras de carne sin hueso, como pecho, mejillas de carne o espaldilla.

• Si utiliza carne deshuesada, puede añadir un par de médulas de hueso a la olla.

• Utilice un pollo entero en lugar de las piernas de pollo y suprima la lengua. Cocine el pollo a fuego lento por 45 minutos y deje enfriar. Retire las piernas; cocine unos minutos más en el caldo si no están hechas. Antes de servir, corte la pechuga de pollo y parta las piernas por la articulación. Vuelva a calentar en un poco de caldo.

• Si no va a rellenar las hojas de col, corte una col pequeña en cascos y cocine por separado a fuego lento en el caldo o en agua hasta que esté cocinada; retire y sirva recalentada con la carne y otros vegetales.

• Los vegetales con raíces diferentes a las zanahorias son deliciosos cocidos a fuego lento y servidos con las carnes. Ejemplos: chirivías, colinabos, o nabos.

• Sirva el caldo caliente como primer platillo, acompañado con pasta cocida o crutones tostados y un poco de queso parmesano rallado; sirva las carnes y verduras como segundo platillo.

A la parrilla

Sirloin con hierbas a la parrilla

Pescado entero a la parrilla

Ratatouille de vegetales a la parrilla

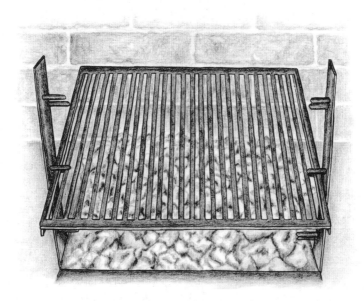

COCINAR A LA PARRILLA SOBRE UN FUEGO ABIERTO es cocinar al nivel más primario. El fuego tiene una magia universal que transforma los alimentos. Para mí y para muchos cocineros, la parrilla es la forma preferida de cocinar. Es muy diferente a cocinar en una estufa eléctrica, de gas, o en un horno eléctrico: la parrilla es impredecible y salvaje, y tiene una inmediatez que le da una característica única. Los ingredientes se deben tener en cuenta, y el fuego atendido con cuidado. Los cocineros que aman la parrilla tienen una atracción instintiva hacia el fuego, que es cálido y sociable, y donde podemos oler la cocción de los alimentos, tenemos una necesidad intrínseca de remover las brasas, y disfrutar del perfume del humo y del chisporroteo visual de lo que sucede en la parrilla.

Los secretos de la parrilla

Me encanta todo el proceso de cocinar a la parrilla: encender el fuego, agregarle carbón y cocinar los alimentos. La preparación de una buena cama de carbón es vital. El calor radiante de estas brasas es lo que cocina el alimento y funciona mejor cuando el calor es constante, manteniendo la temperatura de cocción adecuada por el período de tiempo necesario. Para mí, es de la suma importancia tener contacto con el fuego mientras cocino los alimentos; necesito manipular el lecho de brasas debajo de la parrilla para controlar el calor y cocinar con delicadeza, y me siento frustrada si la cámara de combustión de la parrilla no tiene acceso.

Recomiendo una parrilla con una rejilla pesada para asar, que se pueda subir y bajar sobre el fuego, y que permita el acceso a las brasas. Este dispositivo puede ser tan simple como dos pilas de adobes que sostengan la parrilla, con espacio entre ellos para encender el fuego. Utilizo una parrilla toscana, un sencillo aparato de hierro forjado que reparte el fuego y tiene tres alturas diferentes que sostienen una parrilla móvil. Cabe casi en cualquier chimenea interior y puede utilizarse fácilmente al aire libre. Utilizo esta parrilla en mi patio trasero, en una pequeña zona pavimentada con adobes. Una parrilla pesada como ésta funciona del mismo modo que una de hierro fundido, reteniendo el calor intenso a través de su superficie y cocinando los alimentos de manera uniforme, además de dejar marcas agradables en los alimentos.

Utilizo carbones, madera dura, o una combinación de ambos. Los carbones son madera pura y carbonizada, sin aditivos químicos. Se encienden rápidamente y producen brasas utilizables en 20 minutos aproximadamente. La madera dura tarda unos 40 a 50 minutos en hacer brasas adecuadas para asar. Utilizo siempre un encendedor de chimeneas para encender los carbones, colocándolos en el compartimiento superior y prendiendo fuego a unas hojas de periódico arrugado en el compartimento de abajo. (Los líquidos para encender le dan un desagradable sabor a petróleo a los alimentos). Las brasas estarán listas cuando hayan pasado de un color rojo resplandeciente y brillante a un gris ceniciento; arderán por 30 minutos aprox. Dependiendo de lo que esté cocinando y por cuánto tiempo, me gusta mantener una reserva de carbones encendidos en el rastrillo de la parrilla para reponer el fuego cuando los otros carbones se consuman. Se pueden añadir más carbones por los bordes de la cama del fuego, o utilizar dos encendedores de chimeneas, y encender la segunda 15 o 20 minutos después de la primera. Una buena cama de carbón tiene 2 pulgadas de profundidad aprox. y se extiende 1 o 2 pulgadas más allá de los bordes de lo que se está asando.

Cuando las brasas se hayan extendido, ponga la parrilla en su lugar para que se caliente y límpiela bien con un cepillo de alambre. Lubrique con generosidad antes de colocar los alimentos para evitar que se peguen. Esto es especialmente útil para asar pescados. Use toallas de papel o un trapo limpio, humedezca con aceite y frote la superficie de la parrilla; puede sujetar la parrilla con un par de pinzas. Revise la temperatura del fuego antes de asar. Los alimentos requieren diferentes temperaturas de cocción. Es mejor asar la carne de res sobre unas brasas calientes. Los filetes de pescado también necesitan un fuego muy caliente, pero el pollo, las salchichas, hamburguesas, verduras y las rebanadas de pan se cocinan mejor a fuego medio-alto. Si el fuego está demasiado caliente, el alimento se quemará antes de cocinarse por completo. Ponga su mano una pulgada por encima de la parrilla: el fuego estará muy caliente si sólo puede mantenerla 2 segundos; el fuego será medio-alto si puede hacerlo 4 segundos. Ajuste el fuego moviendo las brasas: extiéndalas para reducir la temperatura; amontónelas o agregue más carbón para aumentarla. También puede controlar el calor subiendo y bajando la parrilla; mientras más cerca estén los alimentos de los carbones, mayor será la temperatura de cocción.

Carne a la parrilla

LAS CARNES SON PERFECTAS para asar a la parrilla; una carne tierna, suave, fina y plana, está hecha a la medida para dorarse sobre un lecho de brasas. Un bistec bien preparado a la parrilla es delicioso: dorado y crujiente por fuera, rosado y jugoso por dentro. ¿Existe una cena más fácil y menos complicada que un bistec a la parrilla con una ensalada verde? Y como si fuera poco, la limpieza no requiere casi de ningún esfuerzo.

La mayoría de los cortes son buenos para hacer a la parrilla. Los clásicos son rib eye, New York, filete o lomo, y porterhouse. Hay otros que son más económicos, pero igual de sabrosos. La espaldilla, la falda, las entrañas, y el bavette son cortes sabrosos, al igual que el sirloin, el top sirloin, y el tri-tip (o empuje de trozo). Puede preparar el bistec en porciones individuales o en pedazos grandes, asarlos enteros y cortarlos después. Lo ideal es que la carne tenga de 1 a 2 pulgadas de grosor. Si es más delgada, la parte interior quedará demasiado hecha antes de que la parte exterior esté bien dorada; si es más gruesa, la parte exterior quedará carbonizada antes de que la parte interior esté hecha. Deje solo una capa de grasa de ¼ de pulgada; mientras menos grasa gotee, menos llamas tendrá.

Aunque solo basta con sazonar un filete con sal y pimienta negra recién molida, me gusta agregarle una costra de hierbas. Pico muchas hierbas —tomillo, orégano y mejorana, en cualquier combinación, pero siempre con romero— y las mezclo con sal gruesa y pimienta negra recién molida; se lo aplico a la carne con un poco de aceite de oliva una hora antes de asar. Para una cocción uniforme, el filete se debe sacar del refrigerador y dejar a temperatura ambiente, lo cual tarda entre 30 minutos y una hora.

Encienda las brasas y limpie la parrilla con un cepillo de alambre. No debería resistir el calor por más de 2 segundos al poner la mano sobre la parrilla. Engrase la parrilla y acomode la carne encima. Cocine por 2 a 3 minutos, y gírela un poco más de 90 grados si quiere que tenga marcas cruzadas. Cocine por otros 2 a 3 minutos y luego gire la carne de nuevo (si la carne tiene un borde de grasa, colóquelo sobre la parrilla, sosteniendo la carne con unas pinzas para dorar la grasa por un minuto o dos antes de asar por el otro lado). Cocine el otro lado de 2 a 3 minutos y gire un poco más de 90 grados. Compruebe el punto de cocción después de otros 2 minutos, presionando la carne con el dedo índice o con la parte posterior de las pinzas. Será suave si está poco hecha, un poco elástica si está a término medio, y muy resistente si está bien hecha. Puede comprobar esto cortando la carne, pero presione con frecuencia para verificar; después de hacerlo con unos pocos filetes, podrá evaluar sin tener que cortar la carne. Retire la carne de la parrilla cuando esté un poco menos hecha de lo que quisiera; el calor residual seguirá cocinando la carne mientras reposa. Un filete de 1 pulgada quedará poco hecho en unos 8 minutos, y a término medio en unos 10 a 12 minutos.

Controle el fuego mientras la carne se asa, moviendo las brasas para aumentar o disminuir la intensidad del fuego según sea necesario. En caso de llamas, retire la carne de inmediato para evitar que se queme y adquiera una corteza acre y negra. Después de sacar la carne de la parrilla, deje reposar unos pocos minutos antes de servir para que los jugos internos se estabilicen de modo que no se derramen en exceso al cortar la carne. Si no va a servir de inmediato, cubra la carne con papel aluminio para que se conserve caliente, pero no la selle herméticamente, pues se seguirá cocinando.

COMO MEDIR
EL CALOR
2 segundos = alto
4 segundos = medio-alto
6 segundos = medio

La carne ideal para mí debe estar bien dorada y tersa por fuera, y poco hecha por dentro; se necesita un fuego muy caliente para lograr esto.

Sirloin con hierbas a la parrilla

4 PORCIONES

Las pinzas son mi herramienta favorita para manipular alimentos en la parrilla. Son livianas, no perforan la carne y son muy fáciles de usar.

Deje solo ¼ de pulgada de la grasa de:

Un sirloin de 20 onzas de una vaca alimentada con pasto, de 1½ pulgadas de grosor

Mezcle y frote la carne con:

3 cucharadas de hierbas mezcladas y picadas (romero, tomillo, orégano, o mejorana)

1½ cucharaditas de sal gruesa

1 cucharadita de pimienta negra recién molida

Rocíe con:

1 cucharada de aceite de oliva

Deje reposar el filete 1 hora a temperatura ambiente.

Encienda las brasas. Precaliente, limpie, y lubrique la parrilla. Ponga la carne en la parrilla y cocine por 3 minutos, girando 110 grados para hacerle marcas con la parrilla, si desea, y cocine por otros 2 o 3 minutos. Dele vuelta al filete y repita el procedimiento. Compruebe el punto de cocción entre 8 y 10 minutos después. Siga asando si la carne no está hecha. Un filete a la parrilla poco hecho tarda unos 8 a 10 minutos, uno a término medio tarda de 10 a 12 minutos, y así sucesivamente. Retire de la parrilla y deje reposar 5 minutos antes de servir.

Pescado y mariscos a la parrilla

EL PESCADO Y LOS MARISCOS son deliciosos a la parrilla. El calor abrasador sella rápidamente los jugos y perfuma delicadamente la carne con el humo. El pescado se puede asar a la parrilla entero o en filetes. Los mariscos como escalopes y ostras se pueden asar con o sin la concha. Los camarones se pueden asar pelados o sin pelar. Todo esto es delicioso condimentado simplemente con sal y pimienta y unas gotas de limón, pero otras opciones son escabeche de aceite de oliva y hierbas, salsas fuertes como la de melocotón (página 231) o de tomate (página 231), y mantequilla de hierbas (página 48), bearnesa (página 229), o salsa de mantequilla tibia (página 228).

Un fuego alto es el más apropiado, excepto para un pescado grande y entero. Use la prueba de la mano: debería resistir un máximo de dos segundos al ponerla encima de la parrilla. La parrilla debe estar precalentada, limpia, y, lo más importante, aceitada, justo antes de poner el pescado para evitar que se pegue. Sazone los filetes de pescado con sal y pimienta y unte con aceite antes de llevar a la parrilla. O marine con una combinación de hierbas y especias, ralladura de cítricos y aceite de oliva.

*Una espátula ligeramente
flexible es lo mejor para
darle vuelta al pescado.*

*No dude en pinchar el
pescado para comprobar
si se está cocinando como
usted desea.*

Deje reposar el pescado por un mínimo de una hora en la marinada durante al menos una hora para que los sabores penetren.

Un filete de media a una pulgada de grosor tardará de 6 a 8 minutos en estar. Si le ha dejado la piel (se volverá crujiente y deliciosa), ponga el lado de la piel hacia abajo y cocine casi completamente por ese lado. Compruebe el punto de cocción después de 6 minutos aprox., y dele vuelta en el último minuto para dorar por el otro lado. Los filetes sin piel se deben cocinar de 3 a 4 minutos por cada lado. Gire 2 minutos después aprox. para que tenga las marcas de la parrilla. Compruebe el punto de cocción aprox. 6 minutos después y dele vuelta en el último minuto para dorar el otro lado. Presione la carne con el dedo o con una espátula, o inserte un cuchillo para comprobar el punto de cocción. El pescado estará hecho cuando la carne esté ligeramente firme al tacto, pero aún húmeda. Los pescados como el salmón y el atún son deliciosos cuando están sellados por fuera y poco cocinados por dentro, donde aún están brillantes y translúcidos. Recuerde que el pescado se seguirá cocinando después de retirarlo de la parrilla; se puede secar si lo asa por mucho tiempo.

Una rodaja de pescado es una sección transversal con un fragmento de la columna vertebral, con piel, y al menos 1 pulgada de grosor. Ase igual que el filete sin piel, pero dele vuelta 5 minutos después y compruebe si está hecho después de 8 minutos. Compruebe al tacto o cortando la carne alrededor de la columna vertebral para ver el interior. La carne debe separarse fácilmente del hueso, pero estar aún bastante húmeda.

Un pescado entero debe descamarse y eviscerarse; cualquier pescadería hará esto. Cocine el pescado entero, con la cabeza y sin deshuesar; quedará más jugoso. Sazone bien con sal y pimienta o marine como se describe anteriormente, girando el pescado de vez en cuando en la marinada. Cocine los peces más pequeños como sardinas y anchoas sobre brasas calientes, insertados en brochetas o pinchos para girar con facilidad. (Me encantan las anchoas frescas marinadas con un poco de menta picada y asadas en un fuego ardiente). Recorte las aletas y la cola del pescado (las tijeras de cocina facilitan esta labor). Puede rellenar la cavidad abdominal con rodajas de limón y hierbas. Los pescados grandes requieren un fuego medio-alto, ya que tardan mucho más tiempo en cocinarse. Para darle vuelta en la parrilla, gire con cuidado con la frecuencia necesaria para evitar que la piel se queme. Mida la parte más gruesa del pescado y cocine 10 minutos aprox. por cada pulgada. Una amiga mía les quita las escamas a los pescados grandes y los limpia, y luego los envuelve completamente en hojas de hinojo o en ramas de hierbas, o también en hojas tiernas de limón, y los ata con una cuerda húmeda. Esto perfuma el pescado y le da un sabor celestial. El pescado entero estará hecho cuando la carne se separe fácilmente del hueso. Si está cubierto con hierbas, desenvuelva y separe suavemente los filetes de la columna vertebral, y retire todas las espinas.

Los escalopes, las ostras, los calamares y camarones (pelados o no) se preparan mejor en brochetas. Sazone y marínelas como quiera. Unas brasas calientes y una cocción rápida preservará la ternura jugosa de la carne. De nuevo, una parrilla precalentada, limpia y bien aceitada evitará que se peguen. Los bivalvos como las almejas, los mejillones y las ostras se pueden llevar a la parrilla después de lavarse para retirarles la arena. La mayoría de los bivalvos tienen una concha más plana que la otra, que es más redonda o cóncava. Coloque la parte cóncava hacia abajo en la parrilla para retener los jugos de los mariscos mientras se cocinan. Los mariscos estarán tan pronto como se abran las conchas.

Pescado entero a la parrilla

4 PORCIONES

Los filetes de un pescado representan entre el 40 y el 45 por ciento de su peso.

Compre el pescado tan fresco como pueda. Pregúntele a su pescadero qué pescado ha llegado ese día.

Pídale a su pescadero que descame, eviscere y retire la cola y las aletas de:

> **1 pescado entero de 3 libras, o dos pescados de 1½ libras (como pescado de roca, pargo rojo, pez azul, o róbalo rayado)**

Sazone generosamente por dentro y por fuera con:

> **Sal**
>
> **Pimienta negra recién molida**

Rellene la cavidad con:

> **Rodajas de limón**
>
> **1 puñado grande de frondas de hinojo (las hojas plumosas de hinojo silvestre o cultivado) u otras ramas de hierbas**

Ponga algunas de las frondas o ramas de hierbas alrededor del pescado.

Unte con:

> **Aceite de oliva**

Deje reposar el pescado una hora aprox.

Encienda un fuego medio. Precaliente la parrilla y limpie y bien. Lubrique la parrilla con un paño engrasado y ponga el pescado en la parrilla. Cocine hasta que esté hecho, girando el pescado tan a menudo como sea necesario para que la piel no se queme. Cocine durante 10 minutos aprox. por cada pulgada de grosor en la parte más gruesa del pescado. El pescado estará listo cuando la carne se separe fácilmente de los huesos, pero esté todavía húmeda. Compruebe insertando un pincho; debería entrar con facilidad. Retire el pescado de la parrilla y sirva entero en la mesa, o corte en filetes en la cocina. Sirva con:

Cascos de limón

Una jarra de aceite de oliva extra virgen

VARIACIONES

✦ Sirva el pescado con salsa verde (ver página 45) preparada con las mismas hierbas con que adobó el pescado.

✦ Envuelva completamente el pescado con frondas de hinojo o ramas de hierbas antes de asar a la parrilla, y ate con una cuerda húmeda.

Vegetales a la parrilla

AL IGUAL QUE la carne y el pescado, las verduras se ven realzadas por el perfume humeante y el calor radiante de la parrilla, ya sean servidas con una simple salsa verde o vinagreta, acompañando un risotto, o combinadas en una versión a la parrilla de un guiso de verduras como ratatouille o *peperonata*. Las papas a la parrilla se pueden convertir en una interesante ensalada de papa, que queda aún más sabrosa si se le agregan unas pocas cebolletas asadas.

Las verduras requieren diferentes formas de asar y algunas verduras pueden prepararse a la parrilla en más de una forma. En general, los vegetales se deben asar en un lecho de brasas a fuego medio o medio-alto; un fuego más caliente quemará las verduras antes de que estén hechas. De manera conveniente, el fuego suele tener la temperatura perfecta para cocinar las verduras una vez que haya asado carne o pescado. También puede distribuir el carbón para crear zonas con temperaturas diferentes, de modo que una parte esté caliente mientras que otra está a fuego medio-alto, lo que le permitirá asar las verduras al mismo tiempo que una carne, por ejemplo. Utilice la prueba de la mano. Si el fuego es medio-alto, podrá mantener la mano sobre la parrilla durante unos 4 segundos. Limpie bien la parrilla y lubrique cuando se haya calentado, antes de asar las verduras.

La temperatura del fuego es muy importante. Si es muy caliente, las verduras se carbonizarán por fuera y estarán crudas por dentro.

Las calabazas de verano, las berenjenas, las papas y las cebollas deben cortarse en rodajas de ¼ a ½ pulgada de grosor, tan uniformemente como sea posible. Corte los pimientos por la mitad o en cuartos y retire las venas y semillas. Las rodajas de cebolla pueden ensartarse en un pincho para darle vuelta con mayor facilidad (remoje los pinchos en agua por unos pocos minutos para evitar que se enciendan). Agregue sal a las verduras. Puede hacerlo con anticipación, pero tenga en cuenta que la salazón acelera la pérdida de humedad, así que no se extrañe si ve que tienen líquido antes de llevarlas a la parrilla.

Engrase las verduras con abundante aceite de oliva antes de asar; también puede agregarles hierbas picadas. Cuando haya asado los vegetales por unos minutos, gírelos un poco más de 90 grados para que tengan las marcas agradables de la parrilla. Deles vuelta después de un par de minutos y termine de cocinar, girando una vez más para hacerles marcas con la parrilla y deles vuelta de nuevo, si es necesario. Retire las rodajas de la parrilla tan pronto como estén tiernas. Compruebe el punto de cocción en la punta del tallo, la parte que tarda más tiempo en cocinarse. (Una vez más, las pinzas son mi herramienta favorita para un asado; hacen que girar las verduras sea una brisa).

Las verduras de hojas como la cebolleta, los puerros pequeños y las hojas de radicchio se benefician de una humectación inicial antes de ir a la parrilla. Unte con aceite y luego rocíe con agua utilizando un atomizador. Gire con frecuencia mientras se asan para evitar que se quemen, y siga humedeciendo con agua. Para acelerar su cocción, coloque un recipiente de metal invertido sobre las verduras, para que reciban vapor mientras se asan a la parrilla.

Es mejor cocinar algunas verduras en agua hirviendo hasta que estén tiernas antes de terminarlas en la parrilla: los espárragos y los puerros, por ejemplo, que son más grandes que las cebolletas, y las alcachofas y papas pequeñas, enteras o a la mitad. Para girar fácilmente en la parrilla, inserte las papas y las alcachofas en un pincho de modo que tengan un contacto uniforme con la parrilla.

Los tomates se pueden preparar a la parrilla, pero necesitan un fuego muy caliente. Córtelos por la mitad y coloque sobre la parrilla con el lado cortado hacia abajo. Ase por 3 minutos aprox. para sellar la pulpa antes de darles vuelta. Asegúrese de limpiar la parrilla después de asar los tomates.

Las verduras como berenjenas, calabazas de verano, y pimientos pueden asarse enteras; hágalo a fuego medio, pues necesitan más tiempo para cocinarse. Haga un par de incisiones profundas en los lados para acelerar la cocción y evitar que se rompan luego de acumular vapor. El maíz se puede asar muy bien a la parrilla con un poco de preparación. Doble la cáscara a la altura de la base y elimine todas las hebras. Sazone las mazorcas con sal y pimienta y un poco de chile o hierbas; esparza un poco de mantequilla o aceite, y rocíe con un poco de agua. Cubra de nuevo con las hojas para proteger las mazorcas y ase a fuego medio o medio-alto, dándoles vuelta ocasionalmente, por 10 minutos aprox. Los hongos de gran tamaño se pueden cortar en lonchas gruesas y asarse a la parrilla; puede ensartar los más pequeños en un pincho y asar enteros o en mitades. Unte con aceite y sazone con sal y pimienta antes de llevar a la parrilla. Los hongos silvestres a la parrilla son inolvidables.

El pan es delicioso a la parrilla, con un poco de aceite de oliva y frotado con un diente de ajo.

Es mejor asar el pan a fuego medio o medio-alto, al igual que las verduras. Si lo parte en rodajas gruesas, unte con aceite después de asar a la parrilla; si lo parte en rodajas finas, es mejor untarles aceite antes de asar. El pan se puede cortar y aceitar con unas pocas horas de antelación, siempre y cuando lo cubra bien en una toalla para evitar que las rebanadas se sequen y deformen.

Ratatouille de vegetables a la parrilla

4 PORCIONES

Un RATATOUILLE es un guiso de verduras de verano, colorido y con sabor a ajo, cocinado en aceite de oliva y en sus propios jugos, y terminado con albahaca. La siguiente receta se desvía de la tradición: las verduras de verano se asan a la parrilla hasta que están hechas, y luego se cortan en trozos pequeños y se mezclan con ajo, albahaca y aceite de oliva.

Prepare todos los vegetales, sazonando con sal sobre la marcha.
Recorte los extremos de:
1 berenjena mediana
2 calabazas de verano medianas
Corte en rodajas de ¼ de pulgada.
    Pele y corte diagonalmente en rodajas de ¼ de pulgada de grosor:
1 cebolla grande
Corte diagonalmente y retire el tallo y las semillas de:
2 pimientos dulces
Quite el corazón de:
3 tomates maduros
Corte los extremos y luego por la mitad, en sentido transversal.
    Encienda un fuego medio-alto y precaliente una parrilla en la parte más caliente. Cuando el fuego esté listo, limpie la parrilla y lubrique con un paño o papel de cocina. Apile unas pocas brasas debajo de la parrilla para hacer un fuego más caliente.

Unte todas las verduras con:

Aceite de oliva

Coloque los tomates en la parrilla con el lado cortado hacia abajo, sobre la parte más caliente del fuego. Ase de 3 a 4 minutos, deles vuelta, cocine otros 4 minutos y retire de la parrilla. Al mismo tiempo, ase los demás vegetales a fuego medio alto, 4 minutos aprox. por cada lado. Deles vuelta si es necesario para evitar que se quemen y compruebe el punto de cocción en la punta del tallo. Retire cuando estén tiernos y deje enfriar. Corte en dados de ½ pulgada. Mezcle en un tazón con:

2 a 3 dientes de ajo finamente picados
Sal
10 hojas de albahaca, picadas o cortadas en tiras finas
3 cucharadas de aceite de oliva extra virgen

Pruebe y rectifique la sazón si es necesario, agregando más aceite, sal, albahaca o ajo. Sirva tibias o a temperatura ambiente.

Omelettes y suflés

Omelette de queso

Frittata de acelgas

Suflé de queso de cabra

LA GRAN VARIEDAD de omelettes y frittatas son variaciones atractivas de un tema sencillo: huevos frescos batidos y cocinados rápidamente en mantequilla o aceite. Las omelettes consisten básicamente en una capa de huevos batidos con un relleno de carne, vegetales o queso, mientras que una frittata es más semejante a un pastel de huevo, donde los huevos actúan como un aglutinante para un vegetal cocinado y sabroso, como en una omelette española. Los suflés se hacen separando las yemas y las claras de huevo: las yemas se convierten en una rica base, y luego se esponjan en una torre magnífica y etérea. Me encanta preparar un suflé esponjado, ya sea dulce o salado. Los suflés dulces son unos de mis postres favoritos; son tibios y ligeros, pero están llenos de sabor.

Omelettes

Me encanta una omelette acompañada de una rebanada tostada de pan levain frotado con ajo, y de una ensalada verde que ofrece un contraste refrescante al rico sabor de los huevos.

Una omelette es un desayuno, almuerzo o cena liviana, rápida, nutritiva y económica. Es un platillo reconfortante gracias a la suavidad y sencillez de sus sabores: huevos frescos, un toque de mantequilla, y un poco queso o de otros rellenos que agregan sabor y matices. Para la omelette que hago con mayor frecuencia, vierto hierbas frescas (perejil, cebollino, acedera, estragón o perifollo) en los huevos antes de cocinarlos y relleno la omelette con un poco de queso gruyere o ricotta suave. Hay un sinnúmero de otros rellenos posibles para las omelettes: una cucharada de verduras salteadas la noche anterior o pimientos asados, por ejemplo, o un bocado de cordero estofado o de jamón salteado.

No hace falta decir que los huevos muy frescos de gallinas alimentadas con productos orgánicos y que permanecen al aire libre hacen que una omelette sea más sabrosa. Los mercados agrícolas suelen vender este tipo de huevos. Busque huevos de gallinas libres y, si es posible, con certificación orgánica. Utilice 2 a 3 huevos por persona. Prefiero las omelettes que no son demasiado gruesas, esponjadas y dobladas con delicadeza, y todavía húmedas por dentro. Para lograr esto, utilizo esta regla general: 2 huevos en una sartén de 6 pulgadas, 3 huevos en una de 8 pulgadas, 6 en una de 10 pulgadas, y no más de 12 en una sartén de 12 pulgadas. Los huevos batidos no deben tener más de ¼ de pulgada de profundidad. La sartén debe ser pesada y de superficie lisa o antiadherente. Precaliéntela a fuego medio-bajo de 3 a 5 minutos antes de añadir los huevos; es el paso más importante para una cocción consistente, rápida, y evitar que los huevos se peguen. Rompa los huevos en un tazón y añada una pizca de sal justo antes de cocinar (quedarán aguados si se salan por adelantado), y bata ligeramente con un tenedor o batidora. La omelette quedará más esponjosa y tierna si los huevos están bien mezclados, pero sin formar una mezcla completamente homogénea.

Vierta un poco de mantequilla en una sartén caliente hasta que se derrita y suelte espuma. Remueva y añada los huevos mientras la espuma desaparece y la mantequilla empieza a despedir su aroma distintivo, pero antes de que comience a dorarse. Si está haciendo una omelette grande, aumente la temperatura a fuego medio (no necesita hacer esto si es pequeña). Los huevos deben producir un chisporroteo suave cuando los vierta en la sartén. Los bordes de la omelette comenzarán a cuajar casi de inmediato (aumente el calor en caso contrario). Doble los bordes hacia el centro con un tenedor o espátula, para que la parte cruda se escurra al fondo de la sartén. Haga esto hasta que la parte inferior de la omelette esté sólida, levantando los bordes e inclinando la sartén para que el líquido del huevo se escurra al fondo de la sartén. Agregue el queso o los otros rellenos cuando los huevos cuajen un poco. Cocine un minuto más, doble la omelette en media luna, y sirva en un plato. Para hacer una omelette enrollada, incline la sartén hacia abajo y lejos de usted, moviéndola para llevarla al extremo más alejado de la sartén y doblando el borde más cercano de la omelette sobre sí misma. Siga inclinando la sartén, y enrolle la omelette hacia abajo. Luego enrolle el extremo más alejado hacia arriba, retire de la sartén y sirva con el pliegue hacia abajo en un plato tibio. Todo el proceso tardará menos de un minuto. Vierta un trozo de mantequilla sobre la omelette para darle un poco de brillo.

Omelette de queso

4 PORCIONES

Rompa y vierta en un tazón grande:

8 a 12 huevos

Añada:

2 cucharadas de perejil picado

2 cucharadas de hierbas mezcladas y picadas (cebollino, estragón, perifollo o mejorana)

Un poco de pimienta negra recién molida

y bata ligeramente hasta mezclar un poco. Cuando vaya a cocinar, sazone los huevos con:

Sal

Precaliente una sartén grande (de 12 pulgadas) pesada o antiadherente de 3 a 5 minutos a fuego medio-bajo. Cuando la sartén esté bien caliente, agregue:

1 cucharada de mantequilla

Vierta los huevos cuando la mantequilla produzca menos espuma. Lleve a fuego medio. Doble los lados hacia el centro, dejando que el huevo crudo se escurra al fondo de la sartén. Cuando los huevos hayan cuajado en la parte inferior, siga levantando los bordes e inclinando la sartén para que el huevo crudo se escurra al fondo de la sartén y se cocine. Cuando la mayoría de los huevos estén cuajados, espolvoree por encima:

4 onzas de queso gruyere o cheddar, rallado

Cocine por unos minutos para calentar el queso. Doble la omelette por la mitad sobre sí misma y vierta en un plato grande. Frote la parte superior con un poco de mantequilla y sirva.

VARIACIONES

- Sustituya 4 onzas de queso ricotta por gruyere o cheddar.
- Suprima las hierbas.
- Haga 4 omelettes individuales con 2 o 3 huevos cada una.

Frittata

Una frittata es una omelette plana y redonda, y el relleno se le agrega a los huevos antes de la cocción. Me gusta preparar frittatas ricas en vegetales, como si fueran pasteles sin corteza. Se les pueden agregar muchos ingredientes: cebollas salteadas, verduras blandas, pimientos asados, papas en rodajas, hongos e incluso pasta. Las frittatas se pueden servir ligeramente calientes o a temperatura ambiente, con una salsa, como primer platillo o como cena. Y son deliciosas para sándwiches y picnics.

Cualquier relleno se debe cocinar antes de añadirse a los huevos. Para más sabor, las verduras se pueden dorar o sazonar con hierbas y especias. Aunque algunas de las recetas recomiendan verter los huevos batidos sobre las verduras cocidas, la frittata me queda mejor cuando le doy vuelta a después de batir los huevos con un poco de aceite y sal, le agrego las verduras y cualquier otro ingrediente como hierbas o queso, y cocino la frittata en una sartén limpia y precalentada.

Cocine las frittatas a fuego medio o medio-alto. Los huevos se quemarán por debajo si el fuego es más intenso. Cuando cuajen los bordes, levántelos e incline la sartén para que el huevo crudo se escurra al fondo. Cuando la frittata tenga una consistencia casi sólida, cubra la sartén con un plato invertido del mismo tamaño o un poco más grande, manteniéndolos firmemente unidos, y gire la sartén boca abajo sobre el plato. (Proteja la mano con que sostiene el plato con un trapo o agarradera). Añada un poco más de aceite a la sartén y vierta de nuevo la frittata. Cocine otros 2 o 3 minutos y vierta en un plato. La frittata deberá estar cocinada pero húmeda por dentro.

Otra manera de preparar una frittata es al horno, utilizando una sartén refractaria. Precaliente el horno a 350°F. Ponga la frittata en la estufa como se indica anteriormente. Lleve la sartén al horno después de un par de minutos, y cocine hasta que la frittata haya cuajado en la parte superior, de 7 a 10 minutos aprox.

Frittata de acelgas

4 PORCIONES

Lave y separe los tallos de:

1 manojo de acelgas

Corte los tallos en rodajas de ¼ de pulgada. Pique finamente las hojas.

Caliente en una sartén a fuego medio:

1 cucharada de aceite de oliva

Añada:

1 cebolla mediana, pelada y en rodajas finas

Cocine por 5 minutos y añada los tallos de acelga. Sazone con:

Sal

Cocine por 4 minutos y añada las hojas. Cocine hasta que las hojas estén tiernas, añadiendo un poco de agua si la sartén se seca. Gire la sartén sobre un plato.

Rompa en un tazón grande:

6 huevos

Añada:

Sal

2 cucharaditas de aceite de oliva

Pimienta negra recién molida

Una pizca de pimienta de cayena

4 clavos de ajo, picados

Bata ligeramente. Apriete suavemente las acelgas con las manos, escurriendo la mayor parte del líquido, pero no todo. Agregue la acelga a los huevos batidos. Precaliente bien una sartén antiadherente o pesada de 10 pulgadas a fuego medio-bajo.

Vierta:

2 cucharadas de aceite de oliva

Vierta la mezcla de huevo pocos segundos después. Mientras los huevos se cuajan por debajo, levante los bordes para que el huevo crudo se escurra a la sartén. Siga cocinando hasta que hayan cuajado. Coloque un plato invertido sobre la sartén; dele vuelta boca abajo para servir la frittata en el plato.

Vierta:

1 cucharadita de aceite de oliva

Ponga la frittata de nuevo en la sartén. Cocine por 2 o 3 minutos más. Vierta en un plato y sirva caliente o a temperatura ambiente.

VARIACIONES

◆ Añada un puñado de acedera a la acelga en el último minuto de cocción.

◆ Sustituya la acelga por brócoli rabe, hojas de mostaza, ortigas, u otras verduras.

◆ Sirva caliente sobre Salsa sencilla de tomate (página 264).

◆ Para un sándwich delicioso, sirva un trozo de frittata con una rebanada de jamón o unas rodajas de tomate entre 2 rebanadas de pan tostado, frotadas ligeramente con ajo.

Suflés

IMPACTANTES, ESPONJADOS y livianos como una pluma, con cubiertas doradas y temblorosas, los suflés están rodeados de un aura de misterio culinario. Sorprendentemente, debajo del misterio se esconde un platillo sencillo, pero ingenioso. En un suflé básico, se añade una salsa blanca elaborada con harina y mantequilla, mientras la leche se enriquece con yemas de huevo; también se le agrega un elemento aromatizante como queso (o fruta o licor para un suflé a manera de postre) y la mezcla se esponja con claras de huevo batidas hasta aumentar muchas veces su volumen original. El aire atrapado en las claras se expande con el calor del horno, inflando aún más el suflé. El único elemento importante es que el suflé debe ser llevado a la mesa inmediatamente cuando se haya terminado de hornear, pues el suflé humeante se enfría rápidamente y pierde su altura triunfante.

El siguiente es un método básico para hacer suflés salados. Comience por hacer una salsa blanca o bechamel: derrita mantequilla en una cacerola de fondo grueso.

REGLA GENERAL
1¼ tazas de salsa blanca
por 1¼ tazas de queso o
puré
de vegetales
por 4 huevos

Agregue la harina, cocine por un minuto o dos (esta mezcla se llama *roux*) y agregue la leche, poco a poco, batiendo bien después de cada adición. La harina y la mantequilla se compactarán, y a medida que añada más leche se aflojarán. Si vierte toda la leche de una sola vez, seguramente se formarán grumos en la salsa. (Si esto sucede, pásela por un colador). Después de agregar la leche, caliente la salsa hasta que hierva, removiendo todo el tiempo. Esto cocina la harina en la leche y espesa la salsa totalmente. Baje a fuego mínimo y cocine por un mínimo de 10 minutos, removiendo ocasionalmente, para cocinar el sabor de la harina cruda. Sazone la salsa al gusto con sal, pimienta, nuez moscada y pimienta. Deje enfriar un poco.

Separe los huevos, agregando las yemas a la salsa bechamel de una en una y vertiendo las claras en un tazón grande para batir posteriormente. Tenga cuidado de no romper las yemas: las claras que tengan incluso un poco de yema no se dejarán batir en una espuma tan alta, rígida y estable. Si hay rastros visibles de yemas en las claras, puede retirarlos con media cáscara de huevo; si no puede hacerlo, rompa otro huevo y reserve el anterior para otro uso. Los huevos de varias semanas tienen claras aguadas y yemas frágiles, lo que las hace más difíciles de separar.

Agregue queso rallado a las yemas y a la salsa bechamel, u otros ingredientes aromáticos como puré de verduras (de puerros, espárragos, o ajo, por ejemplo), mariscos picados, o algunas hierbas. Esta mezcla es la base del suflé. Puede prepararla de antemano y refrigerar, pero asegúrese de sacar la base y las claras de huevo del refrigerador por lo menos hora antes de hornear para que estén a temperatura ambiente.

Precaliente el horno a 375°F (o a 400°F para hacer suflés individuales en lugar de uno grande). Deje el suflé en el centro del horno. Retire algunas rejillas si es necesario, de modo que el suflé tenga espacio suficiente para subir. Engrase bien una fuente para hornear con mantequilla suave. Los suflés se pueden hornear en un tradicional plato para suflé, en un plato poco profundo para gratinar, en otro para hornear, en tazas individuales, en un recipientes de porcelana, o en bandejas planas con paredes bajas; el suflé no crecerá tanto, pero tendrá más espacio para dorarse. Bata enérgicamente las claras de huevo con un batidor de alambre hasta formar picos rígidos, pero todavía húmedos y suaves. Las claras de huevo pueden quedar excesivamente batidas si utiliza una batidora eléctrica, así que tenga cuando empiecen a espesar; deje de batir y compruebe con frecuencia. (Las claras excesivamente batidas tienen un aspecto grueso y granulado).

Vierta un tercio de las claras en la base del suflé para aclararlo. Vierta el resto de las claras de huevo batidas en la base con una espátula de caucho, y mezcle suavemente con las claras sin agitar o golpear ya que podría reducir su volumen. Esto es importante, pues las claras de huevo le dan la altura al suflé. Para doblar, corte en línea recta a través de la mezcla por el centro del recipiente y hasta el fondo, utilizando el borde de la espátula a modo de cuchillo. Lleve de nuevo a un lado de la fuente, girando la espátula y llevándola a un lado y hacia arriba. Gire un poco el recipiente con la otra mano y repita el movimiento circular, envolvente hacia abajo y, girando el recipiente con cada movimiento. Repita hasta que sólo queden pocas rayas blancas. Vierta suavemente la mezcla en la fuente engrasada y llénela a tres cuartas partes de su capacidad. Hornee hasta que el suflé se infle y tenga un color dorado, de 35 a 40 minutos aprox. para uno grande, y 10 minutos aprox. para suflés individuales. Un suflé bien hecho tendrá una corteza dorada y un centro blando y suave.

Los suflés dulces se hacen de un modo ligeramente diferente. En lugar de bechamel, la base es la Crema pastelera (vea la página 376), y se le añaden ingredientes como frutas, chocolate o licores a la crema pastelera enfriada. Cuando vaya a hornear, agregue las claras de huevo batidas y cocine según las instrucciones anteriores.

Batir las claras de huevo en un tazón de cobre hace una gran diferencia. La reacción química entre los huevos y el metal estabiliza la espuma.

Suflé de queso de cabra

4 PORCIONES

Derrita en una cacerola de fondo grueso a fuego medio:

5 cucharadas de mantequilla

Remueva y cocine por 2 minutos:

3 cucharadas de harina

Agregue poco a poco, batiendo bien entre las adiciones:

1 taza de leche

Sazone la salsa bechamel con:

Sal

Pimienta negra recién molida

Una pizca de pimienta de cayena

Las hojas de 1 ramita de tomillo

Cocine a fuego lento, removiendo de vez en cuando, durante 10 minutos. Retire del calor y deje enfriar un poco. Separe:

4 huevos

Mezcle las yemas con la salsa blanca. Añada:

4 onzas de queso suave de cabra

Remueva y pruebe la sal. Deberá estar ligeramente más salado de lo normal, pues las yemas que añadirá más tarde no tienen sal.

Precaliente el horno a 375°F. Engrase un plato para suflé o una fuente para gratinar de 1 litro, con:

1 cucharada de mantequilla suave

Bata las claras de huevo en picos firmes y húmedos. Agregue la tercera parte de las claras a la base del suflé. Doble suavemente la base en el resto de las claras, sin que se desinflen. Vierta la mezcla en la fuente engrasada y hornee de 35 a 40 minutos, o hasta que se infle y esté dorada, pero todavía blanda en el centro y se mueva al agitar suavemente.

VARIACIONES

• Sustituya la mitad del queso de cabra suave por un queso de cabra fuerte y añejo.

• Precaliente el horno a 400°F. Engrase ocho moldes de 4 onzas en lugar del plato para suflé de 1 litro. Llene los moldes a tres cuartas partes de su capacidad y hornee por 10 minutos, o hasta que se infle y se dore.

• Sustituya la mitad del queso de cabra por ¾ de taza de queso gruyere y ¼ de taza de queso parmesano rallado.

• Agregue ¼ de taza de Puré de ajo (página 308) junto con el queso.

• Espolvoree uniformemente migas finas de pan o queso parmesano rallado en el plato engrasado con mantequilla.

Tartas de sal y de dulce

Tarta de cebolla

Tarta de manzana

Tartaletas de chocolate

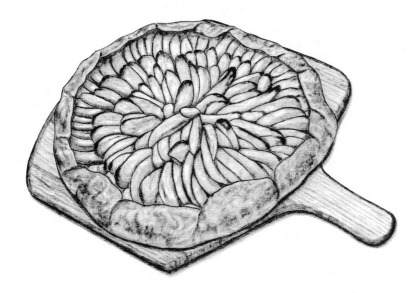

L AS TARTAS, QUE tienen una corteza mantecosa y un relleno salado o dulce, son tan deliciosas como un sándwich o una pizza. Mi tipo de tartas favoritas son las versiones planas, crujientes, redondas y abiertas, conocidas como galettes. La corteza se amasa muy delgada, y se cubre con frutas o verduras (sólo del doble del grosor de la corteza), y luego se lleva al horno. La galette se cuece hasta que esté crujiente y dorada, con el relleno suave y sus sabores concentrados, en una mezcla ideal de texturas y sabores.

Cómo hacer masa para tartas

El único secreto para hacer una buena masa es la práctica.

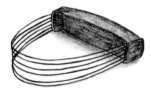

La masa determina el resultado de cualquier tarta: cómo se hace, cómo se amasa y por cuánto tiempo se cocina. La masa para tartas que hago con mayor frecuencia sirve para tartas saladas y dulces, y también para pasteles. La masa, elaborada sólo con harina, mantequilla y agua, es tierna, crujiente y con escamas. Durante varios años evité hacer masa para tartas; me parecía difícil, y muchas veces los resultados me decepcionaron. Entonces, un amigo que es un gran chef de repostería, me explicó con paciencia cómo funcionan la harina, la mantequilla y el agua; después de practicar un poco, comencé a familiarizarme con la masa y mis tartas fueron consistentemente buenas.

Como expliqué en el capítulo sobre el pan, la harina contiene una mezcla de proteínas conocidas como gluten. Cuando se mezclan con agua, estas proteínas se activan y comienzan a formar una red molecular que hace que la masa sea elástica. Mientras más se agite o trabaje la masa, más se activará el gluten. El gluten es bueno para el pan ya que necesita una fuerte red de apoyo para crecer, pero no lo es tanto para tartas: mientras más se trabaje la masa, más dura será. Por eso es importante no amasarla ni pasarle el rodillo en exceso. La harina de trigo es la mejor para esta receta; la harina de pan contiene mucho gluten y la llamada harina de repostería —así como la harina para pasteles— contiene muy poco (lo que hace que la masa sea harinosa). La harina de trigo tiene la cantidad justa de gluten para darle a la masa una textura con hojuelas o escamas. Aquí es donde entra en juego la mantequilla.

La mantequilla le añade sabor y riqueza a la masa, y tiene un efecto importante en la textura. La mantequilla cubre parte de la harina al agregarse a esta, aislando la harina del agua, lo que ralentiza la activación del gluten, haciendo que la masa sea más tierna. Si una parte de la mantequilla tiene pedazos grandes y desiguales que son aplanados con el rodillo, despedirá vapor mientras se hornea, separando las hojuelas de gluten y creando una textura escamada. Mientras más mantequilla tenga la masa, más tierna será esta. Mientras más irregulares sean los tamaños de los pedazos de mantequilla, más hojuelas tendrá la masa.

La mantequilla debe estar muy fría al momento de mezclarla con la harina, como si estuviera en el refrigerador. Si está muy blanda o se derrite, la masa quedará aceitosa. Tenga todos los ingredientes listos antes de empezar: la mantequilla fría y cortada en cubitos de ¼ de pulgada aprox., la harina medida, y el agua helada. Agregue la mantequilla a la harina rápidamente con los dedos. Si tiene un mezclador de masa, tanto mejor. Lo importante es trabajar rápidamente, frotando suavemente la mantequilla y la harina con los dedos, o picando y mezclando con el mezclador de masa por un minuto aprox. (puede usar también una batidora de pie y mezclar por un minuto a velocidad media-baja). Añada el agua.

La función del agua es hidratar la harina, activando así el gluten. Se necesita suficiente agua para hacer una masa consistente que no se deshaga ni sea pegajosa. Una masa seca y quebradiza es difícil de amasar y harinosa para comer; una masa húmeda y pegajosa produce una corteza dura. Las propiedades de la harina y la mantequilla varían, por lo que la cantidad de agua helada también variará. Mida la cantidad indicada, pero no la vierta toda de una vez. Comience agregando tres cuartas partes. Agite y mezcle la masa con un tenedor mientras vierte el agua. Evite amasar o apretar mucho la masa. (Si utiliza un mezclador, vierta el agua por los lados del tazón con el mezclador en velocidad baja, y mezcle por 30 segundos o menos). Añada el agua hasta que la masa comience a agruparse: estará demasiado húmeda si se forma una bola. Compruebe la consistencia apretando un puñado pequeño. Si se mantiene unido es porque tiene suficiente agua; si la masa está seca y quebradiza, es porque necesita más. Añada unas gotas agua lentamente, agitando ligeramente entre las adiciones.

Unos pocos consejos para recordar: use mantequilla fría, agregue rápidamente a la harina y añada suficiente agua para mantener la masa junta.

Cuando la masa tenga la consistencia adecuada, haga una bola, trabajando rápidamente con los dedos (las palmas de su mano son mucho más calientes que las puntas de los dedos). Si va a hacer más de una bola, separe la masa en partes iguales antes de formarlas. Envuelva la(s) bola(s) en bolsas de plástico. (Es una gran manera de reutilizar las bolsas del mercado). Luego, apriete bien para compactarla y aplanar en un disco, pellizcando los lados para sellar las grietas que puedan haberse formado. Esto hace que la masa se pueda estirar posteriormente con mayor facilidad. Guarde los discos cubiertos de plástico en el refrigerador por un mínimo de una hora. Esto hace que el nivel de humedad de la masa sea uniforme y que el gluten se repose, haciendo que la masa sea más fácil de amasar. Puede guardar la masa 2 días en el refrigerador y 2 meses en el congelador. Descongele la masa en el refrigerador la noche antes de usar.

Masa para tartas y pasteles

PARA DOS BOLAS DE
10 ONZAS, DOS TARTAS
DE 11 PULGADAS,
O UNA MASA DOBLE
PARA UN PASTEL DE
9 PULGADAS

Puede hacer el doble o la mitad de esta receta.

Mida:

½ taza de agua helada

Mezcle:

2 tazas de harina sin blanquear

½ cucharadita de sal (suprima si utiliza mantequilla salada)

Añada:

12 cucharadas (1½ barras) de mantequilla fría, cortada en cubos pequeños

(de ¼ de pulgada)

Corte o mezcle la mantequilla en la harina con una batidora de repostería o con los dedos, dejando una parte de la mantequilla en trozos grandes e irregulares. Tardará 1 o 2 minutos en hacer esto. (O mezcle con una batidora de pie por un máximo de un minuto a velocidad mediabaja). Vierta tres cuartas partes del agua, removiendo todo el tiempo con un tenedor hasta que la masa comience a formar grumos. (Si usa una batidora, gire a velocidad baja y vierta el agua por los lados del tazón, mezclando durante 30 segundos o menos). Siga agregando agua si es necesario. Divida la masa en dos, haga dos bolas y envuelva cada una con plástico. Apriete y aplane en discos. Deje reposar, refrigeradas, durante 1 hora o más.

Cómo amasar masa para tartas

La masa para tartas es más fácil de amasar cuando es maleable, pero no está blanda. Si la ha refrigerado durante varias horas, saque 20 minutos antes para ablandarla. El tiempo puede variar, dependiendo de la temperatura ambiente. Elija una superficie suave, fresca y con espacio suficiente para extender cómodamente la masa.

Cuando vaya a pasar el rodillo, tome el disco, todavía envuelto en plástico, y aplane con las manos, golpeando o pellizcando los bordes para cerrar las grietas que pueda tener. Vierta un poco de harina en la superficie de manera uniforme y ponga la masa en el medio. Agregue una cantidad generosa de harina sobre la masa. Presione firmemente con el rodillo en la parte superior de la masa un par de veces para aplanar el disco aún más, y comience a pasar el rodillo. Llévelo desde el centro hacia los bordes, apretando con una presión firme y consistente. Después de pasar el rodillo algunas veces, esparza la harina sobre la masa, levántela y vuelva a cubrir la superficie con harina. Mientras extiende la masa, asegúrese de sellar las grietas que aparecen en los bordes pellizcándolas juntas. La masa debe fluir suavemente por debajo del rodillo. Siga pasando el rodillo desde el centro hacia los bordes a medida que el círculo se hace más grande. Imagine que la masa es la rueda de una bicicleta y los radios son la trayectoria a seguir con el rodillo. Rote la masa de vez en cuando para evitar que se pegue, y agregue la harina debajo o arriba según sea necesario.

Si la masa comienza a pegarse, utilice una rasqueta de pastelería y deslice suavemente debajo de los bordes para separar la masa de la superficie. Doble con cuidado la masa de nuevo y vierta un poco de harina en la superficie (puede agregar una cantidad generosa, pero sacuda el exceso al final). Extienda la masa y deslícela un poco para asegurarse de que está bien enharinada y se mueva libremente. Termine de amasar la masa uniformemente. Aplane todas las partes gruesas.

La masa debe tener un poco menos de ⅛ de pulgada de grosor para una tarta de corteza abierta. Hágala ligeramente más gruesa para un pastel o tarta con corteza doble. Sacuda toda la harina sobrante con un cepillo suave (o con un paño de cocina, y con mucho cuidado) cuando haya terminado de pasar el rodillo. Para manipular la masa, doble por la mitad y luego en cuartos; esto evitará que se estire y se rompa al levantarla. Transfiera la masa a una bandeja para hornear cubierta con papel pergamino y extiéndala. (Recomiendo usar papel pergamino, pues evita que la tarta se pegue). Otra forma de transferir la masa es enrollarla en el rodillo, desenrollarla y pasarla al papel pergamino. Guarde la masa en el refrigerador y en una bandeja para hornear, para que adquiera una consistencia firme antes de rellenar. Vierta más harina uniformemente de nuevo en el mostrador si va a amasar otro pedazo de masa. No apile las masas que haya trabajado una encima de la otra; sepárelas con papel pergamino o ponga en recipientes separados.

Para pre-hornear una corteza para tartas o pasteles (sin relleno), fórrela con papel de aluminio o pergamino y luego coloque una capa de frijoles secos (o pesos para pastelería) reservados para este fin sobre la tarta. Hornee a 375°F por 15 minutos, o hasta que esté ligeramente dorada por los bordes. Retírela y deseche el papel y los pesos. Lleve de nuevo al horno y cocine de 5 a 7 minutos, hasta que la tarta esté ligeramente dorada.

Una bandeja circular para hornear o para pizza es muy útil para preparar muchas tartas.

Tartas de sal

HAY UNA LARGA LISTA de variantes para galettes saladas y la mayoría de ellas llevan cebollas salteadas. Las cebollas salteadas son el complemento ideal para la corteza crujiente y mantecosa de una tarta. Cuando se combinan con otros vegetales, las cebollas le añaden una humedad protectora y un sabor profundo mientras la tarta se dora en el horno. También puede formar la masa en tartas largas y finas, las cuales se pueden cortar en deditos y servir en una fiesta.

Sorprendentemente, las cebollas varían un poco, y no sólo en apariencia. A veces se cocinan rápidamente y son tan jugosas que se deben escurrir; otras veces tardan mucho tiempo en suavizar y no despiden ningún líquido. Las cebollas con pieles muy finas son por lo general mucho más dulces y jugosas, mientras que las que tienen pieles duras, oscuras y doradas tardan más tiempo en estar. Todas las cebollas se suavizan y son deliciosas, pero recomiendo las grandes, de piel más fina, liviana y delgada. En verano, cuando están en temporada, la Walla Walla dulce, la Vidalia, o las cebollas Bermuda hacen tartas excelentes, y se hornean casi tan dulces como la miel. En la primavera hay cebollas frescas, o cebolletas que no se han secado y curado, y todavía conservan sus tallos verdes. Retire y deseche los tallos, corte las cebollas en rodajas gruesas, y cocine hasta que se ablanden. El sabor de las cebolletas es delicado y más dulce que el de las cebollas maduras y curadas.

La cantidad adecuada de cebollas cocinadas con la consistencia indicada es lo que hace una buena tarta. Vierta las cebollas en una sartén de fondo grueso y paredes bajas con una cantidad generosa de grasa, y cocine lentamente con hierbas hasta que estén suaves y llenas de sabor: esto tomará al menos 30 minutos. Las cebollas se deben enfriar antes de extenderse sobre la masa, pues derretirán la mantequilla antes de que la tarta tenga tiempo de hornearse. Las cebollas deben estar húmedas pero sin gotear, para evitar que la tarta se empape. Si las cebollas están muy jugosas, escurra el líquido y resérvelo: puede reducirlo y servirlo con la tarta como una salsa, o añadir a una vinagreta.

Si las cebollas están jugosas aún después de escurrirlas, espolvoree un poco de harina sobre la masa (pero no en los bordes) antes de añadir la cebolla, para cubrir un poco el jugo mientras la tarta se cocina. Hornee en la rejilla más baja del horno hasta que la parte inferior tenga una costra crujiente y dorada. Revise la parte inferior con cuidado, levantando la tarta con una espátula. Cuando la tarta esté completamente horneada, retire de la sartén, ponga en una rejilla y deje reposar. Si la deja enfriar en la sartén, despedirá vapor y la masa no quedará crujiente.

Cuando tenga experiencia para preparar tartas de cebolla, podrá ensayar muchas variaciones: agregar rodajas de pimientos dulces o chiles picantes a las cebollas salteadas hacia la mitad de la cocción; rallar un poco de calabacín y agregar a la cebolla mientras se termina de dorar; o añadirle tomates cherry en mitades, pimientos asados, pelados y rebanados antes de rellenar la tarta, mientras las cebollas se están enfriando. También puede adornar la capa de cebolla con tomates en rodajas o rebanadas de berenjena ligeramente asadas. Para un sabor dulce y salado al mismo tiempo, mezcle higos picados y asados con las cebollas. Otras variaciones incluyen rociar la masa con queso rallado o con una mezcla de hierbas picadas y aceite de oliva antes de agregar la cebolla. Los corazones de alcachofa también se pueden saltear o cortarse en rodajas y hornearlos para luego mezclar con las cebollas; añada ajo y mantequilla de hierbas cuando retire la tarta del horno. Y la mayor parte del año, puede mezclar la cebolla con otros vegetales salteados: coles lisas, acelgas, espinacas, brócoli rabe, o mostaza. O adorne con anchoas y aceitunas negras 10 minutos antes de sacar la tarta del horno.

<table>
<tr><td>

Tarta de cebolla

8 PORCIONES

</td><td>

Caliente en una cacerola de fondo grueso con paredes bajas:

    4 cucharadas de aceite de oliva o mantequilla

Añada:

    6 cebollas medianas (2 libras aprox.), peladas y en rodajas finas

    3 ramitas de tomillo

Cocine a fuego medio hasta que estén suaves y jugosas. Esto tomará entre 20 y 30 minutos. Sazone con:

    Sal

Cocine por unos minutos más. Deje enfriar en un recipiente. Si las cebollas están muy jugosas, vierta en un colador para escurrir el líquido.

Extienda en un círculo de 14 pulgadas:

    Un disco de 10 onzas de Masa para tartas y pasteles (página 174)

</td></tr>
</table>

Retire el exceso de harina, transfiera la masa a una bandeja cubierta con papel pergamino y deje enfriar 10 minutos aprox. en el refrigerador. Coloque las cebollas refrigeradas sobre la masa (y retire la ramas de tomillo), dejando un borde de 1½ pulgadas. Doble el borde hacia las cebollas. Para un aspecto brillante y más acabado, mezcle y rocíe la masa con:

1 huevo

1 cucharada de leche o agua

Hornee en la parte inferior de un horno precalentado a 375°F, entre 45 y 50 minutos, o hasta que la masa esté dorada en la parte inferior. Deje enfriar la tarta en una rejilla. Sirva caliente o a temperatura ambiente.

Tartas de frutas

ME GUSTA COMER FRUTAS a la hora del postre. Un simple pedazo de fruta madura es lo que elegiría en primer lugar, pero las tartas de frutas también son irresistibles. Casi cualquier fruta puede incluirse en una tarta, ya sea sola o combinada con otras. Las manzanas, peras, ciruelas, damascos, duraznos, nectarinas, arándanos rojos, membrillos, moras, frambuesas o zarzamoras son ideales, y la lista sigue y sigue.

Es mejor utilizar la fruta cuando está madura, pero no tanto que esté muy blanda.

No dude en utilizar frutas magulladas o manchadas; simplemente deseche las partes dañadas. A excepción de los frutos del bosque y de las cerezas (que generalmente se utilizan enteras después de retirarles las semillas), la fruta se corta antes de usar. Los damascos y las ciruelas pequeñas (sin el hueso) y los higos se pueden cortar por la mitad y colocar con el corte sobre la masa. Es mejor partir las ciruelas y nectarinas más grandes en rodajas delgadas. Los duraznos, las manzanas y las peras se deben pelar, retirando el hueso o las semillas, y cortarse en rodajas. Algunas frutas, como el membrillo y las deshidratadas, se deben escalfar —cocerse ligeramente en almíbar dulce— antes de cortarse en lonchas y colocar en una tarta. El ruibarbo se puede cortar en julianas o rebanadas. Para un mejor resultado, los trozos de fruta deben tener entre ¼ y ⅓ de pulgada de grosor.

Acomode la fruta sobre la masa, dejando un borde de 1½ pulgadas. Puede esparcir la fruta sobre la masa o colocar de forma ordenada en círculos concéntricos. Las manzanas y las frutas secas se deben disponer en círculos superpuestos. Las frutas jugosas, como las ciruelas y du-

Para mí, las tartas dependen de la fruta. Trate de poner toda la fruta que pueda en la masa, dejando un pequeño borde.

raznos, deben tener una capa de profundidad. De cualquier manera, la fruta debe estar junta, con un pedazo cerca del otro, pues se encogerá mientras se hornea. Las frutas jugosas despedirán más líquido mientras se cocinan y la corteza quedará empapada. Pero esto tiene solución. Lo más fácil es espolvorear una o dos cucharadas de harina sobre la masa antes de agregar la fruta. Espolvoree solo en las partes donde va a colocar la fruta, pero no en los bordes. Puede mezclar la harina con azúcar, nueces picadas, o especias molidas para que tenga más sabor. Otra forma de crear un barrera entre la masa y el jugo es esparcir un poco de *frangipane* (una mezcla de pasta de almendras, azúcar y mantequilla) sobre la masa; la cantidad adecuada para una tarta es ½ taza aprox. También puede agregar dos o tres cucharadas de mermelada sobre la masa. Esto funciona mejor para las frutas ligeramente jugosas.

Doble el borde de la masa a lo largo de la fruta y aplique una cantidad generosa de mantequilla derretida. Espolvoree con un máximo de 2 cucharadas de azúcar y agregue un poco más a la fruta: la mayoría sólo necesita 2 o 3 cucharadas. El ruibarbo, las ciruelas ácidas y los damascos son excepciones y necesitan más azúcar. Pruebe la fruta mientras ensambla la tarta. Mientras más dulce sea, menos azúcar necesitará. Una vez ensamblada, la tarta se puede mantener en el refrigerador o congelador hasta el momento de hornear. Puede hornear también una tarta durante la cena: de esa manera estará lista para el postre, recién sacada del horno. Hornee la tarta en la rejilla inferior hasta que el fondo de la corteza esté dorado. Al igual que con las tartas saladas, es importante que la parte inferior de la masa esté crujiente y tenga un color café.

Pruebe cualquiera de estas variaciones con la siguiente tarta de manzana.

Estas son algunas sugerencias para embellecer cualquier tarta: después de hornearla por 30 minutos, espolvoree con frutos del bosque suaves como frambuesas, arándanos o moras (agregue primero un poco de azúcar) para que los frutos se cocinen pero no se sequen. Puede agregar pasas de Corinto, sultanas u otras pasas a la corteza antes de añadir la fruta. (Si las pasas están muy secas, remoje en agua y coñac, y luego escurra bien antes de agregar a la tarta). Puede esparcir también cáscara confitada y picada de cítricos en la tarta cuando saque del horno.

Para añadir brillo y sabor, glasee la tarta después de hornear. Si la fruta está suficientemente jugosa, puede agregar el jugo de nuevo sobre la fruta, casi como bañando un asado de carne en su propio jugo. También puede agregar un poco de mermelada caliente a la tarta de frutas.

Tarta de manzana

8 PORCIONES

El líquido del membrillo se puede reducir a un delicioso glaseado de color rojizo para una tarta de manzana.

Precaliente el horno a 400°F.

Pele, retire el corazón y corte en rodajas de ¼ de pulgada de grosor:

3 libras de manzanas (Beauty Sierra, Pippin, Granny Smith son variedades apropiadas)

Extienda en un círculo de 14 pulgadas:

Un disco de Masa para tartas y pasteles de 10 onzas (página 174)

Retire el exceso de harina y transfiera la masa a una bandeja para hornear cubierta con papel pergamino. Refrigere por 10 minutos aprox. Saque y acomode las rebanadas de manzana en un círculo, dejando un borde de 1½ pulgadas. Coloque los pedazos restantes de manzana en círculos concéntricos y apretados. Las manzanas deben tener 1½ capas de grosor aprox. Doble el borde de la masa sobre las manzanas. Derrita:

3 cucharadas de mantequilla

Cubra generosamente el borde de la masa doblada con mantequilla y vierta el resto sobre las manzanas. Espolvoree la masa con:

2 cucharadas de azúcar

Espolvoree las manzanas con:

2 a 3 cucharadas de azúcar

Hornee en la parte inferior del horno por 45 a 55 minutos, hasta que la masa esté dorada por debajo. Retire de la fuente y deje enfriar sobre una rejilla.

VARIACIONES

• Sustituya casi la mitad de la manzana por rodajas de membrillos escalfados (vea la página 190).

• Cocine 2 de las manzanas peladas, sin corazón y en rodajas en una cacerola con una pizca de agua hasta que estén tiernas. Triture las manzanas y esparza el puré frío en la masa (dejando un borde de 1½ pulgadas). Cubra con rebanadas de manzana como se indica anteriormente.

• Vierta unas cucharadas de mermelada de damasco en la masa antes de acomodar las manzanas, y utilice mermelada caliente para glasear la tarta después de la cocción.

• Haga un glaseado reduciendo 1 taza de jugo de manzana hasta que esté espeso y viscoso. Agregue coñac, jugo de limón al gusto y vierta sobre la tarta antes de servir.

Haciendo masa dulce para tartas

La masa dulce para tartas, o *pate sucrée*, es muy diferente de la masa de las tartas anteriores que aparecen en este capítulo. Es dulce, suave y casi desmenuzable, no crujiente y escamosa. Utilizo esta masa para hacer tartas de postre horneadas en moldes para tartas con fondos desmontables. La masa se hornea con frecuencia para que se mantenga crujiente cuando se hornee con el líquido del relleno. Algunas de mis tartas favoritas de este tipo son la cuajada de limón, la tarta de almendras y la de chocolate.

Aunque lleva una base de harina y mantequilla, la masa dulce para tartas también contiene huevo y azúcar. Los ingredientes se combinan en un proceso más cercano al utilizado para hacer masa para galletas que para pastelería. De hecho, esta masa se usa para hacer deliciosas galletas de huellas, pequeños círculos con depresiones hechas con el dedo pulgar y rellenas de cuajada de limón o mermelada.

La masa dulce para tartas es suave y tierna por varias razones. En primer lugar, la mantequilla y el azúcar se convierten en crema (mezclando hasta que esté suave y esponjosa) para integrarse completamente con la harina, inhibiendo el gluten y dándole una textura tierna a la masa. Finalmente, la masa se humedece con una yema de huevo en lugar de agua, lo que hace aún más difícil que el gluten se active. Sin embargo, para evitar que la masa no quede excesivamente amasada, el huevo se mezcla con la mantequilla y se distribuye uniformemente antes de agregar la harina. Ablande la mantequilla durante 15 minutos a temperatura ambiente antes de preparar la crema. Debe ser lo suficientemente blanda para mezclar ligeramente con la yema, pero no tanto que se derrita en la harina y la masa quede aceitosa. Bata la mantequilla hasta que esté suave y esponjosa con una cuchara de madera (o utilice una batidora) y luego agregue el azúcar. Añada la yema de huevo y la vainilla, y mezcle completamente bien. La yema será mucho más fácil de mezclar si está a temperatura ambiente. Un huevo frío endurecerá la mantequilla. (Si el huevo está frío, colóquelo en un recipiente con agua caliente durante unos minutos). Mezcle la harina, doblando y removiendo en la mezcla de mantequilla y huevo. No deje ningún parche harinoso en la masa, pues se quebrará en estos lugares. La masa debe ser blanda y pegajosa (el azúcar hace que la masa sea pegajosa) y refrigerarse por un mínimo de 4 horas antes de amasar. Forme una bola con la masa y envuelva en plástico, aplane en un disco y deje enfriar. Puede hacer la masa y guardarla 2 días en el refrigerador, o hasta 2 meses en el congelador. Deje descongelar durante la noche en el refrigerador antes de usarla.

Saque del refrigerador cuando vaya a amasarla. Si está muy dura, dejar reposar unos 20 minutos para ablandar. La masa es blanda y pegajosa por naturaleza, por lo que es mucho más fácil amasarla entre 2 hojas de papel pergamino o encerado. Corte dos pedazos cuadrados de 14 pulgadas. Vierta harina en la parte inferior y extienda la masa encima. Vierta harina en la parte superior de la masa y ponga la otra lámina de papel encima. Pase el rodillo por la masa, desde el centro hacia los bordes, en un círculo de 12 pulgadas. Si la masa se pega al papel, despéguelo y agregue un poco de harina. Vuelva a colocar el papel, dele vuelta a todo el paquete, y agregue más harina al otro lado. Si la masa está demasiado suave mientras le pasa el rodillo, coloque en una fuente para hornear, con el papel y todo, y deje enfriar por unos minutos en el congelador hasta que esté firme.

Continúe pasando el rodillo y agregando harina cuando sea necesario, hasta que la masa tenga ⅛ pulgada aprox. de grosor. Deje reposando unos minutos en el refrigerador. Una masa de 12 pulgadas de diámetro cabe un molde para tartas de 9 pulgadas. (Una tartera con fondo desmontable hará que sea mucho más fácil desmoldar la tarta cuando éste horneada). Quite el papel de la masa y pinche ligeramente por todas partes con un tenedor si la va a hornear sin agregarle nada.

Un molde con un fondo removible hará que sea mucho más fácil retirar el molde cuando termine de hornear.

Este proceso se denomina acoplamiento, y permite que salga todo el aire; en caso contrario, la masa puede burbujear mientras se hornea. Invierta la masa sobre el molde y retire el otro pedazo de papel. Presione suavemente los bordes de la masa. Retire el exceso de masa pasando su dedo pulgar hacia afuera por el borde superior del molde. Presione los costados hacia arriba después de recortar la masa. (Esto evita que los lados se encojan mientras se hornean). Cubra las grietas o agujeros con trozos de masa. Enfríe la masa por un mínimo de 15 minutos antes de hornear. Para tartaletas más pequeñas, corte la masa ½ pulgada más grande que el diámetro del molde que vaya a utilizar. Transfiera la masa a los moldes con una espátula, presionando la masa uniformemente por debajo y por los lados, y recorte y presione los lados como se indica anteriormente. Puede amasar de nuevo o utilizar la masa sobrante para hacer galletas.

Si la masa se acopla y se deja reposar antes de hornear, no se encogerá ni será necesario ponerle pesos en caso de hornearla sola. Hornee las cortezas refrigeradas en un horno precalentado a 350°F por 15 minutos, o hasta que estén ligeramente doradas. Retírelas a mitad de la cocción, y aplaste ligeramente las burbujas que puedan haberse formado. Deje enfriar la masa antes de agregar el relleno y especialmente antes de desmoldar.

Masa dulce para tartas (Pâte sucrée)

PARA 11 ONZAS DE MASA, SUFICIENTE PARA UNA TARTA DE 9 PULGADAS, PARA 6 TARTALETAS DE 4 PULGADAS, O PARA 30 GALLETAS

Bata hasta que queden cremosas:

8 cucharadas (1 barra) de mantequilla

⅓ de taza de azúcar

Agregue y mezcle completamente bien:

¼ de cucharadita de sal

¼ de cucharadita de extracto de vainilla

1 yema de huevo

Añada:

1¼ tazas de harina sin blanquear

Mezcle bien, removiendo y doblando, hasta que no queden partes secas. Enfríe por un mínimo de 4 horas o durante la noche hasta que esté firme.

VARIACIONES

• Agregue 1 cucharadita de canela a la harina.

• Para hacer galletas con huellas, extienda la masa en bolas de 1 pulgada. Vierta azúcar en las bolas y coloque en una bandeja para hornear cubierta con papel pergamino a 1 pulgada de distancia. Presione su dedo pulgar en la parte superior de cada galleta para hacer una huella o concavidad. Hornee en un horno precalentado a 350°F por 12 minutos, retire del horno y rellene las concavidades con crema de limón o mermelada, hornee otros 5 minutos o hasta que estén ligeramente doradas. Deje enfriar antes de servir.

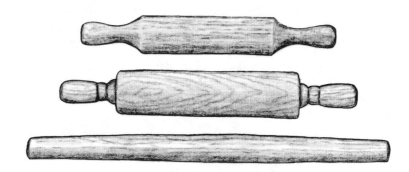

Tartaletas de chocolate

PARA SEIS TARTALETAS
DE 4 PULGADAS, O
PARA DIECIOCHO MINI
TARTALETAS DE 1½
PULGADAS

Use un chocolate orgánico de sabor delicioso; el relleno de la tarta tendrá el sabor del chocolate que utilice.

Estas TARTALETAS de chocolate, sencillas, exquisitamente ricas y amargas, son hermosas, con superficies brillantes y cortezas doradas. Las cortezas pre-horneadas de la tartaleta contienen ganache, un relleno de chocolate suave, elaborado con crema caliente y chocolate amargo. (Las trufas de chocolate se hacen con ganache frío y engrosado).

Amase un círculo de 12 pulgadas con:

1 disco de Masa dulce para tartas (página 183)

Pinche ligeramente la masa con un tenedor. Corte seis círculos de 5 pulgadas (para hacer tartaletas de 4 pulgadas) o dieciocho de 2 pulgadas (para tartaletas de 1½ pulgadas). Transfiera los círculos a moldes de 4 pulgadas (o de 1½ pulgadas) y presione la masa en los moldes. Corte el exceso de masa frotando su dedo pulgar contra el borde superior del molde. Presione los lados hacia arriba después de recortar la masa. Rellene los agujeros o grietas con un poco de masa. Deje reposar las cortezas de las tartaletas por un mínimo de 10 minutos en el congelador. Pre-hornee las cortezas a 350°F por 15 minutos, o hasta que estén ligeramente doradas. Revise la masa a mediados de la cocción y aplaste las burbujas que puedan haberse formado. Deje enfriar y retire del molde.

Para el ganache, vierta en un molde refractario a fuego medio:

6 onzas de chocolate amargo, picado

Caliente solo hasta hervir:

1 taza de crema de leche

Vierta sobre el chocolate y deje reposar 30 segundos. Remueva hasta que el chocolate se derrita, pero sin remover demasiado, pues aparecerán burbujas en el relleno. Vierta en las cortezas de las tartaletas mientras están todavía bastante calientes y con líquido; golpéelas y muévalas con mucha suavidad para nivelar el relleno. Deje reposar a temperatura ambiente por un mínimo de una hora para que el chocolate se asiente.

VARIACIONES

◆ Esta receta también hará una tarta deliciosa. Forre un molde para tartas de 9 pulgadas con la masa, pre-hornee, y rellene con el ganache como se describe anteriormente.

◆ Añada 2 cucharaditas de coñac, brandy o ron al chocolate con la crema caliente.

◆ Sirva con crema batida; la crema batida alrededor de los costados le da un aspecto muy agradable.

Postres de frutas

Crujiente o cobbler de durazno

Peras escalfadas

Escarchado de mandarina

No HAY UNA MEJOR expresión de la estación que un pedazo de fruta madura. Además de la frescura, la dulzura y de la belleza que le dan a la mesa, las frutas cultivadas localmente transmiten un fuerte sentido del lugar. En una época, cuando los postres azucarados eran poco comunes, el postre era prácticamente sinónimo de frutas maduras, servidas solas y para mí, aún no existe una forma más agradable de terminar una comida que con el sabor de algo fresco, limpio, aromático y naturalmente dulce. Es emocionante ver que cada vez hay más y más variedades de frutas tradicionales y poco conocidas en los mercados agrícolas, donde los productores pueden llevar sus pequeñas cosechas a un público agradecido. El mercado agrícola es también el lugar donde es más probable encontrar frutas con el punto óptimo de maduración; frutas que son demasiado frágiles para soportar el empaque y la manipulación que requieren la mayoría de los negocios comerciales. Cada localidad tiene sus propias variedades de frutas, las cuales harán que el final de una comida sea muy especial, sin importar cómo se sirvan, ya sea solas o en postres, como tartas calientes, o en un sorbete refrescante.

Frutas para el postre

LAS FRUTAS SE PUEDEN lavar con rapidez y servirse enteras, bellamente dispuestas en un tazón, plato o bandeja cubierta con hojas de parra o de higos, y las frutas se verán más lindas aún si algunas hojas están adheridas al tallo o vienen con una rama frondosa. Quedan tan hermosas cuando se llevan así a la mesa que todo el mundo se detiene para contemplarlas. Basta con poner simplemente un pequeño plato delante de cada comensal y, si es necesario, un cuchillo.

Si prefiere, corte las frutas y sirva un plato surtido con frutas de temporada, o con rodajas de un solo tipo de fruta. Vierta un poco de azúcar, jugo de naranja o vino sobre la fruta cortada. Las fresas con jugo de naranja y las rodajas de duraznos refrigeradas en vino tinto son postres exquisitos, como también lo es un platillo de higos frescos con frambuesas, rociados con un poco de miel. Los melones son otro postre inolvidable, delicioso y tan jugoso, con tantas variedades para degustar, mezcladas o separadas, con sus hermosos colores pastel que se complementan mutuamente. Todos los frutos del bosque suaves y las frutas con hueso del verano son infinitamente combinables: duraznos con moras, ciruelas con frambuesas y así sucesivamente, o bien peras y manzanas, solas o mezcladas. En invierno, cuando todo es más oscuro, el brillo proviene de los climas donde se maduran los cítricos y los dátiles. Las mandarinas y los dátiles son una combinación clásica. Los frutos secos, ya sea tostados o no, suelen complementarse bien con las frutas —por ejemplo, nueces con higos y peras, o almendras con manzanas y dátiles— y también con queso. Me gustan especialmente las peras y manzanas con la mayoría de los quesos, pero también otras frutas como higos y dátiles.

Las frutas —cosechadas en temporada y servidas en plena madurez— son un reflejo perfecto del momento. La mejor fruta es la de mejor aspecto y sabor. Elija frutas que estén maduras, sin magulladuras ni manchas, y que sean aromáticas. Huélalas y pida que le permitan probarlas. Con la excepción de las peras, las frutas completamente duras nunca madurarán ni tendrán un buen sabor. Coma la fruta completamente madura de inmediato. Si es necesario, guárdela en el refrigerador para evitar que se madure más de la cuenta, pero no la refrigere automáticamente: tenga en cuenta que la fruta tiene un aroma más pronunciado y un sabor más delicioso a temperatura ambiente. Ciertas frutas —como las fresas muy maduras— tienen un perfume intenso cuando están recién cosechadas, y sólo están en todo su esplendor ese día. Si las deja un día o dos en el refrigerador, su aroma fugaz habrá desaparecido.

Frutas en conserva

Pruebe y compare diversas variedades de una fruta hasta encontrar sus preferidas para comerlas cruda, y también para cocinar.

LAS FRUTAS TIENDEN a tener un mejor sabor y a costar menos cuando son más abundantes, en el apogeo de la temporada. Esta es la época para cosechar la fruta y preservarla para el invierno. Aproveche los árboles de los vecinos, las granjas donde pueda recoger frutas y lo mejor de todo, su propia cosecha, si tiene una. A los niños les encanta recoger frutas. No hay nada más mágico para ellos que subirse a un cerezo lleno de frutas, o caminar entre cultivos de frambuesas dobladas bajo el peso de la fruta madura.

La fruta se puede preservar de varias formas por días o meses. Una de las más fáciles es la congelación. Todos los frutos del bosque se pueden congelar. Retire las frutas en mal estado y extienda el resto en una bandeja —y en una sola capa— y congele por un par de horas. Transfiera las frutas congeladas a una bolsa o recipiente de plástico con cierre hermético; durarán hasta 3 meses en el congelador. Las frutas con hueso se pueden cocinar rápidamente con un poco de azúcar y triturarse para utilizar más adelante en suflés, helados, etc. El puré se puede congelar por varios meses. Una solución rápida para la fruta que está a punto de echarse a perder es cortarla y calentarla con un poco de azúcar hasta que los jugos comiencen a fluir. Este tipo de compota de fruta es un postre favorito de mi familia, servido solo o con helado. También nos gusta por la mañana, con pancakes o con un platillo de avena. Esta compota dura hasta una semana en el refrigerador.

Los jarabes de frutas, las jaleas y las mermeladas tardan más tiempo en cocinarse, pero duran mucho más tiempo. Se pueden hacer en pequeñas cantidades, o puede invitar algunas amistades para que le ayuden, y preparar una buena cantidad. Su despensa se verá hermosa y apetitosa con los frascos y botellas relucientes. La pasta de fruta es un puré de fruta que se cuece hasta que está muy espesa, y luego se enfría, por lo general en un molde. Un poco de pasta de membrillo o de manzana con una rebanada de queso es ideal para rematar una comida. La pasta de fruta se mantendrá durante varios meses si se refrigera. Y si hace más de la que va a consumir, regalar un frasco de mermelada casera o un paquete de pasta de fruta es algo que todos le agradecerán.

Crujientes y cobblers

LOS CRUJIENTES Y LOS COBBLERS son sencillos, no muy dulces y llenos de sabor. Se hornea una capa gruesa de fruta debajo de una cubierta crujiente o de magdalenas con crema, como se hace con un pastel de masa gruesa cubierto con una corteza. Cada estación tiene frutas qué ofrecer: manzanas y peras en otoño e invierno, ruibarbo y fresas en primavera, y todas las frutas con hueso y frutos del bosque en verano.

Una cubierta crujiente y rellena es una mezcla de harina, azúcar morena, frutos secos y especias, con mantequilla mezclada con harina hasta que se desmenuce con facilidad. Una cubierta es tan fácil de hacer en grandes porciones como en pequeñas y se puede congelar por un máximo de 2 meses. Es conveniente para tener en el congelador como un postre rápido en caso de una ocasión inesperada.

Los cobblers cubiertos con galletas son menos dulces que los crujientes, y quedan mejor con frutas jugosas. Yo hago magdalenas con crema mezclando mantequilla y harina, leudada con un poco de polvo para hornear, y humedecida con crema de leche. Hago una masa más bien gruesa y luego la corto. Una vez cortadas, las galletas se pueden guardar un par de horas en el refrigerador antes de hornear.

Los crujientes y los cobblers funcionan mejor si las frutas se amontonan a una altura considerable. Para ambos postres, la fruta se corta en trozos pequeños (en rodajas de ⅓ de pulgada de grosor o en cubos de 1 pulgada) y se le agrega un poco de harina y de azúcar, al igual que el relleno del pastel de frutas. Use menos azúcar para el relleno de los crujientes porque su cubierta es muy dulce. La tarta de ruibarbo necesita una buena cantidad de azúcar, la de manzanas necesita menos, y las de frutas dulces como los duraznos no necesitan casi nada. Pruebe la fruta mientras la corta y luego agregue el azúcar; siempre podrá añadirle más. La harina espesa los jugos, que de otro modo serían demasiado líquidos. Sólo necesitará una cucharada o dos de harina.

Un crujiente o cobbler se sirve directamente del plato en que ha sido horneado, así que elija uno de buen aspecto. Los platos de cerámica son los mejores, ya que una bandeja metálica reaccionará con el ácido de la fruta. El plato debe tener 3 pulgadas aprox. de profundidad para que pueda agregarle una capa abundante de fruta. Ponga el plato sobre una bandeja para hornear con el fin de retener los jugos. Cocine hasta que tenga un color café-dorado oscuro y las frutas burbujeen por los lados; las galletas del cobbler deben estar bien hechas y doradas. Si la cubierta del crujiente se dora antes que la fruta, coloque un pedazo de papel de aluminio encima para protegerla. Retire el papel de aluminio en los últi-

CRUJIENTES

Manzana y pera

Manzana y zarzamoras

Nectarina y moras

Durazno y frambuesas

Ruibarbo

Fresas y ruibarbo

Manzana y brandy

Grosellas

Ciruelas

Moras Marion

Manzana y membrillo

COBBLERS

Damasco y frambuesa

Damasco y cereza

Frutos mixtos del bosque

Arándanos azules

mos minutos para que la cubierta quede crujiente. Sirva de inmediato o vuelva a guardar en el horno durante unos minutos y sirva caliente. Los cobblers y los crujientes son deliciosos sin ninguna adición, pero saben mejor aún con un poco de crema de leche fría o de crema batida.

Crujiente o cobbler de durazno
8 PORCIONES

Pele:

4 duraznos maduros

Sumerja los duraznos en agua hirviendo de 10 a 15 segundos, y luego retire la piel. Corte los duraznos por la mitad, eliminando el hueso y cortando en rodajas gruesas de ⅓ de pulgada. Debería tener unas 7 tazas de fruta. Pruebe y mezcle con:

1 cucharada de azúcar (si es necesario)

1½ cucharadas de harina

Vierta la fruta en una fuente para hornear de 2 litros y cubra con:

3 tazas de Cubierta crujiente (receta a continuación) u 8 Magdalenas con crema sin hornear (página 275)

Hornee a 375°F de 40 a 55 minutos (rote una o dos veces para que se doren), o hasta que la cubierta del crujiente o las magdalenas con crema estén doradas y las frutas burbujeen en el plato.

VARIACIONES

* Utilice 3 libras de duraznos y mezcle las rodajas con 1 o 2 tazas de frambuesas, moras o arándanos azules.
* Utilice duraznos blancos y duraznos amarillos mezclados, o nectarinas.
* Sirva con crema batida, con una jarra de crema fría o con helado.

Cubierta crujiente
RINDE 3 TAZAS

Puede adornar la cubierta sin las nueces.

Tueste en un horno a 375°F durante 6 minutos:

⅔ de taza de frutos secos (pecanas, nueces o almendras)

Deje enfriar y corte en pedazos gruesos.

Coloque las nueces picadas en un recipiente y añada:

1¼ tazas de harina

6 cucharadas de azúcar morena

1½ cucharaditas de azúcar granulada

¼ de cucharadita de sal (suprima si utiliza mantequilla salada)

¼ de cucharadita de canela en polvo (opcional)

Mezcle bien y añada:

12 cucharadas (1½ barras) de mantequilla, cortada en trozos pequeños

(continuado)

Incorpore la mantequilla a la mezcla de la harina con los dedos, con una batidora de repostería o de pie. Incorpore sólo hasta que la mezcla se una y tenga una textura desmenuzable, pero no arenosa. Enfríe hasta el momento de usar. Puede preparar la cubierta del crujiente con anticipación y refrigerar por una semana aprox., o congelar por 2 meses.

Frutas escalfadas

EL SIMPLE ACTO DE ESCALFAR FRUTAS —de sumergirlas en un almíbar ligero y cocinarlas a fuego lento hasta que estén hechas— conserva toda su integridad: mantienen su forma, y su sabor mejora. El líquido del escalfado se puede aromatizar con especias y cáscara de cítricos, y el vino le añade más sabor. Las peras, duraznos, ciruelas, damascos, membrillos, cerezas, kumquats y las frutas deshidratadas como damascos, pasas, grosellas, ciruelas y cerezas se pueden escalfar. Un simple trozo de fruta escalfado es un postre perfecto en sí mismo, pero es un platillo exquisito para una ocasión especial si se acompaña con helado de vainilla, con galletas, y con una salsa de frambuesa o chocolate. Las compotas sencillas elaboradas con varias frutas escalfadas y servidas en el líquido dulce en que han sido escalfadas son postres deliciosos de temporada. La fruta escalfada también es una guarnición excelente para pasteles sencillos y para tartas deliciosas.

Las frutas escalfadas no pueden quedar suaves, pues deben mantener su forma después de la cocción. De hecho, una fruta que no ha madurado lo suficiente sabe mejor cuando es escalfada. Y adicionalmente, el hecho de escalfarla hace que la fruta se conserve durante unos días, lo cual es muy conveniente cuando se tiene una gran cantidad. Algunas frutas se deben preparar antes de escalfarse. Las peras se deben pelar: yo las dejo enteras, con sus tallos intactos para la decoración, pero se les puede retirar el corazón y cortarlas por la mitad o en cuatro. Las variedades Bosc, Bartlett y Anjou son buenas para escalfar. Los duraznos y damascos se pueden escalfar enteros o cortados por la mitad y pelarse después de cocinar. Los duraznos blancos y pequeños son exquisitos cuando se preparan escalfados. (Retire algunos huesos, elimine las pepitas y añada al líquido del escalfado, pues le añaden un sabor a esencia de almendras). A las cerezas se les puede retirar o no el hueso, según desee. A las manzanas se les debe retirar el corazón y pelarse o no, según desee. Algunas variedades buenas para escalfar son: Golden Delicious, Pippin, Sierra Beauty, y Granny Smith. Los membrillos se deben pelar y descorazonarse antes de introducirse en el jarabe y requieren de mucho más tiempo de cocción. Las frutas deshidratadas se agregan directamente al líquido del escalfado.

Este líquido suele ser un jarabe de azúcar ligero. Comience con ¼ de taza de azúcar y 1 taza de agua, ajustando el jarabe a su gusto y a las necesidades de la fruta. La tarta de frutas requerirá un jarabe dulce. Se necesita suficiente líquido para sumergir completamente la fruta. Elija una cacerola pesada y no reactiva suficientemente grande para que el líquido y la fruta quepan cómodamente. Lleve el agua y el azúcar a ebullición, remueva para disolver el azúcar y reduzca a fuego lento. Luego añada los aromas que vaya a utilizar. Me gusta agregar jugo de limón y tiras de cáscara de limón, independientemente de la fruta que vaya a escalfar.

Se puede añadir una vaina de vainilla cortada por la mitad, una barra de canela, pimienta, clavos u otras especias, o hierbas como romero, albahaca o tomillo. Añada las hierbas más delicadas como menta o cedrón al final de la cocción para preservar su sabor. Se pueden preparar infusiones sabrosas con jengibre, ralladura de naranja y té. El vino —dulce o seco, tinto o blanco— añade fruta y ácido. Ensaye con dos partes de vino por una de agua. Si utiliza un vino dulce como Oporto o Sauternes, reduzca el azúcar en el líquido azucarado. Si lo endulza con miel, azúcar morena o miel de maple, el líquido será más fuerte y oscuro. Otra forma de aromatizar el líquido es añadir un puré de frutos del bosque como frambuesas o grosellas negras.

Agregue la fruta preparada cuando el líquido esté listo. Algunas frutas se oxidan rápidamente cuando se exponen al aire (por ejemplo, las peras y los membrillos). Agregue al líquido una a una a medida que las pele. Cubra la fruta antes de escalfar con un círculo de papel pergamino que tenga algunos agujeros. Esto ayudará a mantener la fruta sumergida mientras se cocina. Cualquier fruta que flote por encima del líquido se puede decolorar o cocinar de manera desigual. Presione el papel sobre la fruta ocasionalmente durante la cocción. Cocine la fruta a fuego lento hasta que esté tierna pero no blanda. Inserte un cuchillo afilado o un palillo de dientes en la parte más gruesa de la fruta para comprobar el punto de cocción; la fruta estará hecha cuando el cuchillo entre después de una ligera resistencia. El tiempo de cocción puede variar ampliamente según la fruta. La madurez también afecta el tiempo de cocción: mientras más madura sea, más rápido se cocinará. (El tiempo de cocción puede variar mucho, así que mire la fruta desde el principio para calcular cuánto tiempo tardará). Si va a escalfar más de un tipo de fruta, escalfe cada una por separado (en el mismo líquido). Si la fruta está un poco más hecha de la cuenta, retírela del almíbar para detener la cocción, y deje enfriar por separado. Vierta el almíbar sobre la fruta cuando esté fría. La fruta

Al añadir especias y otros aromas pungentes al líquido, tenga en cuenta que una pequeña cantidad tendrá un sabor fuerte, especialmente con los sabores concentrados de las frutas deshidratadas.

escalfada se puede servir de inmediato o guardar en el refrigerador hasta una semana en el almíbar y en un recipiente hermético. Los sabores se intensificarán a medida que la fruta se reposa y se empapa en el almíbar. Sirva la fruta fría o recalentada en una parte del almíbar. El almíbar se puede transformar en una salsa: cuele el líquido en una cacerola pesada y no reactiva, hierva hasta que se reduzca a un jarabe espeso y añada un chorrito de jugo de limón fresco o un poco de vino para alegrar el sabor.

Peras escalfadas

4 PORCIONES

El líquido reducido es un excelente glaseado para una tarta o pastel.

Hierva en una cacerola de fondo grueso:

    4 tazas de agua

    1¼ tazas de azúcar

Baje a fuego lento y añada:

    La cáscara y el jugo de 1 limón

Pele, dejando los tallos intactos de:

    4 peras medianas (como Bosc, Bartlett o Anjou)

Retire el extremo del retoño de cada pera y vierta las frutas en el jarabe de azúcar a fuego muy lento. Añada más agua si es necesario para cubrir las peras. Cocine de 15 a 40 minutos, dependiendo de la variedad y madurez, hasta que estén tiernas y translúcidas, pero no blandas. Inserte un cuchillo afilado en la parte más gruesa de la pera. Retire del fuego y deje enfriar. Sirva frías o calientes con un poco del líquido, reducido o no.

Guarde las peras en el refrigerador, sumergidas en el líquido.

VARIACIONES

◆ Reemplace 3 tazas de agua por 3 tazas de vino blanco y seco afrutado o rojo.

◆ Añada ½ barra de canela en pedazos y un pedazo de vainilla de 2 pulgadas dividida a lo largo, el jugo y la ralladura de limón.

◆ Reemplace el azúcar por ¾ a 1 taza de miel.

◆ Corte las peras en cuartos. Pele y retire el corazón, eliminando todas las semillas y venas largas. Escalfe en el jarabe de 10 a 20 minutos o hasta que estén tiernas.

◆ Reemplace las peras por membrillos. Parta en cuartos, pele, retire el corazón y corte en rodajas de ¼ a ½ pulgada y cocine a fuego lento por 45 minutos aprox., o hasta que estén tiernas.

◆ Sirva con crema batida o crème fraîche, salsa de chocolate o frambuesa caliente y con una guarnición de frambuesas frescas (opcional).

Escarchados y sorbetes

LOS ESCARCHADOS Y SORBETES son postres congelados a base de purés o jugos de frutas. Deberían ser la esencia de la fruta, con un sabor intenso y claro. El escarchado tiene una agradable textura granulada, mientras que un sorbete se congela en una máquina de hacer hielo, dándole una textura suave y aterciopelada.

Las frutas y el azúcar son los ingredientes básicos de los sorbetes y escarchados. Se pueden mejorar con un toque de vainilla o extracto de licor y una pizca de sal.

La fruta debe estar madura y llena de sabor. La textura es esencial, ya que el sorbete o el escarchado no se compactarán si utiliza frutas blandas. Cualquier fruta sirve para escarchados o sorbetes siempre y cuando pueda prepararse en jugo o en puré. La fruta tierna se puede triturar cruda en un procesador de alimentos y colarse posteriormente para eliminar las semillas. Generalmente caliento los frutos del bosque con un poco de azúcar hasta que empiecen a soltar sus jugos antes de hacer un puré. Las frutas más duras, como las peras y membrillos, se deben cocinar hasta que estén blandas antes de que puedan triturarse en un puré. No necesita colar el jugo de los cítricos: retire las semillas con la mano, y deje la pulpa para más textura y sabor.

El azúcar no sólo añade dulzura; también disminuye la temperatura congelada de la mezcla, inhibiendo la formación de cristales de hielo. Esto es particularmente importante para lograr la textura aterciopelada de un sorbete. Una temperatura muy fría o congelada embota o pasma la dulzura. Para un sabor adecuado al congelar, agregue el azúcar hasta que la mezcla tenga un sabor excesivamente dulce a temperatura ambiente. (Si quiere ensayar algo novedoso, sirva 3 cucharadas de puré o jugo y añada diferentes cantidades de azúcar a cada una. Congele, y pruebe la dulzura y textura de cada una).

No necesita una máquina para hacer helado.

El escarchado es literalmente jugo de fruta o puré congelado. El puré de fruta o de jugo se suele azucarar y servir en una fuente poco profunda de vidrio o de acero inoxidable, y luego se congela. Agregue el azúcar lentamente y pruebe una cucharadita de la mezcla para ver si necesita más. También puede congelar primero una parte de la mezcla para determinar el sabor que tendrá al congelarse. Remueva la mezcla ocasionalmente cuando esté en el congelador para romper los cristales de hielo y evitar que se separen. Mientras más a menudo remueva el escarchado, más finos serán los cristales. Me gusta remover el escarchado cuando la parte superior y los bordes se han empezado a congelar, y cuando está ligeramente derretido. Retire del congelador y píquelo cuando esté sólido pero suave al pincharlo. Raspe desde arriba hacia abajo con un tenedor o rasqueta de pastelería, y pique hasta que el hielo esté completamente roto y esponjoso. Vuelva a enfriar el escarchado antes de servir. Pique ligeramente y sirva con un tenedor en un plato profundo o en una taza. Sirva el escarchado con un poco de la fruta de la preparación, bien sea escalfada o con un poco de azúcar para un agradable contraste de sabores y texturas.

El sorbete se prepara casi del mismo modo que un escarchado, pero se congela en una máquina para hacer helados. La diferencia importante es que el sorbete debe ser más dulce para adquirir la textura adecuada. Deberá experimentar un poco al principio y probar pequeñas cantidades congeladas para encontrar la dulzura adecuada, pero será una tarea sencilla cuando haga esto unas cuantas veces. Enfríe bien la mezcla antes de agregar a la máquina para hacer helado. Esto hace que el sorbete se congele con rapidez y que los cristales de hielo sean pequeños. Es muy agradable preparar diferentes tipos de sorbetes, ya sea de frutas que se complementen bien, o de diferentes variedades de una sola, y servirlos juntos.

Escarchado de mandarina

4 PORCIONES

Un rallador Microplane es una herramienta sencilla pero extraordinaria para remover la cáscara de los cítricos.

Lave y seque:

3 libras de mandarinas

Ralle la cáscara de 2 mandarinas en una cacerola.

Exprima el jugo de las mandarinas. Debería tener alrededor de 2¼ tazas de jugo. Vierta ½ taza de jugo en una cacerola con la ralladura y:

⅓ de taza de azúcar

Caliente y remueva hasta que el azúcar se disuelva. Vierta la mezcla en el resto del jugo. Pruebe la mezcla y añada:

Un chorrito de jugo de limón fresco (opcional)
Una pizca pequeña de sal

Pruebe y agregue más azúcar si es necesario. Vierta en una sartén poco profunda y no reactiva y congele. Remueva después de 1 hora, o cuando los lados y la parte de arriba hayan formado cristales de hielo. Remueva de nuevo 2 horas después o cuando esté fangoso. Pique cuando esté sólido pero no duro. Transfiera a un recipiente refrigerado.

VARIACIONES

✦ Para hacer sorbete, aumente el azúcar a ½ taza y enfríe bien. Congele según las instrucciones de la máquina para hacer helado.

✦ Añada una cucharadita —o menos— de Armañac o coñac a la mezcla.

✦ Reserve las mitades de mandarina. Retire todas las membranas y congele.

✦ Agregue el sorbete congelado, o hielo picado, y congele hasta el momento de servir.

Flan y helado

Flan de vainilla

Cuajada de limón

Helado de fresa

LAS RECETAS FÁCILES de preparar que aparecen en este capítulo están relacionadas con las propiedades suaves y aterciopeladas de los huevos, y con el proceso sencillo pero delicado de cocinarlos de modo que tengan un grosor agradable. Usted podrá hacer innumerables flanes, pudines, salsas dulces y helados a base de huevo cuando haya aprendido las técnicas básicas. Hacer helados y flanes le dará la flexibilidad para hacer preparaciones con los sabores inusuales que escoja (algunos de mis preferidos son la miel, el caramelo y la menta fresca), y por supuesto, serán mucho mejores si los hace con huevos frescos orgánicos y locales.

Natillas

Cuando se cocinan con cuidado en una cacerola, la leche, las yemas de huevo y el azúcar se convierten en natillas, o crema inglesa. Servida como tal, en una taza fría, la crema inglesa puede ser un postre maravillosamente simple, pero se utiliza con mayor frecuencia como una salsa para acompañar frutas frescas en rodajas, cocidas y escalfadas, y en pasteles.

Solamente las yemas de los huevos se utilizan para hacer natillas. Cuando se calientan lentamente, las yemas se espesan, añadiendo riqueza y cuerpo a la leche.

La proporción estándar de yemas de huevo y leche para las natillas es de dos yemas por cada taza de leche. Separe los huevos y guarde las claras para otra preparación.

Vierta las yemas de huevo en un tazón pequeño y mezcle ligeramente, sólo hasta que se rompan. Quedarán espumosas si las bate o agita demasiado.

Caliente la leche en una olla de fondo grueso con el azúcar y una vaina de vainilla resquebrajada. (Se puede utilizar extracto de vainilla en lugar de vainilla fresca, pero el sabor será diferente y se perderá el efecto visual de las pequeñas semillas negras flotando en las natillas).

Se debe calentar la leche para disolver el azúcar, humedecer la vainilla y engrosar las yemas. Caliente solo hasta que se formen pequeñas burbujas en los bordes de la olla y la leche despida vapor, pero no la deje hervir. Cuando la leche esté caliente, se añaden las yemas de huevo, diluyéndolas y entibiándolas primero con un poco de leche caliente. Vierta un cucharón de leche en las yemas y luego bata con la leche caliente, revolviendo todo el tiempo.

Ahora viene el paso más importante. Si las yemas de los huevos se sobrecalientan, se separarán de la leche. Para evitar esto, revuelva constantemente la mezcla a fuego medio. A mí me gusta usar un tazón y una cuchara de madera con un extremo plano, casi como una espátula. Revuelva en forma de ocho, cubriendo todo el fondo de la cacerola. El calor es más fuerte en el fondo y hay una mayor probabilidad de sobre cocción en esta parte (por eso es importante usar una olla de fondo grueso). No olvide limpiar los bordes de la olla, donde se unen los lados y el fondo. Cocine las natillas solo hasta que espesen y cubran la parte posterior de la cuchara. Me parece que esto es más fácil de ver si se utiliza una cuchara de madera oscura. Pase el dedo por la parte posterior de la cuchara. Si la mezcla se mantiene separada, significa que las natillas están en su punto. La temperatura para que esto suceda debe ser de 170°F. La otra señal visual que tengo en cuenta es cuando la mezcla comienza a despedir mucho vapor, del mismo modo en que lo hacen otros líquidos justo antes de hervir. Revise continuamente las natillas mientras agita; tendrán la misma consistencia por un tiempo y luego se espesarán rápidamente, casi abruptamente, cuando alcancen la temperatura adecuada.

Tenga un colador y un recipiente listos antes de empezar a cocinar. Cuando las natillas se espesen, retírelas inmediatamente del fuego, revolviendo vigorosamente durante un minuto o dos, y luego viértalas a través del colador en el recipiente. Revuelva las natillas para que se enfríen y no se sigan cocinando. Retire la vaina de vainilla del colador e introdúzcala en las natillas luego de apretarla; saldrán muchas semillas que agregarán mucho sabor. Sirva las natillas de inmediato o enfríelas, cubriéndolas herméticamente cuando se enfríen; se espesarán a medida que se enfríen. Agite bien antes de servir.

Para efectos de variedad, las natillas o la crema inglesa se pueden saborizar con purés de frutas, café espresso, caramelo, chocolate o licores como ron, cognac, u otros *eaux-de-vie*. Las natillas con sabor se convierten en un helado cuando se enriquecen con crema y se congelan en una máquina de hacer helados. Puede espesar las natillas agregando otra yema de huevo, o enriquecerlas si reemplazar crema espesa de leche por una parte o la totalidad de la leche.

Las natillas también se puede hornear en lugar de prepararlas en la estufa. Un ejemplo son los *pots de crème*, natillas ricas elaboradas con crema (o o con una mezcla de crema y crema espesa o leche), en la misma proporción de dos yemas por una taza de líquido. Vierta la yema y la mezcla de crema en una fuente para hornear de cerámica o en pequeños moldes, y hornee en una cama de agua caliente o al baño maría, para proteger las natillas del calor directo del horno. Hornee a 350°F hasta que los lados estén firmes, pero el centro de las natillas esté flojo y movedizo. Retire las natillas del agua para enfriar.

El flan y otras natillas que se pueden retirar del molde después de hornear, se preparan con yemas de huevo y huevos enteros. Las claras de huevo le agregan cuerpo y estructura a las natillas, y evitan que se deshagan. En términos clásicos, el flan se prepara con leche, haciendo que sea una natilla más ligera. La proporción estándar para el flan es una yema de huevo, un huevo y una taza de leche.

Flan de vainilla (Crème anglaise)

4 PORCIONES

La crème anglaise, elaborada con crema, es la base para lo que aquí se conoce como helado de vainilla francesa.

Separe:

4 huevos

Reserve las claras para otro propósito. Bata las yemas sólo hasta separarlas.

Vierta en una olla de fondo grueso:

2 tazas de leche

3 cucharadas de azúcar

Agregue las semillas de:

Una vaina de vainilla de 2 pulgadas, dividida a lo largo

Agregue la vainilla. Ponga un colador sobre un recipiente refractario. Caliente la leche a fuego medio, removiendo de vez en cuando para disolver el azúcar. Cuando esté caliente, agregue un poco de leche a las yemas e incorpore. Cocine a fuego medio, removiendo constantemente, hasta que la mezcla esté lo bastante espesa para recubrir el dorso de la cuchara. No deje que hierva. Retire del fuego y cuele rápidamente. Sirva caliente o refrigerada.

VARIACIONES

◦ Reemplace una parte de la leche —o toda— por crema de leche para un flan más consistente.

◦ Añada una yema más para una crema ligeramente más espesa.

◦ Reemplace la vaina de vainilla por 1 cucharadita de extracto de vainilla y agregue cuando la crema se haya enfriado.

Cuajada de frutas

LA CUAJADA DE FRUTAS, siendo un buen ejemplo la de limón, es una especie de flan de fruta, pero elaborada sin leche o crema. Para hacer cuajada de limón, se cocina a fuego lento y bajo una mezcla de jugo y ralladura de limón, azúcar, huevos y mantequilla hasta que espese. Cuando se enfríe, la cuajada estará tan gruesa como para esparcirse. Esta cuajada, rica y exuberante con el delicioso sabor del limón, es un clásico relleno para tostadas o scones, pero es mucho más versátil que eso. Horneada en una corteza de tarta dulce, es una tarta de limón increíble, que puede cubrirse con merengue. También se puede servir como relleno para galletas, pasteles y otros productos de repostería (me encantan los *éclairs* de limón Meyer), o puede agregarse también a un helado de vainilla francesa recién batido.

Los limones son la fruta clásica que se utiliza para hacer cuajada, pero no es la única. Se puede utilizar cualquier fruta cítrica —limas, naranjas, toronjas, mandarinas, y así sucesivamente— y también frutos del bosque como frambuesas o moras. Mezcle la ralladura y el jugo (la ralladura es tan importante como el jugo en el sabor de la cuajada de cítricos), o el puré de frutos del bosque con el azúcar, los huevos y la mantequilla y cocine la mezcla al igual que el flan de huevo: removiendo constantemente en una olla de fondo grueso, a fuego medio, hasta que cubra la parte posterior de una cuchara. Tenga cuidado de no hervir la mezcla, pues los huevos se cuajarán. Vierta la mezcla en un tazón o frasco de vidrio para enfriar. La cuajada se seguirá espesando a medida que se enfría. Se conserva hasta 2 semanas refrigerada y en un bien recipiente sellado.

Cuajada de limón

RINDE 2 TAZAS

Lave y seque:

4 limones

Ralle la cáscara de uno de los limones con los agujeros más pequeños de un rallador. Exprima el jugo los limones; debería tener ½ taza de jugo aprox.

Bata hasta mezclar:

2 huevos

3 yemas de huevo

2 cucharadas de leche

⅓ de taza de azúcar

¼ de cucharadita de sal (suprima si utiliza mantequilla con sal)

Agregue el jugo de limón y la ralladura, y añada:

6 cucharadas de mantequilla, cortada en trozos pequeños

Cocine la mezcla en una cacerola pequeña, pesada y no reactiva, removiendo constantemente a fuego medio hasta que esté lo suficientemente gruesa como para cubrir una cuchara. No deje que hierva, pues los huevos se cuajarán. Cuando esté espesa, vierta en un tazón o frasco de vidrio y deje enfriar. Cubra y refrigere.

VARIACIONES

◆ Los limones Meyer son ideales para esta cuajada, gracias a su jugo más dulce y cáscara perfumada. Prepare la receta con el jugo de 1 limón ordinario, 3 limones Meyer, y la cáscara rallada de 2 limones Meyer.

◆ Para hacer un glaseado, agregue la crema batida y ligeramente azucarada a la cuajada de limón. Utilizo por lo general partes iguales de crema batida y de cuajada.

◆ Para hacer una tarta de limón, pre-hornee una corteza de Masa dulce para tartas de 9 pulgadas (página 183) y rellene con 2 tazas de crema de limón. Esparza la cuajada uniformemente y lleve a un horno precalentado a 375°F, de 15 a 20 minutos, o hasta que la cuajada de limón se asiente.

Cómo hacer helado

EL HELADO es apetecido universalmente, y el mejor es el preparado en casa. Existen básicamente dos versiones. La primera consiste en crema endulzada y congelada, a la que se le añade algún sabor. La segunda es un flan congelado, elaborado con crema endulzada y yemas de huevo, que produce un helado más rico y suave. Ambas tienen sus encantos, aunque prefiero la segunda.

El helado se puede elaborar solo con crema, o con una mezcla de crema y leche. Los sabores tienden a ser más pronunciados cuando el helado lleva crema o leche. Caliente la crema para disolver el azúcar (o la miel). En este punto se le pueden agregar otros sabores a la crema, como vainilla, granos de café, hierbas o nueces tostadas, finamente picadas. Deje que los aromas se impregnen 20 minutos aprox., luego cuele y enfríe el líquido. Los purés y extractos de frutas se añaden cuando la mezcla se haya enfriado. Es mejor agregar los sabores de ingredientes sólidos como fruta picada, nueces o chocolate rallado después de congelar el helado; si se agregan antes, impedirán el proceso de congelación. Para hacer un helado a base de flan, cuele la crema caliente, mezcle con las yemas de huevo y cocine hasta que espese. Enfríe bien antes de congelar.

El helado se puede congelar en un recipiente o bandeja poco profunda, pero tendrá una textura mucho más suave si se congela en una máquina. El movimiento constante de la paleta o batidor rompe los cristales de hielo y le agrega una pequeña cantidad de aire a la mezcla cuando se congela. Hay varias máquinas para hacer helado. Las más tradicionales consisten en un cubo de madera que contiene un filtro o depósito de metal, los cuales se cubren con hielo picado y sal de roca. La sal reduce la temperatura de congelación del hielo, haciendo que el helado se congele con mayor rapidez. El recipiente está equipado con un batidor, operado por una manivela o por un motor eléctrico. Para mejores resultados, enfríe el batidor y el recipiente antes de añadir el helado. Hay varias máquinas más pequeñas que tienen un depósito con paredes dobles, las cuales se llenan con un líquido refrigerante. El recipiente se guarda en el congelador hasta que el refrigerante se congela. Cuando está listo, se llena con la mezcla y se le instala el motor, el cual hace girar un brazo raspador. Los recipientes aislados son un poco más cómodos, pero tardan más tiempo en congelar. Si tiene espacio, guarde el recipiente en el congelador hasta que vaya a utilizar. La mezcla debe estar muy fría antes de añadirla, pues de lo contrario, el recipiente podría descongelarse antes de que la mezcla se haya congelado. Llene los recipientes sólo a dos tercios de su capacidad: la mezcla se expandirá a medida que se congela. Las máquinas para hacer helado congelarán la mezcla entre 30 y 35 minutos aprox.

Cuando el helado está recién congelado, está suave y se le pueden agregar ingredientes sólidos como nueces o frutas confitadas. Las máquinas con recipientes pequeños tienen un orificio grande en la tapa para este propósito, mientras que los congeladores tradicionales se deben abrir. Sirva el helado de inmediato, o enfríe por unas horas para endurecer aún más. Si tiene una máquina tradicional, puede dejar el helado en el recipiente lleno de hielo y en su cubo (añada más hielo para cubrir la parte superior), pero no haga esto si la máquina tiene un recipiente impermeable, ya que no estará lo suficientemente frío para endurecer el helado. En su lugar, transfiera el helado suave a un recipiente refrigerado y guarde en el congelador. Empaque el helado herméticamente para impedir la formación de cristales de hielo. El helado mantendrá todo su sabor hasta por una semana, pero perderá su textura agradable. Si el helado se congela y se endurece mucho, retire del congelador unos minutos antes de llevar a la mesa, para servirlo con más facilidad.

Helado de fresa

RINDE 1 LITRO

Bata ligeramente en un tazón pequeño:

3 yemas de huevo

Vierta en una olla de fondo grueso:

¾ de taza de crema

½ taza de azúcar

Ponga un colador sobre un recipiente resistente al calor. Caliente la crema a fuego medio, removiendo de vez en cuando para disolver el azúcar. Cuando esté caliente, vierta un poco de la crema caliente en las yemas de huevo y agregue esto a la mezcla. Cocine a fuego medio, removiendo constantemente, hasta que la mezcla se espese y cubra la parte posterior de la cuchara. No deje hervir. Retire del fuego y cuele rápidamente. Añada:

¾ de taza de crema batida

Cubra la mezcla y refrigere.

Lave, seque y retire el corazón de:

1½ pintas de fresas

Triture con un prensa purés o procesador de alimentos. Añada:

¼ de taza de azúcar

Deje macerar las fresas en su propio jugo, removiendo de vez en cuando, hasta que el azúcar se haya derretido. Añada las fresas a la mezcla y agregue:

Unas gotas de extracto de vainilla

Una pizca de sal

Enfríe bien y congele en una máquina para hacer helado según las instrucciones del fabricante.

VARIACIONES

✦ Para mayor sabor, agregue 1 o 2 cucharaditas de kirsch (*eau-de-vie* de cereza) al mismo tiempo que la vainilla.

✦ Haga un puré con 1½ pintas de frambuesas, moras, zarzamoras (mis preferidas), u otros frutos del bosque suaves, y cuele el puré para eliminar las semillas; utilice en lugar de las fresas. Con la excepción de las frambuesas, los otros frutos del bosque se deben calentar sólo hasta que comiencen a soltar sus jugos antes de hacer el puré. Añada un chorrito de jugo de limón fresco, si es necesario.

✦ Reemplace las fresas por 1½ tazas de puré de durazno o nectarinas peladas.

✦ Reemplace las fresas por 1½ tazas de puré de ciruela o pera. Antes de hacer las rodajas de ciruelas o peras en puré, caliente con el azúcar y un poco de agua hasta que estén suaves.

✦ Puede hacer esta receta sin las yemas de huevo: el helado será más ligero, y la textura será menos cremosa y más granulada.

Galletas y pasteles

Galletas de jengibre

Biscotti de anís y almendras

Pastel 1-2-3-4

Todos cumplimos años, y todos nos merecemos un pastel hecho en casa, o al menos unas galletas. Y los cumpleaños son sólo una de las pocas ocasiones festivas que despiertan nuestra imaginación para hornear algo en casa con mucho cariño. Para los niños, la repostería casera es una maravillosa introducción a la cocina, donde aprenden lecciones básicas para organizar, medir, mezclar, hornear y limpiar. Para muchos cocineros y cocineras, hornear galletas fue la chispa que encendió su pasión por la cocina. Incluso aquellas personas que por lo general evitan hornear (personas como yo, en otras palabras) necesitan una pequeña lección para hacer galletas y pasteles.

Cómo hacer galletas

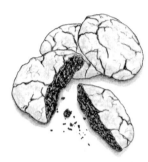

UNA GRAN VARIEDAD de recetas de galletas son el resultado de una fórmula básica: se bate mantequilla y azúcar, se humedece con huevos y se agrega harina al final. La consistencia de esta masa para galletas puede ser bastante firme para amasar y cortar, o lo suficientemente suave para servir en una bandeja para hornear con una cuchara, o ser también una masa muy húmeda, remojada solo con claras de huevo que se deben verter en una manga pastelera y esparcir con mucho cuidado en una bandeja para hornear. (Con este último tipo de pasta se hacen unas galletas deliciosas, llamadas *langue de chat*, o lengua de gato).

Cremar consiste en mezclar la mantequilla y el azúcar hasta que queden esponjosas y de color claro. Se agrega el azúcar, y se sigue combinando hasta que la mezcla esté suave y esponjosa de nuevo. La formación de la crema airea la mantequilla y las burbujas de aire entran por la fuerza a la mezcla de la mantequilla. Estas burbujas se expanden durante la cocción, haciendo que las galletas sean más livianas y tiernas. La mantequilla se puede batir con la mano o con una batidora. Si utiliza una batidora, puede agregar la mantequilla y el azúcar al mismo tiempo. Mezcle a velocidad media-alta por 2 o 3 minutos. Apague la batidora una vez o dos veces para raspar los lados y asegurarse de que todo el azúcar se haya incorporado uniformemente a la mantequilla. Puede utilizar mantequilla fría: simplemente agregue y bata hasta que esté suave antes de añadir el azúcar. La mantequilla debe estar suave para que tenga una consistencia cremosa.

Cuando la mantequilla y el azúcar se hayan incorporado, añada los huevos y mezcle bien. Si utiliza una batidora, raspe los lados del recipiente si es necesario. Es importante que los huevos estén a temperatura ambiente. Si se añaden fríos, la mantequilla se endurecerá, se desinflarán las burbujas de aire, y la masa no se mezclará por completo. Añada líquidos aromatizantes y edulcorantes como extracto de vainilla, licores, melaza y miel junto con los huevos.

La harina es el último ingrediente que se añade. Asegúrese de medir siempre la harina del mismo modo; esto hará que se hornee de una manera más uniforme. Recomiendo este método: mezcle la harina hasta que esté esponjada. Utilice una taza para medir seca, que pueda llenar hasta el borde; sumerja la taza en la harina o viértala con una cuchara y luego nivele la harina con una espátula o cuchillo. No golpee la taza, pues la harina se compactará. Añada la harina a la mantequilla y a los huevos, y remueva hasta que estén bien mezclados. No remueva demasiado, pues esto activará el gluten de la harina y hará que las galletas queden duras.

Agregue la sal, las especias molidas y polvo de hornear o bicarbonato de soda antes de añadir a la masa de las galletas. Los ingredientes terrosos como nueces picadas, chocolate o frutas deshidratadas se deben remover suavemente después de agregar la harina.

La masa para galletas se puede hornear inmediatamente, o refrigerar antes de llevar al horno. Enfríe la masa para darle firmeza antes de hacer las galletas. Puede amasar una gran cantidad de troncos o barras, enfriar, y luego cortar para hornear las galletas. Forme los troncos en óvalos, cuadrados o rectángulos de diferentes formas. Los troncos se pueden congelar hasta 2 meses, y las galletas cortadas no necesitan descongelarse antes de hornear. Corte tantas galletas como sea necesario y guarde el resto en el congelador para utilizar más adelante.

Las bandejas profesionales hacen una gran diferencia para hornear las galletas de un modo uniforme, sin dorar la parte inferior.

Para hornear galletas, vale la pena invertir en una o dos bandejas pesadas para hornear; las galletas se hornearán de manera uniforme, particularmente al evitar que se tuesten demasiado en la parte inferior. Un termómetro para horno es útil para determinar la temperatura real. Me gusta cubrir las bandejas con papel pergamino o con un tapete o esterilla de silicona, pues evitan que las galletas se peguen y facilita mucho la limpieza. Puede reutilizar el papel pergamino.

Coloque las galletas en el centro de un horno precalentado y reorganice las rejillas si es necesario. Cada horno tiene un punto caliente donde las galletas se cocinan con mayor rapidez; gire la bandeja del horno a mitad de la cocción para compensar esto. Hágalo en todas las direcciones; adelante y hacia atrás, hacia arriba y hacia abajo. Si las galletas se doran demasiado rápido por debajo, inserte otra bandeja debajo para reducir la intensidad del calor. Es probable que las galletas que están en los bordes se formen con mayor rapidez; si es así, retírelas cuando estén horneadas y lleve el resto al horno para terminarlas de hornear. Deje enfriar las galletas por completo antes de guardar.

Galletas de jengibre

*Las galletas de jengibre
son ideales para
sándwiches con helado.*

Precaliente el horno a 350°F.

Mida en un tazón y mezcle:

2 tazas de harina

1½ cucharaditas de bicarbonato de soda

1½ cucharaditas de sal

2 cucharaditas de canela

1½ cucharaditas de jengibre molido

En otro tazón, mezcle hasta que estén suaves y esponjosas:

**11 cucharadas (1 barra, más 3 cucharadas) de mantequilla,
ablandada**

Añada:

⅔ de taza de azúcar

Mezcle hasta que esté suelta y esponjosa. Incorpore, mezclando bien:

½ cucharadita de extracto de vainilla

¼ de taza de melaza

1 huevo, a temperatura ambiente

Agregue los ingredientes secos. No mezcle excesivamente, pero asegúrese de que estén completamente incorporados. Envuelva la masa en plástico y refrigere por 2 horas. Extienda la masa en una superficie ligeramente enharinada, de modo que tenga de ⅛ a ¼ de pulgada de grosor. Corte las galletas con un cortador enharinado y colóquelas a 1½ pulgadas de distancia en una bandeja para hornear cubierta con papel pergamino o con un tapete de silicona. Hornee hasta que estén infladas y firmes, por 10 minutos aprox. Deje enfriar 1 o 2 minutos antes de sacarlas de la bandeja.

VARIACIONES

• Forme la masa en 2 troncos de 1½ pulgadas de diámetro, envuelva en plástico y enfríe por un mínimo de 2 horas en el refrigerador, o por 30 minutos en el congelador. Corte en monedas de ¼ de pulgada de grosor cuando esté fría, colóquelas a 1½ pulgadas de distancia en una bandeja para hornear cubierta y hornee como se indica anteriormente. Puede cubrir las galletas con azúcar antes de hornear, si desea.

• Forme la masa en bolas de 1 pulgada, colóquelas a 3 pulgadas de distancia en una bandeja para hornear cubierta y aplane con un vaso de fondo plano untado con azúcar.

• Añada ½ cucharadita de pimienta negra recién molida a la mezcla de harina para unas galletas más picantes.

Biscotti

Los biscotti, solos o sumergidos en chocolate amargo, y servidos con un plato de cerezas o mandarinas, son un final perfecto para una comida.

En italiano, *biscotti* significa "cocinado dos veces". Los biscotti se hornean primero en hogazas largas, se cortan en galletas gruesas, y se hornean de nuevo hasta que estén ligeramente tostadas. Las galletas son crujientes y secas, y se conservan bien; me agrada el hecho de que no sean extremadamente dulces. Se le agregan diversos ingredientes como nueces, chocolate, especias, licores y frutas deshidratadas para darles más sabor. Hago *biscotti* con almendras ligeramente tostadas y anís. También quedan bien con una taza de café o té, o con una copa de vino.

La receta de galletas que utilizo con mayor frecuencia no lleva mantequilla. Los huevos y el azúcar se baten hasta que aumentan en volumen, adquieren un color claro y se forma una cinta al levantar el batidor. Esto significa que la mezcla caerá sobre sí misma lenta y densamente en forma de cinta. Si los huevos están un poco calientes, tardará unos 3 o 4 minutos en batir los huevos hasta este punto, y si están fríos, puede tardar hasta 10 minutos. Si ha olvidado sacar los huevos del refrigerador, caliéntelos un par de minutos con la cáscara en un recipiente con agua casi caliente.

El aire atrapado en la mezcla de huevo batido aligera la textura del biscotti. Agregue la harina sólo hasta que quede apenas incorporada, y luego añada suavemente los otros ingredientes para no desinflar los huevos. Forme la masa en hogazas largas en una bandeja para hornear cubierta con papel; la masa estará muy húmeda y pegajosa. Mójese las manos antes de tocarla para que no se pegue. Suavice las hogazas con una cuchara y con sus manos. Hornee hasta que estén firmes y doradas; estarán muy delicadas mientras se enfrían. Retire con cuidado la hoja de papel y las hogazas y deje enfriar en una rejilla. Corte con un cuchillo de pan serrado y largo (o en diagonal, para más galletas) cuando estén frías. Separe las galletas en la bandeja y hornee de nuevo hasta que estén doradas y tostadas. Se mantendrán por un mes en un envase hermético.

Biscotti de anís y almendras

RINDE PARA 40 GALLETAS

Precaliente el horno a 350°F.

Extienda sobre una bandeja para hornear y tueste en el horno durante 5 minutos:

1½ tazas de almendras enteras

Deje enfriar y corte gruesas.

Mida y mezcle:

2¼ tazas harina sin blanquear para todo uso

1 cucharadita de polvo para hornear

¾ de cucharadita de semillas de anís

Mezcle en otro tazón:

3 huevos, a temperatura ambiente

1 taza de azúcar

¼ de cucharadita de ralladura de limón

Bata hasta que la mezcla forme una cinta. Agregue la mezcla de harina hasta incorporar y luego añada las almendras.

Forme la masa en dos hogazas de 3 pulgadas de ancho, y coloque a 3 pulgadas de distancia en una bandeja para hornear cubierta con papel pergamino. Nivele las hogazas con las manos húmedas. Hornee por 25 minutos, o hasta que estén ligeramente doradas. Retire del horno y deje enfriar 10 minutos aprox. Reduzca la temperatura del horno a 300°F. Corte las hogazas refrigeradas en galletas de ½ pulgada de grosor y disponga con la parte cortada hacia abajo en 2 bandejas para hornear. Hornee durante 10 minutos, deles vuelta a las galletas y hornee por otros 10 minutos o hasta que estén doradas.

VARIACIONES

◆ Suprima las almendras y utilice 1 taza de pasas y otra de nueces. Puede agregar otras nueces y frutas deshidratadas en las mismas cantidades.

◆ Añada ½ taza de cáscara cítrica confitada.

◆ Utilice una especia distinta al anís, como hinojo o cilantro, o suprima las especias por completo y aumente la cantidad de cáscara rallada a 1 cucharadita.

Haciendo un pastel

1-2-3-4

1 taza de mantequilla

2 tazas de azúcar

3 tazas de harina

4 huevos

Es muy satisfactorio aprender a hacer un pastel clásico, delicado y mantecoso. El pastel 1-2-3-4 es una versión de una receta tradicional que debe su nombre a las cantidades de mantequilla, azúcar, harina, y huevos que lleva. Tiene un sabor maravilloso, y una textura húmeda y blanda, dos cualidades que debe tener un buen pastel. Es un pastel sencillo para el té, perfectamente adecuado para adornar con fruta fresca; si se decora, se puede transformar en cualquier cosa: en un pastel de cumpleaños, de bodas, o en *cupcakes* individuales.

Hornear requiere de una mayor precisión que la mayoría de otros tipos de cocción. Es muy importante organizar y medir los ingredientes cuidadosamente desde el principio. Los primeros pasos para hacer un pastel son preparar la bandeja, precalentar el horno y ensamblar los ingredientes. Para preparar la bandeja, engrásela con mantequilla ablandada con un cepillo de cocina o con los dedos. Cubra la bandeja con papel pergamino para que el pastel no se pegue: haga un molde con papel pergamino, recorte, y ponga en la bandeja. Engrase también el papel. Es probable que la receta sugiera enharinar la sartén. Para hacer esto, vierta un par de cucharadas de harina (o cocoa, para pasteles de chocolate) en la bandeja y rote con cuidado para distribuir uniformemente la harina sobre la mantequilla. Cuando toda la mantequilla esté recubierta con la harina, invierta la sartén y golpee ligeramente para retirar el exceso.

Lleve el pastel a un horno precalentado. Los primeros minutos determinarán cómo crece un pastel. Si el horno no está a la temperatura indicada, el pastel no crecerá. Precaliente el horno por un mínimo de 15 minutos y compruebe la temperatura con un termómetro para horno antes de introducir el pastel.

Medir todos los ingredientes y dejarlos a temperatura ambiente facilitará todo el proceso, reduciendo al mismo tiempo las probabilidades de cometer errores. Es esencial que los ingredientes estén a temperatura ambiente. Utilizar ingredientes fríos hará que la mezcla se "pasme" o se encoja y se desinfle, afectando así la textura del pastel, pues quedará más densa de lo recomendable. La mantequilla debe estar suave; sáquela del refrigerador por lo menos 30 minutos antes de usar; se ablandará más rápido si la corta en pedazos pequeños. Medir la leche y sacar los huevos por adelantado les dará tiempo para estar a temperatura ambiente.

La harina se mezcla con sal y con un leudante químico, ya sea polvo para hornear o bicarbonato de soda. Para un pastel más ligero y delicado, utilice harina para pasteles; está elaborada con trigo blando, que tiene un menor contenido de proteína, y viene finamente molida. La siguiente opción es usar harina de repostería. Puede utilizar harina de trigo, pero la textura del pastel será pesada y gruesa; la harina para pasteles hace una gran diferencia. La manera más exacta de medir la harina es por su peso, pero la mayoría de las recetas en los Estados Unidos utilizan mediciones en volumen. La cantidad de harina hace una gran diferencia en la textura de un pastel, así que para resultados más consistentes, trate de medir siempre la harina exactamente de la misma manera. Para pasteles delicados, sugiero tamizar más harina que la indicada en la receta antes de medirla. Esto airea la harina y hace que sea más fácil de mezclar, haciendo que el pastel sea liviano. Vierta la harina en la taza de medir (use una taza de medir seca, con un borde plano y sin pico vertedor) y nivele la parte superior con una espátula o cuchillo. No compacte la harina golpeando la taza o presionando la harina hacia abajo. Agregue los ingredientes secos después de tamizar y medir la harina. Muchas recetas piden tamizar los ingredientes juntos y secos, pero es mejor mezclarlos removiendo.

El primer paso para hacer la masa es mezclar la mantequilla ablandada con azúcar. Bata la mantequilla y el azúcar hasta que la mezcla esté suave y esponjosa, y de color muy claro. Si hace esto con una batidora eléctrica, la mantequilla y el azúcar se pueden mezclar desde el principio, pero si lo hace con la mano, bata bien la mantequilla antes de añadir el azúcar. Bata la mantequilla y el azúcar de 5 a 10 minutos. No escatime en esto: es la clave para un pastel suave, voluminoso y tierno. El azúcar penetra en la mantequilla, creando bolsas de aire, las cuales se expanden y multiplican a medida que la mantequilla se vuelve más clara. Esta mezcla aireada es la base del pastel. Las yemas de huevo se baten a temperatura ambiente y se agregan de una en una, incorporándola completamente antes de añadir la siguiente. La mezcla podría tener un aspecto cortado después de agregar todas las yemas, pero no se preocupe; esto se rectificará cuando añada la harina al final.

A continuación, se mezclan la harina y la leche a temperatura ambiente alternativamente, comenzando y terminando con la harina. Para obtener los mejores resultados, utilice un tamiz o colador de malla fina y añada la mezcla de harina a la masa por tercios. La harina no tiene que estar completamente mezclada antes de la siguiente adición de leche. Mezcle solamente hasta que la leche y la harina se incorporen. La leche activa el gluten de la harina, y si mezcla en exceso, el pastel se endurecerá. Bata las claras de huevo hasta formar picos rígidos pero húmedos. Agre-

El polvo para hornear es una agente leudante que reacciona al líquido y produce dióxido de carbono (un gas), haciendo crecer las burbujas creadas por la formación de la crema. El polvo para hornear pierde su efectividad después de seis meses a un año, así que asegúrese de comprobar la fecha en la lata, o anótela.

gue un tercio de las claras a la mezcla rebozada para aflojarla, y luego agregue el resto con cuidado. Vierta la mezcla en el molde preparado sin llenar más de dos tercios de su capacidad, de modo que el pastel tenga espacio para crecer.

Para obtener los mejores resultados, hornee el pastel en el centro del horno y ajuste las rejillas si es necesario. Si es posible, no lo toque durante los primeros 15 minutos de cocción. Abrir el horno reduce significativamente el calor, y el cambio de temperatura puede hacer que el pastel se desinfle. Después de esta cocción inicial, la estructura del pastel estará firme y mucho más estable. Empiece a comprobar si el pastel está listo cuando haya crecido mucho, tenga un color dorado y la masa comience a sobresalir de los bordes. Inserte un palillo o pincho de madera en el centro; estará hecho si el palillo sale limpio. Deje enfriar el pastel antes de sacar del molde.

El pastel 1-2-3-4 es muy húmedo y se puede hacer el día anterior. Para obtener mejores resultados, guárdelo bien cubierto en el molde. Retire el molde y decore el pastel poco antes de servir. Pase un cuchillo por los bordes del pastel e invierta sobre un plato. Despegue el papel pergamino y sirva el pastel en otro plato.

Pastel 1–2–3–4

RINDE PARA DOS
PASTELES REDONDOS DE
9 PULGADAS

*Puede preparar
fácilmente la mitad
o el doble. Acostumbro
hacer la mitad para un
pastel de una capa.*

Precaliente el horno a 350°F.

Engrase los moldes y cubra la parte inferior de cada uno con papel pergamino. Engrase el papel con mantequilla y vierta harina en los moldes, retirando el exceso. Separe:

4 huevos

Mida:

1 taza de leche

Tamice y luego mida:

3 tazas de harina para pastel

Añada:

4 cucharaditas de polvo para hornear

½ cucharadita de sal (¼ de cucharadita si es mantequilla salada)

Añada en otro tazón hasta que esté suave y esponjosa:

1 taza (2 barras) de mantequilla, ablandada

Añada:

2 tazas de azúcar

Bata hasta que esté suave y esponjosa. Rompa las 4 yemas de huevo, agregue de una en una, y:

1 cucharadita de extracto de vainilla

Cuando estén bien mezcladas, añada la mezcla de leche y de harina alternativamente, comenzando y terminando con un tercio de la harina. Remueva apenas hasta que la harina se incorpore. Bata las claras de huevo a punto de nieve en otro recipiente. Agregue una tercera parte de las claras a la masa, y luego añada el resto. Vierta la mezcla en los moldes preparados y hornee de 30 a 40 minutos, o hasta que un palillo salga limpio luego de insertarlo en el centro.

VARIACIONES

• Puede dividir la masa en tres moldes para hacer 3 capas; 24 (*cupcakes*) en moldes para muffins engrasados y con harina, o 30 *cupcakes* en moldes de papel. También puede hornear en una bandeja de 12 por 18 pulgadas para hacer un pastel plano. Hornee los *cupcakes* y el pastel plano por 20 minutos aprox.

• Para el pastel de limón, agregue 1 cucharada de ralladura de limón finamente rallada y 2 cucharaditas de jugo de limón a la mezcla. Cubra con partes iguales de cuajada de limón y de crema batida, mezcladas.

• Para el pastel de naranja, añada 1 cucharada de cáscara de naranja finamente rallada y 2 cucharaditas de jugo de naranja a la masa. Rellene con crema batida y fresas en rodajas.

Segunda parte:
En la mesa

Recetas para todos los días

Un poco de...

Almendras horneadas con hierbas

RINDE 1½ TAZAS

Precaliente el horno a 375°F. Vierta en una fuente:

1½ cucharaditas de agua caliente

1½ cucharaditas de sal

Remueva para disolver la sal. Agregue y mezcle:

1½ tazas de almendras

3 ramitas de tomillo, las hojas solamente

1 ramita ajedrea, las hojas solamente

Vierta en una sartén de hierro fundido o plato para hornear, donde las almendras quepan en una sola capa. Hornee de 15 a 20 minutos, removiendo cada 5 minutos aprox., hasta que estén doradas por dentro. (Abra una para ver). Tenga cuidado, ya que pueden quemarse con mucha rapidez cuando empiecen a dorarse. Retire del horno y vierta en una fuente.

Agregue cuando todavía estén calientes:

2 cucharaditas de aceite de oliva

Pruebe y añada más sal si es necesario.

VARIACIONES

⋆ Ensaye con otras hierbas: hojas de mejorana y de salvia, por ejemplo.

⋆ Ensaye con otros frutos secos: las nueces, avellanas y pecanas van bien con esta receta.

⋆ Hornee los frutos secos sin el agua con sal. Engrase y sale después de hornear.

Aceitunas tibias

RINDE 1 TAZA

Solo hay que enjuagar y calentar las aceitunas para refrescar su sabor. Quedan más deliciosas aún con un poco de hierbas, ajo y algún condimento.

Enjuague en un colador bajo un chorro de agua:

1 taza de aceitunas con hueso (utilice de varios sabores y colores)

Deje escurrir a un lado.

Caliente en una sartén pequeña:

2 cucharaditas de aceite de oliva

Añada las aceitunas escurridas con:

1 diente de ajo, pelado y cuarteado

1 chile fresco o seco

3 ramitas de tomillo o de tomillo de limón

2 tiras de naranja o cáscara de limón

Cocine a fuego lento, removiendo de vez en cuando, por 5 minutos, o hasta que las aceitunas estén calientes. Apague el fuego y deje unos minutos en la sartén. Sirva caliente, si es posible. Se pueden recalentar fácilmente.

VARIACIONES

⋆ Reemplace el tomillo o el tomillo de limón por otras hierbas.

⋆ Añada semillas enteras como hinojo, comino, alcaravea, o mostaza negra.

⋆ Añada una pizca de cayena o pimiento.

Acelgas marinadas

3 A 4 PORCIONES

Puede preparar cualquier vegetal de hojas verdes de esta forma —rapini, hojas de mostaza, de remolacha, espinaca, rúgula, col rizada— pero cocine por separado porque tienen tiempos de cocción diferentes. Los vegetales más verdes, como la col rizada, tardan más tiempo. Una vez cocinados, se pueden mezclar en cualquier combinación, aderezados con un adobo sencillo de aceite de oliva, servidos calientes con crutones, o fríos y envueltos en lonjas de prosciutto.

Lave:

1 manojo (12 onzas aprox.) de acelga

Agarre cada tallo con una mano y arranque la hoja con la otra. (Reserve los tallos para otro uso; para gratinar por ejemplo). Corte las hojas en trozos de 2 pulgadas.

Caliente una sartén o cacerola pesada a fuego medio-alto. Vierta:

1 cucharada de aceite de oliva

Añada las verduras picadas y espolvoree con:

Sal

Cocine, removiendo con frecuencia, hasta que las verduras estén tiernas, por 5 minutos aprox. El agua que se adhiere a las hojas al lavarlas hace que conserven la humedad; en caso contrario, añada un chorrito de agua durante la cocción. Retire la acelga de la sartén y deje enfriar. Retire el exceso de humedad y transfiera a un tazón. Sazone con:

1 cucharada de aceite de oliva
1 diente de ajo finamente picado
Un chorro de jugo de limón
Una pizca de hojuelas de chile

Pruebe, rectifique la sazón y sirva.

Tapenade

RINDE ⅔ DE TAZA APROX.

Mezcle:

½ taza de aceitunas negras
    (Niçoise, Nyon, o curadas y secas),
    sin semillas y picadas gruesas
1 cucharada de alcaparras, enjuagadas,
    escurridas, y cortadas en trozos
2 anchoas envasadas con sal,
    enjuagadas, deshuesadas, y picadas
1 diente de ajo, pelado, partido y sin el
    germen, picado fino o en puré
1 ramita de ajedrea, las hojas solamente,
    picadas
½ cucharadita de brandy (opcional)
¼ de taza de aceite de oliva

Pruebe y añada si es necesario:

Sal

Deje reposar 30 minutos a temperatura ambiente antes de servir para que los sabores se incorporen.

VARIACIONES

✦ Mezcle 2 cucharadas de almendras horneadas y picadas.
✦ Añada ¼ de cucharadita de ralladura de naranja.
✦ Reemplace por aceitunas verdes o utilice una mezcla de verdes y negras.

Pimientos dulces asados

4 PORCIONES

Precaliente el horno a 450°F. Lave y seque:

3 pimientos medianos y carnosos

Colóquelos en una bandeja para hornear a una distancia mínima de ½ pulgada entre cada pimiento para que se doren. Lleve al horno y revise cada 5 minutos. Deles vuelta cuando empiecen a dorarse. Sígalos girando hasta que la piel esté negra y agrietada, y los pimientos estén suaves pero sin desintegrarse, por 35 minutos aprox. Si la piel está negra pero el pimiento sigue firme, coloque en un recipiente cubierto para cocinar al vapor. Deje enfriar.

Corte los pimientos por la mitad y retire las venas, las semillas y la piel. Rompa o corte la pulpa en tiras de ½ pulgada.

Sazone con:

1 diente de ajo pequeño en puré
1 cucharada de aceite de oliva
1 cucharadita de vinagre
1 cucharadita de mejorana fresca picada
Pimienta negra recién molida
Sal al gusto

Sirva a temperatura ambiente como parte de un antipasto, o caliente con carne asada de res o de aves.

VARIACIÓN

✦ Para un sabor ahumado, ase a la parrilla a fuego medio alto en lugar de hornear.

Queso marinado con hierbas en aceite de oliva

RINDE 6 ONZAS

Puede hacer esta receta con cualquier queso blanco: con queso de cabra, feta o con un queso de yogur más firme, como labné, en troncos o bolas. Este queso es un *dip* delicioso con crutones, o un adorno sabroso para ensaladas.

Corte en bolas, rodajas o cascos:
6 onzas de queso de cabra o feta
Vierta en un recipiente no reactivo y añada:
¾ de taza de aceite de oliva extra virgen
3-4 ramitas de tomillo
2-3 hojas de laurel
Cubra herméticamente y refrigere por un mínimo de 1 día y un máximo de 1 semana.

VARIACIONES

◆ Use otras hierbas como romero, mejorana, orégano, ajedrea o hisopo.

◆ Agregue un par de chiles secos para un poco de picante.

◆ Agregue algunas especias enteras como granos de pimienta negra, hinojo, anís, comino o cilantro.

◆ Agregue ¼ de taza de aceitunas niçoise enjuagadas y escurridas con las hierbas.

◆ Cocine suavemente 2 o 3 dientes de ajo partidos por la mitad en el aceite de oliva hasta que estén tiernos pero no dorados. Deje enfriar el aceite y vierta sobre el queso con el ajo y el resto del aceite.

◆ Retire el queso del aceite, seque las migas de pan y lleve a un horno caliente hasta que estén doradas y crujientes, por 5 minutos aprox. Sirva con una ensalada con ajo.

Caviar de berenjena

RINDE 2 TAZAS

Precaliente el horno a 400°F.
Corte a lo largo y por la mitad:
2 berenjenas medianas
Rocíe las superficies cortadas con:
Sal
Pimienta negra recién molida
Aceite de oliva
Coloque el lado cortado hacia abajo sobre una bandeja y hornee hasta que estén blandas. Pruebe si están hechas en el extremo del tallo: la berenjena debe estar muy suave. Retire del horno y deje enfriar. Raspe y vierta la pulpa en un tazón; remueva vigorosamente hasta formar un puré.
Añada:
2 cucharadas de jugo de limón fresco
¼ de taza de aceite de oliva
Sal
Pimienta negra recién molida
1 diente de ajo, pelado y en puré
2 a 4 cucharadas de perejil o cilantro
    picado
Mezcle bien y pruebe, añadiendo más sal y limón si es necesario.

VARIACIONES

◆ Utilice 2 cucharadas de menta picada en lugar del perejil o cilantro.

◆ Añada 1 cucharadita de semillas de cilantro machacadas y tostadas. Para tostar, caliente las semillas en una cacerola a fuego medio hasta que estén ligeramente doradas. Triture en un mortero o en una cacerola pesada.

◆ Añada una pizca o dos de hojuelas de chile.

◆ Para un sabor ahumado, chamusque una berenjena entera sobre brasas ardientes o a fuego alto en una estufa hasta que esté tierna. Corte por la mitad, raspe la carne y mezcle con los otros ingredientes.

Huevos rellenos

PARA 12 MITADES DE HUEVOS

Este es un método muy sencillo para unos clásicos huevos a la diabla, pero me gustan con pocas especias e ingredientes, pues opacan el sabor agradable del huevo. Espolvoreo con hierbas frescas picadas antes de servir.

Llene una olla mediana con agua y lleve a ebullición. Añada:

6 huevos, a temperatura ambiente

Cocine a fuego lento por 9 minutos, escurra los huevos y enfríe en agua con hielo.

Pele los huevos, corte por la mitad y a lo largo. Saque las yemas con una cuchara y deje en un tazón. Vierta las claras en un plato, con el lado cortado hacia arriba, y espolvoree con:

Sal

Pimienta negra recién molida

Utilice un tenedor, y mezcle las yemas con:

3 cucharadas de mayonesa hecha en casa (vea la página 46)

1 cucharadita de mostaza de Dijon

Sal

Pimienta negra recién molida

Si la mezcla de las yemas está muy espesa, agregue unas cucharaditas de agua fría hasta que tenga la consistencia adecuada. Pruebe la sazón y llene las claras con la mezcla de las yemas. Si no va a servir en una hora, refrigere hasta el momento de servir. Antes de hacerlo, decore con hierbas tiernas y picadas como cebolletas y perejil.

VARIACIONES

• Sustituya la mayonesa por una mezcla de mantequilla blanda y de aceite de oliva.

• Añada el pimiento a la mezcla de las yemas, o rocíe en los huevos rellenos, o en ambos.

• Añada hierbas picadas como perejil, perifollo, cebollino, menta, estragón o cilantro a la mezcla de las yemas.

• Añada ajo machacados a la mezcla de las yemas y decore cada huevo relleno con un filete de anchoa.

• Añada alcaparras o aceitunas picadas a la mezcla de las yemas.

Guacamole

4 PORCIONES

Hay muchas variedades de aguacates y todas se pueden utilizar, pero el aguacate Hass es la mejor. Tiene un rico sabor a nuez y a hierbas. Se conserva bien, es fácil de pelar y de despepitar. Está maduro cuando cede a la presión suave del dedo.

Corte por la mitad y quite las semillas de:

2 aguacates maduros

Saque la pulpa con una cuchara. Vierta en un mortero y triture ligeramente.

Agregue:

1 cucharada de jugo de limón fresco

2 cucharadas de cebolla finamente picada

2 cucharadas de cilantro picado

Sal

Pruebe y agregue más sal y jugo de limón si es necesario.

VARIACIÓN

• Para un guacamole picante, agregue un jalapeño o chile serrano, sin semillas y finamente picado.

Vegetales encurtidos

Una buena opción para preparar vegetales es hacerlos encurtidos. A diferencia de los vegetales fermentados, que tardan semanas o meses, los encurtidos están listos en pocos minutos y se conservan hasta una semana. Se pueden utilizar de varias formas y sirven para alegrar un platillo de charcutería o una entrada. Prepare el encurtido combinando todos los ingredientes que se enumeran a continuación, y lleve a ebullición. Cocine cada tipo de verdura por separado en esta salmuera hirviendo, y retire cuando estén hechas, pero un poco firmes. Déjelas enfriar a un lado. Cuando todos los vegetales estén fríos cocidos, y el líquido de la cocción esté a temperatura ambiente, mezcle los vegetales, transfiera a otro recipiente con tapa, cubra con el líquido y refrigere.

Utilice este método para preparar floretes de coliflor, zanahoria en rodajas, cebollas perla o cebollas cipolline, vainas de okra (quimbombó) cortadas por la mitad, nabos pequeños cortados en cascos, con una parte de sus tallos; ejotes enteros, raíz de apio en cubos pequeños, y otros. A veces corto finamente las cebollas rojas y les agrego salmuera hirviendo. Están listas para comer cuando se enfrían, y son deliciosas servidas con pescado y papas nuevas.

Siéntase libre de cambiar los ingredientes: utilice vinagre rojo en vez de blanco, o agregue un poco de azafrán, otros tipos de chiles secos, o rodajas de jalapeño fresco.

Para hacer 3½ tazas de vegetales encurtidos, mezcle y lleve a ebullición:

1½ tazas de vinagre de vino blanco
1¾ tazas de agua
2 ½ cucharadas de azúcar
½ hoja de laurel
4 ramitas de tomillo
La mitad de una cayena, o una pizca de hojuelas de chile
½ cucharadita de semillas de cilantro

2 clavos de olor
1 diente de ajo, pelado y cortado por la mitad
Una pizca grande de sal

Puffs de queso (gougères)

PARA 40 PUFFS PEQUEÑOS, O PARA 20 GRANDES APROX.

Mi amiga Lulu —del restaurante Bandol— acostumbra servirlos con anchoas. Son exquisitos recién sacados del horno y acompañados con vino rosado.

Caliente sin hervir en una cacerola de fondo pesado:

½ taza de agua
3 cucharadas de mantequilla, cortada en trozos pequeños
½ cucharadita de sal
Cuando la mantequilla se haya derretido, agregue:
½ taza de harina
Remueva vigorosamente hasta que la mezcla esté consistente y se vaya a los lados de la sartén. Siga agitando otro minuto más, transfiera a un tazón y deje enfriar un poco. (Esto acelerará el proceso de enfriamiento).
Bata de uno en uno:
2 huevos
Agregue el primer huevo antes de añadir el otro. Añada:
3 onzas de queso gruyere, rallado (¾ de taza aprox.).

Precaliente el horno a 400°F. Cubra 2 bandejas para hornear con papel pergamino (no es necesario hacerlo, pero facilita la limpieza). Vierta la masa en la bandeja con cucharadas que tengan 1 o 2 pulgadas de diámetro, y deje 1½ pulgadas de distancia. También puede servir la masa con una manga pastelera que tenga una punta plana de ½ pulgada.

Hornee por 10 minutos a 400°F. Reduzca la temperatura a 375°F y hornee por 15 minutos más. Los *puffs* deben estar bien dorados y crujientes por fuera. Perfore cada uno con la punta de un cuchillo afilado, haciendo una pequeña abertura para dejar salir el vapor, lo cual les ayudará a mantenerse crujientes. Sirva de inmediato. Puede recalentarlos en un horno a 375°F durante 3 minutos.

VARIACIÓN
* Utilice 2 o 3 anchoas envasadas con sal, lavadas y picadas en lugar del queso.

Pancakes de alforfón (blinis)

4 PORCIONES

La masa se hace en dos etapas. Primero se prepara un esponjado (una mezcla de leche, harina, yemas de huevo y azúcar, que activan la levadura y le dan más sabor) y luego se añade más leche y harina después de la primera subida.

Caliente hasta que estén tibias:
6 cucharadas de leche
Agregue:
¾ de cucharadita de levadura seca
Mezcle en un tazón grande:
¼ de taza de harina de alforfón
¼ de taza de harina para todo uso
1 cucharadita de azúcar
¼ de cucharadita de sal
Mezcle la leche tibia y la levadura con:
2 yemas de huevo

Remueva los ingredientes secos hasta mezclar bien. Cubra y deje crecer en un lugar cálido hasta que doble en volumen, por 1 hora aprox. Cuando el esponjado haya crecido, mezcle:
¼ de taza de harina de alforfón
¼ de taza de harina para todo uso
Añada poco a poco al esponjado, alternando con:
6 cucharadas de leche, a temperatura ambiente
Mezcle bien para hacer una pasta suave. Deje crecer de nuevo hasta que se doble en volumen, por 1 hora aprox.

Puede reposar la mezcla por 4 o 5 horas en un lugar fresco y a temperatura ambiente. Bata a punto de nieve al momento de freír los blinis:
2 claras de huevo
Agregue a la masa hasta incorporar.

Vierta cucharadas de la masa en una plancha o comal caliente, ligeramente engrasada con mantequilla. Los blinis están mucho más rápido que otros pancakes y se deben voltear cuando comiencen a secarse por los bordes, pero antes de que aparezcan burbujas en la superficie; esto toma menos de un par de minutos. Cocine por el otro lado sólo hasta dorar ligeramente.

Los blinis se sirven tradicionalmente con mantequilla derretida y *crème fraîche* mientras están calientes, y se acompañan con salmón ahumado, botarga, caviar y cebollino, o también con puré de manzana o mermelada.

VARIACIÓN
* Los blinis son deliciosos para el desayuno. Haga la masa el día anterior y refrigere cuando haya crecido por segunda vez. Al día siguiente, lleve la mezcla a temperatura ambiente, vierta las claras de huevo y cocine. Sirva con una jalea tibia de damasco.

Ostras crudas y cocidas

Las ostras más deliciosas son perfectamente frescas, vivas y recién salidas del mar. Tienen el sabor de la vitalidad pura del océano y son mejores mientras más fría sea el agua del mar. A medida que el agua se calienta durante los meses de verano, las ostras desovan y su carne puede ser cremosa y desagradable. Se recomienda comprar ostras bien cerradas. Guarde en el refrigerador y en una bolsa o recipiente que no sea hermético para que puedan respirar.

Si va a servir ostras en su concha, retírelas antes de comer. Tenga cuidado al desconchar. Proteja su mano con una toalla o un guante pesado, y utilice sólo un cuchillo para ostras, (no use uno que sea afilado). Ponga un paño de cocina en una superficie de trabajo y deje la concha encima. Doble la toalla sobre el borde frontal de la concha e inserte el cuchillo donde se unen las conchas. Gire el cuchillo hacia adelante y hacia atrás, empujando hasta abrir la bisagra de la concha. Cuando se abra, pase el cuchillo por el interior de la concha superior, cortando el músculo que une las dos conchas. Tenga cuidado de mantener el cuchillo en contacto con la concha de modo que sólo corte el músculo, dejando la ostra intacta. Deseche la concha superior y deslice el cuchillo a lo largo de la concha inferior para separarla. Recoja los pedazos de conchas y coloque las ostras sin concha sobre una cama de hielo triturado, teniendo el mayor cuidado en preservar el delicioso líquido de las ostras (puede triturar fácilmente el hielo en una bolsa y con un martillo, o en un procesador de alimentos).

Me gusta servir las ostras en su concha con rodajas de limón y un platillo con salsa *mignonette*. Para hacer esta salsa, pique finamente 1 chalote pequeño y mezcle con 3 cucharadas de vinagre de vino blanco, 3 cucharadas de vino blanco y seco o champán y pimienta negra recién molida.

Para cocinar las ostras, retire la concha de arriba como si se tratara de ostras crudas; coloque sobre una cama de sal de roca en un plato refractario para que se mantengan firmes. Puede adobar las ostras de muchas formas: con una cucharada de salsa picante, con mantequilla de hierbas, con mantequilla de ajo y migas de pan, o con trozos de tocino cocido y cebollín. Una de mis variantes sencillas y favoritas es mezclar chalote picado, mantequilla, pimienta negra recién molida, perejil, jugo y ralladura de limón. Vierta una cucharada en cada ostra y hornee a 400°F hasta que estén firmes y calientes, de 6 a 8 minutos.

Sirva de inmediato con pan fresco o crutones. Las ostras también se pueden cocinar a la parrilla (página 155) y comerse fuera de la concha; puede retirarlas también de las conchas y freír con migas de pan (página 62).

Salsas

(CONTINÚA)

Salsa tártara

RINDE 1 TAZA APROX.

Sirva esta salsa con lenguado empanizado o con ostras.

Mezcle en una fuente:
1 yema de huevo
1 cucharadita de vinagre de vino blanco
½ cucharadita de agua
Una pizca de sal
Mezcle bien con un batidor. Vierta en una taza con pico vertedor:
¾ de taza de aceite de oliva
Agregue lentamente el aceite a la mezcla de la yema, batiendo constantemente. La salsa se espesará, el color se aclarará y se volverá opaco con mucha rapidez a medida que la yema absorbe el aceite. A continuación, puede agregar el aceite un poco más rápido, batiendo continuamente. Si la mayonesa se vuelve demasiado espesa, diluya con un poco de agua o vinagre. Cuando haya añadido todo el aceite, agregue:
1 cucharada de alcaparras picadas
1 cucharada de cornichon o
pepinillo picado (pero no en encurtido dulce)
1 cucharada de perejil picado
1 cucharadita de estragón picado
1 cucharadita de cebollino picado
1 cucharada de perifollo picado
Sazone al gusto con:
Sal
Pimienta negra recién molida
Añada más vinagre si desea. Deje reposar la salsa tártara por 30 minutos para que los sabores se incorporen.

VARIACIÓN
◆ Reemplace el vinagre de vino blanco por 2 cucharaditas de jugo de limón fresco y ¼ de cucharadita de cáscara de limón rallada.

Salsa blanca (salsa bechamel)

RINDE 2 TAZAS

Esta salsa, blanca y básica, se utiliza en lasañas, vegetales gratinados y suflés salados.

Derrita en una cacerola de fondo grueso:
3 cucharadas de mantequilla
Añada:
3 cucharadas de harina
Cocine a fuego medio por 3 minutos. Agregue poco a poco, batiendo constantemente:
2 tazas de leche
Bata bien cada adición de leche antes de añadir la siguiente para evitar grumos. Si a pesar de esto la salsa tiene grumos, pase por un colador después de añadir toda la leche, y regrese a la estufa.
Lleve a ebullición a fuego lento, removiendo todo el tiempo. Cocine a fuego mínimo (use un supresor de llama si es necesario) y cocine de 20 a 30 minutos, removiendo de vez en cuando para evitar que la salsa se pegue. Sazone con:
Sal
Una pizca de nuez moscada (opcional)
Una pizca de cayena (opcional)
Utilice de inmediato o mantenga tibia. (La salsa se solidifica cuando se enfría).

VARIACIONES
◆ Para hacer una salsa más espesa para un suflé, utilice más harina y menos leche: 4 cucharadas de mantequilla, 4 de harina y 1½ tazas de leche.
◆ Si va a preparar un gratinado de verduras, reemplace hasta 1 taza de leche con el agua en que ha cocinado los vegetales (ya sea el agua de la cocción, o la exprimida de las verduras cocidas).

Salsa de la sartén

RINDE 1½ TAZAS APROX.

Esta salsa se hace con los líquidos de un asado, y el método se aplica a cualquier tipo de carnes asadas: de res, cordero, cerdo, pollo o pavo. Es más fácil hacer la salsa en la sartén donde se ha preparado la carne.

Retire la carne de la sartén y transfiera a un recipiente caliente. Deje solamente:

1 cucharada de grasa

Ponga la sartén a fuego lento y agregue:

1 cucharada de harina sin blanquear

Cocine por unos minutos, removiendo constantemente, y luego agregue lentamente, batiendo todo el tiempo para evitar grumos:

1½ tazas de caldo o agua

Siga cocinando la salsa, removiendo continuamente hasta que empiece a hervir. Asegúrese de raspar todos los pedacitos quemados que se han pegado a la sartén, pues le dan mucho sabor a la salsa. Sazone con:

Sal

Pimienta negra recién molida

Pase la salsa por un colador si tiene grumos.

Salsa de reducción de carne

RINDE 1 TAZA APROX.

Esta salsa queda mejor si utiliza varios huesos: el morcillo le da cuerpo gracias al cartílago, y los tendones, los chamberetes y los huesos del pescuezo le añaden un sabor carnoso (puede cortar la carne de las manitas y agregar para oscurecer la salsa). No escatime en la carne ni en los huesos, pues le añaden sabores y cualidades que la salsa necesita.

Coloque en una bandeja o molde para hornear de alta resistencia:

3 libras de huesos de res, preferiblemente una mezcla de huesos carnosos y de morcillo

Hornee a 400°F hasta que tengan un color oscuro, de 40 a 50 minutos aprox. Mientras los huesos se hornean, lleve una olla pesada a fuego medio. Cuando esté caliente, añada:

2 cucharadas de aceite de oliva

½ libra de carne, como chamberete, codillo o espaldilla, cortada en trozos de 1 pulgada.

Dore bien la carne, removiendo de vez en cuando. Retire la mayor parte de la grasa y añada:

1 zanahoria, pelada y cortada en trozos grandes

1 cebolla, pelada y cortada en trozos grandes

1 tallo de apio, cortado en trozos grandes

Una pizca de sal

Cocine, removiendo de vez en cuando, hasta que los vegetales se ablanden. No deje quemar el fondo de la sartén. Añada:

¼ de cucharadita de granos de pimienta negra

1 clavo entero

2 granos de pimienta de Jamaica

3 ramitas de tomillo

Unos pocos tallos de perejil

1 taza de vino tinto seco

Remueva bien, raspando los pedacitos oscuros adheridos al fondo de la sartén. Cocine el vino hasta que se haya reducido significativamente. Añada los huesos dorados y:

5 tazas de caldo de pollo o de carne de res

Lleve el líquido a ebullición, reduzca a fuego lento y retire la espuma de la superficie. Retire la grasa en la que se han dorado los huesos. Si hay pedacitos quemados y adheridos al fondo d la bandeja, añada un poco del caldo de la olla, ráspelos y vierta de nuevo el líquido en la olla. Cocine a fuego lento de 3 a 4 horas. Cuele, presionando bien la carne y las verduras para extraer todos los jugos. Retire la grasa y vierta en una sartén poco profunda para reducir. Cocine a fuego rápido hasta que se reduzca a 1 taza. Sazone con sal al gusto.

* Utilice vino blanco en lugar de tinto.
* Utilice 3 libras huesos de cordero (incluyendo 1 libra de huesos carnosos, como los del pescuezo) y ¼ de libra de carne de cordero en lugar de los huesos y la carne de res.
* Utilice 3 libras de carne de cerdo y ½ libra de huesos de cerdo en lugar de res.
* Utilice una carcasa de pollo y 2 o 3 piernas enteras en lugar de los huesos y la carne de res. Pique la carcasa antes de dorar para extraerle todo el sabor.
* En lugar de la carne de res, utilice una carcasa de pato y ½ libra de trozos carnosos de pato, como filetes de pechuga o las piernas. Pique la carcasa antes de dorar.

Salsa boloñesa

RINDE 3 TAZAS APROX.

Esta salsa requiere mucho tiempo, así que piense en preparar el doble. Es deliciosa con fideos caseros (ver página 89), o con lasaña (ver página 270).

Caliente en una olla grande de fondo grueso:
> **1 cucharada de aceite de oliva**

Añada:
> **2 onzas de panceta, finamente picada**

Caliente a fuego medio hasta que esté dorada, por 5 minutos aprox. Agregue:
> **1 cebolla pequeña, finamente picada**
> **1 tallo de apio, finamente picado**
> **1 zanahoria, finamente picada**
> **2 dientes de ajo, finamente picados**
> **5 hojas de salvia**
> **2 ramitas de tomillo**
> **1 hoja de laurel**

Cocine a fuego medio, removiendo ocasionalmente, hasta que estén tiernas, por 12 minutos aprox.

Mientras las verduras se cocinan, caliente en una cacerola grande de fondo grueso, preferiblemente de hierro forjado:

> **1 cucharada de aceite de oliva**

Añada y cocine a fuego medio-alto, en dos lotes hasta dorar bien:
> **1 libra de bistec de falda, cortada en cubos de ⅛ de pulgada**
> **4 onzas de espaldilla de cerdo, picada en trozos grandes**

Cocine hasta que la carne tenga un color dorado y oscuro. Cuando toda la carne se dore, vierta:
> **1 taza de vino blanco y seco**

Reduzca el vino a la mitad, raspando los pedazos oscuros del fondo de la sartén. Añada la carne dorada y los jugos desglasados a las verduras tiernas, con:
> **2 cucharadas de pasta de tomate**
> **Sal**

Mida y mezcle:
> **2 tazas de caldo de pollo o de carne de res**
> **1½ tazas de leche**

Vierta el líquido en la olla hasta cubrir la carne y las verduras. Hierva a fuego lento hasta que la carne esté muy tierna, por 1½ horas aprox. Siga agregando el resto del caldo y de la leche mientras el líquido se reduce, y retire la grasa de la superficie.

Cuando la carne esté tierna, retire la salsa del fuego y sazone al gusto más con sal, si es necesario, y con:
> **Pimienta negra recién molida**

* Incluya ¼ de taza de hongos porcini secos, remojados, escurridos, y finamente picados, con los vegetales en cubitos.
* Se pueden utilizar otros cortes de carne de vacuno en lugar de falda. La carne para guiso y lomo de res hacen una salsa deliciosa, aunque el lomo necesita por lo menos una hora más de tiempo de cocción para estar tierno. Tal vez tenga que añadir más caldo o leche durante el tiempo adicional de cocción para evitar que la salsa se seque demasiado.

Ragú de hongos

RINDE 2 TAZAS APROX.

Esta es una salsa para pastas, rica y de sabores profundos como la boloñesa, pero sin carne.

Caliente en una sartén grande y pesada:

2 cucharadas de aceite de oliva

Cocine a fuego medio, hasta que estén muy tiernas:

1 cebolla amarilla grande, pelada y cortada en cubitos finos

1 zanahoria grande, pelada y cortada en cubitos finos

2 tallos de apio, cortados en cubitos finos
Sal

Cuando estén bien cocinadas y blandas, pero sin dorar, añada:

6 ramitas de tomillo (las hojas solamente)

6 ramitas de perejil (las hojas solamente), picadas

1 hoja de laurel

Cocine por 1 minuto. Agregue y cocine por 5 minutos:

½ taza de tomates cortados en cubitos

Deje a un lado. Limpie y corte con cuidado:

2 libras de hongos (elija una mezcla de dos o tres tipos: chanterelles, trompetas negras, erizos, cafés o de botón blanco)

Es necesario lavar los hongos si están muy sucios (ya que es muy desagradable masticar arena y tierra). Los hongos pueden absorber un poco de agua, pero esta se evaporará muy pronto en la sartén caliente. Deje evaporar el agua, o retire y reserve a un lado. Siga cocinando los hongos hasta que estén ligeramente dorados (tal vez deba añadir un poco más de aceite o mantequilla). El jugo reservado se puede agregar de nuevo a la salsa en lugar de una parte del agua o del caldo. Saltee cada tipo de hongo por separado hasta que estén tiernos y ligeramente dorados en:

Aceite de oliva y un poco de mantequilla

Pase los hongos cocinados a una tabla para cortar y parta del mismo tamaño que las verduras cocinadas. Mezcle con los vegetales y hierbas en una sartén grande, y agregue:

½ taza de crema o de crème fraîche

1 taza de agua o caldo de pollo

Lleve a fuego lento y cocine por 15 minutos. Pruebe la sal y agregue más si es necesario. Humedezca con más líquido si la salsa está muy espesa.

VARIACIÓN

✦ Agregue ½ taza de chícharos o de verduras cocidas como espinacas, rúgula o acelga a la salsa con el caldo y la crema.

Beurre blanc (salsa de mantequilla tibia)

RINDE 1 TAZA

Lleve a ebullición en una olla pequeña de fondo grueso:

2 chalotes, finamente picados

¼ de taza de vinagre de vino blanco

½ taza de vino blanco y seco

Unos pocos granos de pimienta negra

Una pizca de sal

Cocine hasta que el líquido se evapore casi del todo (reduzca el calor a medida que el líquido se reduce). Retire del fuego cuando los chalotes estén todavía húmedos, pero no flotando en el líquido. (Este paso se puede hacer con mucha antelación). Ponga la cacerola a fuego mínimo. Agregue poco a poco:

14 cucharadas (1¾ barras) de mantequilla, cortada en trozos pequeños

Espere hasta que cada adición se derrita y se haya incorporado antes de añadir más. Tenga cuidado con el fuego; la salsa debe estar casi tibia mientras agrega la mantequilla, pues de lo contrario, la salsa se separará. Por extraño que parezca, también se separará si la salsa está muy fría mientras agrega la mantequilla. Cuando toda la mantequilla se haya incorporado, pruebe la sal y añada más si es necesario. Agregue un toque de vino fresco, de caldo o de agua; la adición de líquido evita que la salsa se rompa o separe. Cuele si desea. Sirva de inmediato o mantenga tibia al baño María, o en un termo tibio, pero no caliente.

VARIACIONES

⬥ Sazone la salsa con hierbas picadas, alcaparras o capuchinas.

⬥ Añada especias enteras, como cilantro o semillas de hinojo, junto con los granos de pimienta.

⬥ Puede hacer una salsa más sencilla agregando 3 cucharadas de vino, jugo de limón o agua en una cacerola: lleve a ebullición y agregue 4 cucharadas (½ barra) de mantequilla, cortada en trozos pequeños, y una pizca de sal.

Salsa bearnesa

RINDE ½ TAZA APROX.

La salsa bearnesa es sofisticada, con sabor a chalotes y estragón, que le dan un sabor ligeramente agrio. Esta salsa hace que un bistec a la parrilla o carne asada no sean deliciosos, sino celestiales.

Vierta en una olla pesada y pequeña:
1 chalote, pelado y picado
2 cucharadas de perifollo picado
2 cucharadas de estragón picado
Una pizca de sal
Unos granos de pimienta negra
3 cucharadas de vinagre de vino blanco
6 cucharadas de vino blanco y seco
Lleve a ebullición y cocine hasta que se reduzca a 2 cucharadas. Cuele en un tazón, presionando todo el líquido de los sólidos. Deseche los sólidos.
Separe en un tazón mediano, no reactivo y resistente al calor:
2 yemas de huevo

Agregue el líquido colado de la reducción a las yemas y mezcle bien. Coloque el recipiente sobre una olla con agua caliente, pero no hirviendo. Asegúrese de que el fondo de la olla no esté en contacto con el agua. Bata los huevos por un minuto. Agregue lentamente en un chorro pequeño , mientras bate:
6 cucharadas de mantequilla, derretida (¾ de barra) sin sal
Agregue una cucharadita de agua tibia si la salsa está muy espesa. La salsa debe estar caliente, pero no hirviendo; la salsa se separará o las yemas quedarán con grumos si se sobrecalienta. Cuando haya añadido toda la mantequilla, agregue:
1 a 1½ cucharadas de estragón picado
Una pizca de cayena
Pruebe la sal y rectifique si es necesario. Sirva de inmediato o mantenga la salsa en agua tibia, pero no hirviendo, o vierta en un termo tibio.

VARIACIONES

⬥ Sustituya el estragón por otras hierbas (como menta, albahaca, o cebolletas).

⬥ Para hacer una salsa holandesa, suprima la reducción de estragón y chalote y bata las yemas de huevo con 1 cucharada de agua caliente y 2 cucharaditas de jugo de limón fresco.

⬥ Añada la mantequilla como se indica anteriormente y agregue sal y más jugo de limón si desea.

Bagna cauda

RINDE 1 TAZA APROX.

Bagna cauda significa "baño caliente" en un dialecto italiano. Los sabores fuertes del ajo y de las anchoas se suspenden en un equilibrio perfecto con mantequilla tibia y aceite de oliva. Es una salsa deliciosa para untar con verduras crudas, y para vegetales y pescado a la parrilla o al horno.

Remoje en agua durante 5 minutos:
5 anchoas envasadas con sal
Retire el hueso y corte los filetes. Debe alcanzar para 2 cucharadas aprox.

Caliente un poco de agua a fuego lento en la parte inferior una olla doble, o en una olla pequeña.

Ponga las anchoas en la parte superior de la olla, o en un tazón no reactivo a fuego bajo y añada:
6 cucharadas (¾ de barra) de mantequilla
⅓ de taza de aceite de oliva extra virgen
3 dientes de ajo, pelados y en rodajas muy finas
Cáscara de 1 limón
¼ de cucharadita de pimienta negra recién molida
Caliente y remueva hasta que la mantequilla se derrita. Pruebe y agregue si es necesario:
Sal

Pesto

RINDE 1½ TAZAS APROX.

El pesto es mi salsa favorita para preparar. Me encanta la experiencia sensorial de triturarla, olerla y probarla mientras la preparo. El pesto es más que una salsa para pastas: es delicioso en rebanadas de tomate, como una salsa *dip* para verduras, en una pizza, o como salsa para pollo y verduras a la parrilla.

Retire las hojas de:
1 manojo de albahaca, o 1 taza llena de hojas sin compactar
En un mortero, triture en una pasta con:
1 diente de ajo, pelado
Sal
Agregue y siga triturando:
¼ de taza de piñones, ligeramente tostados
Añada:
¼ de taza de queso parmesano rallado
Transfiera esta mezcla a un tazón. Corte las hojas de albahaca y vierta en el mortero. Triture las hojas hasta formar una pasta. Agregue los piñones triturados al mortero. Triture las hojas y la mezcla de piñones. Continúe triturando a medida que vierte gradualmente:
½ taza de aceite de oliva extra virgen
Pruebe la sal y rectifique si es necesario.

VARIACIONES
* Reemplace una parte de la albahaca (o toda) por perejil o rúgula.
* Reemplace la mitad del queso parmesano por queso pecorino rallado.
* Utilice nueces en lugar de piñones.

Gremolata y persillade

La gremolata es una mezcla de perejil picado, ajo y ralladura de limón. La persillade es simplemente perejil picado y ajo. Aunque no son salsas en un sentido técnico, las uso como un acabado brillante para espolvorear sobre carnes asadas o estofadas, pastas, y cualquier alimento a la parrilla.

Para hacer gremolata, mezcle:

3 cucharadas de perejil picado
1 cucharadita de ralladura o cáscara de limón finamente picado
2 dientes de ajo, finamente picados

Para la persillade, mezcle el perejil y el ajo, y suprima la ralladura de limón.

Salsa de tomates frescos

RINDE 1 TAZA APROX.

Esta salsa es muy fácil de hacer y tiene mucho mejor sabor que cualquiera que pueda comprar en un frasco. Use tomates frescos y maduros en verano, y tomates enteros en conserva el resto del año.

Retire el corazón y corte en dados medianos:

2 tomates medianos maduros o 4 tomates enteros en lata

Vierta en un tazón con:

1 diente de ajo, pelado y finamente picado
½ cebolla blanca o roja, finamente picada
6 ramitas de cilantro (tallos y hojas) picados

Jugo de ½ limón
Sal

Remueva suavemente y agregue más sal y jugo de limón si es necesario. Deje reposar 5 minutos para que los sabores se incorporen.

VARIACIONES

◆ Añada un chile jalapeño o serrano finamente picado.
◆ Añada ¼ de cucharadita de semillas de comino, tostadas y machacadas.
◆ Agregue ½ aguacate cortado en dados medianos.

Salsa de durazno

RINDE 1 TAZA APROX.

Esta salsa es un complemento fresco con pescado a la plancha o al horno, o con tacos de pescado.

Pele:

2 duraznos maduros

Sumerja los duraznos de 10 a 15 segundos en agua hirviendo. Retire la piel y los huesos, y corte la pulpa en dados medianos.

Añada:

½ cebolla roja pequeña, finamente picada
1 chile serrano o jalapeño, sin venas ni semillas, cortado en cubitos finos
El jugo de 1 limón
Sal
1 a 2 cucharadas de cilantro picado

Mezcle y pruebe la sal, el picante y el ácido. Agregue más sal, chile y jugo de limón si es necesario.

VARIACIONES

◆ Sustituya los duraznos por otras frutas: papaya, mango o melón.
◆ Sustituya la cebolla roja por 2 cebollas verdes.
◆ Añada un aguacate pequeño, pelado, sin semilla, y cortado en dados medianos.

Salsa de tomatillos

RINDE 2 TAZAS

Esta salsa de sabor brillante es un gran complemento para todo tipo de alimentos a la parrilla —carne, pollo, camarones, o verduras— y también es maravillosa como salsa para nachos o para tamales.

Retire las cáscaras de:

l libra de tomatillos (12 medianos aprox.)

Lave y vierta en una cacerola con un poco de agua. Añada una pizca de sal, hierva, baje el fuego y cocine a fuego lento hasta que estén suaves, de 4 a 5 minutos aprox. Escurra el agua y reserve. Vierta ½ taza del agua de la cocción en una licuadora con:

2 chiles jalapeños o serranos, sin semillas y en rodajas
1 taza de hojas y tallos de cilantro picados
1 diente de ajo, en rodajas
Sal

Agregue los tomatillos cocinados y mezcle brevemente. La salsa debe tener una textura gruesa. Pruebe la sal y añada más si es necesario. Deje reposar la salsa para que los sabores se incorporen mientras se enfría; puede diluir la salsa con el líquido de la cocción

VARIACIONES

◆ Para una salsa más picante, agregue otro chile jalapeño o serrano.

◆ Esta salsa también es deliciosa con medio aguacate triturado.

◆ Prepare la salsa con tomatillos —crudos y picados— y agua en lugar del líquido de la cocción.

◆ Utilice tomatillos púrpura, que son un poco más dulces y especialmente maravillosos cuando están crudos.

Salsa de pepinos y yogur

RINDE 1½ TAZAS APROX.

Esta salsa es una versión de la raita, una refrescante salsa de yogur del sur de Asia, que suele sazonarse con semillas de comino, canela y cayena. Pruebe diferentes variedades de pepino, como Armenia, limón o japonés. Si los pepinos tienen semillas grandes, utilice una cuchara para retirarlas después de partir los pepinos por la mitad. Si la temporada ha sido un poco fría, algunos pepinos podrían esta amargos; pruebe cada uno, ya que un pepino amargo arruinará la salsa.

Pele, corte por la mitad y a lo largo, y rebane en medias lunas:

1 pepino mediano

Mezcle en un tazón mediano con:

Una pizca de sal

Deje reposar 10 minutos. Escurra todo el líquido. Añada:

¾ de taza de yogur de leche entera
1 diente de ajo pequeño, en puré
1 cucharada de aceite de oliva
2 ramitas de menta, las hojas solamente, cortadas en chiffonade

VARIACIONES

◆ Ralle el pepino en vez de cortarlo para una salsa suave.

◆ Para un poco de picante, agregue una pizca de pimienta roja y seca como marash o cayena.

Harissa

RINDE ¾ DE TAZA APROX.

Este condimento del norte de África se elabora con pimientos y chiles en puré. Se usa para darle vida a sopas, a carnes asadas o a verduras a la parrilla; como una pasta para sándwich, o como una salsa para platos con arroz o cuscús.

Tueste en un horno o plancha caliente hasta que estén inflados y fragantes:

5 chiles anchos secos (2 onzas aprox.)
Tenga cuidado de no quemarlos. Retire y deseche los tallos y semillas. Vierta los chiles en un tazón pequeño, cúbralos con agua hirviendo, deje remojar 20 minutos aprox., y escurra.

Ase sobre una llama abierta hasta que la piel esté completamente negra y resquebrajada:

1 pimiento rojo grande
Retire el pimiento ennegrecido y cubra con un trapo o introduzca en una bolsa de papel cerrada por 5 minutos aprox., para que suelte el vapor y la piel se desprenda. Pele el pimiento, desechando el tallo, las semillas, y la piel.

En una licuadora o procesador de alimentos, haga un puré con los pimientos pelados, lavados y secados en una pasta suave y gruesa con:

4 dientes de ajo, pelados
Sal
¾ de taza de aceite de oliva
1 cucharadita de vinagre de vino tinto
Diluya la salsa con un poco de agua si desea. Guarde cubiertos con aceite en el refrigerador hasta 3 semanas.

VARIACIONES

◆ Añada cayena al gusto para una harissa más picante.
◆ Añada ½ cucharadita de semillas de cilantro, otra media de comino tostadas y molidas, y ¼ de cucharadita de semillas de alcaravea.

Chermoula

RINDE ¾ DE TAZA APROX.

Esta es una variación de un condimento del norte de África. Tiene aroma a cilantro y se sirve con arroz de azafrán con verduras, o con pescado.

Vierta en una licuadora:

Un trozo de jengibre fresco de 1 pulgada, pelado
1 chile serrano, sin venas ni semillas
½ taza de aceite de oliva extra virgen
Sal
Licúe hasta que esté suave y agregue:

⅓ de taza de hojas de perejil liso
½ taza de hojas y tallos de cilantro
Licúe hasta picar las hojas, pero que tengan un poco de textura. Vierta la mezcla en un recipiente y sazone con:

Jugo de ½ limón
1 diente de ajo en puré
Pruebe la sal y el ácido y rectifique si desea. Deje reposar 10 minutos para que los sabores se incorporen.

VARIACIONES

◆ Agregue ½ cebolla, pelada y cortada en cubitos, con el jengibre y el chile.
◆ Haga la chermoula con sólo ¼ de taza de aceite si utiliza como un adobo para pollos o pescados.
◆ Añada ½ cucharadita de semillas molidas y tostadas de comino o cilantro.

Crème fraîche

RINDE 1 TAZA

La crème fraîche es una crema batida que ha sido cultivada y espesada con una enzima viva como la que se encuentra en el suero. Es gruesa y suave, y con un sabor fuerte y robusto. La ventaja de cocinar con crème fraîche (al contrario de la crema agria) es que no se separa al hervir. Es fácil de preparar, e increíblemente versátil. Agregue a una vinagreta para un aderezo fuerte, picante y cremoso. Sazone con hierbas y un toque de sal para adornar sopas. Use para espesar y enriquecer una salsa para pastas o estofados. Una papa gratinada es sublime acompañada con crème fraîche. Se puede endulzar con azúcar, miel o jarabe de arce para servir como un postre. Bata para hacer una crema batida suave (no bata en exceso, pues se volverá granulosa, al igual que la crema batida).

Mezcle con chocolate derretido para un delicioso escarchado (página 386). Y es deliciosa a manera de helado.

Vierta en un frasco limpio de vidrio:
1 taza de crema de leche
(que no sea ultra-pasteurizada)
Añada y remueva bien:
1 cucharada de suero cultivado
Cubra el frasco ligeramente y deje reposar la crema a temperatura ambiente por 24 horas aprox., o hasta que espese. El tiempo que tarde dependerá de la temperatura. Cuando espese, tape el frasco herméticamente y guarde en el refrigerador. La crème fraîche se continuará espesando y tendrá un sabor más fuerte y picante con el paso del tiempo. Si está espesa, remueva para disolver. La puede diluir con leche o agua si está muy espesa. La crème fraîche se puede guardar por un máximo de 10 días en el refrigerador.

Ensaladas

(CONTINÚA)

Ensalada de rúgula con queso parmesano

4 PORCIONES

La rúgula es el nombre común de la *vesicaria Eruca*, una planta de hojas verdes, oscuras y lobuladas, que tiene un sabor picante y a nuez.

Retire los tallos duros de:

4 puñados grandes de rúgula

Lave y seque bien, y mantenga fresca.

Para hacer la vinagreta, mezcle:

1 cucharada de vinagre de vino tinto (o una mezcla de vinagres de jerez y de vino tinto)

Sal

Pimienta negra recién molida

Agregue:

3 a 4 cucharadas de aceite de oliva extra virgen

Comience con poco aceite y pruebe el aderezo con una hoja de rúgula. Agregue más aceite y sal al gusto. Mezcle la rúgula con la vinagreta antes de servir.

Corte láminas finas con un pelador fuerte y afilado de:

Queso parmesano u otro queso duro, como pecorino

Vierta el queso en la ensalada y sirva.

VARIACIONES

◆ Tueste ¼ de taza de avellanas en un horno a 350°F hasta que se doren bien. Frote las avellanas calientes con una toalla de cocina para retirarles la piel. Pique y mezcle con la rúgula. Los piñones, nueces o pecanas también son deliciosos.

◆ Pele y rebane finamente 1 o 2 persimones (ver nota en la página 240) y agregue a la ensalada de rúgula.

Corazones de lechuga romana con aderezo cremoso

4 PORCIONES

Esta ensalada queda mejor utilizando hojas enteras de lechuga romana. Tal vez deba retirar varias de las hojas grandes y exteriores y dejar las pequeñas y dulces, de color verde pálido, que están cerca del corazón. Hay variedades tiernas y pequeñas como Little Gem y Densidad de invierno, que hacen ensaladas increíbles. Búsquelas en el mercado agrícola local.

Retire las hojas verdes externas más oscuras de:

2 cabezas de lechuga romana

Corte el extremo del tallo y separe las hojas. Lave bien y escurra en una centrifugadora.

Para preparar el aderezo, mezcle en un tazón grande:

1 cucharada de vinagre de vino blanco

Ralladura de 1 limón

1½ cucharadas de jugo de limón fresco

Sal

Pimienta negra recién molida

Pruebe y rectifique si es necesario. Agregue:

3 cucharadas de aceite de oliva extra virgen

3 cucharadas de crema batida

Pruebe la sal y el ácido y rectifique si es necesario. Remueva suavemente la lechuga con el aderezo, asegurándose de impregnar todas las hojas.

VARIACIONES

◆ Un par de anchoas envasadas con sal, lavadas, fileteadas y picadas, son una adición excelente.

◆ Algunas de las siguientes hierbas (o todas) son deliciosas picadas o esparcidas en la ensalada: albahaca, perifollo, cebollino y estragón.

◆ Este aderezo también es ideal para lechugas tipo mantequilla, Bibb, y para escarola y radicchio.

Ensalada César

4 PORCIONES

Retire las hojas verdes más oscuras del exterior, dejando sólo las pequeñas de color verde claro, de:

2 cabezas de lechuga romana

Corte los extremos de los tallos. Deje intactas las hojas pequeñas del corazón y parta las más grandes. Lave bien y seque por lotes. Mantenga fría hasta el momento de aderezar.

Corte en cubos pequeños, de ½ pulgada aprox.:

3 onzas de pan rústico del día anterior

Debería tener 20 cubos aprox. Mezcle en un tazón con:

1½ cucharadas de aceite de oliva virgen
Sal

Vierta en una bandeja para hornear y tueste en un horno a 350°F, de 10 a 12 minutos, o hasta que estén dorados, agitando ocasionalmente los crutones para un dorado uniforme.

Para hacer el aderezo, mezcle en un tazón pequeño:

1 cucharada de vinagre de vino tinto
1 cucharada de jugo de limón fresco
2 dientes de ajo, en puré
2 cucharaditas de anchoas envasadas con
**   sal (de 2 a 3 filetes)**
Sal
Pimienta negra recién molida

Agregue:

¼ de taza de aceite de oliva extra virgen

Ralle antes de servir la ensalada:

½ taza de queso parmesano
**   (1 onza aprox.)**

Agregue al aderezo:

1 yema de huevo

Añada un puñado pequeño de queso rallado y bata hasta que espese. Pruebe la sal y el ácido con un pedazo de lechuga romana. Rectifique la sazón si es necesario. Vierta la lechuga romana en una fuente grande, añada tres cuartas partes del aderezo, y mezcle. Pruebe y agregue más aderezo si es necesario. Añada casi todo el queso rallado y remueva ligeramente. Sirva la ensalada en un plato grande. Vierta los crutones en el plato, y agregue el resto del aderezo a la ensalada. Adorne con el queso restante y un poco de pimienta molida.

Ensalada de pollo

RINDE 2½ TAZAS APROX.

En primer lugar, haga un poco de mayonesa. Mezcle en un tazón grande:

1 yema de huevo
¼ de cucharadita de vinagre de vino
**   blanco**
Una pizca de sal

Vierta en un hilo lento y constante, mientras bate:

¾ de taza de aceite de oliva

Añada a la mayonesa:

2 tazas de carne de pollo asado o
**   escalfado, cortado en trozos de ¼ de**
**   pulgada**
2 cucharadas de cebollín o cebolleta en
**   rodajas muy finas**
2 tallos de apio, cortados en cubitos finos
1 cucharada de alcaparras, enjuagadas,
**   escurridas, y cortadas en trozos**
Sal
Pimienta negra recién molida

Pruebe y rectifique la sal si es necesario. Sirva en un sándwich o en una cama de lechuga aderezada con una vinagreta sencilla.

VARIACIONES

◆ Añada una pizca de pimienta para un poco de picante.

◆ Sustituya el pepino en dados por apio.

◆ Agregue huevo duro picado.

◆ Añada ajo triturado a la mayonesa.

◆ Agregue unas cuantas aceitunas verdes picadas y deshuesadas.

◆ Añada hierbas tiernas picadas como perifollo, perejil, estragón o albahaca.

Ensalada picada

Una ensalada picada es una mezcla de vegetales, huevo, queso, carne o pescado en rodajas finas o picados, acompañados con una vinagreta. La más conocida es la ensalada Cobb, que suele llevar aguacate, tocino, pollo, queso azul, tomate y huevo. Sin embargo, el único ingrediente absolutamente necesario para una ensalada picada son los vegetales crujientes de hojas verdes. Puede utilizar lechuga romana, iceberg, Little Gem, frisée o radicchio. Los vegetales de hojas más oscuras como espinacas, rúgula o berros también se pueden usar.

Lave las verduras y corte solo antes de aderezar. La vinagreta de vino tinto con un poco de mostaza hace que los ingredientes se adhieran y es un buen punto de partida. Agregarle un poco de crema o crème fraîche enriquece el aderezo y combina bien con verduras ligeramente amargas. Además, el ajo machacado, las anchoas, e incluso unas pocas alcaparras son deliciosas mezcladas con la vinagreta.

Elija el aderezo de acuerdo con los vegetales. En primavera, el hinojo en rodajas finas, los chícharos, y unas pocas nueces o almendras con una crema ligera, hacen un aderezo para una ensalada con un sabor fresco y brillante. En verano, los tomates, pepinos, pimientos gitanos o morrones, y el aguacate, son excelentes para una ensalada picada. Una sencilla vinagreta de vino tinto con un poco de ajo machacado y un puñado de albahaca y de menta es perfecta para sabores maduros como estos. Los dados de remolacha rosa o dorada son hermosos en una ensalada picada, pero la remolacha roja le dará su color a todos los ingredientes. Los huevos duros picados van bien en casi cualquier ensalada picada, ya sea mezclados o rociados encima.

Agregue todos los ingredientes excepto las lechugas a cualquier ensalada picada y aderece con vinagreta, sal y pimienta. Luego, corte las hojas de lechuga lavadas y secas, agregue al tazón y vierta más vinagreta. Pruebe, rectifique la sazón y sirva.

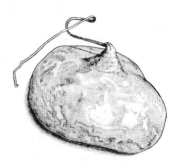

Ensalada de jícama con naranja y cilantro

4 PORCIONES

Pele y corte a lo largo:

1 jícama pequeña (de ½ libra aprox.)

Corte en rodajas de ¼ de pulgada de grosor. Corte las rodajas en bastones de ¼ de pulgada de ancho.

Pele con un cuchillo afilado y retire la cáscara y la membrana de:

2 naranjas

Corte en rodajas de ¼ de pulgada de grosor y elimine las semillas. Ponga la jícama y la naranja en un plato. Espolvoree con:

Una pizca de pimiento dulce, o de chile picante en polvo (ancho o guajillo)

Haga un aderezo batiendo:

El jugo de 1 limón
Sal
2 cucharadas de aceite de oliva extra virgen

Vierta sobre la jícama y la naranja. Espolvoree con:

1 a 2 cucharadas de cilantro picado

VARIACIÓN

• Añada ¼ de taza de rábanos en rodajas. Pruebe y agregue más jugo de limón si es necesario.

Ensalada de persimón y granada

4 PORCIONES

Hay dos variedades de persimones disponibles en el mercado: fuyu y hachiya. Los fuyu son planos y redondos y se comen crujientes; hacen ensaladas coloridas y sabrosas. Los hachiya son alargados y tienen un extremo puntiagudo; son muy blandos y tienen mucho ácido tánico cuando no están maduros.

Retire la parte superior y pele:

3 persimones fuyu medianos y maduros

Corte en tiras delgadas o en cascos pequeños, eliminando todas las semillas. Ponga los cascos en un plato.

Sostenga y corte sobre un tazón:

½ granada

Golpee la parte posterior de la fruta con una cuchara grande para retirar las semillas. Retire y deseche las partes blancas que hayan caído. Vierta las semillas sobre los cascos de persimón.

Para una vinagreta sencilla, mezcle:

1 cucharada de jerez o vinagre de vino
　　　tinto
Sal
Pimienta negra recién molida

Remueva para disolver la sal y luego agregue:

3 cucharadas de aceite de oliva extra
　　　virgen

Pruebe y rectifique la sal y el ácido si es necesario. Vierta la vinagreta sobre la fruta y sirva.

VARIACIONES

◆ Agregue cuatro puñados de lechuga con la mitad de la vinagreta. (Prefiero lechugas como rúgula, frisée, escarola, radicchio o endibias belgas). Ponga la lechuga en el plato y agregue las frutas y nueces (si va a utilizar). Vierta el resto de la vinagreta y adorne con nueces tostadas.

Ensalada de toronja y aguacate

4 PORCIONES

Pele con un cuchillo afilado hasta llegar a la pulpa, retirando toda la corteza y la membrana de:

2 toronjas rubíes medianas

Separe los cascos, cortando con cuidado a lo largo de las membranas. Exprima el jugo y vierta 2 cucharadas de jugo en un tazón pequeño. Añada:

1 cucharadita de vinagre de vino blanco
Sal
Pimienta negra recién molida

Agregue:

2 cucharadas de aceite de oliva extra
　　　virgen

Pruebe y rectifique el ácido y la sal.

Corte por la mitad y retire la semilla de:

2 aguacates Hass medianos

Pele las mitades y corte en rodajas de ¼ de pulgada.

　Espolvoree con un poco de sal. Intercale los cascos de toronja y las rebanadas de aguacate en un plato y vierta la vinagreta.

VARIACIONES

◆ Adorne con berros o perifollo.

◆ Duplique la cantidad de vinagreta y agregue 4 puñados de rúgula con la mitad de la vinagreta. Coloque el aguacate y la toronja encima, y vierta el resto de la vinagreta sobre la fruta.

◆ Reemplace los aguacates por 2 alcachofas grandes o 4 pequeñas. Retire todas las hojas, limpie bien los corazones, y cocine en agua hirviendo con sal hasta que estén tiernos. Corte en rebanadas y deje marinar en un par de cucharadas de la vinagreta.

◆ Corte 1 cebolleta pequeña y dulce en rodajas finas. Deje marinar en una cucharada de vinagreta. Esparza en la ensalada antes de agregar el aderezo.

Rodajas de tomate con albahaca

4 PORCIONES

Busque tomates de todos los colores, tamaños y sabores de en el mercado agrícola cuando estén en temporada, desde julio hasta septiembre. Mezcle juntos, cortados en rodajas o cascos, para una ensalada de extraordinaria belleza.

Lave y retire el corazón de:
> **4 tomates medianos**
> **(1¼ libras aprox.)**

Corte en rodajas de ¼ de pulgada y vierta en un plato.
Sazone con:
> **Sal**

Forme un cilindro largo y delgado con:
> **5 hojas de albahaca**

Corte las hojas con tijeras o cuchillo, haciendo tiras largas y delgadas (una chiffonade). Esparza las hojas sobre los tomates y rocíe la ensalada con:
> **2 a 3 cucharadas de aceite de oliva extra virgen**

VARIACIONES

* Corte ½ libra de queso mozzarella, feta o queso fresco en rodajas finas. Acomode las rebanadas de queso entre las rodajas de tomate y agregue la albahaca y el aceite.
* Haga una vinagreta para reemplazar el aceite de oliva. Mezcle 1 chalote picado, 1 cucharada de vinagre de vino tinto, sal y pimienta fresca, y una ramita de albahaca fresca; deje macerar por 15 minutos aprox. Retire la albahaca y añada 3 o 4 cucharadas de aceite de oliva extra virgen.
* Utilice otras hierbas en lugar de la albahaca, como ajedrea, menta, mejorana y perejil.
* Corte algunos tomates cherry por la mitad y aderece con un poco de sal y aceite o vinagreta. Agregue la albahaca a los tomates.

Ensalada de ejotes y tomates cherry

4 PORCIONES

Los tomates cherry y los ejotes vienen en muchos tamaños y colores. Mézclelos juntos. También puede incluir frijoles con vaina. Puede cocinarlos y enfriarlos con anticipación.

Retire los extremos del tallo (y las venas si están secas y duras) de:
> **½ libra de ejotes (haricot vert, young Blue Lake, Kentucky Wonder, o una variedad similar)**

Cocine en agua hirviendo con sal hasta que estén tiernos. Escurra y vierta de inmediato en una bandeja o plato para enfriar.
Retire el corazón y corte por la mitad:
> **½ libra de tomates cherry**

Mezcle en un tazón grande:
> **1 chalote pequeño, finamente picado**
> **1 cucharada de vinagre de vino tinto**
> **Sal y pimienta negra recién molida**

Pruebe y rectifique si es necesario. Deje reposar 15 minutos o más. Luego agregue:
> **¼ de taza de aceite de oliva extra virgen**

Rectifique el ácido y la sal si es necesario. Mezcle los tomates cherry con la vinagreta. Pruebe. Añada los ejotes, y:
> **6 hojas de albahaca, cortadas en tiras finas (opcional)**

Remueva suavemente. Pruebe la sazón y agregue sal y vinagre si es necesario.

VARIACIONES

* Agregue aceitunas negras picadas.
* Los ejotes solos también son una ensalada agradable. Saben delicioso con albahaca y mucho perejil picado.
* Puede reemplazar los tomates cherry por pimientos rojos asados, pelados y en rodajas.

Ensalada niçoise

4 PORCIONES

Esta ensalada tiene su origen en la región de Provenza. Es deliciosa al almuerzo o en la cena. Las anchoas fuertes y ricas, y el huevo duro, ofrecen un contraste con las verduras de verano.

Enjuague y corte en filetes:

3 anchoas envasadas con sal

Corte los filetes a lo largo y sazone con un poco de aceite de oliva.

Lave y retire el corazón de:

¾ de libra de tomates maduros

Corte en trozos pequeños y sazone con:

Sal

Cocine en agua hirviendo con sal hasta que estén tiernos:

¼ de libra de ejotes, sin las puntas

Corte en tiras finas:

1 pimiento rojo, partido a la mitad, sin el corazón, las semillas ni las venas

Pele y corte en cascos, trozos grandes o en rodajas:

2 pepinos medianos o 1 grande

Hierva en una olla con agua:

2 huevos

Cocine a fuego lento por 5 minutos y sumerja en agua fría.

Vierta en un recipiente pequeño:

1½ cucharadas de vinagre de vino tinto
Sal
Pimienta negra recién molida
1 diente de ajo, pelado y triturado

Remueva para disolver la sal y deje reposar unos minutos. Añada:

4 cucharadas de aceite de oliva extra virgen 5 hojas de albahaca, picadas

Pruebe la sal y el ácido y rectifique si es necesario.

Pele los huevos y corte en cuartos. Sazone los pepinos, los pimientos y los ejotes con sal y agregue tres cuartas partes de la vinagreta. Sirva en un plato. Aderece los tomates removiendo suavemente, y agregue a las verduras. Adorne la ensalada con los huevos y las tiras de anchoas.

VARIACIONES

◆ Para una ensalada más consistente, prepare ¾ de atún fresco a la parrilla o en una sartén y deje a término crudo. Corte en trozos, aderece con un poco de la vinagreta y sirva en el plato con las verduras.

◆ Sirva la ensalada sobre una cama de lechuga o rúgula.

◆ Ase los pimientos, y luego pele, retire las semillas y corte en tiras.

Vinagreta de puerros

4 PORCIONES

Los puerros están en todo su esplendor en los meses fríos, cuando la lechuga es escasa. Hacen una ensalada de invierno refrescante aderezados con esta vinagreta de mostaza.

Recorte y limpie (ver página 258):

12 puerros pequeños (de menos de 1 pulgada de diámetro) o 6 puerros medianos

Cocine de 7 a 12 minutos, o hasta que estén tiernos, en abundante agua hirviendo con sal. Inserte un cuchillo afilado en la parte más gruesa del extremo de la raíz para comprobar el punto de cocción. El puerro estará tierno si no ofrece resistencia. Retire con cuidado después de cocinar, escurra y deje enfriar a un lado.

Para hacer la vinagreta, mezcle en un tazón pequeño:

1 cucharada de vinagre de vino tinto
2 cucharaditas de mostaza Dijon
Sal
Pimienta negra recién molida

Añada:

¼ de taza de aceite de oliva extra virgen

Pruebe y rectifique la sazón si es necesario.

Apriete suavemente los puerros para eliminar el exceso de agua. Corte los puerros grandes a lo largo, en mitades o en cuartos y vierta una pizca de sal. Al momento de servir, ponga los puerros en un plato, vierta la vinagreta, y mezcle suavemente hasta cubrir. Espolvoree con:

1 cucharada de perejil o perifollo picado

VARIACIONES

⁕ Pique 1½ huevos duros y agregue con el perejil.

⁕ Pique o corte 4 filetes de anchoas envasadas con sal y agregue con el perejil.

⁕ Sazone, añada aceite y ase a la parrilla los puerros cocidos antes de agregar el aderezo.

Rémoulade de raíz de apio

4 PORCIONES

Sirva esta ensalada de invierno con otras ensaladas, como remolachas marinadas, ensalada de zanahoria o de rúgula.

Retire toda la piel morena y las pequeñas raíces de:

1 raíz de apio mediano (1 libra aprox.)

Enjuague. Corte el apio en rodajas de ⅛ de pulgada de grosor con un cuchillo afilado o mandolina. Luego corte las rodajas finas en pedazos del tamaño de una cerilla o fósforo. (Esto se llama una juliana de apio). Agregue:

Sal

1 cucharadita de vinagre de vino blanco

Mezcle en un tazón pequeño:

2 cucharadas de crème fraîche

2 cucharaditas de mostaza Dijon

El jugo de ½ limón

2 cucharadas de aceite de oliva extra virgen

Sal

Pimienta negra recién molida

Remueva bien. Vierta sobre el apio y mezcle hasta cubrir. Pruebe la sal y el ácido. Puede servir la ensalada de inmediato o refrigerar hasta un día.

VARIACIONES

⁕ Agregue otros vegetales crudos en juliana, como colinabo, zanahoria o rábano.

⁕ Espolvoree con perejil, perifollo, o menta picada.

⁕ Mezcle con una ensalada de rúgula.

⁕ Para la crème fraîche, sustituya 1 yema de huevo por 3 cucharadas de aceite de oliva.

Ensalada de remolacha marinada

4 PORCIONES

Las remolachas de diferentes colores embellecen cualquier ensalada. Sirva las rojas por separado para no manchar las otras.

Corte en tiras de ½ pulgada:
**1 libra de remolachas
(rojas, Chioggia, doradas o blancas)**
Lave muy bien. Vierta en una fuente para hornear con un poco de agua (de modo que tengan ⅛ de pulgada de profundidad) y espolvoree con:
Sal
Cubra bien las remolachas y hornee a 350°F hasta que pueda perforar fácilmente con un cuchillo afilado, de 30 minutos a 1 hora, según el tamaño. Retire la cobertura y deje enfriar. Quite la parte superior, las raíces y la piel. Corte las remolachas en cubos o cascos de ¼ de pulgada y rocíe con:
**1 cucharadita de vinagre (de vino tinto,
jerez o de vino blanco)
Sal**
Deje reposar unos minutos para que las remolachas absorban el sabor. Pruebe y agregue más sal o vinagre si es necesario. Agregue:
**1 a 2 cucharaditas de aceite de oliva extra
virgen**
Sirva sola o con otras ensaladas.

VARIACIONES

• Sustituya un poco del vinagre por jugo de naranja natural y mezcle con cáscara de naranja rallada.

• Agregue ½ cucharadita de hierbas frescas picadas como menta, estragón o cilantro.

• Añada una cucharadita de jengibre fresco rallado con el aceite de oliva.

• Hornee las remolachas con 1 cucharadita de hinojo o semillas de comino.

• Agregue un poco de aceite de nuez en lugar del aceite de oliva; es muy sabroso con la remolacha.

Ensalada coleslaw

4 PORCIONES

Utilice col verde, roja, rizada o napa. Todas son sabrosas y harán una ensalada ligeramente diferente.

Quite y deseche las hojas exteriores de:
1 col pequeña
Corte en cuartos y retire el corazón. Ponga el lado cortado hacia abajo y parta en rodajas finas y en sentido transversal.
Mezcle en un tazón grande con:
**½ cebolla roja pequeña,
en rodajas tan finas como sea posible
Sal**
Prepare una vinagreta mezclando:
**1 cucharada de vinagre de sidra o de vino
Sal
Pimienta negra recién molida**
Remueva para disolver la sal y luego añada:
4 cucharadas de aceite de oliva
Pruebe el ácido y la sal y rectifique si desea. Vierta el aderezo sobre la col y la cebolla y mezcle bien. Pruebe de nuevo la sal y el ácido. Consuma de inmediato o deje reposar por un tiempo para que los sabores se impregnen y la col se ablande.

VARIACIONES

• Retire el corazón de una manzana y parta en cuatro; corte en rodajas finas o dados y mezcle con la col y la cebolla.

• Agregue 2 a 3 cucharadas de perejil u otras hierbas tiernas al final.

• Añada ¼ de taza de apio pelado y cortado en cerillas.

• Agregue un par de chiles jalapeños o serranos en rodajas finas (sin semillas ni tallos), sustituya el vinagre por jugo de limón y agregue 1 cucharada de cilantro picado al final.

• Añada ¼ de taza de mayonesa casera (ver página 46) en lugar del aceite de oliva.

Ensalada de papa

4 PORCIONES

Las papas amarillas como las Yellow Finn y Yukon Gold tienen muy buen sabor y textura para la ensalada de papa. No use papas para hornear como las Russet, porque se deshacen.

Cocine en agua hirviendo con sal hasta que estén tiernas (un cuchillo pequeño debe penetrar con mucha facilidad):

1½ libras de papas suaves (Yellow Finn, Yukon Gold, o red creamers)

Escurra, deje enfriar, pele y corte en bocados. Vierta la mezcla en un tazón.

Cocine por 9 minutos en agua hirviendo:

2 huevos, a temperatura ambiente

Deje enfriar en agua fría y pele.

Mezcle:

1 cucharada de vinagre de vino, sidra o vino de arroz

Sal

Pimienta negra recién molida

Vierta sobre las papas, remueva suavemente y deje reposar 7 minutos aprox., para que las papas absorban el vinagre. Añada:

½ cebolla roja, cortada en dados pequeños o rodajas finas

¼ de taza de aceite de oliva extra virgen

Mezcle con cuidado. Pruebe la sal y el vinagre, y añada más si es necesario.

Pique los huevos y agregue suavemente a las papas:

1 cucharada de cebollino picado

1 cucharada de perejil picado

VARIACIONES

◆ Use ⅓ de taza de mayonesa hecha en casa (ver página 46) en lugar del aceite de oliva.

◆ Reemplace el aceite de oliva por ¼ de taza de crème fraîche.

◆ Mezcle 2 cucharadas de alcaparras remojadas, escurridas y picadas.

◆ Pele, corte y aderece las papas con sal y vinagre mientras están calientes. Rehogue 2 o pedazos de tocino cortados en trozos pequeños. Sustituya 1 cucharada de aceite de oliva por otra de grasa de tocino. Vierta la grasa en las papas con las hierbas y el tocino, y sirva tibias: Suprima los huevos o sirva como adorno en la parte superior.

Ensalada de zanahoria

4 PORCIONES

A mi hija siempre le ha encantado esta ensalada. Yo se la preparaba para el almuerzo y cambiaba las formas para mayor variedad: rallada, en láminas finas (cortadas con un pelador), en cerillas o rodajas.

Pele y ralle:

1 libra de zanahorias

Haga la vinagreta mezclando en un tazón pequeño:

1 cucharadita de vinagre de vino tinto

2 cucharaditas de jugo de limón fresco

Sal

Pimienta negra recién molida

Agregue:

¼ de taza de aceite de oliva

Pruebe y rectifique si es necesario. Mezcle la zanahoria con el aderezo y añada:

2 cucharadas de perejil picado

Deje reposar 10 minutos. Pruebe de nuevo y agregue más sal, jugo de limón o aceite si es necesario.

VARIACIONES

◆ Corte las zanahorias en julianas o rodajas muy finas en lugar de rallarla.

◆ Añada 2 cucharadas de jugo de naranja natural.

Ensalada marroquí de zanahoria con jengibre

4 PORCIONES

Esta ensalada sabe mejor cuando las zanahorias se dejan marinar y absorben los sabores de las especias.

Pele y corte en bastones pequeños de 2 pulgadas de largo, y ¼ de pulgada de ancho:

4 zanahorias grandes

Cocine en agua hirviendo con sal hasta que estén casi tiernas; deben estar suaves, pero aún crujientes en el centro. Escurra y sazone con:

Sal

Mezcle en un tazón pequeño:

½ cucharadita de semillas de comino y otra ½ de cilantro, tostadas y molidas

Un pedazo de jengibre fresco de 1 pulgada, pelado y finamente rallado

Una pizca de cayena

Vierta sobre las zanahorias tibias y mezcle suavemente. Deje marinar unas pocas horas, o desde la noche anterior en el refrigerador. Agregue antes de servir:

El jugo de ½ limón

2 cucharadas de aceite de oliva extra virgen

2 cucharadas de cilantro o perejil picado

Vierta sobre las zanahorias y mezcle suavemente. Pruebe la sazón y agregue sal y jugo de limón si es necesario.

VARIACIONES

✦ Adorne con aceitunas verdes o negras.

✦ Use menta en lugar de cilantro o perejil.

Ensalada de hinojo

4 PORCIONES

El hinojo hace una ensalada muy delicada si se corta en láminas tan finas como el papel. Esto es difícil de hacer con un cuchillo, así que utilizo mi mandolina japonesa de plástico. Pero tenga cuidado con los dedos.

Retire la parte superior y los extremos de la raíz de:

2 bulbos de hinojo

Reserve algunas hojas plumosas para decorar. Retire y deseche las capas exteriores, secas o sin color.

Para preparar el aderezo, mezcle:

2 cucharadas de jugo de limón fresco

Ralladura de ¼ de limón

1 cucharadita de vinagre de vino blanco

Sal

Pimienta negra recién molida

Añada:

3 cucharadas de aceite de oliva extra virgen

Pruebe y rectifique la sal y el jugo de limón si es necesario. Corte el hinojo en láminas finas y transversales antes de servir. Una mandolina pequeña facilita mucho esta tarea. Mezcle el hinojo con el aderezo. Pruebe y rectifique la sazón si es necesario. Si desea, adorne con:

1 cucharadita de puntas de hinojo picadas

VARIACIONES

✦ Las láminas de queso parmesano, cortadas con un pelador, son un adorno maravilloso.

✦ Use limones Meyer cuando estén disponibles y duplique la cantidad de ralladura.

✦ Añada 1½ cucharadas de aceitunas verdes al aderezo.

✦ Mezcle 2 cucharadas de hojas de perejil con el hinojo.

✦ Puede cortar pimientos, apio y rábanos en rodajas y mezclar con el hinojo (en conjunto o por separado).

Ensalada de coliflor con aceitunas y alcaparras

4 PORCIONES

Esta ensalada es emocionante a mediados de invierno.

Corte las hojas y el núcleo de:
1 coliflor mediana
Separe o corte en trozos pequeños. Cocine en agua hirviendo con sal hasta que esté hecha. Escurra y deje enfriar.
Mezcle en un tazón grande:
Jugo de 1 limón
Sal
Pimienta negra recién molida
Añada:
3 cucharadas de aceite de oliva extra
virgen
Agregue la coliflor y mezcle con el aderezo. Pruebe y añada sal y limón si es necesario.
Agregue:
¼ de taza de aceitunas
sin semillas, toscamente picadas
2 cucharadas de perejil picado
1 cucharada de alcaparras,
enjuagadas y picadas
Remueva suavemente.

VARIACIONES

• Suprima las alcaparras y agregue ¼ de taza de rábanos en rodajas.
• Use mejorana, albahaca o menta en lugar del perejil (o agregue a este).

Pepinos con crema y menta

4 PORCIONES

Hay muchas variedades de pepinos y cada uno tiene su propio sabor y textura. Me gustan especialmente los armenios, japoneses y de limón.

Pele y corte en rodajas:
2 pepinos
Si las semillas son grandes y duras, corte el pepino a lo largo y por la mitad, y retire las semillas con una cuchara antes de rebanar. Ponga en un recipiente de tamaño mediano y espolvoree con:
Sal
Mezcle en otro tazón:
¼ de taza de crema batida
3 cucharadas de aceite de oliva
El jugo de ½ limón
Pimienta negra recién molida
Remueva bien. Escurra el agua que hayan despedido los pepinos. Vierta el aderezo sobre los pepinos en rodajas y mezcle.
Corte gruesas:
3 ramitas de menta, las hojas solamente
y mezcle con los pepinos. Pruebe y rectifique la sal si es necesario. Sirva fría.

VARIACIONES

• Añada ajo triturado al aderezo.
• Sirva con rodajas de remolacha con aceite y vinagre.
• Ralle o pique los pepinos y sirva como salsa sobre salmón al horno.
• Puede reemplazar la menta por perejil, perifollo, albahaca o cilantro.
• Sustituya la crema por yogur natural.
• Añada especias como comino, cilantro o semillas de mostaza al aderezo.

Ensalada de lentejas

4 PORCIONES

Las lentejas verdes francesas o las beluga negras son las mejores variedades para utilizar en ensaladas porque tienen mucho sabor y mantienen su forma cuando se cuecen.

Seleccione y enjuague:
> **1 taza de lentejas**

Cubra con 3 pulgadas de agua y hierva. Reduzca a fuego lento y cocine hasta que estén muy tiernas (añadiendo más agua si es necesario), por 30 minutos aprox. Escurra y reserve ½ taza del líquido de la cocción.

Mezcle las lentejas con:
> **1 cucharada de vinagre de vino tinto**
> **Sal**
> **Pimienta negra recién molida**

Deje reposar 5 minutos. Pruebe y agregue más sal y vinagre si es necesario. Añada:
> **3 cucharadas de aceite de oliva extra virgen**
> **¼ de taza de cebolletas en rodajas finas o 3 cucharadas de chalote finamente picado**
> **3 cucharadas de perejil picado**

Remueva para combinar. Separe las lentejas con un poco del líquido de la cocción si están secas y no se mueven con facilidad.

VARIACIONES

• Agregue ½ taza de pepino en cubitos.
• Corte ¼ de taza de zanahoria, de apio y de cebolla en dados pequeños. Remoje hasta que estén tiernas en un par cucharadas de aceite de oliva. Deje enfriar y agregue a la ensalada en lugar de las cebolletas.
• Adorne con ½ taza de queso de cabra desmenuzado o feta.
• Tueste y triture ½ cucharadita de semillas de comino y añada a la ensalada. Sustituya el perejil por cilantro.
• Corte ¼ de taza de pimientos dulces, sazone con sal y deje reposar hasta ablandar. Añada cebollín o chalotes.

Ensalada de tabulé

4 PORCIONES

El tabulé es una ensalada libanesa preparada con bulgur, hierbas picadas y tomates. Es una ensalada espectacular, verde y fresca, con más hierbas que cereal. El bulgur se elabora con granos de trigo hervidos o al vapor, que se secan posteriormente. Se utilizan después de remojar.

Cubra con 1 pulgada de agua fría:
> **½ taza de trigo bulgur**

Remoje 20 minutos para mojar los granos, y luego escurra en un colador. Mientras remoja el bulgur, prepare los otros ingredientes. Pique:
> **1½ racimos grandes de perejil (1½ tazas aprox., picadas)**
> **1 manojo de menta (⅓ de taza aprox., picada)**
> **1 manojo de cebolletas, con las partes blancas y verdes (1 taza aprox., picadas)**

Mezcle las hierbas en un recipiente grande con:
> **2 tomates medianos maduros, sin semillas y cortados en cubitos pequeños**

Apriete el bulgur remojado para escurrir toda el agua, y mezcle con las hierbas picadas y tomates, además de:
> **El jugo de 1 limón**
> **Sal**
> **¼ de taza de aceite de oliva extra virgen**

Mezcle bien. Pruebe y agregue más sal, limón jugo o aceite si es necesario. Deje reposar el bulgur 1 hora aprox. antes de servir para que absorba los sabores. Si desea, sirva hojas de lechuga romana y utilice a modo de cucharada.

Sopas

(CONTINÚA)

Caldo de carne

RINDE 3 LITROS APROX.

Este sencillo caldo de carne sirve para humedecer estofados de carne, guisos y sopas.

Coloque en una bandeja gruesa para hornear:

> **4 libras de carne huesos, preferiblemente una mezcla de huesos carnosos y morcillo**

Ase en un horno a 400°F hasta que estén doradas, por 25 minutos aprox. Dele vuelta a los huesos y agregue a la bandeja:

> **1 zanahoria, pelada y cortada en trozos grandes**
>
> **1 cebolla, pelada y cortada en trozos grandes**
>
> **1 tallo de apio, cortado en trozos grandes**

Hornee otros 25 minutos. Vierta los huesos y verduras en una olla grande con:

> **Unos granos de pimienta negra**
>
> **3 ramitas de tomillo**
>
> **2 tomates, cortados en cuartos (opcional)**
>
> **Unos tallos de perejil**

Vierta 1 galón de agua. Lleve a ebullición y baje a fuego lento. Retire toda la espuma. Cocine a fuego lento durante 6 horas. Compruebe el nivel del líquido y añada más agua si no cubre los huesos. Cuele y retire la grasa. Deje enfriar antes de cubrir. Guarde en el refrigerador hasta 1 semana o congele por un máximo de 2 meses.

Sopa de sémola y de ajos verdes

RINDE 2 LITROS APROX., DE 4 A 6 PORCIONES

La sémola, que es el trigo duro, molido toscamente, hace que un caldo de pollo hecho en casa sea una sopa más sustanciosa y de textura sedosa.

En una olla pesada, lleve a ebullición:

> **2 litros de caldo de pollo**
>
> **1 ramillete de hierbas, atadas con hilo de algodón (Unas ramitas de tomillo y perejil, y una hoja de laurel)**
>
> **Sal**

Agregue mientras agita constantemente con un batidor:

> **½ taza de sémola**

Reduzca el fuego y siga removiendo hasta que la sémola flote en el caldo y no se deposite en el fondo, por 5 minutos aprox. Añada:

> **3 plantas de ajo verde (bulbos y tallos), finamente picados, sin las partes verdes**

Cocine a fuego lento por 20 minutos, removiendo de vez en cuando con una cuchara de madera. Deseche el ramillete, pruebe la sal, rectifique si es necesario, y sirva caliente.

VARIACIONES

✦ Agregue espinacas cocidas y picadas a la taza al momento de servir.

✦ Agregue láminas de queso parmesano o pecorino encima de cada porción.

✦ Vierta un poco de mantequilla de hierbas en la parte superior de cada porción.

✦ Añada 1 taza de chícharos pelados después de 13 minutos de cocción.

Caldo de ajo con salvia y perejil

Esta es una sopa reconstituyente de larga tradición, elaborada con caldo o agua, y con la vitalidad del ajo y las hierbas. Como dice el proverbio, "El ajo es tan bueno como diez madres".

Prepare esta sopa a comienzos de primavera con ajos verdes, o bien a finales de primavera o principios de verano cuando el ajo está recién cosechado y los dientes están ligeramente firmes.

Pele y corte:

2 a 3 cucharaditas de ajo verde en rodajas, 1 o 2 dientes cortados por cada taza de caldo

Hierva un poco de caldo de pollo con unas cuantas hojas de salvia fresca. Cuando hierva, retire las hojas de salvia con una espumadera (el caldo tendrá un color oscuro y un sabor amargo si se dejan mucho tiempo). Agregue el ajo y sal al gusto al caldo. Cocine por 5 minutos aprox. Rocíe aceite de oliva sobre una tostada de pan del día anterior, ponga en un tazón, sirva la sopa sobre el pan, añada una pizca de perejil picado grueso y sirva. Para una sopa más consistente, escalfe un huevo en el caldo y sirva sobre el pan.

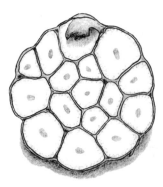

Sopa de tortilla

RINDE 2 LITROS, DE 4 A 6 PORCIONES

Esta es una sopa tradicional mexicana que se lleva a la mesa con una variedad de guarniciones.

Caliente a fuego lento:

1½ litros de caldo de pollo

Añada:

La mitad de una pechuga de pollo (con la piel y los huesos para un mejor sabor)

Cocine a fuego lento hasta que el pollo esté hecho, por 20 minutos aprox. Apague el fuego, pase la pechuga a un plato y deje enfriar. Retire y deseche la piel y los huesos, y triture la carne.

Vierta en una sartén de fondo grueso de 8 pulgadas a fuego medio-alto:

½ taza de aceite de cacahuate, o de aceite vegetal

Luego añada:

4 tortillas de maíz, cortadas en tiras de ½ pulgada

Fríalas en pequeñas cantidades hasta que estén doradas y crujientes. Escurra con papel toalla y sazone con sal.

Caliente en una olla grande y pesada:

2 cucharadas de aceite de oliva

Añada:

1 pimiento verde Anaheim, sin semillas y en rodajas finas
½ cebolla amarilla mediana, cortada en rodajas finas
2 clavos de ajo, en rodajas finas
Sal

Cocine hasta que estén suaves, por 5 minutos aprox. Vierta el caldo caliente y luego añada:

2 tomates pelados, sin semillas y cortados en cubitos; o 3 tomates pequeños y enteros en conserva, cortados en cubitos (incluido el jugo)
1 chile chipotle seco, sin semillas
Sal

Lleve a ebullición y luego baje a fuego lento y cocine por 30 minutos.

Agregue la carne de pollo desmenuzada; caliéntela, pero sin dejar hervir. Pruebe la sal y rectifique si es necesario.

Sirva la sopa con las tiras crujientes de tortillas, y con las siguientes guarniciones en platos pequeños:

½ taza de cilantro picado

6 rodajas de limón

4 onzas aprox. de queso fresco desmenuzado o de Monterey Jack rallado

½ taza de jícama pelada y rallada

½ taza de rábano cortado en julianas

1 aguacate en cubos

VARIACIONES

• Añada 1½ cucharaditas de orégano fresco mexicano al caldo.

• El jalapeño en vinagre y la cebolla roja también son guarniciones deliciosas.

• Puede agregar frijoles negros cocinados y escurridos y acelgas salteadas para una sopa más sustanciosa.

Sopa de pollo con fideos

RINDE 1½ LITROS, O 4 PORCIONES

Me gusta esta sopa cuando estoy indispuesta. Es liviana, fresca y llena de sabor.

Mezcle en una olla grande:

La mitad de 1 pechuga de pollo (con piel y huesos para un mejor sabor)

1 litro de caldo de pollo

Lleve a ebullición y luego baje a fuego lento. Retire toda la espuma de la superficie. Añada:

½ cebolla mediana, pelada y en rodajas

½ zanahoria, pelada y en rodajas

½ tallo de apio, limpio y en rodajas

¼ de chirivías, peladas y en rodajas

1 ramita de perejil

Cocine a fuego lento por 40 minutos. Apague el caldo, saque el pollo con cuidado y deje enfriar. Pase el caldo por un colador fino y deseche los vegetales. Retire la grasa y añada sal al gusto.

Cuando la pechuga esté fría, retire la piel y los huesos, y corte la carne en trozos pequeños. Ponga la carne en un tazón y cubra con una o dos cucharadas de caldo para evitar que se seque.

Mientras tanto, hierva una olla de agua con sal a fuego alto. Añada:

1 onza de fideos, partidos o cortados en trozos pequeños

Cocine hasta que estén tiernos, escurra en un colador y enjuague con agua fría.

Vierta en una olla pesada:

3 cucharadas de cebolla picada

3 cucharadas de zanahorias en cubitos

3 cucharadas de apio en cubitos

2 cucharadas de chirivía en cubitos

Sal

Cubra con 2 tazas de caldo de pollo y cocine a fuego lento hasta que estén tiernos, por 15 minutos aprox. Añada el resto del caldo, los fideos cocinados y la carne desmenuzada de pollo cuando los vegetales se hayan cocinado. Pruebe y rectifique la sal, si es necesario. Agregue antes de servir:

1 cucharadita de eneldo fresco picado

Sopa de pavo con acelgas

RINDE 3 LITROS, DE 6 A 8 PORCIONES

Esta es una sopa agradable para el día después de Acción de Gracias.

Retire toda la carne de:

1 pavo asado

Pique la carne y reserve. Corte todos los huesos y vierta en una olla grande con:

½ cebolla pelada
½ zanahoria pelada
½ tallo de apio
6 ramitas de tomillo
3 ramitas de perejil
1 hoja de laurel
3 litros o de agua

Hierva, reduzca a fuego lento, retire la grasa y cocine por 2 horas. Mientras tanto, caliente en una olla grande:

2 cucharadas de aceite de oliva

Agregue y cocine a fuego medio, hasta que estén muy tiernas:

1½ cebollas, peladas y cortadas en cubitos
1½ zanahorias, peladas y cortadas en cubitos
1½ tallos de apio, cortados en cubitos
Sal

Hierva una olla de agua con sal y añada:

1 manojo de acelgas, las hojas picadas toscamente, y sin los tallos

Cocine hasta que estén tiernas, de 5 a 10 minutos aprox. Escurra y reserve. Ponga un colador sobre la olla con las verduras y cuele el caldo del pavo en la olla de la sopa. Hierva 10 minutos a fuego lento, añada el pavo y las acelgas. Pruebe la sazón y agregue más sal si es necesario. Sirva caliente.

VARIACIONES

◆ Los hongos salteados (especialmente los porcini), añadidos al momento de servir, le dan un sabor y una textura refinada a esta sopa humilde.

◆ Puede saltear una parte de la acelga con ajo y hojuelas de chile, y añadir a la sopa sobre una rebanada de pan tostado.

◆ Añada arroz cocido o pasta antes de servir.

◆ Fría un poco de panceta picada y agregue a la olla de la sopa antes de añadir las verduras en cubitos.

Sopa de col rizada y papa

RINDE 2 LITROS, DE 4 A 6 PORCIONES

Retire los tallos duros de:

1 manojo grande de col rizada o rusa

Lave, escurra bien, y corte toscamente. Caliente en una olla pesada:

4 tazas de aceite de oliva extra virgen

Añada:

2 cebollas en rodajas finas

Cocine a fuego medio, removiendo ocasionalmente, hasta que estén suaves, tiernas y ligeramente doradas, por 12 minutos aprox.

Mientras la cebolla se cocina, pele, corte por la mitad y luego en rodajas de ¼ de pulgada de grosor:

1 libra de papas (Yellow Finn o Yukon Gold)

Cuando la cebolla esté cocida, agregue:

4 dientes de ajo, picados

Cocine el ajo por un par de minutos, luego añada las papas y la col picada. Remueva, y agregue:

Una pizca de sal

Cocine por 5 minutos, removiendo de vez en cuando.
Vierta:

6 tazas de caldo de pollo

Lleve a ebullición y luego reduzca a fuego lento y cocine por 30 minutos, o hasta que la col y las papas estén tiernas. Prueba la sopa y añada más sal si es necesario. Sirva caliente y adorne cada platillo con:

Aceite de oliva extra virgen
Queso parmesano rallado u otro queso duro

• Corte ½ libra de linguiça, chorizo, o chorizo con ajo y especias. Dore en el aceite antes de añadir a la cebolla y retire cuando esté dorada. Agregue a la sopa.

• Añada crutones. Corte el pan en cubos de ½ pulgada, mezcle con aceite de oliva y sal, y hornee a 350°F hasta que estén dorados, por 12 minutos aprox.

• Agregue 1½ tazas de frijoles blancos cocidos 10 minutos antes de terminar la sopa.

Sopa de nabos y hojas de nabo

RINDE 2 LITROS, DE 4 A 6 PORCIONES

Los nabos pequeños, con sus hojas verdes, se encuentran en primavera y otoño. Son deliciosos en una sopa o platillo de acompañamiento.

Retire las hojas de:

2 manojos de nabos pequeños con las hojas

Corte y deseche los tallos. Lave y escurra las verduras, y corte en tiras de ½ pulgada. Recorte las raíces de los nabos. Si prefiere, pélelos (pruebe uno para ver si la piel está dura) y corte finamente.

Caliente en una olla pesada a fuego medio:

3 cucharadas de mantequilla o aceite de oliva

Añada:

1 cebolla en rodajas finas

Cocine hasta que estén suaves, por 12 minutos aprox. Añada:

1 hoja de laurel
2 ramitas de tomillo
Sal

Cocine por 5 minutos aprox., removiendo ocasionalmente. Vierta:

6 tazas de caldo de pollo

Lleve a ebullición y cocine fuego lento por 10 minutos. Añada las hojas de nabo y cocine por otros 10 minutos o hasta que las hojas estén tiernas. Pruebe la sal y añada más si es necesario.

• Agregue un trozo pequeño de jamón o de tocino ahumado con los nabos en rodajas y las hierbas.

• Adorne la sopa con queso parmesano rallado.

• Cocine la sopa con agua en lugar de caldo y agregue un par de cucharadas de mantequilla o aceite de oliva al final para más sabor.

Sopa de frijoles y pasta

RINDE 2 LITROS, DE 4 A 6 PORCIONES

Pasta e fagioli, el platillo nacional de Italia, es fácil de hacer y es una forma maravillosa de servir frijoles frescos con vaina (ver página 76). La mayoría de los frijoles con vaina son adecuados para esta sopa, pero los cranberry y cannnellini son las opciones tradicionales.

Retire de la vaina:

2 libras de frijoles frescos

Vierta los frijoles en una olla y cubra con 1½ pulgadas de agua. Lleve a ebullición, y cocine a fuego lento hasta que los frijoles estén suaves pero enteros. Revise el punto de cocción 20 minutos después. Cuando estén suaves, sazone con:

Sal

Mientras los frijoles se cocinan, caliente en una olla pesada:

⅓ de taza de aceite de oliva

Añada:

⅓ de taza de cebolla finamente picada
¼ de taza de zanahoria finamente picada
¼ de taza de apio finamente picado
Una pizca de hojuelas de chile
2 cucharaditas de hojas picadas de salvia fresca

Cocine a fuego medio hasta que se ablanden, removiendo ocasionalmente, por 12 minutos aprox. Añada:

4 clavos de ajo, picados
Sal

Cocine por unos minutos, y luego agregue:

1 libra de tomates maduros, pelados, sin semillas y cortados en cubitos, o una lata de tomates de 12 onzas, enteros, escurridos y picados

Cocine por otros 5 minutos, luego agregue los frijoles con suficiente líquido para cubrirlos.

Cocine a fuego lento, removiendo de vez en cuando, hasta que estén muy tiernos, por 15 minutos aprox.

Mientras tanto, cocine hasta que esté tierna en abundante agua hirviendo con sal:

¼ de libra de pasta (partida o de formas pequeñas)

Retire un tercio de los frijoles y triture en un procesador de alimentos. Agregue la pasta escurrida y el puré de frijoles a la sopa y cocine por 5 minutos.

Diluya la sopa con el líquido de los frijoles, si es necesario. Pruebe la sal y añada más si es necesario.

Sirva con:

Aceite de oliva extra virgen
Queso parmesano rallado

VARIACIÓN

◆ Utilice 1 taza de frijoles secos y cocidos (ver página 78), en lugar de frijoles frescos.

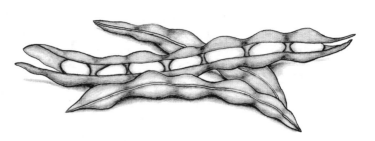

Sopa de frijoles blancos y calabaza

RINDE 2 LITROS, 4 A 6 PORCIONES

Remoje en 4 tazas de agua desde la noche anterior:

1 taza de frijoles secos blancos

(por ejemplo, cannellini, haricot blanc, o frijoles blancos)

Escurra y vierta en una olla grande con:

3 tazas de caldo de pollo

4 tazas de agua

Lleve a ebullición, reduzca a fuego lento y cocine hasta que los frijoles estén tiernos. Revise el punto de cocción al cabo de 45 minutos. Sazone al gusto cuando estén cocinados.

Caliente en una olla de fondo grueso:

2 cucharadas de aceite de oliva o grasa de pato

Añada:

2 cebollas en rodajas finas

3 o 4 hojas de salvia

1 hoja de laurel

Cocine a fuego medio hasta que estén tiernas, por 15 minutos aprox. Añada:

1 calabaza butternut mediana, pelada y cortada en cubos de ½ pulgada

Sal

Cocine por 5 minutos. Escurra los frijoles y agregue 6 tazas del líquido de la cocción a la calabaza y la cebolla. Cocine a fuego lento hasta que la calabaza esté tierna. Añada los frijoles y siga cocinando hasta que la calabaza esté muy suave. Pruebe y rectifique la sazón si es necesario.

VARIACIONES

✦ Sirva la sopa caliente sobre rebanadas gruesas de pan campesino o *levain* untado con aceite de oliva o grasa de pato, y tostado hasta que esté crujiente y dorado.

✦ Utilice otras variedades de calabaza de invierno: Delicata, bellota, kabocha, calabaza francesa.

Sopa de coliflor con especias

RINDE 2 LITROS, DE 4 A 6 PORCIONES

Se trata de una sopa inusualmente especiada y llena de sabor; rectifique las especias picantes si desea.

Caliente en una olla de fondo grueso:

¼ de taza de aceite de oliva

Agregue y cocine a fuego medio, removiendo con frecuencia:

1 cebolla, pelada y cortada en cubitos

1 zanahoria, pelada y cortada en cubitos

1 cucharadita de semillas de cilantro molidas

1 cucharadita de semillas de comino molidas

1 cucharadita de chile en polvo

¼ de cucharadita de cúrcuma

¼ de cucharadita de hojuelas de chile

Sal

Pimienta negra recién molida

Cuando estén muy suaves pero no doradas, añada:

6 ramitas de cilantro, picadas toscamente

1 cabeza grande de coliflor, sin las hojas verdes y picada toscamente (6 tazas aprox.)

3 tazas de caldo de pollo

3 tazas de agua

Suba el fuego y deje hervir, removiendo de vez en cuando. Reduzca a fuego lento y cocine hasta que la coliflor esté muy tierna, por 30 minutos aprox. Agite vigorosamente con una cuchara o batidor y haga un puré grueso. Es posible que necesite añadir más caldo o agua para diluir la sopa si está demasiado espesa. Pruebe, ajuste la sazón si es necesario, y sirva caliente. Adorne cada porción con:

Yogur

Cilantro o menta picada

Un chorro de jugo de limón

VARIACIONES

✦ Para una sopa más consistente, utilice todo el caldo de pollo. Para una sopa más liviana y vegetariana, utilice todo el agua.

Sopa de puerros y papa

RINDE 2 LITROS, DE 4 A 6 PORCIONES

Retire el extremo de la raíz y la parte dura y superior de:

2 libras de puerros

Corte los puerros a lo largo y por la mitad, y luego en rebanadas finas. Enjuague en un recipiente con agua fría y luego escurra.

Derrita a fuego medio en una sartén pesada:

3 cucharadas de mantequilla

Añada los puerros y:

2 ramitas de tomillo
1 hoja de laurel
Sal

Cocine hasta que estén suaves, por 10 minutos aprox. Añada:

1 libra de papas amarillas, peladas, partidas en dos o en cuartos, y luego en rodajas

Cocine las papas por 4 minutos, y luego añada:

6 tazas de agua

Lleve a ebullición y reduzca a fuego lento. Cocine los vegetales hasta que estén tiernas, pero enteros, por 30 minutos aprox. Luego agregue:

⅓ de taza de crème fraîche o crema de leche

No deje hervir cuando añada la crema. Pruebe la sazón y rectifique al gusto. Retire la hoja de laurel y el tomillo antes de servir.

VARIACIONES

✦ Adorne con pimienta negra recién molida y un poco de cebollino picado.

✦ Para una sopa más consistente, use caldo en lugar de agua.

✦ Retire la hoja de laurel y las ramitas de hierba y triture la sopa antes de agregar la crema.

✦ Suprima la crema, triture la sopa antes de servir, y adorne con un poco de mantequilla con perejil (ver página 48).

Sopa de chícharos

RINDE 2 LITROS APROX., DE 4 A 6 PORCIONES

Esta es una de las sopas que me parece mucho mejor preparada con agua en vez de caldo, porque nada interfiere con el sabor dulce y delicado de los chícharos.

Caliente en una olla de fondo grueso:

3 cucharadas de mantequilla

Agregue y cocine a fuego medio, removiendo con frecuencia:

1 cebolla grande, en rodajas finas
Sal

Cuando esté muy suave pero no dorada, vierta y lleve a ebullición:

5 tazas de agua

Cuando el agua hierva, añada:

3 tazas de chícharos muy frescos, sin la vaina (2 libras aprox.)

Cocine a fuego lento, removiendo de vez en cuando, hasta que los chícharos estén tiernos, por 5 minutos aprox. Licúe la sopa por partes. Llene sólo un tercio de la licuadora y pulse para evitar que la sopa caliente se salga. Pruebe, rectifique la sazón y sirva. Si no va a servir de inmediato, vierta la sopa en una fuente sobre una cama de hielo para enfriarla rápidamente y conservar el color verde brillante. Remueva con frecuencia y con cuidado cuando recaliente para evitar que se queme.

VARIACIONES

✦ Pase el puré por un colador o prensa purés para una textura suave.

✦ La sopa de chícharos se puede servir caliente o fría, y con una variedad de aderezos: crème fraîche o yogurt y menta: crutones con mantequilla, y hierbas como perifollo, estragón o cebollino.

Sopa de pimientos rojos

RINDE 2 LITROS, DE 4 A 6 PORCIONES

Los pimientos amarillos también van muy bien en esta sopa, pero los verdes no son lo suficientemente dulces. Puede hacer dos lotes de sopa: una roja, otra amarilla, y servir mezcladas.

Caliente en una olla de fondo grueso:

1 cucharada de aceite de oliva

Agregue y cocine a fuego medio, removiendo con frecuencia:

1 cebolla grande, en rodajas finas

2 pimientos rojos, cortados por la mitad, sin venas ni semillas, y en rodajas finas

Sal

Cuando estén muy suaves, pero no dorados, añada:

2 dientes de ajo, pelados y picados

6 ramitas de tomillo, las hojas solamente

Cocine por 4 minutos más, y luego añada:

¼ de taza de arroz de grano corto

4 tazas de caldo de pollo

2 tazas de agua

1 cucharadita de vinagre de vino tinto

Aumente el fuego y deje hervir, removiendo de vez en cuando. Reduzca a fuego lento y cocine hasta que el arroz esté tierno, por 20 minutos aprox. Deje enfriar un poco, y triture en una licuadora hasta que esté muy suave. Diluya la sopa con caldo o con agua si está demasiado espesa. Pruebe la sazón, rectifique si necesario y sirva caliente.

VARIACIONES

◆ Agregue un poco de chiles picantes frescos o secos a la sopa.

◆ Adorne los platos con crème fraîche y hierbas picadas como cebolletas, albahaca o perejil.

◆ Corte los pimientos en dados medianos, suprima el arroz, y utilice todo el caldo de pollo. Sirva la sopa sin triturar.

Sopa de maíz dulce

RINDE 1½ LITROS, O 4 PORCIONES

Esta es una sopa que no falla nunca, siempre y cuando utilice maíz dulce y fresco. La hago todo el verano con diferentes guarniciones.

Derrita en una cacerola de fondo grueso a fuego medio:

4 cucharadas (½ barra) de mantequilla

Añada:

1 cebolla, cortada en cubitos

Cocine hasta que esté suave, pero sin dorar, por 1 minuto aprox. Sazone con:

Sal

Mientras tanto, pele:

5 mazorcas de maíz

Retire los granos de las mazorcas y agregue a las cebollas; cocine por 3 minutos adicionales. Vierta:

1 litro de agua

Lleve a ebullición. Reduzca a fuego lento de inmediato y cocine el maíz hasta que esté hecho, por 5 minutos aprox. Retire del fuego y triture por partes en una licuadora. (Tenga cuidado al licuar la sopa caliente y asegúrese siempre de que tenga ventilación para expulsar el vapor). Pase la sopa por un colador mediano para eliminar la piel. Pruebe y rectifique la sal si es necesario.

VARIACIONES

◆ Adorne con crème fraîche sazonada con ajedrea, sal y pimienta.

◆ Decore con pétalos de capuchina picados, o con mantequilla de capuchina (pétalos triturados con mantequilla blanda, sazonados con sal y pimienta).

◆ Decore con un puré de pimientos dulces o chiles asados, con mantequilla o crema.

Sopa de calabacín con yogur y menta

RINDE 2 LITROS APROX., DE 4 A 6 PORCIONES

Caliente en una olla de fondo grueso:

¼ de taza de aceite de oliva

Añada y cocine a fuego medio, removiendo con frecuencia:

1 cebolla grande, en rodajas finas
Una pizca de hebras de azafrán
1 cucharadita de semillas de comino
1 cucharadita de semillas de cilantro
¼ de cucharadita de cúrcuma
1 cucharadita de pimiento dulce
½ cucharadita de cayena
2 dientes de ajo, pelados y rebanados

Cocine hasta que la mezcla esté blanda, pero no dorada. Si la cebolla o el ajo comienzan a pegarse, reduzca la intensidad del fuego, y añada un poco de agua a la olla.

Mientras las cebollas se cocinan, lave con agua fría:

5 calabacines medianos, verdes o amarillos

Corte en rodajas gruesas de ¾ de pulgada. Cuando las cebollas estén hechas, añada el calabacín a la olla con:

Sal

Cocine por 2 minutos, y luego vierta:

3 tazas de caldo de pollo
3 tazas de agua

Lleve a ebullición, reduzca a fuego lento y cocine hasta que los calabacines estén tiernos, por 15 minutos aprox. Mientras tanto, prepare el yogur y la menta. Corte en juliana:

4 ramitas de menta, las hojas solamente

En un mortero mediano, macere la mitad de la menta hasta formar una pasta. Agregue el resto de la menta y:

2 cucharadas de aceite de oliva
⅔ de taza de yogur
Sal

Deje enfriar la sopa un poco y triture en una licuadora hasta que esté muy suave. (Tenga cuidado al licuar la sopa caliente y deje una abertura para expulsar el vapor). Vuelva a calentar y diluya con un poco de agua si es necesario. Pruebe la sazón y rectifique. Sirva caliente con una cucharada de yogur y menta. Lleve:

Cascos de limón

a la mesa, si desea.

Gazpacho

RINDE 3 LITROS APROX., DE 6 A 8 PORCIONES

Esta no es una versión muy tradicional, pero si utiliza tomates maduros y sabrosos, tendrá una sopa de verano hermosa y picante, una especie de ensalada líquida que amerita todo el trabajo de rallar, macerar, y cortar en cubitos. Para una comida ligera de verano, añada un poco de camarones, pescados o mariscos a la sopa.

Remoje 15 minutos en un tazón de agua caliente:

1 chile ancho seco

Escurra y triture en un mortero mediano hasta obtener una pasta. Retire y reserve.

Remoje 2 minutos en otro tazón con agua fría:

2 tazas de cubitos sin corteza de un pan
rústico y blanco del día anterior

Escurra y exprima el exceso de agua.

Forme una pasta en el mortero con:

2 dientes de ajo
Una pizca de sal

Agregue el pan remojado, macere hasta que esté suave, y reserve.

Corte por la mitad, horizontalmente:

5 libras de tomates maduros

En un tazón, ralle los lados cortados de los tomates con los agujeros medianos de un rallador hasta que solo quede la piel y deséchela. Pase la pulpa por un colador para eliminar semillas si desea. Agregue el puré de chile y la pasta de pan al tomate en un tazón grande. Añada:

¼ de taza de aceite de oliva extra virgen
Sal

Refrigere hasta que esté bien frío. Coloque el tazón en otro más grande y con hielo para acelerar el proceso. Pruebe la sazón antes servir y agregue más sal si es necesario.

Haga una salsa para aderezar la sopa. Mezcle juntos:

½ libra de tomates cherry, cortados por la mitad

1 pepino, pelado y cortado en cubitos

1 pimiento amarillo, sin semillas y cortado en cubitos

½ cebolla roja, cortada en cubitos

Un puñado de perifollo y otro de albahaca, picados

2 cucharadas de vinagre de vino tinto

¼ de taza de aceite de oliva extra virgen

Sal

Pimienta negra recién molida

Vierta la sopa fría en 6 a 8 platos hondos y añada una cucharada generosa de salsa a cada plato.

Sopa de tomate

RINDE 1½ LITROS APROX., O 4 PORCIONES

Esta es una sopa para el apogeo del verano, cuando tomates son abundantes y están completamente maduros.

Caliente una sartén de fondo grueso. Añada:

2 cucharadas de aceite de oliva

1 cucharada de mantequilla

1 cebolla mediana, en rodajas

1 puerro pequeño, con las partes blancas y verdes, en rodajas

Una pizca de sal

Cubra y cocine hasta que la mezcle esté suave, pero no dorada. Añada agua para evitar que se dore y agregue:

2 dientes de ajo, pelados y en rodajas

Cocine por 2 minutos, y luego añada:

2 libras de tomates maduros (unos 10 tomates medianos), lavados, sin corazón y en rodajas

1 cucharada escasa de arroz blanco

Una pizca de sal

½ hoja de laurel

1 ramito de ajedrea, tomillo o albahaca

Cocine a fuego medio, removiendo ocasionalmente, hasta que los tomates se deshagan. Añada:

1 taza de agua

1 cucharada de mantequilla

Cocine por otros 10 minutos, hasta que el arroz esté tierno. Retire el ramito. Vierta la sopa con cuidado en una licuadora sin llenar más de un tercio de su capacidad. Licúe hasta que esté suave, por 1 minuto aprox. Pase el puré por un colador mediano para retirar las pieles y semillas. Pruebe la sal. Añada más agua si la sopa está muy espesa.

VARIACIONES

◆ Suprima el arroz para una sopa más ligera.

◆ Adorne la sopa con crème fraîche y menta, con trocitos de pan con mantequilla, o con albahaca partida o cebollino finamente cortado y aceite de oliva.

Panade de cebolla

4 PORCIONES

La panade es una sopa espesa elaborada con capas de pan, verduras y queso, humedecida con caldo o agua. Se cocina hasta que la sopa esté suave y dorada. Esta panade de cebolla es abundante, reconfortante y llena del sabor de la cebolla dulce.

Pele y corte en rodajas finas:

1½ libras de cebolla (4 tazas de rodajas aprox.)

Caliente en una cacerola de fondo grueso:

¼ de taza de mantequilla o aceite de oliva

Añada la cebolla con:

2 o 3 ramitas de tomillo

Cocine a fuego medio-bajo hasta que esté muy suave, por 30 minutos aprox. Reduzca a fuego lento y cocine la cebolla, removiendo ocasionalmente, hasta que tenga un color medianamente dorado, por 15 minutos aprox.

Añada al gusto:

Sal

Mientras la cebolla se cocina, corte en rebanadas finas:

⅓ de pan rústico del día anterior

Acomode las rebanadas en una bandeja para hornear en un horno a 350°F hasta que estén secas pero no doradas, por 5 minutos aprox.

Ralle y mezcle juntos:

⅓ de taza de queso parmesano
¼ de taza de queso gruyere

Ensamble la sopa: haga una capa de rebanadas de pan en el fondo de un molde para hornear de 1½ litros. Extienda la mitad de las cebollas sobre el pan y rocíe un tercio del queso. Haga otra capa de pan, cubra con el resto de las cebollas y con otro tercio del queso. Haga una última capa de pan y espolvoree con el queso restante. Caliente:

3 a 4 tazas de caldo de carne o de pollo

Vierta el caldo por un lado del molde para no perturbar las capas, hasta que la capa superior del pan empiece a flotar. Agregue:

2 cucharadas de mantequilla

Cubra y hornee a 350°F por 45 minutos. Hornee por otros 20 a 30 minutos sin cubrir, o hasta que la parte superior esté dorada y crujiente.

VARIACIONES

◆ Pele y retire las semillas de una calabaza de mantequilla pequeña y corte en rodajas finas. Ponga las rodajas entre el pan.

◆ Añada unos pocos hongos secos picados al caldo caliente.

◆ Para una sopa de cebolla sencilla, añada el caldo a las cebollas doradas y cocine a fuego lento por 15 minutos. Pruebe y rectifique la sazón. Decore si desea con crutones con mantequilla y queso gruyere rallado.

Pastas

VER TAMBIÉN

Pasta con salsa de tomate

La pasta con salsa de tomate es otro platillo favorito. Las salsas de tomate van desde las más sencillas, elaboradas con tomates crudos, a las que tienen varios sabores, como tocino, alcaparras, anchoas, o chiles y hierbas. Lo más importante es utilizar tomates con mucho sabor (orgánicos). Los tomates frescos deben estar maduros y jugosos. La segunda opción es tener tomates enteros en conserva.

La mayoría de las recetas preparadas con este tipo de salsa llevan tomates pelados y sin semillas. Para hacer esto, sumerja los tomates sin el corazón en agua hirviendo hasta que la piel se desprenda, desde 15 segundos a un minuto. Saque los tomates del agua caliente y sumerja en un tazón con agua helada para detener la cocción. Escurra y pele. Corte los tomates por la mitad, horizontalmente, y vierta las semillas en un recipiente. Cuele las semillas y reserve el jugo.

Para cocinar 1 libra de pasta, que rinde 6 porciones normales (o 4 generosas), hierva por lo menos 4 litros de agua con sal. Cocine la pasta a fuego alto hasta que esté al dente. Escurra y reserve un poco de agua de la cocción (½ taza aprox.) Mezcle la pasta con 2 tazas de salsa de tomate tibia. Añada un toque del agua de cocción si los fideos parecen estar pegados o la salsa está demasiado espesa. Pruebe y agregue sal si es necesario. Sirva la pasta y decore con queso rallado y hierbas picadas si desea. Otra manera de servir la pasta es rociar los fideos con aceite de oliva y queso rallado, servir en un plato y agregar la salsa.

Salsa sencilla de tomate

RINDE 2 TAZAS APROX.

Se puede utilizar solo como una salsa fresca para pasta, pero también en muchos platos diferentes. Si tiene muchos tomates, recomiendo hacer una buena cantidad y congelar o enlatar. Si va a pasar la salsa por un prensa purés, no necesita pelar los tomates ni retirarles las semillas, ya que el procesador lo hará por usted.

Retire la piel, las semillas y corte en cubos de (ver a la izquierda):

2 libras de tomates maduros

Reserve el jugo, cuele las semillas y añada el jugo de los tomates cortados en cubitos.
Pele:

5 dientes de ajo grandes

Rompa y pique gruesos.

Lleve una olla grande de fondo pesado a fuego medio y vierta cuando esté caliente:

¼ de taza de aceite de oliva extra virgen

Agregue el ajo; cuando empiece a chisporrotear, añada inmediatamente los tomates con su jugo y una pizca de:

Sal

Cocine a fuego lento por 15 minutos. Para una salsa suave, pase por un prensa purés.

VARIACIONES

◆ Añada un puñado de perejil picado, mejorana, orégano o una chiffonade de hojas de albahaca a la salsa un par de minutos antes de retirar del fuego.

◆ Saltee 1 cebolla pequeña y en cubos en el aceite antes de añadir el ajo.

◆ Utilice tomates en conserva si no están en temporada; escurra y reserve el jugo de una lata de 28 onzas de tomates pelados enteros.

◆ Pique grueso el tomate y cocine con su jugo.

◆ Añada un chile seco o una pizca de hojuelas de chile.

Salsa de tomates crudos

RINDE 2 TAZAS APROX.

Esta receta se debe hacer sólo con tomates completamente maduros y llenos de sabor.

Retire el corazón y corte en dados medianos:
2 libras de tomates maduros
Vierta en un tazón y mezcle con:
Sal
¼ de taza de hojas de albahaca, picadas toscamente
⅓ de taza de aceite de oliva extra virgen
Cubra el recipiente herméticamente y deje reposar por un mínimo de 1 hora antes de agregar a la pasta cocinada y escurrida.

VARIACIONES

◆ Añada una pizca de hojuelas de chile para darle un toque fuerte.
◆ Para una salsa más refinada, pele y retire las semillas de los tomates antes de cortarlos en dados. Cuele el jugo y vierta en el tazón con el tomate.

Salsa de tomate con tocino y cebolla

RINDE 2 TAZAS APROX.

La pasta clásica para esta salsa son los bucatini.

Vierta en una sartén a fuego medio:
2 cucharadas de aceite de oliva
Añada:
3 rebanadas de tocino (o panceta), cortado en pedazos de ¼ de pulgada
Cocine hasta que la grasa se derrita y el tocino esté ligeramente dorado. Retírelo y añada a la grasa de la sartén:
1 cebolla grande, pelada y en rodajas finas
Cocine, removiendo de vez en cuando, hasta que esté suave, por 10 minutos aprox. Agregue:
6 tomates medianos, maduros, pelados, sin semillas y picados, u 8 tomates enlatados enteros, escurridos y picados
Sal
Cocine por 10 minutos a fuego lento. Añada el tocino y cocine por otros 2 o 3 minutos. Pruebe la sal y rectifique si es necesario.

VARIACIONES

◆ En lugar de tomates, utilice 1½ tazas de Salsa sencilla de tomate (al lado) y cocine solo por 4 minutos.
◆ Después de cocinar las cebollas, vierta ⅓ de taza de vino blanco y reduzca a fuego medio hasta que el líquido se evapore casi por completo. Agregue los tomates y proceda con el resto de la receta.
◆ Añada un puñado pequeño de perejil picado o una chiffonade de hojas de albahaca a la salsa poco antes de retirar del fuego.

Salsa de tomate especiada con alcaparras, anchoas y aceitunas

RINDE 2 TAZAS APROX.

Esta es la salsa para la *pasta alla puttanesca*, una especialidad de Nápoles.

Vierta en una cacerola de fondo grueso a fuego medio:
> ⅓ **de taza aceite de oliva**
> **6 dientes de ajo picados**

Añada cuando comience a chisporrotear:
> **1 taza de Salsa sencilla de tomate (página 264)**
> **3 cucharadas de alcaparras, enjuagadas, escurridas y picadas**
> ¼ **de taza de aceitunas negras sin hueso, picadas**
> ¼ **de cucharadita (o más), de hojuelas de chile**
> ¼ **de taza de perejil picado**

Cocine por 5 minutos y añada:
> **3 filetes de anchoas envasadas con sal, enjuagadas, y picadas.**

Cocine por un minuto o dos. Pruebe la sal y rectifique si es necesario.

Fusilli con salsa de tomate, berenjena y ricotta salata

4 PORCIONES

Corte en rodajas finas:
> **1 libra de berenjena japonesa o de otra variedad pequeña**

Sale y deje escurrir 15 minutos. Caliente en una sartén pesada:
> ½ **taza de aceite de oliva**

Seque la berenjena y fría en el aceite caliente hasta que esté dorada. Escurra y sazone con:
> **Sal**

Caliente en una cacerola grande:
> **2 tazas de Salsa sencilla de tomate (página 264)**
> ¼ **de taza de chiffonade de albahaca**

Cocine en abundante agua hirviendo con sal:
> ¾ **libras de fusilli**

Escurra, reservando ½ taza de agua, y mezcle con la salsa de tomate y la berenjena frita.

Pruebe la sal y agregue un poco agua de la pasta si es necesario. Sirva, adornando con: ¼ de libra de queso ricotta salata rallado, o con pecorino.

Pappardelle con salsa boloñesa

4 PORCIONES

Estos fideos de huevo, anchos y cortados a mano, se suelen acompañar con ragús y con salsas sustanciosas como ésta.

Amase (pero no demasiado fina):
> **1 receta de Pasta fresca (página 89)**

Corte en fideos de ¾ de pulgada de ancho. Mezcle los fideos con más harina y vierta en una fuente para hornear; cubra con una toalla y refrigere hasta el momento de usar.

Hierva agua con sal en una olla grande. Ralle:
> **2 a 3 onzas de queso parmesano (½ taza aprox.)**

Caliente en una cacerola pequeña a fuego lento:

2 tazas de salsa boloñesa (página 227)

Cocine los fideos en agua hirviendo de 3 a 4 minutos, hasta que estén al dente. Mientras los fideos se cocinan, derrita en una sartén grande:

2 a 3 cucharadas de mantequilla

Apague el fuego. Escurra los fideos, reservando una pequeña cantidad del agua caliente de la pasta. Vierta los fideos en la sartén caliente con la mantequilla y agregue dos tercios del queso rallado, y:

Sal

Humedezca con un poco del agua de la pasta si es necesario. Sirva la pasta en 4 platos, o en un plato grande y tibio. Vierta la salsa sobre los fideos. Espolvoree el resto del queso y:

1 cucharada de perejil picado

Sirva de inmediato.

VARIACIONES

✦ Añada la mitad de la salsa boloñesa cuando agregue la mantequilla y dos tercios del queso a los fideos, y vierta el resto cuando sirva los fideos, como se indica anteriormente.

✦ Reemplace la salsa boloñesa por el Ragú de hongos (página 228).

Fusilli con salchichas y vegetales

4 PORCIONES

Me encantan los sabores de la salchicha de ajo y de verduras como el brócoli rabe. Además de los fusilli, penne rigate y orecchiette, cualquier otro tipo de pasta gruesa va bien con esta salsa.

Corte y lave:

**1 manojo de brócoli rabe, acelga,
o col rizada**

Corte gruesos y cocine en agua hirviendo con sal hasta que estén tiernos. Escurra bien y reserve el agua de la pasta si desea.

Forme en bolitas pequeñas:

½ libra de Salchicha con hinojo (página 358), o ½ libra de salchicha italiana sin la piel

Caliente en una cacerola de fondo grueso:

2 cucharadas de aceite de oliva

Agregue el chorizo y cocine a fuego medio hasta que esté dorado y bien cocinado, de 6 a 8 minutos aprox. Retire la salchicha y agregue a la cacerola:

1 cebolla grande, en rodajas finas

Saltee a fuego medio-alto removiendo de vez en cuando, hasta que la cebolla se ablande y se caramelice un poco. Sazone con:

Sal
Pimienta negra recién molida
Una pizca de hojuelas de chile seco

Añada las verduras cocidas y las salchichas y cocine por unos minutos, removiendo con frecuencia. Pruebe la sal y rectifique si es necesario.

Hierva agua con sal en una olla grande. Añada:

¾ de libra de fusilli, orecchiette o penne rigate

Cocine al dente, escurra y vierta de nuevo en la olla. Mezcle la pasta con un poco de sal y con:

Aceite de oliva extra virgen

Sirva en un plato y cubra con la salsa, rocíe con aceite de oliva y espolvoree:

½ taza de queso pecorino o parmesano rallado

Sirva de inmediato.

VARIACIONES

✦ Suprima la salchicha y cocine la cebolla en más aceite de oliva.

✦ En vez de cocinar las verduras en agua hervida, agréguelas a la cebolla con un poco de agua y cocine hasta que estén tiernas.

Pasta al pesto

4 PORCIONES

El truco para este receta es separar los fideos con el agua caliente de la pasta. Esto hace toda la diferencia.

Cocine en abundante agua hirviendo con sal:
> **¾ de libra de pasta seca (linguine, espaguetini, fedelini, trofie), o Pasta fresca (página 89)**

Cocine al dente. Escurra y reserve 1 taza del agua de la cocción.

Vierta la pasta de nuevo en la olla o ponga en un tazón grande y tibio, y mezcle con:
> **1½ tazas de Pesto (página 230)**
> **Sal**

Mezcle ½ taza del agua caliente de la pasta con los fideos. Pruebe y agregue más agua si es necesario. Sirva de inmediato en platos y decore con
> **queso parmesano rallado.**

VARIACIONES

• Acomode una capa de rodajas de tomates salados y maduros en un plato antes de servir la pasta.

• Retire las puntas de ½ libra de ejotes. Hierva agua con sal por separado y añada a la pasta en el último minuto para recalentar; mezcle los fideos y los ejotes con el pesto.

• Corte y pele ½ libra de papas en cubos pequeños. Cocine por separado. Caliente las papas en el agua de la pasta y agregue en el último minuto. Mezcle con la pasta y el pesto.

Linguini con almejas

4 PORCIONES

Esta pasta va bien con almejas pequeñas en sus conchas, o con almejas grandes al vapor, sin las conchas y picadas.

Lave bien con agua fría:
> **2 libras de almejas pequeñas**

Remoje 30 minutos en abundante agua fría si tienen arena. Escurra bien.

Hierva agua con sal en una olla grande. Caliente en una sartén pesada:
> **1 cucharada de aceite de oliva extra virgen**

Cuando esté caliente, añada las almejas y:
> **5 dientes de ajo, finamente picados**
> **Una pizca de hojuelas de chile**
> **½ taza de vino blanco**

Cubra y cocine a fuego medio-alto hasta que las almejas se abran, por 6 o 7 minutos. Mientras tanto, cocine al dente, en agua hirviendo con sal:
> **¾ de libra de linguine**

Cuando las almejas se abran, agregue:
> **1 cucharada de perejil picado**
> **3 cucharadas de aceite de oliva extra virgen**

Escurra bien los fideos, mezcle con la salsa de almejas, añada más sal si es necesario, y sirva.

VARIACIONES

• Utilice mejillones en lugar de almejas.

• Antes de agregar las almejas a la olla, añada 1 bulbo de hinojo mediano, cortado y finamente picado. Cocine a fuego medio hasta que esté casi suave, por 5 minutos aprox., y añada las almejas y hierbas como se indica anteriormente, pero suprima el vino y agregue ½ taza de Salsa sencilla de tomate (página 264).

• Si utiliza almejas grandes, abra y retire las conchas. Corte las almejas y vierta de nuevo la salsa con sus jugos y con perejil.

Espaguetini con calamar especiado

4 PORCIONES

Recorte y limpie (ver página 344):

1½ libras de calamar

Reserve los tentáculos y corte los tubos de calamar en anillos de ¼ de pulgada. Sazone ambos con:

Sal

Pimienta negra recién molida

Hierva agua con sal en una olla grande.
Añada:

¾ de libra de espaguetini

Cocine al dente. Lleve una sartén grande a fuego medio-alto por unos minutos antes de que la pasta esté hecha. Cuando esté caliente, vierta:

2 cucharadas de aceite de oliva

Añada los tentáculos, mezcle y cocine por 30 segundos. Aumente el fuego y agregue los anillos de calamar. Continúe cocinando y remueva de vez en cuando por otros 2 minutos. Luego añada:

3 dientes de ajo picados

¼ de cucharadita de hojuelas de chile

2 cucharadas de perejil o albahaca picada

2 cucharadas de aceite de oliva extra virgen

Retire la sartén del fuego y añada:

Un chorrito de jugo de limón

Pruebe la sal y el limón y rectifique si es necesario.

Escurra la pasta cuando esté lista, reservando una parte del agua. Mezcle la pasta con la sal, el aceite de oliva y el calamar, y añada agua si es necesario para aflojar la pasta.

VARIACIONES

◆ Decore con ½ taza de migas de pan tostado.

◆ Añada 1 cucharada de alcaparras picadas con las hojuelas de chile y el ajo.

◆ Saltee una cebolla en aceite de oliva hasta que esté blanda.

◆ Sazone con sal y añada a los calamares con las hojuelas de chile y el ajo.

◆ Decore con un poco de Alioli (página 47) diluido con un poco de agua.

◆ Sirva el calamar salteado sin la pasta como un refrigerio.

Fedelini con calabacín, nueces y hierbas

4 PORCIONES

Cualquier variedad o combinación de calabacines funciona en esta receta. Utilice de varios colores para un platillo más vibrante.

Precaliente el horno a 350ºF y dore ligeramente:

¼ de taza de nueces

de 8 a 10 minutos. Deje enfriar y corte en trozos gruesos.

Recorte los extremos de:

1 libra de calabacines

Corte en juliana con un cuchillo o mandolina.
Caliente en una sartén pesada:

2 cucharadas de aceite de oliva

Añada el calabacín en juliana y saltee a fuego medio-alto, hasta que esté tierno y ligeramente dorado. Sazone con:

Sal

Pimienta negra recién molida

3 cucharadas de mejorana picada,

albahaca o perejil

Cocine en abundante agua hirviendo con sal:

¾ de libra de fedelini

Escurra, reservando el agua de la cocción.
Mezcle los fideos con el calabacín, un poco del agua de la cocción y:

Nueces o piñones tostados

Pruebe y rectifique la sazón y añada más agua de la pasta si es necesario. Sirva en un plato y adorne si desea con:

Queso parmesano recién rallado

VARIACIÓN

◆ Vierta un par de cucharadas de pesto en lugar de las hierbas.

Lasaña de espinacas

8 PORCIONES

La diferencia entre una lasaña buena y una mala está en hacerla con pasta fresca.

Prepare:
1 receta de Pasta fresca (página 89)
2 tazas de salsa sencilla de tomate (página 264)
1½ tazas de salsa blanca (Salsa bechamel, página 225)
Retire los tallos grandes de:
1 manojo de espinacas (½ libra aprox.)
Lave y escurra bien.
Vierta en una sartén a fuego medio:
1 cucharadita de aceite de oliva
Agregue las espinacas y sazone con:
Sal
Cocine hasta que estén muy blandas. Añada:
1 diente de ajo, pelado y finamente picado
Cocine por uno o dos minutos más. Deje enfriar a un lado. Haga una bola con la espinaca, apriete para retirar el agua y trocee finamente. Mezcle con:
½ libra de queso ricotta
1 cucharada de aceite de oliva
Sal
Mezcle la salsa blanca en un tazón con:
¼ de taza de queso parmesano rallado
l pizca de nuez moscada rallada
Sal
Extienda la pasta en hojas de 5 a 6 pulgadas de largo. Cocine al dente en abundante agua con sal. Escurra, enjuague con agua fría, escurra de nuevo y vierta en un tazón. Para evitar que la lasaña se pegue, cubra con:
1 cucharada de aceite de oliva
Engrase una fuente para hornear de 10 por 1 pulgadas y comience a ensamblar la lasaña. Vierta unas pocas cucharadas de salsa blanca en la fuente. Coloque una sola capa de pasta, recortándola si es más grande, y esparza un ter-cio de la mezcla del queso ricotta. Añada otra capa de pasta y la mitad de la salsa de tomate. Agregue otra capa de pasta, vierta la mitad de la salsa blanca y añada otra capa de pasta. Repita hasta tener 7 capas de pasta —3 con ricotta, 2 con salsa de tomates, y 2 con salsa blanca— y termine con otra lámina de pasta. Rocíe aceite de oliva por encima, cubra con papel de aluminio, y hornee a 400°F por 20 minutos. Retire el papel y espolvoree:
2 cucharadas de queso parmesano recién rallado
Hornee de 10 a 15 minutos más, hasta que esté dorada y forme burbujas. Retire del horno y deje reposar 5 minutos antes de servir. Puede ensamblar la lasaña por anticipado y hornear después. Saque la pasta del refrigerador una hora antes de hornear.

VARIACIONES

◆ Sustituya la salsa de tomate por Salsa boloñesa (página 227) o Ragú de hongos (página 228).

◆ Reemplace las espinacas por otras verduras, como acelga, escarola, o rúgula.

◆ Agregue rodajas de mozzarella a las capas de ricotta. Reemplace los tomates maduros por salsa de tomate durante el verano. Agregue pesto al queso ricotta en lugar de las espinacas.

◆ Puede hacer una lasaña más sencilla cortando la pasta en cuadros grandes y cocinarla como se indica anteriormente. Vierta un poco de salsa de tomate en el fondo de un molde para hornear, coloque un cuadro de pasta en la salsa, añada un poco de queso ricotta y de parmesano, y luego doble la pasta en forma de triángulo. Repita el proceso con más cuadros de pasta, superponiendo los triángulos; cubra con más salsa, espolvoree generosamente con queso parmesano y hornee de 15 a 20 minutos a 450°F, hasta que haga burbujas y los bordes estén crujientes.

Raviolis con ricotta y hierbas

4 PORCIONES

Esta receta es para un relleno simple que va igualmente bien con canelones o con flor de calabaza. Puede escalfar u hornear las flores de calabaza.

Mezcle en un tazón:

1 taza de queso ricotta
2 dientes de ajo, finamente picados
1 cucharada de aceite de oliva extra virgen
    o mantequilla ablandada
1 huevo
½ taza de queso parmesano recién rallado
2 cucharadas de mezcla de hierbas picadas
    como mejorana, albahaca, tomillo,
    ajedrea, perejil o salvia
Sal
Pimienta negra recién molida

Pruebe la sal y rectifique si es necesario.
Extienda:

1 receta de Pasta fresca (página 89)

Para hacer raviolis, amase la pasta muy delgada y corte en hojas de 14 pulgadas de largo aprox. Mantenga las hojas de pasta bien enharinadas debajo de una toalla para evitar que se sequen mientras prepara toda la pasta. Vierta 1 cucharada de queso ricotta y la mezcla de hierbas a lo largo del tercio inferior de una hoja de pasta. Deje un espacio de 1½ pulgadas aprox. entre cada porción del relleno. Rocíe ligeramente con un poco de agua. Doble la mitad superior de la pasta sobre la mitad inferior; presione las dos capas de pasta con los dedos para expulsar el aire, comenzando por el pliegue. Cuando haya formado y presionado la hoja de ravioli, utilice un cortador en zigzag para cortar la parte inferior del borde y entre cada porción de relleno. Separe los ravioles y coloque en una bandeja espolvoreada con harina; asegúrese que no se toquen entre sí para evitar que se peguen. Cubra con una toalla o papel pergamino y refrigere hasta el momento de cocinar. Mantenga refrigerado para evitar que el relleno se filtre a través de la pasta, ya que los ravioles podrían pegarse a la sartén.

Cocine los raviolis en agua hirviendo con sal de 5 a 6 minutos, hasta que la pasta esté lista.

Escurra y sirva en un plato grande, o en platos individuales. Derrita en una olla pequeña:

1 a 2 cucharadas de mantequilla

Vierta sobre la pasta y espolvoree con:

Queso parmesano recién rallado

Sirva caliente.

VARIACIONES

✦ Lave y retire las hojas de 1 manojo de acelgas o espinacas. Cocine en la mantequilla hasta que estén suaves. Deje enfriar, retire todo el exceso de agua, corte bien y agregue a la mezcla del queso ricotta. Reduzca la cantidad de hierbas picadas a 2 cucharaditas.

✦ Para una salsa diferente, cocine unas pocas hojas enteras en mantequilla a fuego medio, hasta que la mantequilla esté ligeramente dorada y las hojas crujientes.

✦ Agregue Salsa sencilla de tomate (página 264) a los raviolis en vez de mantequilla derretida.

✦ Sirva en platos hondos y vierta un cucharón de caldo caliente.

◆ Para los canelones, utilice ½ cantidad de la receta de pasta; amase y corte las hojas en rectángulos de 4 por 3 pulgadas aprox. Cocine en agua hirviendo con sal hasta que estén hechas; deje enfriar en agua fría y ponga la pasta sobre un paño o trapo. Vierta un par de cucharadas del relleno lo largo de un tercio de un rectángulo de la pasta. Amase suavemente y forme un popote o pitillo grande. Coloque el cannelloni con la costura hacia abajo, en un plato para hornear con mantequilla. Cubra con 1½ tazas de Salsa sencilla de tomate (página 264) y hornee por 20 minutos a 400° F.

Queso y pasta al gratín

4 PORCIONES

Este gratinado (también llamado macarrones con queso) es ideal si tiene sobras de varios quesos. Casi cualquier queso funciona, excepto el mozzarella, que se pone un poco fibroso, y los quesos azules, que tienen un sabor muy fuerte. Me encanta el queso gruyere en unos macarrones con queso, así como el cheddar, el Jack y el Cantal.

Derrita en una sartén pesada:

3 cucharadas de mantequilla

Añada:

3 cucharadas de harina

Cocine a fuego lento, removiendo con una batidora durante 3 minutos. El *roux* debe burbujear suavemente.

Bata constantemente, y agregue poco a poco:

2½ tazas de leche

Siga batiendo hasta que la salsa tenga la consistencia de una crema espesa. Añada:

Sal al gusto

Aumente a fuego a medio y remueva continuamente con una cuchara de madera hasta que la salsa comience a hervir. Baje a fuego lento y cocine por 10 minutos, removiendo ocasionalmente.

Derrita en una fuente refractaria y pesada:

1 cucharada de mantequilla

Añada:

1½ tazas de migas frescas de pan (ver página 62)

Unte las migas con mantequilla y hornee a 350°F de 10 a 15 minutos, agitándolas cada 5 minutos, hasta que estén ligeramente doradas.

Retire la salsa blanca del fuego y añada:

8 onzas de queso rallado

Cocine al dente en abundante agua hirviendo con sal:

¾ de libra de pasta corta (macaroni, fusilli, penne)

Escurra y vierta en un molde para gratinar engrasado con mantequilla. Vierta la salsa de queso sobre la pasta y mezcle hasta cubrir bien. Pruebe la sal y rectifique si es necesario. Esparza las migas de pan encima y hornee a 400°F por 15 minutos, o hasta que las migas estén doradas y la salsa esté burbujeando.

VARIACIONES

◆ Mezcle la pasta y la salsa y sirva de inmediato en lugar de terminarla en el horno.

◆ Agregue cubitos de jamón o prosciutto.

Panes y cereales

Pan de maíz

PARA UN PAN REDONDO O CUADRADO
DE 8 POR 9 PULGADAS

Precaliente el horno a 425°F.

Engrase un molde para hornear o sartén de hierro forjado de 8 o 9 pulgadas.

Mezcle:

¾ de taza de harina de maíz

**1 taza de harina sin blanquear para todo
uso**

1 cucharada de azúcar (opcional)

1 cucharada de polvo para hornear

¾ de cucharadita de sal

Vierta en una taza para medir de dos tazas:

1 taza de leche

Añada:

1 huevo

Haga un pozo en los ingredientes secos, vierta la mezcla de huevo y leche, y bata o remueva bien hasta que esté suave y mezclada. Agregue:

**4 cucharadas (½ barra) de mantequilla
derretida**

Vierta la mezcla en el molde y hornee por 20 minutos, o hasta que el pan de maíz esté oscuro por encima, y que al insertar un palillo en el centro este salga limpio.

VARIACIONES

• Vierta la mezcla en 12 moldes para muffins engrasados con mantequilla y hornee de 12 a 15 minutos.

• Para un pan de maíz más denso, invierta las cantidades de harina de maíz y harina, utilizando 1 taza de harina de maíz y ¾ de taza de harina. O use sólo harina de maíz.

• Para una corteza más crujiente, lleve la sartén de hierro fundido al horno con una cucharada de mantequilla mientras se precalienta, (o, para más sabor, con una cucharada de grasa de tocino). Retire la sartén cuando esté caliente, incline para distribuir la grasa de manera uniforme y, luego vierta la mezcla.

• Para hacer pan de maíz con suero, use 1¼ de taza de suero en lugar de la leche, y reemplace la cucharada de polvo para hornear por dos cucharaditas de polvo para hornear y ½ cucharadita de bicarbonato de soda.

Pan de soda

PARA 1 PAN

El pan de soda es el pan nacional de Irlanda y se leuda con bicarbonato de soda en lugar de levadura. Se hornea tradicionalmente sobre una piedra para horno, o en un horno holandés sobre brasas calientes. Esta receta tarda menos de una hora.

Precaliente el horno a 450°F.

Mida y mezcle en un tazón grande:

**3¾ tazas de harina sin blanquear para
todo uso**

1 cucharadita de sal

1 cucharadita de bicarbonato de soda

Mida:

2 tazas de suero

Haga un pozo en los ingredientes secos y vierta 1½ tazas de suero. Remueva y agregue más si es necesario; la masa debe estar suave, pero no húmeda o pegajosa. Ponga la masa sobre una superficie enharinada y amase sólo hasta que se una. Dele vuelta y forme un pan redondo de 1½ pulgadas de altura. Coloque en una bandeja para hornear y haga una incisión profunda y en forma de cruz en la parte superior de la masa de pan con un cuchillo. Asegúrese de cortar hasta los bordes, para que el pan crezca correctamente. Hornee por 15 minutos, reduzca la temperatura a 400°F, y hornee por otros 30 minutos, o hasta que esté hecho. Para comprobar el punto de cocción, dele un golpecito en la parte inferior: producirá un sonido hueco cuando esté hecho.

VARIACIÓN

• Para un pan de soda integral, use 3 tazas de harina de trigo integral y ¾ de taza de harina sin blanquear para todo uso.

Magdalenas con crema

RINDE PARA OCHO MAGDALENAS DE 1½ PULGADAS

Las magdalenas con crema se derriten en la boca y son deliciosas para el desayuno, servidas con Pollo frito (página 347) y guisos de sal, para postres horneados como un cobbler con frutas jugosas (ver página 178), o con el clásico Short-cake de fresa (página 365).

Precaliente el horno a 400°F.
Mezcle en un tazón grande:
   1½ tazas de harina para todo uso
   ¼ de cucharadita de sal
   4 cucharaditas de azúcar (opcional)
   2 cucharaditas de polvo para hornear
Añada:
   6 cucharadas (¾ de barra) de mantequilla fría, cortadas en trozos pequeños
Mezcle la mantequilla y la harina con los dedos o con un mezclador de repostería hasta que tenga el tamaño de chícharos pequeños. Mida:
   ¾ de taza de crema batida
Retire 1 cucharada y reserve. Bata ligeramente el resto de la crema con un tenedor hasta unir la mezcla. Amase un par de veces en el tazón, pase a una tabla ligeramente enharinada y forme con ¾ de pulgada de grosor. Corte en ocho círculos o cuadrados de 1½ pulgadas de diámetro. Vuelva a amasar los pedazos que sobren si necesario.

   Coloque las galletas en una bandeja para hornear forrada con papel pergamino y vierta encima la crema reservada. Hornee por 17 minutos o hasta que estén hechas y doradas.

Scones

RINDE PARA 8 SCONES

Esta masa estará lista en unos pocos minutos. Los scones son sorprendentemente livianos y deliciosos como aperitivos, después de la escuela, o con el té de la tarde.

Precaliente el horno a 400°F.
Mida y mezcle en un tazón grande:
   2 tazas de harina integral para repostería sin blanquear
   2½ cucharaditas de polvo para hornear
   ½ cucharadita de sal
   ¼ de taza de azúcar
Añada:
   1⅓ tazas de crema
Mezcle hasta que la masa comience a unirse; estará pegajosa. Ponga sobre una superficie enharinada y amase solo hasta integrar la masa y haga un círculo de 8 pulgadas. Unte con:
   2 cucharadas de mantequilla derretida
Y espolvoree con:
   1½ cucharadas de azúcar
Corte el círculo en 8 trozos y colóquelos a 1 pulgada de distancia en una bandeja para hornear cubierta con papel pergamino o con un revestimiento de silicona. Hornee durante 17 minutos o hasta que estén dorados.

VARIACIONES

◆ Para los ingredientes secos, agregue ½ taza de frutas deshidratadas y picadas (damascos, nectarinas o peras) o cerezas enteras, arándanos secos, pasas o grosellas.

◆ Añada la ralladura de un limón o de una naranja.

◆ Corte los scones individuales en círculos o en otras formas pequeñas.

◆ Reemplace la harina sin blanquear para todo uso por harina de trigo integral.

Pancakes de suero

4 A 6 PORCIONES

Utilice diferentes harinas para varios sabores; puede mezclarlas como desee, siempre y cuando la mitad de la harina sea integral y para repostería.

Mida y mezcle en un tazón grande:
> **¾ de taza harina integral para repostería**
> **¾ de taza de mezcla de harinas integrales (por ejemplo, de trigo integral, espelta, de maíz, centeno o alforfón)**
> **1 cucharadita de polvo para hornear**
> **1 cucharadita de bicarbonato de soda**
> **1 cucharada de azúcar (opcional)**
> **1 cucharadita de sal**

Separe:
> **2 huevos**

Vierta en una taza grande para medir:
> **1¾ tazas de suero**

Bata las yemas de huevo con el suero. Haga un pozo con los ingredientes secos, vierta la mezcla del suero y remueva hasta combinar bien. Añada:
> **6 cucharadas (¾ de barra) de mantequilla derretida**

Mezcle bien. En otro tazón, bata las claras de huevo hasta que formen picos suaves y luego agregue a la mezcla. Si está muy espesa, añada más suero.

Vierta la mezcla en una sartén precalentada y haga un solo pancake para ver si la wafflera tiene la temperatura adecuada. Cocine hasta que los pancakes estén dorados por debajo. Deles vuelta y cocine hasta que estén hechos.

VARIACIONES

◆ Reemplace el suero por una mezcla de yogur y leche. O haga los pancakes con leche normal: use 1½ tazas de leche, suprima el bicarbonato de soda, y reemplace por 2 cucharaditas de polvo para hornear.

◆ Para pancakes muy tiernos, utilice 4 cucharadas (½ barra) de mantequilla y ¼ de taza de crema agria o de crème fraîche.

◆ Puede reemplazar la harina sin blanquear para todo uso por harina integral.

◆ Pele y parta toscamente 1 banana y agregue a la mezcla, o añada 1 taza de arándanos azules.

Waffles integrales

PARA 8 WAFFLES APROX.

Mida y mezcle en un tazón grande:
> **1 taza de harina integral para repostería**
> **1 taza de harinas integrales (por ejemplo, de trigo integral, espelta, de maíz, centeno o alforfón)**
> **1½ cucharaditas de polvo para hornear**
> **1 cucharadita de bicarbonato de soda**
> **½ cucharada de sal**
> **1 cucharadita de azúcar (opcional)**

Mida en un tazón grande:
> **2 tazas de suero**

Bata bien:
> **3 huevos**

Vierta la mezcla del suero a los ingredientes secos y remueva bien. Añada:
> **8 cucharadas (1 barra) de mantequilla derretida**

y remueva hasta mezclar bien. Si es necesario, diluya la masa con más suero: la mezcla debería desprenderse de una cuchara. Caliente en una wafflera precalentada hasta que estén crujientes y dorados.

VARIACIÓN

◆ Para hacer pancakes con leche normal, aumente el polvo para hornear a 2½ cucharaditas y suprima el bicarbonato de soda.

Cuscús

El cuscús se puede cocinar al instante con un poco de agua hirviendo, pero para más sabor y una textura excelente, vale la pena prepararlo al vapor como lo hacen en Marruecos.

Use ¼ de taza aprox. de cuscús crudo por persona. Lave bien con agua abundante. Escurra y vierta en una bandeja grande y poca profunda. Deje reposar el cuscús 15 minutos y luego apriete con las manos para desintegrar los terrones.

Agregue algunos ingredientes aromáticos como jengibre, ajo, hierbas y especias al agua en una olla de estofar. Para 4 porciones, vierta 1 taza de cuscús en una canasta de vapor (cubra con una estopilla si los agujeros son muy grandes), tape y cocine al vapor por 20 minutos. Transfiera el cuscús de nuevo a la sartén y separe los grumos con el dorso de una cuchara. Agregue ½ taza de agua y ½ cucharadita de sal. Mezcle con las manos. Añada 1 cucharadita de mantequilla y mezcle bien. Deje reposar 15 minutos y cocine de nuevo al vapor por otros 15 a 20 minutos. (Puede dejarlo reposar antes de la última cocción al vapor). Cubra el cuscús con una toalla húmeda y separe los grumos con las manos.

Arroz para sushi

RINDE 4 TAZAS

Me encanta el sushi. Llevo a la mesa un gran tazón de arroz para sushi, con nori tostada en cuadros, pescado y verduras cortados en rodajas finas, y un poco de jengibre encurtido y wasabi. Todos los comensales participan en esta cena, armando su propio rollo.

Lave bien, cambiando el agua fría:
2 tazas de arroz de grano corto estilo japonés
Escurra bien, vierta en un olla de fondo grueso y añada:
2½ tazas de agua
Cubra la olla con una tapa ajustada, lleve a ebullición y reduzca de inmediato a fuego lento. Cocine el arroz por 15 minutos. Apague el fuego y deje reposar 10 minutos.

Mezcle mientras el arroz se cocina:
1 cucharada de vinagre de vino de arroz
¼ de cucharadita de sal
1 cucharadita de azúcar
Remueva hasta que el azúcar se disuelva.

Cuando el arroz esté cocinado, vierta en un tazón y agregue la mezcla de los condimentos. Remueva suavemente con una paleta de madera como si estuviera cortando, hasta que el arroz quede recubierto de manera uniforme. Deje enfriar el arroz antes de usar.

Ensalada de farro con chalotes y perejil

4 PORCIONES

El farro es un delicioso grano entero con sabor a nuez, semejante a una mezcla de trigo y cebada. Se cocina rápidamente (casi tanto como el arroz) y se puede servir hervido, solo, marinado en una ensalada, o prepararse igual que un risotto. Acostumbro hacer siempre 1½ tazas de farro. Sirvo la mitad caliente como platillo acompañante y la otra mitad al día siguiente como una ensalada.

Lleve a ebullición:

6 tazas de agua con sal

Añada:

¾ de taza de farro

Cocine a fuego lento de 20 a 25 minutos, o hasta que esté tierno. Escurra y transfiera a un tazón. Espolvoree con:

1 cucharada de vinagre de vino tinto
Sal

Remueva y pruebe. Añada más sal o vinagre si es necesario. Agregue:

1 chalote pequeño o 2 cebolletas, cortadas en cubitos
2 cucharadas de perejil picado
3 cucharadas de aceite de oliva extra virgen
Pimienta negra recién molida

Sirva la ensalada refrigerada o a temperatura ambiente.

VARIACIONES

◆ Los granos de trigo y la espelta se pueden cocinar y servir del mismo modo. Los granos de trigo tardan más en cocinarse, hasta 50 minutos en ciertas ocasiones. Pruebe el punto de cocción al cabo de 20 minutos.

◆ Puede reemplazar el perejil por cilantro o albahaca.

◆ Puede agregar pepino en cubitos o tomates cherry partidos por la mitad cuando estén en temporada.

◆ Puede reemplazar una parte o todo el vinagre de vino tinto por vinagre de Jerez o jugo de limón.

Huevos y queso

Huevos duros y tibios

Los huevos "duros" no deben quedar duros, ni tampoco hervirse. Este es mi método preferido para cocinar los huevos de manera que las yemas estén un poco firmes, y dorados y húmedos el centro: deje reposar los huevos a temperatura ambiente mientras hierve agua en una olla. Reduzca a fuego lento y agregue los huevos al agua con una cuchara. Ajuste la temperatura de manera que el agua permanezca a fuego mínimo, y cocine por 9 minutos. Retire los huevos del agua y sumerja de inmediato en agua helada. Agriételos por todas partes cuando estén fríos; retire toda la cáscara y deseche. Los 9 minutos de cocción son un tiempo confiable pero aproximado, porque los huevos pueden ser más grandes o pequeños, y el agua estar más fría o caliente.

Puede preparar un huevo tibio del mismo modo, pero sólo por unos 5 minutos o menos. Cómalo tibio, directamente de la cáscara.

Huevos fritos

La clave para freír huevos es utilizar la sartén adecuada —la mía es de 10 pulgadas, de hierro forjado y está bien curada— y tenerla en buen estado. Límpiela después de usar, o lávela con agua si tiene comida pegada. No lave con jabón ni en el lavavajillas, y manténgala seca.

Caliente una sartén de hierro fundido a fuego medio. Después de un minuto aprox., reduzca a fuego bajo y vierta un trozo de mantequilla o un chorrito de aceite de oliva, y agite la sartén hasta cubrir el fondo. Rompa suavemente el huevo en la sartén. Agregue un poco de sal y pimienta y cocine hasta que la clara está casi completamente firme. Introduzca una espátula debajo del huevo con suavidad. Dele vuelta en la sartén sin romper la yema; esto es difícil de hacer con un huevo cocido a fuego lento porque la yema estará muy blanda. Sazone el huevo con más sal y pimienta. Para una yema más líquida, cocine por unos segundos más. Para una yema firme, cocine por un minuto aprox. Si no le gusta la yema blanda, rómpala justo antes de darle la vuelta al huevo, apague el fuego y deje que se cocine con el calor residual de la sartén.

Huevos batidos

Rompa 1 o 2 huevos por persona en un tazón. Use una cacerola de fondo grueso de modo que los huevos queden a ½ pulgada aprox. de profundidad. (Una cacerola de 10 pulgadas es perfecta para preparar una docena de huevos). Caliente la cacerola a fuego medio durante unos minutos. Esta es la clave, pues una cacerola con la temperatura adecuada evita que los huevos se peguen. Mientras tanto, bata o remueva ligeramente los huevos. Si los bate o remueve demasiado, los huevos quedarán líquidos y no tendrán mucha consistencia. Sazone con sal y pimienta (y agregue hierbas picadas si desea), utilizando una pizca generosa de sal por cada 2 huevos. Cuando la sartén esté caliente, añada un trozo de mantequilla del tamaño de una avellana por cada 2 huevos. Vierta los huevos cuando la mantequilla haya casi terminado de formar espuma. Deje que los huevos se cocinen por un momento sin tocarlos. Remueva los huevos cuando empiecen a cuajar, para que el líquido se escurra a la sartén caliente. Cocine los huevos hasta que estén un poco más blandos de lo que quisiera (yo los preparo muy húmedos), pues se seguirán cocinando cuando los retire del fuego. Sirva de inmediato.

Ensalada de huevo

4 PORCIONES

Los huevos duros, picados y agregados a las ensaladas, mantienen más la consistencia que si se cocinan por un poco más de tiempo y se sirven solos.

Cocine en agua hirviendo a fuego lento por 10 minutos:
6 huevos, a temperatura ambiente
Enfríe en agua casi helada y retire la cáscara. Parta gruesos.
Mezcle:
2 cucharaditas de alcaparras, enjuagadas, escurridas y picadas
1 cucharada de perejil picado
2 cucharadas de cebollines, cebolletas, chalotes, o cebollino picados
Sal
Pimienta negra recién molida
Una pizca de cayena
⅓ de taza de mayonesa hecha en casa (vea la página 46)
Agregue los huevos picados a la mayonesa. Mezcle bien, pruebe y rectifique la sazón si es necesario, y añada si desea unas gotas de:
Vinagre o jugo de limón

VARIACIONES

✦ Agregue 2 cucharaditas de mostaza Dijon
✦ Use Alioli (página 47) en lugar de la mayonesa.
✦ Añada ½ taza de apio cortado o pepino en cubitos, o ambos.

Quesadillas

4 PORCIONES

Las quesadillas, preparadas con tortillas rellenas de queso crujiente y fundido, son una opción muy práctica. Son ideales para los niños cuando regresan de la escuela. Servidas con arroz, frijoles y salsa, son un almuerzo o cena completa.

Reserve:
8 tortillas de maíz o de harina
1 taza de queso suave y rallado, como Monterey Jack
Espolvoree el queso sobre 4 tortillas y luego cubra con las otras 4.
Derrita en una sartén de fondo grueso a fuego medio:
½ cucharadita de mantequilla
Cuando esté caliente, vierta una quesadilla y cocine hasta que esté dorada. Dele vuelta y cocine hasta que esté dorada por el otro lado y el queso se haya derretido. Guarde en un horno tibio y repita el procedimiento con las otras quesadillas.

VARIACIONES

✦ Agregue cilantro picado al queso rallado antes de cubrir con la segunda tortilla, o añada unas rodajas de pimientos asados o de chiles al queso.
✦ Vierta una cucharada de la salsa suave o picante, de crema agria o Guacamole (página 219) a la quesadilla.
✦ Las tortillas se pueden cocinar secas en una sartén caliente, sin mantequilla, si desea.

Sándwich de queso a la parrilla

Un sándwich de queso a la parrilla, con un buen pan y queso gruyere, y frito en mantequilla fresca, es fácilmente una de las mejores encarnaciones del sándwich.

Corte el pan de estilo rústico en rebanadas y cubra la mitad de estas con tres rodajas muy delgadas de queso gruyere. Coloque encima la otra mitad del pan. Lleve una sartén pesada (las de hierro fundido funcionan mejor) a fuego medio-bajo y caliente bien. Vierta mantequilla ablandada o aceite de oliva sobre los sándwiches. (Si la mantequilla está fría, corte en láminas finas y esparza por encima). Cuando el pan esté caliente, ponga los sándwiches con el lado untado de mantequilla hacia abajo y cocine hasta que estén dorados. Reduzca la intensidad del fuego si el pan se dora demasiado rápido y amenaza con quemarse. Vierta más mantequilla o aceite en la corteza del pan. Gire los sándwiches y cocine hasta que esté bien dorado por el otro lado y el queso se haya derretido. Me gusta agregar 3 o 4 hojas de salvia a la mantequilla por cada lado antes de freír. Las hojas doradas y crujientes se laminan sobre el pan. Frote el pan con un diente de ajo pelado cuando los sándwiches estén hechos y crujientes.

Pastel de cebolla

PARA UN PASTEL DE NUEVE PULGADAS

Este pastel es perfecto para un desayuno de picnic.

Amase en un círculo de 12 pulgadas:
Masa para pastel de 10 onzas (página 174)
Coloque la masa en un molde de 9 pulgadas, doblando los bordes para que tengan un grosor doble. Presione bien los lados y pinche el fondo con un tenedor. Refrigere por un mínimo de 1 hora.

Precaliente el horno a 375°F. Forre el molde con papel de aluminio o pergamino para evitar que la masa se encoja mientras se hornea, y luego rellene la corteza con una capa de frijoles secos (o con otros pesos de repostería). Hornee por 15 minutos o hasta que esté ligeramente dorado alrededor del borde. Saque la corteza del horno, retire el papel aluminio y los pesos. Regrese al horno y cocine por otros 5 a 7 minutos, hasta que toda la masa esté ligeramente dorada. Caliente en una sartén pesada:
4 cucharadas (½ barra) de mantequilla
Cuando se derrita, añada:
4 cebollas, peladas y en rodajas finas
Cocine a fuego medio hasta que estén blandas y doradas, de 20 a 30 minutos aprox. Sazone con:
Sal
Pimienta negra recién molida
Retire de la sartén y deje enfriar en un plato. Mezcle:
1½ tazas de crema
2 huevos
2 yemas de huevo
½ taza de queso gruyere rallado
Sal
Pimienta negra recién molida
Una pizca de cayena
Cuando las cebollas estén frías, esparza la masa horneada, vierta la mezcla y hornee a 375°F, de 35 a 40 minutos o hasta que la parte superior esté esponjada y bien dorada.

VARIACIONES
• Saltee la cebolla con unas ramitas de hierbas frescas como tomillo, ajedrea o mejorana.
• Corte 4 rebanadas de tocino en trozos pequeños y cocine hasta que estén crujientes. Escurra y vierta en la masa antes de añadir las cebollas.
• Sustituya el queso gruyere por otro.
• Agregue 2 tazas de vegetales verdes salteados y picados a la crema en lugar de las cebollas.

Vegetales

(CONTINÚA)

(CONTINÚA)

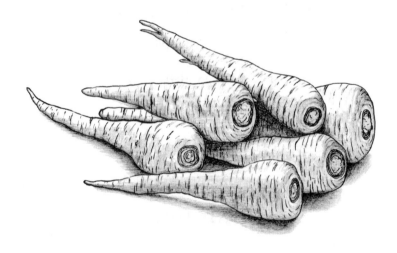

◆ Alcachofas

TEMPORADA: PRIMAVERA Y PRINCIPIOS DE OTOÑO

Las alcachofas son los capullos de una planta de cardos domesticada. Hay alcachofas grandes y verdes, pequeñas y violetas, y también moradas. Algunas son suaves, sin una sola espina, y otras tienen hojas con puntas afiladas. Cada variedad tiene su sabor único. Las alcachofas saben mejor cuando están jóvenes y recién cosechadas. Una alcachofa más madura tendrá filamentos más grandes y una pulpa más dura. Busque alcachofas de un color brillante y que estén bien cerradas, con tallos que parezcan recién cortados y no estén marchitos.

Las alcachofas se pueden cocinar enteras o partidas. Para cortar alcachofas grandes, retire las hojas pequeñas (que realmente son pétalos) a lo largo del tallo. Luego, con un cuchillo grueso y afilado, corte la parte superior de la alcachofa a 1 pulgada aprox. por encima de la base. Retire la corteza verde del tallo, la base y las hojas exteriores con un cuchillo pequeño y afilado, y los filamentos con una cuchara pequeña. Si no va a cocinar el de inmediato corazón de la alcachofa, frótelo con un limón cortado o sumérjalo en agua acidulada con jugo de limón o con vinagre para evitar que las superficies cortadas se oxiden y oscurezcan.

Las alcachofas jóvenes y pequeñas se preparan casi del mismo modo; desprenda las hojas exteriores hasta llegar a las hojas de color verde claro del interior, con puntas más oscuras. Corte la parte superior de las hojas donde los dos colores se encuentran. Retire las partes verdes oscuras del tallo y de la base. Corte todas las hojas y partes de la alcachofa de color verde oscuro, ya que son fibrosas y no se ablandan, sin importar por cuánto tiempo las cocine. Una vez más, si va a cocinar muy pronto las alcachofas, no necesita hacerles nada más; de lo contrario frote con un limón cortado o deje en un recipiente con agua acidulada.

Alcachofas hervidas o al vapor

Deseche el extremo del tallo de cada alcachofa y corte las espinas de las hojas. Puede hacer esto fácilmente con un par de tijeras. Sumerja las alcachofas en abundante agua hirviendo con sal y cocine hasta que estén tiernas, por 30 minutos aprox. si son grandes. Pruebe el grado de cocción insertando un cuchillo pequeño y afilado o pincho en la parte inferior de la alcachofa, alrededor del tallo. Para cocinarlas al vapor, prepare las alcachofas del mismo modo, en agua hirviendo y a fuego alto, con la olla bien cubierta. Sirva con mantequilla derretida o con mayonesa casera, corriente o condimentada con limón, ajo y hierbas (ver página 47).

Alcachofas estofadas

4 PORCIONES

La combinación de alcachofas, ajo verde, cebolletas y tomillo florecido hacen un delicioso estofado:

Limpie:

12 alcachofas pequeñas o 4 medianas (1½ a 2 libras)

Corte el tercio superior de las alcachofas, de una en una. Retire las hojas duras externas hasta dejar al descubierto las tiernas de color verde claro. Corte la base de color verde oscuro de las hojas y la capa exterior de los tallos, así como el extremo de estos con un cuchillo de pelar. Corte las alcachofas en cuartos, a lo largo (y las alcachofas más grandes en octavos) y retire todos los filamentos. Frote las alcachofas cortadas para que no pierdan el color con:

1 limón, cortado por la mitad

Retire las raíces y los tallos superiores de:

1 tallo de ajo verde

1 cebolla tierna

Corte el ajo y la cebolla por la mitad y a lo largo y parta en rodajas finas. Caliente a fuego bajo en una cacerola mediana:

3 cucharadas de aceite de oliva

Añada el ajo y la cebolla y:

3 o 4 ramitas de tomillo

Cocine a fuego lento por 5 minutos aprox., y añada las alcachofas preparadas. Remueva y siga cocinando por 2 o 3 minutos. Sazone con:

Sal

Pimienta negra recién molida

Agregue:

¼ de taza de vino blanco

¼ de taza de agua

Cubra y cocine a fuego lento por 20 minutos aprox., removiendo de vez en cuando, hasta que estén tiernas y húmedas. Pruebe la sal y agregue:

2 cucharadas de aceite de oliva extra virgen

Alcachofas salteadas con cebolla, ajo y hierbas

4 PORCIONES

Vierta en una cacerola a fuego medio:

1½ cucharadas de aceite de oliva

Cuando esté caliente, añada:

1 cebolla pequeña, picada

Cocine hasta que esté blanda, por 7 minutos aprox. Retire de la cacerola.

Mientras la cebolla se está cocinando, corte y arregle:

12 a 15 alcachofas muy pequeñas (1½ libras aprox.)

Corte finamente. Caliente en la misma cacerola de la cebolla:

1½ cucharadas de aceite de oliva

Añada las alcachofas en rodajas y cocine a fuego medio, removiendo ocasionalmente, hasta que estén tiernas y doradas, por 10 minutos aprox. Agregue las cebollas y:

3 dientes de ajo picados

3 cucharadas de hierbas picadas (como tomillo, mejorana, orégano, ajedrea o perejil)

Sal

Pimienta negra recién molida

Cocine por 2 minutos aprox., pruebe la sal y rectifique si es necesario.

VARIACIONES

✦ Agregue el ajo y 2 cucharadas de alcaparras, enjuagadas, escurridas y picadas, y una pizca o dos de hojuelas de chile para un sabor ligeramente picante.

✦ Utilice 3 alcachofas grandes. Recorte los corazones comestibles, retire los filamentos, y corte en rodajas finas. Cocine las alcachofas cortadas como se indica anteriormente. Si se doran antes de estar tiernas, añada un poco de agua con la cebolla y las hierbas para terminar la cocción.

✦ Espárragos

TEMPORADA: PRIMAVERA

Los espárragos vienen en tres colores: verde, púrpura y blanco. Las variedades verde y púrpura tienen un sabor muy similar, y la púrpura se vuelve de color verde oscuro cuando se cocina. Los espárragos blancos, que no se vuelven verdes porque se cultivan protegidos del sol, son mucho más escasos y caros, y tienen un sabor más suave. Son mejores cuando las puntas (los extremos florecidos) están herméticamente cerradas, y su sabor es más dulce cuando están recién cosechados. Deben tener la piel suave, un color brillante, los extremos frescos (que no se vean resecos) y las puntas compactas.

Para preparar espárragos, sujete cada uno y doble hasta partirlo; lo hará por la parte más tierna. Prefiero los espárragos gruesos a los delgados, porque una vez que se pelan, son más dulces y tienen un sabor más herboso y vegetal. La clave está en retirar las capas de la piel con un pelador, dejando al descubierto la pulpa verde pálida, pero no la blanca. No es necesario hacer esto si los espárragos son muy delgados, o si los va a cortar en trozos pequeños. Comience 1 pulgada por debajo del extremo superior y pele los espárragos hacia abajo.

Cómo cocinar espárragos

Para hervir los espárragos, retire los extremos y pele. Cocine los espárragos en una olla grande y sin cubrir con agua hirviendo y sal hasta que estén tiernos, por 3½ minutos aprox. (menos tiempo si son más delgados). Escurra y sirva calientes o a temperatura ambiente (deje enfriar sobre una toalla).

Para hacerlos al vapor, coloque los espárragos pelados en una olla de estofar con agua hirviendo por 3 minutos aprox., o hasta que estén tiernos.

Para prepararlos a la parrilla, unte los espárragos hervidos con un poco de aceite de oliva y sazone con sal y pimienta. Coloque sobre una cama de carbones encendidos a fuego medio, dando vuelta frecuentemente, hasta que estén bien calientes y tengan marcas de la parrilla.

Para prepararlos al horno, coloque los espárragos crudos en una sola capa sobre una bandeja para hornear con paredes laterales. Rocíe con aceite de oliva y agregue sal. Remueva bien para cubrirlos con el aceite y la sal. Hornee a 400°F hasta que estén tiernos, de 9 a 11 minutos aprox. Deles vuelta a mitad de la cocción.

Sírvalos calientes o a temperatura ambiente con Mayonesa de hierbas (ver página 47), Vinagreta (página 44), Salsa verde (página 45), o Beurre blanc (página 228), o rocíe con aceite de oliva extra virgen, huevo duro, panceta crujiente o láminas de queso parmesano. El espárrago es delicioso con risotto (ver página 290), y combinado con otros vegetales (ver página 316).

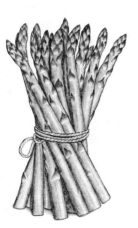

Risotto de espárragos y limón

4 PORCIONES

Consulte la página 103 para más información e instrucciones detalladas para hacer risotto.

Recorte los extremos de:

1 libra de espárragos

Corte los espárragos en diagonal y en pedazos de ¼ de pulgada.

Retire la cáscara de:

1 limón

Corte el limón por la mitad y exprima el jugo. Derrita a fuego medio en una cacerola de 2½ a 3 litros y de fondo pesado:

2 cucharadas de mantequilla

Añada:

1 cebolla pequeña, finamente picada

Cocine hasta que la cebolla esté blanda y transparente, por 10 minutos aprox. Agregue:

1½ tazas de arroz para risotto (Arborio, Carnaroli, Baldo, o Nano Vialone)

Cocine el arroz, removiendo de vez en cuando, hasta que esté translúcido, por 4 minutos aprox. No deje que se oscurezca.

Mientras tanto, lleve a ebullición y luego retire del fuego:

5 tazas de caldo de pollo

Agregue la ralladura de limón al arroz salteado, y luego vierta:

½ taza de vino blanco y seco

Cocine, removiendo con bastante frecuencia, hasta que todo el vino se haya absorbido. Añada 1 taza de caldo de pollo caliente y cocine a fuego medio, removiendo de vez en cuando. Cuando el arroz comience a crecer, añada otra taza de caldo y un poco de sal (dependiendo de la que tenga el caldo). Siga añadiendo el caldo de a ½ taza cada vez que el arroz crezca. No deje secar. Agregue los espárragos cortados al cabo de 12 minutos. Cocine hasta que el arroz esté tierno pero con una base firme, de 20 a 30 minutos en total. Cuando el arroz vaya a estar, agregue la mitad del jugo de limón y:

1 cucharada de mantequilla

⅓ de taza de queso parmesano rallado

Agite vigorosamente para desarrollar un almidón cremoso. Pruebe la sal y el jugo de limón, y agregue más si es necesario. Apague el fuego, deje reposar el risotto 2 minutos sin cubrir, y sirva. Agregue un poco de caldo si el arroz está muy espeso.

VARIACIONES

• Agregue 2 o 3 cucharadas de perifollo o perejil picado al risotto antes de servir.

• Limpie 1 libra de escalopes, eliminando el

• músculo pequeño que tiene a los lados. Si los escalopes son muy grandes, corte por la mitad horizontalmente, de modo que tenga 2 discos delgados. Agregue los escalopes al risoto 5 minutos antes de estar.

• Añada 1 libra de chícharos sin vaina al risoto, 10 minutos antes de estar. Adorne con perifollo picado fresco, o con un poco de hojas de hierbabuena cortadas en tiras finas.

• Para un risotto de calabaza de invierno, suprima el limón y los espárragos. Pele ½ calabacín pequeño y retire las semillas y las venas de la cavidad interior. Corte en dados pequeños. Caliente 2 cucharadas de mantequilla en una sartén fondo pesado, añada la calabaza con unas hojas de salvia fresca, y sazone con sal. Cocine a fuego medio-bajo hasta que el calabacín esté hecho, bien cocinado pero no blando. Añada el calabacín al risotto 5 minutos antes de estar. (Si prefiere, añada salvia a la cebolla salteada y agregue el calabacín crudo y en cubitos al risotto con la segunda adición de caldo. Esto funciona bien con chirivías, zanahorias y raíz de apio.

◆ Para un risotto con papas y panceta, suprima el limón y los espárragos. Pele y corte 2 papas amarillas y grandes en dados pequeños. Corte 2 rebanadas de panceta en dados y agregue a las cebollas mientras se saltean. Agregue las papas al arroz con la primera adición de caldo.

◆ Para un risotto de radicchio a la parrilla, suprima el limón y los espárragos, y agregue 2 tazas de radicchio a la parrilla (ver página 312) poco antes de servir.

◆ Frijoles

Vea Frijoles, secos y de vaina en la página 75 para obtener más información sobre los frijoles secos y de vaina, y cómo seleccionarlos y prepararlos.

◆ Ejotes

TEMPORADA: COMIENZO DEL VERANO HASTA EL OTOÑO

Los ejotes son legumbres cosechadas cuando las vainas están tiernas y comestibles, y las semillas del interior no han madurado todavía. Hay muchas variedades deliciosas: Blue Lake y Kentucky Wonder, wide romano (amarillas y verdes), frijoles amarillos de cera, Lengua del Dragón, de color púrpura y crema, y ejotes pequeños y tiernos como los haricots verts, para nombrar sólo **algunos**. Busque ejotes frescos, brillantes y nítidos. Deberían partirse fácilmente al doblarlos y tener semillas muy pequeñas en su interior. Consuma pronto para aprovechar su mejor sabor. Para prepararlos, enjuague y luego parta o corte el extremo del tallo. No es necesario retirar la cola, a menos que los ejotes estén muy fibrosos o que las puntas estén muy resecas.

Frijoles romanos con mejorana

4 PORCIONES

Los frijoles romanos, grandes y aplanados, son uno de los vegetales que más busco en el verano por su sabor irresistible. Use mejorana con abundancia; el sabor fresco y picante de esta hierba es un maravilloso complemento con los ejotes.

Corte y deseche los extremos de los tallos de:

1 libra de frijoles romanos

Corte en trozos de 1 pulgada de largo; se ven muy agradables cortados en diagonal. Cocine en abundante agua hirviendo con sal hasta que estén tiernos. Escurra los frijoles y agregue:

Sal

Aceite de oliva extra virgen

¼ de taza de mejorana fresca picada

Pruebe la sal y sirva.

VARIACIONES

◆ Termine con un chorro de jugo de limón.

◆ Utilice mantequilla en lugar de aceite de oliva.

◆ Utilice otros tipos de frijoles tiernos.

Ragú de frijoles de vaina y ejotes

4 PORCIONES

Una mezcla de frijoles verdes frescos (haricots verts, habas amarillas de cera, frijoles romanos, o Blue Lake) hacen que este platillo sea lindo y sabroso. Cada variedad tiene un tiempo de cocción diferente, así que cocínelos por separado (utilizando la misma agua). Cocine primero los frijoles amarillos para preservar su color. También puede utilizar frijoles con vaina, pero una vez más, asegúrese de cocinar cada variedad por separado.

Retire de la vaina:

1 libra de frijoles frescos con vaina (como cranberry, cannellini, o flageolot)

Cocine los frijoles en agua hirviendo con un poco de sal hasta que estén tiernos y cremosos. Pruebe el grado de cocción al cabo de 15 minutos. Cuando estén hechos, deje enfriar los frijoles en el líquido de la cocción. Mientras tanto, parta los extremos de los tallos, y retire las colas si están secas o duras, de:

¾ de libra de ejotes

Corte en trozos pequeños de 1 pulgada. Cocine en agua hirviendo con sal hasta que estén tiernos; escurra y deje enfriar en un plato o fuente para hornear.

Caliente a fuego medio en una cacerola de fondo grueso:

2 cucharadas de aceite de oliva

Añada:

1 cebolla, cortada en cubitos

Cocine hasta que estén transparentes, por 10 minutos aprox., y luego añada:

2 dientes de ajo, pelados y picados
2 cucharaditas de ajedrea, mejorana o perejil
Sal
Pimienta negra recién molida

Cocine por 4 minutos. Escurra los frijoles y reserve el líquido de la cocción. Agregue los frijoles y ¾ de taza del líquido a las cebollas. Aumente la intensidad del fuego y deje hervir. Añada los ejotes y vuelva a hervir. Reduzca la intensidad del fuego y cocine por un minuto aprox., o hasta que los frijoles estén calientes. Pruebe la sal y añada más si es necesario. Sirva con un poco de:

Aceite de oliva extra virgen

Ejotes con almendras tostadas y limón

4 PORCIONES

Este es un platillo maravilloso para acompañar con pescado frito.

Recorte las puntas de:

1 libra de ejotes

Derrita en una sartén a fuego medio:

3 cucharadas de mantequilla

Cuando la espuma comience a disminuir, añada:

¼ de taza de almendras en rebanadas

Cocine, removiendo con frecuencia, hasta que las almendras comiencen a dorarse. Retire del fuego y agregue:

El jugo de ½ limón
Sal

Cocine los frijoles en agua hervida con sal hasta que estén tiernos. Escurra bien y mezcle con las almendras y la mantequilla. Pruebe la sal y rectifique si es necesario.

VARIACIONES

◆ Reemplace las almendras con nuez picada o avellanas.

◆ Utilice frijoles romanos o Lengua del Dragón en lugar de los ejotes.

◆ Añada un diente de ajo finamente picado a la mantequilla justo antes de agregar los frijoles.

Hummus

RINDE 2 TAZAS APROX.

El hummus es muy fácil de hacer. Si no tiene tahini (pasta de semillas de sésamo o ajonjolí), de todos modos el puré de garbanzos sabe delicioso. Simplemente agregue más aceite de oliva.

Remoje durante 8 horas o toda la noche:
¾ de taza de garbanzos secos
Escurra y cocine en abundante agua hasta que estén muy tiernos, de 1 a 2 horas. Escurra los garbanzos y reserve ¼ de taza del líquido de la cocción. Triture con un prensa purés, procesador de alimentos o licuadora.
Agregue:
¼ de taza de tahini (pasta de semillas de sésamo)
¼ de taza de jugo de limón fresco
2 dientes de ajo, pelados y en puré
1 cucharada de aceite de oliva extra virgen
Sal
Mezcle hasta que esté suave, y agregue un poco de del líquido de la cocción si es necesario.

VARIACIONES
◆ Agregue ¼ de cucharadita de comino y de cayena al gusto.
◆ Adorne o con un chorrito de aceite de oliva mezclado con comino molido y cayena.
◆ Para un hummus muy suave, pele los garbanzos después de cocinarlos.

Frijoles refritos

4 PORCIONES (2 TAZAS APROX.)

La manteca de cerdo recién derretida es la grasa tradicional preparar para frijoles refritos. Se encuentra en muchos mercados latinos.

Derrita en una sartén a fuego medio:
3 o 4 cucharadas de manteca de cerdo no hidrogenada
Cuando esté caliente, añada:
½ cebolla mediana, cortada en cubitos
Cocine la cebolla hasta que esté suave, por 7 minutos aprox.
Añada:
2 tazas de frijoles pintos o negros cocidos
¼ de taza del líquido de la cocción
Sal
Cocine por unos minutos. Triture los frijoles con un triturador de papas o frijoles. Añada más líquido de los frijoles si es necesario: la consistencia debe ser un poco suelta, pues los frijoles molidos se espesan a medida que reposan. Pruebe la sal y sirva.

VARIACIONES
◆ La manteca o la grasa de tocino le dan mucho sabor a los frijoles, pero también puede utilizar aceite de oliva.
◆ Puede añadir dos o tres dientes de ajo picados a las cebollas cocinadas un minuto antes de agregar los frijoles.

◆ Brócoli

TEMPORADA: COMIENZOS DE PRIMAVERA, OTOÑO Y FINALES DE INVIERNO

Los brotes incipientes y cerrados son la parte comestible del brócoli; es decir, que el brócoli es semejante a una flor sin abrir. La variedad más común es verde y grande. Otros tipos incluyen brotes de brócoli, que son verdes, pequeños y oscuros y se cosechan individualmente. El brócoli romanesco parece de otro mundo; tiene un color verde *chartreuse,* y una cabeza cónica de flores puntiagudas y en espiral. También está el brócoli púrpura, que a veces tiene cabezas tan compactas que se parece más a la coliflor que al brócoli. Escoja un brócoli que tenga un color firme y brillante, con cabezas compactas que no estén marchitas, amarillas ni florecidas. Retire los floretes del tallo principal y corte o rompa si desea. Recorte el extremo de los tallos y pélelos con un cuchillo de partir o pelador si son grandes. Corte los tallos pelados en bastones o rebanadas.

Brócoli al vapor con ajo, mantequilla y limón

4 PORCIONES

Retire los tallos gruesos de un brócoli grande; pele y córtelos en pedazos. Corte la parte superior en ramilletes. Cocine el brócoli al vapor hasta que esté tierno. Mientras tanto, derrita unas pocas cucharadas de mantequilla en una cacerola pequeña y pesada, añada 2 o 3 dientes de ajo picados o machacados, y un poco de sal. Cocine hasta que la mantequilla comience a burbujear. Apague el fuego y añada un chorro grande de jugo de limón. Retire el brócoli de la olla y coloque en un tazón, vierta la mantequilla sobre el brócoli, y sirva. Para variar, añada mejorana picada u orégano a la mantequilla caliente. Utilice mitad de mantequilla y mitad de aceite de oliva extra virgen en lugar de toda la mantequilla.

Brócoli bien cocido

RINDE 2½ TAZAS

En esta receta, el brócoli se cocina hasta que se asemeja a un puré grueso. Es delicioso en crutones, con pasta, o como un platillo acompañante.

Corte los tallos de los floretes de:
   1½ libras de brócoli
Recorte y deseche las puntas secas de los tallos, y pele y corte los demás en rodajas finas. Parta o corte los floretes en pedazos pequeños.
Caliente en una olla de fondo grueso a fuego medio:
   6 cucharadas de aceite de oliva
Agregue al brócoli:
   6 dientes de ajo, pelados y en rodajas
   Una pizca de hojuelas de chile (opcional)
   Sal
Cocine por unos minutos, removiendo ocasionalmente. Añada:
   1 taza de agua
y lleve a ebullición. Reduzca a fuego lento, cubra la olla herméticamente y cocine hasta que esté muy tierno, por 1 hora aprox. Remueva de vez en cuando y añada agua si el brócoli comienza a secarse y a pegarse. Cuando el brócoli esté completamente suave, remueva con fuerza (el brócoli se desintegrará) y sazone con:
   El jugo de 1 limón
Pruebe la sal y agregue condimentos, jugo de limón, o aceite si es necesario.

• Coles de Bruselas

TEMPORADA: OTOÑO E INVIERNO

Las coles de Bruselas parecen coles en miniatura, y de hecho, son parte de esta familia. Aunque son rojas y verdes, la variedad verde es de lejos la más común. Las coles de Bruselas crecen en tallos altos y pesados, y son todo un espectáculo cuando se venden así en los mercados agrícolas. Elija coles pequeñas que estén estrechamente cerradas, de color brillante, y que no tengan hojas de color amarillo. Deben estar firmes al tacto y ser pesadas para su tamaño.

Para preparar las coles, elimine y deseche las hojas externas dañadas y recorte el tallo cerca de la parte inferior de la col. Las coles de Bruselas se pueden cocinar enteras o cortadas, y todas las hojas se pueden separar del corazón. Lave rápidamente las coles y escurra antes de usar.

Coles de Bruselas gratinadas

4 PORCIONES

Retire las hojas externas y los tallos de:

1 libra de coles de Bruselas

Cocine hasta que estén tiernas en abundante agua hirviendo con sal, de 10 a 12 minutos aprox. Escurra las coles y corte gruesas.

Vierta en una sartén a fuego medio:

2 rebanadas de tocino o 3 de panceta, cortadas en trozos de ½ pulgada

Cocine hasta que estén blandas y la grasa se haya derretido. Añada las coles picadas. Sazone con:

Sal

Pimienta negra recién molida

Remueva y cocine por unos minutos. Engrase un molde para hornear con mantequilla. Añada las coles y el tocino y reparta uniformemente. Agregue:

½ taza de crema, o una mezcla de crema y de crema batida

Rocíe uniformemente sobre las coles:

⅓ de taza de migas de pan (ver página 62)

Cubra con:

Láminas finas de mantequilla

Hornee a 400°F de 20 a 25 minutos, o hasta que las migas estén doradas y el líquido burbujeante.

VARIACIÓN

Añada el tomillo y el ajo picados a las coles con el tocino.

Coles de Bruselas salteadas con tocino y cebolla

4 PORCIONES

Recorte las hojas externas dañadas y los tallos de:

1 libra de coles de Bruselas

Si los brotes son muy pequeños, córtelos por la mitad; de lo contrario, córtelos en cuartos. Cocine en abundante agua hirviendo con sal hasta que estén tiernos. Escurra bien. Caliente una sartén a fuego medio. Añada:

1 cucharada de aceite de oliva

2 rebanadas de tocino, cortado en trozos de una pulgada

Cocine el tocino hasta que esté dorado, pero no crujiente. Retire con una espumadera. Añada a la grasa de la sartén:

1 cebolla pequeña, picada

2 ramitas de tomillo o ajedrea

Cocine la cebolla hasta que esté suave, pero no dorada. Sazone con:

Sal

Un chorrito de jugo de limón (opcional)

Baje el fuego a medio-alto, agregue las coles escurridas, y cocine removiendo de vez en cuando, hasta que estén bien calientes y comiencen a dorarse un poco. Agregue el tocino y mezcle. Pruebe la sazón y rectifique si es necesario.

✦ Suprima el tocino.

✦ Añada 2 dientes de ajo finamente picados a la cebolla un minuto antes de agregar las coles.

✦ Mezcle las coles cocidas con una cucharada de hojas de tomillo fresco picado.

✦ Esta receta también se puede hacer con hojas de coles de Bruselas. Retire los tallos de las coles y sepárelos con las hojas. Corte el corazón en rodajas finas. No hierva las hojas; agréguelas cuando las cebollas estén hechas y saladas. Cocine por 2 minutos. Vierta el caldo de pollo a una profundidad de ¼ de pulgada aprox., tape la olla y cocine a fuego lento hasta que las hojas estén tiernas, de 10 a 15 minutos aprox.

✦ Col

TEMPORADA: TODO EL AÑO, PERO ESTÁ MEJOR EN OTOÑO E INVIERNO

El tipo de col más común es redonda, de hojas verdes y suaves, pero existen muchas otras variedades. Las coles de hojas suaves pueden ser verdes o rojas, redondas, cónicas o planas. Cada una tiene un sabor y una textura diferente. Me parece que la col roja tiene un sabor más picante, y las hojas son más duras y gruesas. La col Savoy es redonda, tiene hojas rizadas de color verde-amarillo, y es mi favorita para estofar. La col Napa es verde clara y alargada, con hojas muy tiernas que tienen venas anchas y de color claro. Se cocina con rapidez y es deliciosa para la ensalada coleslaw. Otras variedades son las asiáticas, el bok choy, el tat-soi y la mizuna, para nombrar sólo algunas. Tienen hojas sueltas de color verde oscuro, y quedan mejor cocinadas (excepto la mizuna joven, que es excelente en las ensaladas verdes).

Escoja coles de cabeza compacta y de colores brillantes. Deben ser pesadas y firmes. Las coles de hojas sueltas no deben ser amarillentas ni estar marchitas. Retire y deseche las hojas externas que estén marchitas o estropeadas. Retire también el corazón de la col, excepto las variedades de hojas sueltas.

Col lisa estofada

4 PORCIONES

La col lisa o savoy estofada es un platillo estelar y versátil de invierno, que se sirve sólo o como acompañamiento con pato o pollo estofado, o también con salchichas fritas.

Retire las hojas externas y duras de:
1 col lisa grande, o de 2 pequeñas
Corte las cabezas por la mitad y luego en cuatro. Retire los corazones y corte los cuartos en trozos gruesos. Sazone con:
Sal
Pimienta negra recién molida
Caliente en una sartén pesada:
2 cucharadas de aceite de oliva
Añada:
1 zanahoria, pelada y cortada en cubitos pequeños
1 cebolla, pelada y cortada en cubitos pequeños
1 tallo de apio cortado en cubitos pequeños
Cocine a fuego medio durante 7 minutos aprox., o hasta que estén suaves, y luego añada:
1 hoja de laurel
2 ramitas de tomillo
2 dientes de ajo, picado
Sal
Cocine por un minuto y luego agregue la col sazonada y en rodajas, así como:
½ taza de vino blanco, seco o dulce
Cubra y cocine hasta que el vino se haya evaporado casi por completo, por 8 minutos aprox. Añada:
½ taza de caldo de pollo o de agua
Lleve el líquido a ebullición, reduzca a fuego lento, tape la olla y cocine por 15 minutos más aprox., hasta que la col esté tierna. Remueva la

col dos o tres veces durante la cocción. Pruebe antes de servir y añada sal o vinagre de vino blanco, si es necesario.

VARIACIONES

• Dore en el aceite 2 rebanadas de tocino en trozos pequeños antes de añadir las verduras.

• Cocine 4 salchichas de cerdo y añada a la col en los últimos 5 minutos de cocción.

• Pele 4 papas y cocine en agua hirviendo con sal hasta que estén tiernas. Añada a la col en los últimos 5 minutos de cocción.

• Otra manera de cocinar la col es cortar los cuartos en cascos. Caliente el aceite en la sartén y añada los cascos, dorando por un lado. Suprima la zanahoria, la cebolla y el apio, y agregue las hierbas, el ajo, la sal, el vino y el caldo, y cocine hasta que estén suaves. Puede agregar un par de cucharadas de mantequilla.

Chucrut casero

RINDE 1 LITRO APROX.

Si no ha preparado chucrut casero, será toda una revelación hacerlo. Es fácil de preparar: la textura será más suave y el sabor más intenso mientras más tiempo se fermente. La regla general es usar 1½ cucharaditas de sal por cada libra de col.

Retire las hojas externas y estropeadas de:

1 col roja o verde, grande y firme

Corte la col por la mitad y retire el corazón. Corte las mitades en cuartos y luego en rodajas muy finas. Debería tener 5 tazas de col rallada. Vierta en un tazón con:

3½ cucharaditas de sal marina
1 cucharadita de semillas de alcaravea (opcional)

Mezcle bien la sal y la col con sus manos hasta que comience a soltar los jugos. Vierta la col en un recipiente no reactivo; por ejemplo, en una jarra de vidrio de 2 litros. Presione la col mientras la vierte. Debe haber suficiente líquido para cubrir la col. En caso contrario, agregue una salmuera de:

1 taza de agua filtrada
1 cucharada de sal

Coloque un peso sobre la col para mantenerla sumergida en la salmuera (ver nota). Cubra el frasco ligeramente con un paño de cocina. Deje que la col se fermente a temperatura ambiente por 1 semana aprox. Retire cualquier desperdicio que haya en la superficie de la salmuera. Pruebe el chucrut. Si le gusta el sabor, retire el peso, tape el frasco y refrigere. De lo contrario, deje fermentar hasta que tenga el sabor deseado. El chucrut se mantendrá en el refrigerador por un máximo de 6 semanas.

Nota: El peso puede ser cualquier objeto limpio y pesado: una piedra sobre un plato ligeramente más pequeño que el frasco, una jarra o bolsa plástica llena de agua (bien cerrada). Lo importante es que la salmuera cubra toda la col.

Col con mantequilla

Cualquier col va bien con esta receta; verde, roja, savoy o napa. Retire las hojas estropeadas. Corte la cabeza por la mitad y retire y deseche el corazón. Corte la cabeza en cuartos y luego en rodajas finas. Vierta la col en una sartén con un trozo grande de mantequilla, agregue sal al gusto, y ½ pulgada de agua. Lleve a ebullición, cubra la olla, y cocine a fuego lento hasta que la col esté tierna. Pruebe la sal y la mantequilla y rectifique el sabor si es necesario.

◆ Zanahorias

TEMPORADA: TODO EL AÑO, PERO SON MEJORES EN PRIMAVERA Y OTOÑO

Las zanahorias son un ingrediente básico y fundamental de la cocina. Son parte del triunvirato culinario de zanahoria, apio y cebolla, que son la base de tantos caldos, estofados y guisos. Las zanahorias están disponibles todo el año, aunque tienen temporadas específicas según la región. Aquí en California son más dulces y jugosas a finales de la primavera y del otoño. Busque zanahorias que hayan sido cultivadas localmente, cosechadas recientemente, y todavía con sus hojas. La diferencia de sabor entre este tipo de zanahoria y otra que ya ha sido pelada, cortada y empacada en una bolsa plástica es enorme. Las zanahorias frescas se cocinan mejor y le añaden más sabor a su comida. Hay muchas variedades de zanahorias, y algunas no son de color naranja. Vaya al mercado agrícola para ver los tipos de zanahoria disponibles. Si compra zanahorias con la parte superior intacta, retírelas antes de guardar las zanahorias en el refrigerador, pues se conservarán mejor sin ellas.

Zanahorias glaseadas

Este es más un método general que una receta. Pele las zanahorias y corte en rodajas o bastones. Vierta en una olla pesada y cubra hasta la mitad con agua (las zanahorias no deben tener más de una pulgada de altura en la olla; si es necesario, use una olla más grande. Añada una pizca generosa de sal y un par de cucharaditas de mantequilla por cada porción. Lleve el agua e a ebullición, reduzca a fuego lento y cubra la olla. Cocine hasta que estén tiernas. Retire la tapa y deje hervir el líquido hasta que se haya reducido a una salsa ligeramente espesa que recubra las zanahorias. Retire las zanahorias de inmediato, pues la salsa se seguirá reduciendo. Si se reduce demasiado, las zanahorias se separarán; añada un poco de agua para incorporar de nuevo. Puede usar aceite en lugar de mantequilla, pero la salsa no quedará tan espesa. Justo al final de la cocción agregue una cucharada de cilantro, perejil o albahaca picada.

Puré de zanahoria con comino y alcaravea

4 PORCIONES

Esta receta de Argelia es una entrada colorida y con mucho sabor. Sirva a temperatura ambiente con crutones tostados, o con pan pita y aceitunas marinadas. Si está tibio, es ideal para acompañar un pescado al horno y Chermoula (página 233).

Hierva agua con sal en una olla grande. Añada:

1 ½ libras de zanahorias, peladas y cortadas en rodajas de ½ pulgada de grosor

2 dientes de ajo, pelados

Cocine hasta que las zanahorias estén tiernas. Escurra. Caliente en una sartén pequeña:

2 cucharaditas de aceite de oliva

Añada:

½ cebolla, finamente picada

Cocine hasta que esté suave, por 7 minutos aprox. Triture en un mortero o en una sartén pesada:

½ cucharadita de comino molido

¼ de cucharadita de alcaravea molida

Añada a las cebollas salteadas:

Sal

Agregue las zanahorias cocidas y escurridas y el ajo, y cocine por un par de minutos más. Retire del fuego, haga un puré grueso con un triturador de papas o con un tenedor. Añada:

1 a 2 cucharaditas de jugo de limón fresco

y pruebe la sal. Rectifique si es necesario. Adorne si desea con:

Cilantro picado

◆ Coliflor

TEMPORADA: PRIMAVERA Y OTOÑO

La coliflor es un conjunto de varios tallos con flores. Suele ser blanca, pero también hay variedades de color verde y púrpura. Las hojas son el mejor indicador de la frescura de una coliflor. Busque coliflores de hojas frescas y brillantes, y de cabezas compactas y con colores radiantes. No debe tener manchas oscuras; son señales de que está vieja, lo mismo que una textura gruesa. Lave bien la coliflor y retire las hojas estropeadas, pero deje las buenas, pues tienen muy buen sabor.

Rodajas de coliflor al horno

Limpie y lave la coliflor, y corte la cabeza en rodajas de ¼ de pulgada de grosor. Colóquelas en una sola capa en una fuente para hornear, pincele con aceite, y sazone con sal y pimienta. Hornee a 400°F hasta que esté tiernas y ligeramente doradas, por 20 minutos aprox. Espolvoree las rodajas con hierbas frescas picadas, o con especias molidas.

Coliflor al vapor

La coliflor se puede cocinar al vapor entera o en ramilletes. Si cocina entera al vapor, lo mejor es cortar el corazón a menos que la coliflor sea muy pequeña. Ponga la coliflor hacia abajo y corte con cuidado un cono profundo con un cuchillo de pelar resistente y afilado, haciendo un círculo completo alrededor del corazón; retire y deseche. Cocine la coliflor hasta que esté tierna. Hay muchas formas de darle sabor a la coliflor al vapor: caliente aceite de oliva extra virgen en una sartén pequeña y pesada. Añada 2 dientes de ajo triturados, una cucharada de alcaparras lavadas y escurridas, una cucharada de mejorana fresca picada, orégano o perejil (o una mezcla), sal y pimienta fresca recién molida y cocine hasta que el ajo esté ligeramente caliente. Vierta sobre la coliflor. O sirva la coliflor cocida, tibia o a temperatura ambiente, con Bagna cauda (página 230). También puede colocar la coliflor en un plato o fuente para hornear, agregar mantequilla derretida, y cubrir con rodajas de queso (gruyere, cheddar, de oveja o pecorino fresco, por ejemplo). Hornee a 350°F hasta que el queso se derrita.

◆ Apio y raíz de apio

**TEMPORADA: APIO, TODO EL AÑO;
RAÍZ DE APIO, OTOÑO E INVIERNO**

La raíz de apio y el apio se desarrollaron a partir la misma planta, pero actualmente son dos variedades distintas. El apio es un elemento básico de la cocina, que se utiliza para darle sabor a sopas, caldos y estofados. También es muy sabroso por sí solo, y le da una textura crocante a las ensaladas. El apio tiene un sabor fuerte, especialmente las hojas. Use con prudencia; el sabor excesivo a apio puede ser desagradable en un caldo, por ejemplo. Busque apio con tallos frescos y brillantes. Los tallos exteriores se utilizan básicamente para dar sabor, mientras que los internos son comestibles.

La raíz de apio tiene pocos tallos y hojas; la parte comestible —cruda o cocida— es su raíz nudosa, grande y redonda. Su sabor es suave y dulce. Escoja raíces pequeñas, firmes y pesadas, con hojas frescas y vivas. Evite las que tienen manchas o magulladuras oscuras, pues tienden a ser amargas. Retire la parte superior e inferior de las raíces, así como la piel dura y oscura. Si no la va a utilizar de inmediato, envuelva en un paño húmedo para evitar que se oxide.

Apio estofado

4 PORCIONES

Retire los tallos externos y duros de:

1 cabeza de apio

Retire el extremo de la raíz cercano a la parte inferior de tallos, y corte las hojas de arriba. Hale los tallos exteriores para exponer el corazón verde pálido. Corte los tallos del centro por la mitad y a lo largo, y luego de nuevo por la mitad. Organice todos los tallos y corte por la mitad en sentido transversal.

Vierta en una sartén a fuego medio:

2 cucharadas de aceite de oliva

Agregue:

1 cebolla pequeña, en rodajas finas

2 o 3 ramitas de tomillo

Cocine durante 5 minutos. Agregue el apio. Cocine de 5 a 7 minutos, hasta que la cebolla y el apio se doren un poco. Sazone con:

Sal

Añada:

1 taza de caldo de pollo o de res

Lleve a ebullición y reduzca a fuego lento. Cubra la olla y cocine hasta que el apio esté tierno. La salsa debe estar espesa y cubrir el apio; en caso contrario, retire la tapa, aumente el fuego y reduzca el líquido si es necesario. Pruebe la sal y sirva.

VARIACIÓN

◆ Para una textura más suave, blanquee el apio por 7 minutos en agua hirviendo con sal antes de dorar con la cebolla.

Puré de papas y raíz de apio

4 PORCIONES

Los sabores de la raíz de apio y de la papa se combinan de un modo tan perfecto que forman un nuevo sabor. No sólo hacen un puré delicioso, sino también un gratinado excelente (ver Papas gratinadas, página 318).

Pele y corte en trozos grandes:

1 libra de papas,
preferiblemente de una variedad
amarilla, como Yellow Finn o Yukon
Gold

Cocine en agua hirviendo con sal hasta que estén suaves. Escurra. Pase las papas por prensa purés o triturador de alimentos y regrese a la olla. Para una consistencia más gruesa, pique con un triturador de papas directamente en olla. Añada:

2 cucharadas de mantequilla

Pele, corte por la mitad y luego en rodajas muy finas:

1 raíz de apio mediano (¾ de libra aprox.)

Derrita en una cacerola de fondo grueso a fuego medio-bajo:

3 cucharadas de mantequilla

Agregue el apio y:

Sal

Cubra bien y cocine hasta que estén muy blandos, de 12 a 15 minutos, removiendo de vez en cuando. Reduzca el calor si la raíz de apio comienza a dorarse. Pase por un prensa purés o triture en una licuadora. Agregue a las papas. Si el puré está demasiado grueso, diluya con:

Leche

Pruebe y agregue sal o mantequilla si es necesario.

◆ Maíz

El maíz dulce tiene diversos colores amarillos y blancos. Hay mazorcas llenas de granos blancos, amarillos, o amarillos y blancos. Las variedades de polinización abierta comienzan perder la dulzura, convirtiendo el azúcar en almidón desde el momento de su recolección. Los híbridos modernos han sido creados para mantener su dulzura por pocos días, pero algunos argumentan que estas variedades son demasiado dulces y les falta "sabor a maíz". Lo mejor es probar diferentes variedades hasta encontrar sus favoritas.

Sin importar la variedad, el maíz sabe mejor cuando se come el mismo día en que se cosecha. Mire el corte para evaluar la frescura. Escoja mazorcas llenas, jugosas, de color brillante y recién cosechadas. Es posible que las hebras oscuras estén pegajosas si la mazorca está muy fresca. No se desanime si ve un gusano en la punta; no es que esto sea deseable, pero su presencia es señal de que el agricultor no utiliza pesticidas. Si no va a comer de inmediato, guarde las mazorcas en el refrigerador, sin pelar.

Limpie la mazorca antes de cocinarla; retire la cáscara y todas las hebras. Deseche los granos mordidos por gusanos; los demás estarán intactos. Para desgranar la mazorca, sujete la base del tallo con la punta hacia abajo, inserte la punta de un cuchillo y retire los granos. La clave está en medir la profundidad adecuada para cortar, de modo que no sea tan profunda como para retirar partes de la mazorca, pero tampoco que queden partes de los granos adheridas a esta. Lo más recomendable es hacer esto sobre una bandeja para hornear, de modo que todos los granos caigan en ella. Si desea, frote la mazorca con la parte posterior de la hoja del cuchillo para eliminar la "leche" de los granos que han quedado en la mazorca.

Mazorca de maíz

Esta es una de las formas más sencillas para disfrutar el maíz en verano. Limpie las mazorcas: separe las hojas y retire las hebras con una toalla de cocina. Cocine las mazorcas en agua abundante con sal durante 4 minutos aprox. (O ase a la parrilla, como se explica en la página 159). Retire, escurra y sirva con mantequilla, sal y pimienta.

También puede servir la mazorca con mantequilla, sal, cascos de limón, y chiles anchos secos y molidos; o con mantequilla ablandada, perejil y ajedrea picadas, y cebolletas en rodajas finas. (Para moler los chiles anchos, retire primero las semillas y venas, y luego triture los chiles en un mortero o en un molino de especias).

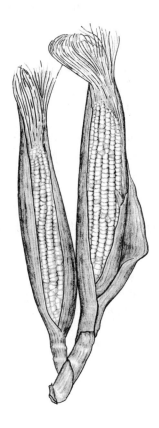

Picadillo de maíz

4 PORCIONES

Este platillo tiene una interesante variedad de sabores: maíz dulce, limón agrio, y chiles picantes. Va bien con todo tipo de platos para el verano.

Limpie y retire los granos de:
4 mazorcas de maíz dulce (2 tazas de granos aprox.)
Derrita en una sartén a fuego medio:
2 cucharadas de mantequilla
Añada:
1 cebolla roja pequeña, cortada en cubitos
1 chile pequeño (serrano o jalapeño), cortado en dos, sin venas ni semillas y finamente picado
Cocine durante 3 o 4 minutos, hasta ablandar.
Añada:
Sal
Cocine por un minuto, suba a fuego medio-alto y vierta los granos de maíz. Cocine por unos minutos, removiendo hasta que estén tiernos. Si es necesario, humedezca con un chorrito de agua.
Sazone con:
Un chorrito de jugo de limón
1 cucharada de cilantro picado
Pruebe y rectifique la sazón con más sal y jugo de limón si es necesario.

VARIACIONES
◆ Use pimienta dulce en lugar del chile picante.
◆ Use albahaca o perejil en lugar de cilantro.
◆ Puede utilizar cebollas verdes o cebolletas en lugar de la cebolla. Cocine el chile sólo por un minuto aprox. Termine el picadillo con un poco de Mantequilla con hierbas (página 48).

Succotash

4 PORCIONES

La combinación tradicional del succotash son frijoles lima y maíz, pero queda delicioso con cualquier otro tipo de frijol con vaina.

Retire de la vaina:
1 libra de frijoles lima frescos, u otro tipo de frijoles con vaina
Vierta los frijoles en una olla y cubra con 1½ pulgadas de agua. Cocine hasta que estén tiernos y compruebe el punto de cocción 10 minutos después. Sazone con:
Sal
Mientras tanto, desgrane:
4 mazorcas de maíz dulce
Retire los granos con un cuchillo afilado.
Debería tener 2 tazas aprox.
Derrita en una cacerola a fuego medio:
3 cucharadas de mantequilla
Añada:
1 cebolla pequeña, pelada y cortada en cubitos
2 a 3 ramitas de tomillo
Cocine durante 5 minutos y añada:
2 calabazas de verano pequeñas, cortadas en cubitos
Sal
Cocine por otros 5 minutos, añada el maíz, y agregue los frijoles cocidos y escurridos 1 minuto después. Cocine por 3 o 4 minutos, hasta que el maíz esté cocido. Pruebe la sazón y rectifique si es necesario. Añada:
2 cucharaditas de perejil picado

VARIACIONES
◆ Añada 2 dientes ajo finamente picados al mismo tiempo que el maíz.
◆ Añada 2 cucharadas de albahaca o ajedrea picada en adición al perejil picado.
◆ Añada 1 pimiento cortado en cubitos a la cebolla y cocine por 3 minutos antes de agregar los cubitos de calabaza.

✦ Agregue 2 tomates pelados, sin semillas y cortados en cubitos pocos minutos antes de añadir el maíz.

✦ Berenjena

TEMPORADA: MEDIADOS DE VERANO HASTA PRINCIPIOS DE OTOÑO

La berenjena más común es la púrpura, grande y de forma ovalada, pero hay muchas más. Las berenjenas ovaladas pueden ser pequeñas o grandes, y tener un color morado oscuro, o rayas blancas y moradas, como la variedad Rosa Bianca. Las berenjenas asiáticas, que son más pequeñas y delicadas, tienen colores que van desde el púrpura claro al oscuro, y pueden ser cortas o muy largas. Hay muchas variedades poco conocidas, incluyendo berenjenas tan pequeñas como canicas, y otras de color naranja y rojo brillante. A menos que se indique lo contrario, la mayoría de las recetas se puede hacer con cualquier variedad.

La berenjena está mejor cuando la piel es reluciente y brillante, la carne firme, y la tapa y el tallo frescos. Una piel opaca es señal de que la berenjena está muy madura, que lleva mucho tiempo almacenada, o ambas cosas.

Lave las berenjenas y retire y deseche la tapa y el extremo. No es necesario retirar la piel, pues suele ser fina y tierna. Muchas recetas recomiendan salar la berenjena para retirar su amargura, pero creo que las pequeñas no requieren esto, ni tampoco las grandes, siempre y cuando sus semillas sean pequeñas y tiernas. La berenjena es muy esponjosa y absorbe una gran cantidad de aceite cuando se cocina. Salar la berenjena antes de cocinarla le quita un poco de su humedad interna, reduciendo así la cantidad de aceite que puede absorber. Para una preparación más liviana, puede untarle aceite a la berenjena y hornear en vez de freír.

Berenjena al horno

La berenjena se puede hornear entera, cortada por la mitad, o en trozos. Las berenjenas grandes se suelen asar enteras o en mitades y luego se trituran en puré. Corte las berenjenas por la mitad y haga incisiones en forma de cruz. Sazone con sal y pimienta. Ponga el lado cortado hacia abajo en una bandeja engrasada. Coloque la berenjena entera en la bandeja engrasada. Hornee a 400°F hasta que esté suave, comprobando el punto de cocción en el extremo del tallo. Retire la pulpa con una cuchara.

La berenjena también se puede asar en rodajas o en cascos, y servir tibia como acompañante, o marinada como parte de un antipasto o ensalada. Retire el tallo y los extremos, luego corte las berenjenas a lo largo en cascos o en rodajas gruesas en sentido transversal (de ½ pulgada de grosor). Si se cortan muy finos, los cascos y rodajas se secarán antes de cocinarse. Sale la berenjena y deje reposar durante unos minutos.

Mientras tanto, caliente el horno a 400°F y engrase una fuente para hornear o sartén poco profunda. Coloque los trozos en la fuente y rocíe con aceite por encima. Hornee entre 20 y 35 minutos, dependiendo del tamaño de los cascos o rodajas. La berenjena estará hecha cuando esté suave por todas partes, y dorada por debajo. Si la berenjena se está pegando a la sartén, deje enfriar unos instantes para desprenderla con mayor facilidad. Sirva de inmediato, o rocíe con vinagre de vino, ajo en rodajas, hierbas finamente picadas, aceite de oliva extra virgen, sal y pimienta negra recién molida. Sirva a temperatura ambiente.

Caponata

RINDE 4 TAZAS APROX.

La caponata es una receta siciliana que consiste en un guiso de vegetales preparado en con berenjenas y tomates. Es deliciosa servida fría como entrada, o como parte de un antipasto. También se puede servir caliente, para acompañar carnes o pescado asado.

Retire los extremos y corte en cubos de 1 pulgada:
     2 berenjenas medianas
Sazone con sal y escurra en un colador por 15 minutos aprox.
Caliente ligeramente en una olla pesada y a fuego medio:
     1 cucharada de aceite de oliva
Agregue los cubos de berenjena hasta cubrir el fondo de la sartén y saltee hasta que estén dorados. Retire y siga salteando la berenjena por lotes, y añada más aceite. Después de retirar el último lote de berenjenas, agregue un poco más de aceite y sal hasta que esté dorado:
     ⅔ de taza de apio en rodajas finas
Retire de la sartén y reserve a un lado. Vierta en la sartén:
     1 cucharada de aceite de oliva
     1 cebolla pequeña, picada
Cocine, removiendo ocasionalmente, hasta que estén blandas y traslúcidas, por 7 minutos aprox. Añada:
     1½ tazas de Salsa sencilla de tomate (página 264)
Cocine otros 7 minutos. Agregue la berenjena y el apio, y luego añada:
     ⅓ de taza de aceitunas verdes sin hueso,
     2 a 3 cucharadas de alcaparras, lavadas y escurridas
     2 anchoas envasadas con sal, enjuagadas, fileteadas y picadas
     1½ cucharaditas de vinagre de vino tinto
Cocine por otros 10 minutos aprox. Pruebe y agregue más sal, vinagre o azúcar si desea. La caponata sabe mejor aún al día siguiente.

VARIACIONES
* Adorne con ¼ de taza de albahaca picada.
* Adorne con 3 cucharadas de piñones tostados.
* Para una versión más liviana, mezcle la berenjena salada y escurrida con 2 cucharadas de aceite de oliva, extienda en una bandeja para hornear, y hornee a 375°F hasta que estén bien doradas, por 30 minutos aprox.

Berenjena a la parrilla

4 PORCIONES

Encienda unas brasas a fuego medio y coloque una parrilla limpia. Corte los extremos y parta en rodajas de ⅓ de pulgada:
     4 berenjenas japonesas o 1 berenjena redonda
Con una brocha de pastelería, unte ligeramente por ambos lados con:
     Aceite de oliva
Espolvoree con:
     Sal
Cuando el fuego esté listo, limpie la parrilla con aceite y coloque las rodajas de berenjena. Ase 3 minutos aprox. por cada lado, hasta que la berenjena esté suave al tacto. Sirva tibia, con pescado a la parrilla y Salsa verde (página 45), por ejemplo; o a temperatura ambiente, con Ensalada de farro con chalotes y perejil (página 278), y Salsa de yogur y pepino (página 232).

◆ Habas

TEMPORADA: COMIENZOS DE PRIMAVERA A
COMIENZOS DE VERANO

Consulte la página 82 para más información
sobre cómo desgranar, pelar y preparar habas
frescas.

Ragú de habas

4 PORCIONES

Desgrane:

2 libras de habas

Cocine en agua hirviendo durante 1 minuto aprox.
y luego enfríe en agua helada. Escurra y retire las
habas de la vaina.

Caliente en una cacerola de fondo grueso:

**1 cucharada de aceite de oliva o
mantequilla**

Añada:

**2 cebolletas pequeñas, cortadas en sentido
transversal y en rodajas.**

Cocine a fuego medio hasta que estén suaves,
por 4 minutos aprox. Agregue las habas peladas y:

**1 ajo verde pequeño, limpiado, y cortado
en sentido transversal**

Sal

Vierta agua a ¼ de pulgada de profundidad en
la sartén. Lleve a ebullición y luego reduzca a
fuego lento. Cocine por 4 minutos o hasta que
las habas estén tiernas. Añada:

**2 cucharadas de aceite de oliva extra
virgen o de mantequilla**

**2 cucharaditas de perejil o perifollo
picado**

Agite para mezclar. Pruebe la sal y rectifique si
es necesario.

VARIACIONES

◆ Sustituya la mitad de las habas por chícharos.

◆ Puede utilizar una cebolla pequeña en lugar
de las cebolletas.

◆ Hinojo

TEMPORADA: PRIMAVERA, PRINCIPIOS DE VERANO Y
OTOÑO

El hinojo es uno de los vegetales más versátiles: es delicioso crudo en ensaladas, o cocinado
de muchas formas, y utilizado como un vegetal aromático, a menudo en lugar del apio, en
mirepoix (zanahoria, cebolla y apio picados),
y en otras preparaciones. El hinojo cultivado
tiene un bulbo compacto, pálido y blanco, coro-
nado por tallos verdes y fibrosos y por hojas plumosas. Su sabor recuerda al del anís o regaliz.
Busque bulbos firmes y en buen estado que no
presenten síntomas de estar secos ni marchitos.
Las hojas deben ser frescas y vibrantes.

Para preparar el hinojo, corte los tallos fibrosos más oscuros y el extremo inferior, y retire
las capas externas que estén duras o manchadas. El hinojo se debe cortar poco antes de usar,
ya que se oxida y se oscurece con el tiempo.
Cubra el hinojo cortado con un paño húmedo
para protegerlo. Muchas recetas sugieren retirar
el núcleo, pero no creo que sea necesario; por
el contrario, me gusta su sabor, que encuentro
muy tierno. Las hojas oscuras se pueden retirar de los tallos, y picarse finamente para utilizar
como adorno.

El hinojo silvestre no produce bulbos. Sus
hojas, flores, polen y semillas están llenos de
sabor y se pueden utilizar en rellenos, adobos,
aderezos y salsas. Búsquelo si se da en su región.

Hinojo estofado

4 PORCIONES

Limpie:

2 o 3 bulbos de hinojo

Retire el extremo de la raíz, corte la parte superior con las hojas y los tallos fibrosos y deseche las capas exteriores que estén estropeadas. Corte cada bulbo por la mitad y luego en tres o cuatro cascos. En una olla pesada, caliente 2 tazas de agua, con:

¼ de taza de vino blanco (opcional)
Tapas de hinojo (la parte superior)
4 ramitas de tomillo
4 ramitas de ajedrea
1 hoja de laurel
½ cucharadita de semillas de hinojo, trituradas
Sal

Lleve a ebullición y reduzca a fuego lento.
Añada:

3 cucharadas de aceite de oliva extra virgen

Agregue el hinojo y cocine, removiendo de vez en cuando, hasta que esté tierno, de 10 a 12 minutos aprox. Añada más agua si ésta se evapora antes de que el hinojo se cocine. Pruebe la sal y añada más si es necesario, en adición de:

Un chorrito de jugo de limón

VARIACIONES

◆ Dore los cascos de hinojo en un poco de aceite de oliva, añada el agua, el vino y las especias.
◆ Puede cocinar alcachofas de la misma manera.
◆ Corte en cascos y deje el tallo. Cubra con papel pergamino mientras están hirviendo para que no pierdan el color.

Hinojo salteado

Retire la parte superior con las hojas y los tallos fibrosos, y limpie la raíz de los bulbos. Si desea, reserve algunas hojas para picarlas y utilizar como adorno al momento de servir. Elimine las capas exteriores estropeadas. Corte los bulbos por la mitad y luego en rodajas muy finas. Caliente una sartén pesada a fuego medio-alto. Vierta aceite para cubrir bien el fondo y agregue el hinojo. Deje que se dore por unos pocos minutos sin tocarlo. Comience a remover ocasionalmente hasta que esté tierno. Sazone con sal, pimienta negra recién molida y las hojas picadas de hinojo. Termine con un chorro de limón o una pizca de hojuelas de chile.

Hinojo gratinado

4 PORCIONES

Este gratinado se prepara con una salsa blanca y líquida (bechamel), y no con leche o crema y caldo. Utilizo este método para cocinar otras verduras, como coliflor, vegetales de hojas verdes, o espárragos.

Limpie y recorte:

2 bulbos de hinojo grandes o 3 medianos

Corte por la mitad y luego en rodajas.

Cocine los trozos en agua hirviendo con sal, por 5 minutos aprox. hasta que estén tiernos. Reserve una parte del líquido de la cocción. Haga una bechamel líquida. Caliente en una olla pesada y pequeña:

2 cucharadas de mantequilla

Añada:

1½ cucharadas de harina

Cocine a fuego medio por 3 minutos. Añada poco a poco, batiendo constantemente:

⅓ de taza de leche

⅓ de taza del líquido de la cocción

Mezcle bien cada adición de líquido antes de añadir la siguiente para evitar grumos. Si estos se forman, cuele la salsa después de añadir el líquido y siga cocinando. Lleve lentamente a ebullición, removiendo constantemente. Reduzca a fuego mínimo (use un supresor de llama si es necesario) y cocine de 15 a 20 minutos, removiendo de vez en cuando.

Sazone con:

Sal

Una pizca de nuez moscada molida

Una pizca de cayena (opcional)

½ taza de queso parmesano rallado

Precaliente el horno a 375ºF.

Engrase bien con mantequilla un molde grande para hornear o gratinar, de modo que los cascos de hinojo quepan en una capa compacta. Acomode el hinojo en el plato y vierta la salsa. Hornee por 20 minutos, o hasta que esté burbujeante y dorado por encima.

⬥ Ajo

TEMPORADA: PRIMAVERA, VERANO, OTOÑO

Yo no podría cocinar sin ajo. Lo utilizo crudo y cocido en todo tipo de platos. Hay muchas variedades disponibles, cada una con su propio sabor, algunas con la piel blanca, y otras con la piel roja. En primavera se puede conseguir ajo verde, que no ha madurado. Se parece mucho a un puerro y su sabor es un poco más suave y sutil que el del ajo maduro. El ajo verde tiene un gran sabor y se puede utilizar en todas sus etapas de desarrollo. A medida que el ajo verde comienza a madurar, el bulbo de los dientes comienza a formarse, pero la piel todavía estará húmeda y tierna. Para preparar el ajo verde, corte el extremo de la raíz y elimine las capas exteriores resecas o estropeadas. Utilice todas las partes blancas de la planta, y la parte tierna y de color verde pálido del tallo.

El ajo maduro está disponible en verano. Busque cabezas de ajo firmes y apretadas, que sean duras y pesadas. El ajo tiene una temporada definida; cuando brota, el germen que hay en el interior de cada diente empieza a crecer, adquiriendo un color verde. Si se ha almacenado por mucho tiempo, puede oxidarse, y adquirir un color amarillo y un olor desagradable. Si el diente ha comenzado a brotar, córtelo por la mitad y retire el germen verde del centro. No utilice dientes amarillentos.

Creo que la forma más fácil de pelar el ajo es presionar la cabeza hacia abajo con la palma de la mano y separar los dientes. Utilice un cuchillo afilado de pelar para retirar las puntas y la piel. No me gusta aplastar el ajo a menos que vaya a utilizarlo de inmediato. El ajo empieza a oxidarse de inmediato y no debe permanecer expuesto al aire después de aplastar o cortar. El ajo picado o machacado se puede mantener por poco tiempo cubierto con un poco de aceite.

Ajos asados

Los ajos asados saben mejor cuando se utilizan cabezas firmes y frescas que no han comenzado a germinar. Retire sólo la piel exterior fina de las cabezas de ajo, sin separar los dientes. Acomode las cabezas de ajo en una sola capa, con la raíz hacia abajo, en un plato de cerámica para hornear o en una fuente refractaria. Vierta caldo de pollo o agua a una profundidad de ¼ de pulgada. Rocíe las cabezas con aceite de oliva y espolvoree con sal. Para más sabor, añada un par de ramas de tomillo o de ajedrea y unos granos de pimienta. Cubra bien y hornee a 375°F. Examine el punto de cocción 20 minutos después. El ajo debería estar suave y tierno; en caso contrario, hornee un poco más. Cuando esté tierno, rocíe con un poco más de aceite de oliva y hornee sin cubrir por otros 7 minutos. Es mejor servir de inmediato el ajo asado con pan tostado y si desea, con poco de queso de cabra y aceitunas. Retire los dientes, exprima el puré en el pan y luego remójelo en la grasa de la fuente.

Puré de ajo

RINDE ½ TAZA APROX.

El puré de ajo es delicioso agregado a un puré de papas o a la base de un suflé. Le dará mucho sabor a una mantequilla compuesta, con un poco de sal, y le da un sabor sublime a cualquier salsa espesa.

Separe los dientes y pele:

2 cabezas de ajo

Si los dientes han empezado a brotar, córtelos por la mitad y retire el brote verde. Coloque los dientes de ajo en una cacerola pequeña y pesada. Añada:

¾ de taza de caldo de pollo o agua

1½ cucharadas de mantequilla o de aceite de oliva

2 a 3 ramitas de tomillo o de ajedrea

Una pizca de sal

Lleve el líquido a ebullición, reduzca a fuego lento, tape la olla y cocine hasta que el ajo esté muy tierno, de 10 a 15 minutos. Examine el ajo de vez en cuando y añada más caldo de pollo o agua si es necesario. Cuando el ajo esté tierno, escurra y reserve el líquido. Triture el ajo o páselo por un triturador de alimentos. Diluya el puré fino con el líquido reservado. No deseche el líquido sobrante; es muy sabroso.

VARIACIONES

◆ También puede dejarle la piel. Los dientes de ajo tardarán un poco más en estar y se deben triturar para separar la pulpa de la piel.

◆ Use 1 taza de ajo verde en rodajas en lugar de los dientes de ajo. Use ½ taza de caldo o de agua y cocine hasta que estén tiernos, por 5 minutos aprox.

Vegetales de hojas verdes y achicorias

TEMPORADA: FINALES DE PRIMAVERA HASTA EL INVIERNO

Los vegetales de hojas verdes abarcan la acelga, la col rizada, el brócoli rabe, la col, la espinaca, así como las tapas de remolachas y nabos. Hay muchas variedades de cada uno: acelga arco iris, acelga suiza, col rizada rusa y roja, col laciniato y espinacas Bloomsdale, para nombrar unas pocas. Seleccione vegetales verdes que estén vibrante, firmes, y frescos. Evite los que están lavados, preparados y empacados en bolsas. Aunque ahorrará un poco de tiempo a comprarlos así, lo cierto es que los vegetales comprados directamente del cultivador son mucho más frescos y sabrosos.

A excepción de las acelgas, los tallos de los vegetales de hojas verdes se deben eliminar y desechar. Para hacer esto, sujete el tallo, agarre la base de la hoja y hálela hacia afuera mientras retira el tallo con la otra mano. También puede cortar las hojas del tallo con un cuchillo pequeño de pelar. Las venas anchas de las acelgas se pueden cocinar; requieren más tiempo que las hojas, y se deben cocinar por separado. Lave bien todos los vegetales en agua abundante y escurra.

Las achicorias son la familia que incluye el radicchio, la escarola, las endibias belgas y la endibia y la escarola tipo frisée. Estos vegetales son agradablemente amargos y no necesariamente verdes: el radicchio es generalmente de color rojo, y las endibias belgas tiene un color verde-amarillo pálido. Los corazones de las variedades de hojas verdes como la escarola y la endibia rizada son casi blancos. Todas las achicorias son deliciosas en ensaladas y algunas son lo suficientemente resistentes como para estofar y preparar a la parrilla. Todos estos vegetales deben tener hojas frescas y de colores brillantes. Las variedades con cabeza como las endibias belgas y algunas variedades de radicchio deben ser firmes y estar herméticamente cerradas.

Para usar achicorias en ensaladas, corte y deseche las hojas exteriores oscuras, ya que pueden ser duras y amargas. Separe las hojas y lave y seque bien. Las endibias belgas se oscurecen con mucha rapidez, y se deben limpiar y cortar antes de usar. Si va a preparar achicorias para estofar y asar a la parrilla, puede cortar por la mitad o en cascos las variedades que tengan cabezas compactas.

Acelgas con cebolla

4 PORCIONES

Lave y escurra bien:
   1 manojo grande de acelgas
Retire las hojas de las venas. Retire las puntas de las venas y pique estas en rodajas finas. Corte las hojas en tiras anchas.
Caliente en una sartén pesada:
   2 cucharadas de aceite de oliva
Añada:
   1 cebolla, cortada en cubitos
Cocine a fuego medio, removiendo ocasionalmente hasta que esté blanda, por 5 minutos aprox. Añada las venas de acelga y siga cocinando durante 3 minutos, agregue las hojas, y:
   Sal
Cocine, removiendo de vez en cuando, hasta que las hojas estén tiernas. Añada un poco de agua si la sartén está seca y la cebolla comienza a pegarse y a oscurecerse.

VARIACIONES

* Utilice sólo 1 cucharada de aceite de oliva, y agregue 2 rebanadas de tocino cortado en trozos de una pulgada antes de añadir la cebolla. Cocine hasta que el tocino se empiece a dorar, retire de la sartén y añada la cebolla. Regrese el tocino cocido a la sartén con la acelga.

* Añada una pizca de hojuelas de chile para un sabor ligeramente picante.

Acelgas gratinadas

4 PORCIONES

Lave y deshoje:

1½ manojos de acelgas

Reserve la mitad de los tallos y corte en rodajas finas.

Lleve a ebullición 2 litros de agua con sal y cocine los tallos cortados durante 2 minutos. Añada las hojas de acelga y cocine hasta que estén tiernas, por 3 minutos aprox. Escurra y deje enfriar. Retire suavemente el exceso de líquido de los tallos y de las hojas y toscamente picadas.

Mezcle:

1 taza de migas de pan (vea la página 62)
2 cucharaditas de mantequilla derretida

Tueste en una bandeja para hornear en un horno a 350°F, removiendo de vez en cuando, hasta que estén ligeramente doradas, por 10 minutos aprox.

Derrita a fuego medio en una sartén pesada:

1½ cucharadas de mantequilla

Añada:

1 cebolla, cortada en cubitos

Cocine a fuego medio hasta que esté translúcida, por 5 minutos aprox. Agregue la acelga, y:

Sal

Cocine 3 minutos. Rocíe con:

2 cucharaditas de harina

Mezcle bien y añada:

½ taza de leche
Un poco de nuez moscada recién rallada

Cocine durante 5 minutos, removiendo de vez en cuando. Añada más leche si la mezcla está muy espesa. La acelga debe estar húmeda, pero no flotando en el líquido. Pruebe y agregue sal si es necesario. Engrase una fuente pequeña para hornear. Extienda la acelga uniformemente y vierta:

2 cucharaditas de mantequilla

Espolvoree por encima las migas de pan de forma pareja. Hornee a 350°F hasta que el gratinado esté dorado y burbujeante, de 20 a 30 minutos.

VARIACIÓN

◆ Sustituya la acelga por 1½ libras de espinaca. Marchite la espinaca en una sartén con un poco de mantequilla y agua. Deje enfriar y escurra el exceso de líquido como se indica anteriormente.

Acelgas con queso parmesano

Me sorprendió descubrir cómo un poco de queso parmesano y mantequilla transforman las acelgas. Pruébelo y verá.

Retire las hojas de las venas de un manojo o más de acelgas. Deseche las venas (o reserve para otra receta), lave las hojas, y cocine hasta que estén tiernas en agua abundante con sal hirviendo, por 4 minutos aprox. Escurra las hojas, deje enfriar, retire la mayor parte del agua y trocee. Derrita 3 cucharadas de mantequilla en una sartén pesada a fuego medio por cada manojo de acelgas. Añada la acelga troceada y agregue sal al gusto. Caliente bien y agregue un puñado grande de queso parmesano recién rallado por cada manojo de acelgas. Retire del fuego y sirva.

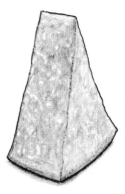

Brócoli rabe con ajo y chile

4 A 6 PORCIONES

Esta es una de mis verduras favoritas. Tiene un sabor fuerte que es amargo, dulce, a nuez, y muy vegetal. Los tallos tienen una textura muy agradable, jugosa y al mismo tiempo fibrosa. Queda deliciosa con ajo, y con sabores fuertes como chile, anchoas y vinagre.

Retire el tallo de:

2 manojos de brócoli rabe
(1¼ libras aprox.)

Retire y deseche las partes leñosas de los tallos. Corte el resto de los tallos en trozos de ½ pulgada. Pique las partes con hojas en cintas de 1 pulgada. Lave las hojas en agua fría y escurra.

Derrita en una sartén gruesa a fuego medio:

3 cucharadas de aceite de oliva

Cuando esté caliente, añada:

1 pimienta de cayena seca, en rodajas
gruesas, o una pizca de hojuelas de
chile

3 dientes de ajo, picados

Remueva una vez, agregue rápidamente el brócoli rabe y sazone con:

Sal

Si todo el brócoli rabe no cabe en la sartén, espere a que una parte se marchite antes de añadir el resto. El agua con que ha lavado las hojas debe ser suficiente para cocinarlo. Agregue más agua si la sartén se seca demasiado y comienza a chisporrotear. Los tiempos de cocción pueden variar mucho, y tardar de 4 a 12 minutos en estar tierno. Examine con frecuencia que el punto de cocción, así como la sazón. Añada antes de servir:

1 cucharada de aceite de oliva extra virgen

Endibias belgas estofadas

4 PORCIONES

Me encantan las endibias preparadas de esta manera. Son suculentas y se derriten en la boca. Sírvala con todo tipo de carnes asadas y con pescado escalfado o al horno.

Recorte las puntas de las raíces y elimine las hojas exteriores y descoloridas de:

4 endibias belgas

Corte por la mitad a lo largo y sazone bien con:

Sal

Derrita en una sartén pesada:

2 cucharadas de mantequilla

Añada la endibia con el lado cortado hacia abajo, y cocine a fuego medio hasta que esté bien dorada. Puede hacer esto en lotes, añadiendo más mantequilla con cada uno. La sartén se dorará, pero eso es normal. Sin embargo, no deje que adquiera un color negro. En ese caso, lávela antes de añadir el siguiente lote. Coloque las endibias en un plato para hornear donde quepan en una sola capa, con los lados dorados hacia arriba. Vierta:

1 taza aprox. de caldo de pollo

El caldo debe estar a ½ pulgada aprox. de profundidad en el plato. Cubra bien y hornee a 400°F hasta que estén tiernas, por 20 minutos aprox. Compruebe el punto de cocción insertando un cuchillo afilado en el centro.

VARIACIONES

✦ Envuelva cada mitad de endibia en una rebanada fina de panceta o tocino antes de dorar. Dore las endibias por ambos lados, agregue más mantequilla si es necesario, y rehogue como se indica anteriormente.

✦ Coloque las endibias cortadas en un plato para hornear y vierta ¾ de taza de crema, sazone con sal y pimienta, y cocine hasta que estén tiernas, doradas y burbujeantes.

Radicchio a la parrilla con vinagreta de ajo

Esta es una de las formas más deliciosas de comer radicchio, especialmente con carnes a la brasa, o mezclado en un platillo de risotto o pasta.

Lave y corte el radicchio. Corte a lo largo y en mitades o en cuartos las variedades con forma semejante a la lechuga romana, como Rossa di Treviso; es mejor cortar las variedades de cabeza redonda, como la Rossa di Verona, en 6 u 8 gajos. Coloque el radicchio cortado en un recipiente, rocíe con aceite de oliva, sazone con sal y pimienta negra recién molida, y remueva con suavidad hasta cubrir de manera uniforme.

Ase el radicchio a fuego medio-alto, dándole vuelta frecuentemente hasta que esté blando y tierno, por 10 minutos aprox. El tiempo variará según el tipo y el tamaño del radicchio, y de la intensidad del fuego. Las hojas exteriores pueden quedar crujientes, lo cual le da un gran sabor. Cuando esté hecho, adobe el radicchio con una vinagreta con mucho ajo, elaborada con vino tinto y vinagre balsámico. Sirva tibio o a temperatura ambiente.

VARIACIÓN

◆ El radicchio también se puede asar, hornear, o freír hasta que esté tierno y marchito.

Espinacas a la crema

4 PORCIONES

Retire los tallos, lave y escurra:
  1 libra de espinacas
Derrita en una sartén pesada a fuego medio:
  2 cucharadas de mantequilla
Añada:
  1 cebolla mediana, cortada en cubitos pequeños
Cocine hasta que esté tierna, por 7 minutos aprox. Añada las espinacas y cocine hasta que se ablanden. Si hay mucho líquido en la sartén, acomode las espinacas a un lado, presione para exprimir tanto líquido como sea posible y deseche. Regrese la sartén al fuego y añada:
  Sal
  ⅓ de taza de crema batida o crème fraîche
Hierva hasta que la crema se reduzca y espese alrededor de la espinaca. Pruebe la sal, rectifique si es necesario y rocíe con:
  Pimienta negra o blanca recién molida

VARIACIONES

◆ Añada 2 dientes de ajo, finamente picados, con la sal y la crema.
◆ Vierta unas gotas de jugo de limón o una pizca de vinagre de vino.
◆ Añada ⅛ de cucharadita de nuez moscada recién rallada con la sal y la crema.
◆ Use ½ taza de Salsa blanca (salsa bechamel, página 225) en lugar de la crema, y cocine a fuego lento durante 5 minutos.

◆ Hongos

TEMPORADA: TODO EL AÑO

Los hongos silvestres y comestibles crecen casi en todas partes. Tienen un complejo sabor a madera y a tierra. Sus texturas son agradables, carnosas y fibrosas. Los chanterelles, los morels, los boletus y los oyster son las variedades comunes más fáciles de identificar. Sin embargo, nunca consuma hongos recogidos en el campo a menos que los haya identificado plenamente. No corra riesgos; aprenderá cómo hacerlo acudiendo a una sociedad micológica o a un experto en hongos de su universidad o college local.

Los hongos silvestres son recogidos por recolectores comerciales y se venden en varios mercados. Compre hongos silvestres que tengan un aspecto fresco y vivo, sin ningún signo ni color de moho o podredumbre. Guárdelos en una bolsa de papel en el refrigerador y consúmalos a la mayor brevedad posible. Límpielos con cuidado. Si no están muy fangosos o arenosos, puede utilizar un cuchillo de pelar para retirar las irregularidades y decoloraciones, y utilice un paño húmedo para eliminar las partes sucias. Recorte y deseche los extremos y las partes estropeadas. Si los hongos están muy sucios, debería sumergirlos rápidamente en agua fría, pero no los deje mucho tiempo, pues absorberán mucha agua. Escúrralos bien.

Los hongos cultivados, tanto los blancos como los cremini de color café, ahora se encuentran en variedades orgánicas. Busque hongos pequeños que tengan sombreros herméticamente cerrados. Recorte los extremos de los tallos y limpie los sombreros; no necesita hacerles nada más.

Hongos salteados

Lleve una sartén a fuego alto. Cuando esté muy caliente, añada aceite de oliva hasta cubrir el fondo. Agregue rápidamente los hongos y espolvoree un poco de sal. Si los hongos despiden mucha agua y empiezan a hervir en el líquido, retire el exceso y reserve para otro uso. Los hongos domésticos son más secos y deben cocinarse a fuego más lento. Tal vez deba añadir un poco más de aceite en este punto. Siga salteando los hongos hasta que comiencen a dorarse y estén tiernos al probarlos. Si está preparando más de una variedad, saltee cada una por separado antes de mezclarlas. Puede añadir un poco de crema o una cucharada de crème fraîche cuando estén hechas y calentar. O puede agregar tomillo picado y ajo, o espolvorear con Gremolata (página 231) y saltear brevemente antes de servir con crutones, con una carne a la parrilla, con una omelette, o como una salsa para pastas.

◆ Cebollas

TEMPORADA: TODO EL AÑO, PERO SON MEJORES DESDE LA PRIMAVERA HASTA EL OTOÑO

Las cebollas son un ingrediente fundamental, que le dan un fondo de dulzura y de profundidad a un sinfín de sopas, salsas, guisos y verduras. En distintas épocas del año se encuentran diferentes tipos de cebolla. La variedad más común —la cebolla amarilla, con una piel café, seca y papelada— se consigue todo el año. Las cebolletas—cebollas frescas con bulbos y partes superiores verdes e intactas, se cosechan y se venden en primavera. Son tiernas, suaves, y maravillosas en la cocina. Las variedades de cebolla dulce (que incluyen la Walla Walla, la Maui, y la Vidalia), comienzan a madurar a principios del verano; son cebollas grandes con piel muy fina de color amarillo pálido, pero no se conservan bien. El apogeo del verano es también el apogeo de las cebollas y el mercado está lleno de cebollines y cebollas recién cosechadas. (Los cebollines tienen ramas verdes, al igual que las cebollas de primavera, pero carecen de bulbos). Busque cebollas y cebollines que sean relucientes y brillantes, y cuando la parte verde tenga un aspecto fresco. Las raíces deben ser frescas y blancas, y no deben estar arrugadas. Las cebollas secas y curadas deberían ser duras, con la piel muy fina y semejante al papel.

Para preparar cebolletas, corte la parte superior verde, el extremo de la raíz, y las capas exteriores secas o estropeadas. Para preparar cebollas curadas, haga cortes poco profundos en forma de cono para retirar el tallo y los extremos de la raíz. A menos que quiera cortar anillos de cebolla en rodajas horizontales, corte la cebolla por la mitad y a lo largo, y lejos de la piel (una cebolla cortada en dos es mucho más fácil de partir en rodajas). Las cebollas pequeñas son más fáciles de pelar si se remojan un minuto en agua tibia para hidratar la piel; haga esto justo antes de pelarlas. Corte la cebolla al momento de usarla: los iones se oxidan y empiezan a perder el sabor poco después de partir. Utilice un cuchillo afilado para no estropear la cebolla. Si va a utilizar en ensaladas, sumerja la cebolla en agua con hielo para preservarla. (Esto también suaviza el sabor de la cebolla cruda, que es fuerte y picante). La combinación dulce y salada de la cebolla y de este físico las anchoas es particularmente deliciosa, especialmente en una Tarta de cebolla (página 177).

Rodajas de cebolla al horno

Escoja cebollas firmes y jugosas y corte transversalmente con ¼ de pulgada de grosor. Calcule 2 a 3 rodajas por persona. Engrase una bandeja para hornear con aceite de oliva y acomode las rodajas en una sola capa. Sazone con sal y deles vuelta. Unte con aceite por el otro lado, sazone con sal y hornee a 375°F por 30 minutos, o hasta que estén tiernas y doradas por debajo. Sirva las cebollas como están, o marine en una o dos cucharadas de vinagreta.

Son deliciosas tibias como una guarnición, y a temperatura ambiente como parte de una ensalada o antipasto.

Cebollas a la parrilla

Encienda un fuego medio-alto al aire libre y ponga la parrilla encima para precalentarla. Pele algunas cebollas y corte transversalmente, de modo que tengan entre ¼ y ½ pulgada de grosor. Inserte en un pincho para facilitar la cocción, poniendo una rodaja de cebolla sobre la mesa, sosteniendo un pincho en sentido paralelo, y pasándolo con cuidado por el centro de la cebolla; en cada uno caben dos o tres rodajas. Unte las cebollas con aceite de oliva y sazone con sal. Limpie bien la parrilla y engrásela con aceite utilizando un paño (o varias toallas de cocina). Acomode las cebollas en la parrilla y cocine durante 4 minutos aprox. por cada lado. Si no están tiernas, siga asando y deles vuelta con frecuencia para evitar que se quemen. Sirva tibias o a temperatura ambiente, ya sea solas o con una salsa o vinagreta.

Después de asar carne o pescado, la temperatura del fuego suele ser perfecta para asar cebollas y unas rebanadas de pan. Las cebollas asadas son un acompañamiento maravilloso para carnes a la parrilla, especialmente para hamburguesas.

✦ Chirivías

TEMPORADA: FINALES DE OTOÑO E INVIERNO

Las chirivías son semejantes a las zanahorias, pero son más grandes y tienen un color marfil. De hecho, son de la misma familia, pero no se recomienda comerlas crudas, pues son casi incomibles. Sin embargo, tienen un sabor dulce y a nuez cuando se cuecen. Son deliciosas tostadas o en puré, solas o con otros vegetales, y le dan una nota profunda y compleja a caldos y sopas. Compre chirivías de tamaño mediano que estén firmes y tengan la piel lisa; si compra chirivías pequeñas, no tendrán mucha pulpa; y si son muy grandes, tendrán un núcleo leñoso que se debe desechar. Prepare las chirivías como si fueran zanahorias, retirando la piel y los extremos.

Puré de chirivías o de vegetales de raíz

Cualquier vegetal de raíz se puede utilizar para hacer este puré. El puré de chirivías es dulce, y tiene un agradable color amarillo cremoso. Se prepara en poco tiempo y tiene una consistencia suelta. Puede hacer puré de zanahoria, apio, colinabos y kohlrabi. Pele y corte las verduras en trozos grandes. Cocine en agua hirviendo con sal hasta que estén tiernas. Triture con un prensa purés y agregue mantequilla, crema o aceite de oliva. La raíz de apio y los nabos se pueden cocinar en mantequilla o aceite de oliva, en trozos más pequeños, cubiertos y a fuego lento sin nada de agua. Remueva con frecuencia y reduzca el fuego si la olla se empieza a quemar.

Puede hacer un puré con varios tubérculos; raíz de apio, una combinación deliciosa es con zanahorias y colinabos, y los nabos y el kohlrabi también se complementan bien. El puré de papas es especialmente sabroso mezclado con puré de raíz de apio o de chirivías.

Al hacer una combinación de purés, es mejor cocinar las verduras por separado, ya que todas requieren tiempos de cocción diferentes. Luego puede mezclarlas y hacer el puré.

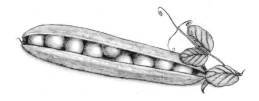

✦ Chícharos

TEMPORADA: PRIMAVERA Y PRINCIPIOS DE VERANO

Los chícharos ingleses, los tirabeques y los chícharos chinos son las tres variedades más comunes. Los tirabeques y los chícharos chinos se comen con la vaina. Los brotes de la planta también son comestibles. Todos los chícharos saben mejor cuando se cosechan jóvenes y tiernos. Son más dulces en esta etapa, pues los azúcares no se han transformado todavía en almidones. Los chícharos son perecederos. Los tirabeques y los chícharos chinos pueden tolerar un poco de calor y durar hasta el comienzo del verano.

Escoja chícharos que sean firmes y tengan vainas brillantes. Si las vainas están muy frescas, producirán un chirrido al frotarlas juntas. Los chícharos más pequeños tienen más sabor que los grandes. Las variedades de vainas comestibles, especialmente los chícharos chinos, saben mejor cuando los granos están muy pequeños, casi sin desarrollarse. A medida que maduran y se hacen demasiado fibrosos para comer, los tirabeques se pueden retirar de la vaina al igual que los chícharos comunes o ingleses.

Para preparar tirabeques y chícharos chinos, retire los extremos y luego hale hacia abajo un lado de la vaina para retirar las fibras. En cuanto a los brotes de chícharo, sólo se deben retirar las hojas amarillas, y luego enjuagarse y escurrirse antes de saltear o cocinar al vapor.

Ragú de chícharos y espárragos

4 PORCIONES

Retire la vaina de:

¾ de libra de chícharos

Retire los extremos de:

¾ de libra de espárragos

Corte en diagonal, de modo que tengan entre ⅛ y ¼ pulgadas de grosor. Deje las puntas con 1½ pulgadas de largo. Corte por la mitad y a lo largo si son gruesas. Derrita en una sartén pesada a fuego medio:

2 cucharadas de mantequilla

Añada:

3 cebolletas, limpias y en rodajas (¾ de taza aprox.)

Cocine por 4 o 5 minutos, hasta que estén blandas. Añada los espárragos y los chícharos, así como:

½ taza de agua

Sal

Cocine por 4 o 5 minutos, o hasta que los vegetales estén tiernos. Mezcle:

1 cucharada de mantequilla

1 cucharada de perejil o perifollo picado

Pruebe la sal y rectifique si es necesario.

VARIACIONES

• Puede sustituir una parte de los chícharos por habas tiernas.

• Utilice tirabeques, limpios y cortados en rodajas diagonales en lugar de chícharos corrientes.

• Corte 1 o 2 tallos de ajo verde y añada a los espárragos y chícharos.

Chícharos en mantequilla

La manera más fácil de preparar chícharos tiernos —y tal vez la mejor— es desgranarlos y cocinarlos en ½ pulgada aprox. de agua. Los chícharos tardan más en cocinarse de lo que podría pensarse, tal vez 4 minutos aprox. Pruebe constantemente y escúrralos cuando estén en su punto. Agregue una porción grande de mantequilla y espolvoree con sal; mezcle y sirva de inmediato. Añada perifollo picado si tiene a mano. También puede agregar una rodaja o dos de prosciutto o de otro jamón, partido en julianas y añadirlo con la mantequilla; es excelente en una salsa para acompañar fideos de huevos frescos o secos. Otra forma de preparar los chícharos —muy apreciada por los franceses— es calentar agua, y luego añadir sal y algunas hojas de lechuga tipo mantequilla junto con los chícharos. Cuando los chícharos estén tiernos, agregue la mantequilla para hacer una salsa alrededor de los chícharos y de la lechuga. Los chícharos también se pueden cocinar con aceite de oliva aceite en vez de mantequilla.

Todas estas formas de cocinar los chícharos se aplican a los tirabeques. Cocínelos enteros o partidos por la mitad, a lo largo o en diagonal, para que se mezclen bien con la salsa.

✦ Pimientos

TEMPORADA: MEDIADOS DEL VERANO HASTA OTOÑO

Hay una gran variedad y colores de pimientos y de chiles, que pertenecen al mismo género. Los pimientos suelen ser más grandes y tener más pulpa que los chiles picantes. Todos los pimientos son verdes y cambian de color cuando maduran: las tonalidades van del verde al púrpura, pasando por el rojo y todas las gamas del amarillo y del naranja. El pimiento más común es el morrón, pero hay muchos otros: los hungarian wax, que son pequeños y de color amarillo pálido; los pimientos lipstick, también pequeños pero de tonalidades brillantes rojas y naranjas. Otras variedades son los pimientos gitanos, más grandes y con menos carne, los cherry rojos, que son pequeños, los Corno di Toro, que son puntiagudos y largos, para nombrar sólo algunos. Todos estos pimientos son dulces, pero tienen muchas sutilezas en materia de sabor y son perfectos para la cocina mediterránea del sur de

Francia, Italia y España. Escoja pimientos maduros y no verdes. Un pimiento verde no ha tenido la oportunidad de desarrollar todo su sabor y es mucho más difícil de digerir. Los pimientos son sabrosos, ya sea crudos o cocinados, asados o sin la piel. La variedad de chiles es incluso mayor; varían en sabor y en picor, así como en tamaño y color. Se comen verdes y sin madurar, y también completamente maduros o secos.

Escoja pimientos y chiles que sean coloridos, brillantes y frescos. Evite los que tengan manchas o ampollas en la piel. Los pimientos y chiles se preparan de la misma manera, sin importar su tamaño: ya sea enteros y asados, retirándoles la piel y la parte superior, las venas internas y las semillas (estas dos son las partes más picantes de los chiles), o cortarlos sin cocinarlos, quitarles la parte superior y el tallo, las venas duras internas, y sacudirles las semillas. Si utiliza chiles secos, córtelos por la mitad y deseche los tallos y semillas. Se pueden tostar brevemente en un horno o sartén caliente y luego rehidratar en agua para utilizar en una salsa, o añadir directamente a un guiso.

Pimientos salteados con alcaparras

4 PORCIONES

Los pimientos salteados son deliciosos en pizzas y pastas, en omelettes, o con crutones. Si desea, puede mezclar pimientos y chiles.

Corte por la mitad:
3 pimientos dulces, preferiblemente de distintos tipos y colores
Recorte el extremo del tallo y retire las semillas y las venas en el interior del pimiento. Corte en rodajas finas, y haga lo mismo con:
1 cebolla
Caliente en una sartén pesada:
3 cucharadas de aceite de oliva

Agregue la cebolla y cocine a fuego medio, removiendo ocasionalmente por 4 minutos. Añada los pimientos y sazone con:
Sal
Cocine por otros 4 a 6 minutos, o hasta que los pimientos comiencen a ablandarse. Agregue:
2 a 3 dientes de ajo, picados
1 cucharada de alcaparras, enjuagadas, escurridas, y picadas toscamente
Cocine por unos minutos, reduciendo el fuego si la olla comienza a oscurecerse.
Pruebe la sal y rectifique si es necesario. Cuando los pimientos estén hechos, agregue:
1 cucharada de albahaca o perejil picado (o ambos)
Sirva ligeramente rociados con:
Aceite de oliva extra virgen

◆ Papas

TEMPORADA: PRIMAVERA Y OTOÑO

Ya sean papas para hornear o para hervir, o bien papas nuevas o alargadas: hay muchas variedades para elegir, y algunas son amarillas, azules o rojas. A las papas de piel roja se les llama con frecuencia papas para hervir, y tienen una pulpa densa, blanca y cerosa que mantiene su forma al hervirse. No son muy buenas para hornear ni para hacer puré, pues se vuelven completamente pegajosas al triturarlas. Las papas para hornear suelen tener una piel café clara, y una pulpa blanca y seca que se vuelve esponjosa al cocinarse. Quedan mejor horneadas y en papas a la francesa. Algunas variedades comunes son la Kennebecs y la russet.

Las papas más versátiles y sabrosas son las variedades de pulpa amarilla, como la Yellow Finn, la German Butterball, y la Yukon Gold. La carne de estas papas tiene una textura a medio camino entre horneada y hervida. Tienen suficiente almidón ceroso para mantener su forma al hervirse, pero también se pueden hacer en puré, y lo mejor de todo, están llenas de sabor, mucho más que cualquier otra variedad de pulpa blanca.

Las papas nuevas se cosechan cuando las plantas están verdes todavía en los campos y tienen una piel fina y ajada. Son deliciosas. Las alargadas son más pequeñas, y tienen forma de dedos. Algunas variedades de buen sabor son la Russian Banana, la German y la Ruby Crescent.

Seleccione papas que estén firmes y sin manchas. No compre papas que tengan la piel verde. Esto es causado por la exposición a la luz y puede indicar la presencia de solanina, una sustancia tóxica. Puede retirar las partes verdes, pero es preferible desechar las papas en ese estado. Guarde las papas en una bolsa o en un armario lejos de la luz. Las papas nuevas y las alargadas no se deben pelar; simplemente lave bien antes de cocinarlas. Otras variedades de papa se deben pelar, dependiendo de la receta y de su preferencia. Una vez peladas, las papas se deben sumergir en agua para evitar que se oscurezcan.

Papas gratinadas

4 PORCIONES

Me gustan más cuando las papas se cortan en rodajas muy finas (es fácil hacerlo con una mandolina), pues tienen menos probabilidades de curvarse y quemarse en los bordes. Las papas Yukon Gold y otras de pulpa amarilla y cerosa mantienen su textura en un gratinado; las papas harinosas, como las russet, se deshacen.

Engrase una fuente para gratinar de 9 por 12 pulgadas con:

Mantequilla

Pele y corte en rodajas de 1/16 de pulgada de grosor:

**4 papas amarillas grandes
(1½ libras aprox.)**

Acomode una capa de rodajas de papa en la fuente, superponiendo ligeramente como si fueran tejas de asfalto en un techo. Espolvoree con:

Sal y pimienta negra recién molida

Continúe con la capa de papas, sazonando cada una, hasta utilizar todas las papas.

Debería tener dos, o máximo tres capas. Vierta suavemente sobre las papas:

1 taza de leche

El líquido debe cubrir el fondo de la capa superior de las papas. Agregue más leche si es necesario. Salpique generosamente la parte superior de las papas con:

**3 cucharadas de mantequilla, cortada en
trozos**

Hornee a 350°F hasta que estén doradas y burbujeantes, por 1 hora aprox. Retire el plato del horno a mediados de la cocción, y presione las papas planas con una espátula de metal para mantener la humedad en la parte superior. Regrese al horno y examine las papas con frecuencia. El gratinado estará listo cuando las papas estén blandas y doradas por encima.

VARIACIONES

◆ Pele y aplaste un diente de ajo y frote el interior del plato con él antes de engrasarlo.

◆ Use grasa de pato en lugar de la mantequilla.

◆ Utilice crema batida o una mezcla de cremas. Suprima la mantequilla.

◆ Sustituya la mitad de las papas por raíz de apio, chirivías o nabos en rodajas.

◆ Añada hierbas picadas como tomillo, perejil, cebolletas o perifollo entre las capas.

◆ Saltee hongos, acedera, espinacas o puerros y vierta entre las rodajas de papa.

◆ Rocíe queso parmesano o gruyere rallado en cada capa antes de llevar al horno y espolvoree más 15 minutos antes de sacar del horno.

Papas fritas

4 PORCIONES

Pele y corte en cubos de ¾ de pulgada:

1½ libras de papas amarillas, como Yellow Finn, Yukon Gold, o Russet

Corte las papas exactamente del mismo tamaño para que tengan el mismo punto de cocción. Lleve a ebullición una olla de agua con sal y cocine las papas hasta que estén cocidas y tiernas, pero sin deshacerse. Escurra las papas y deje reposar unos minutos.

Caliente en una cacerola de fondo grueso, preferiblemente de hierro fundido:

½ taza de aceite de oliva

Cuando el aceite esté caliente, añada las papas y cocine a fuego medio, removiendo con frecuencia hasta que estén doradas, por 15 minutos aprox.

Sazone con:

Sal

Sirva de inmediato.

VARIACIONES

◆ Fría las papas en mitad de aceite de oliva y mitad de mantequilla clarificada o grasa de pato.

◆ Corte las papas en dados pequeños, de ⅜ de pulgada. No las hierva; fríalas hasta que estén crujientes, removiendo con frecuencia.

Puré de papas

4 PORCIONES

Hierva en abundante agua con sal, de 15 a 20 minutos, hasta que estén completamente cocidas:

1½ libras de papas amarillas o russet (o una mezcla), cortadas en trozos medianos

Compruebe el punto de cocción de las papas cortando un trozo por la mitad y mirando el centro; debe estar tierno, seco y con escamas. Escurra bien las papas y deje enfriar en el colador por unos pocos minutos. Mientras tanto, caliente en la misma olla:

½ taza de leche entera o de agua

Vierta las papas escurridas de nuevo en la olla. Añada:

4 cucharadas de mantequilla, cortada en trozos

Triture las papas con un machacador de papas o una cuchara de madera, y a fuego lento, para mantenerlas calientes. Sazone con:

Sal al gusto

Agregue más leche si el puré está muy seco.

VARIACIONES

◆ Sustituya el aceite de oliva extra virgen por la mantequilla.

◆ Retire la piel del Ajo asado (página 308) y agregue al puré de papas.

◆ Añada cebolletas salteadas y cortadas al puré de papas.

◆ Cocine otros tubérculos por separado (zanahorias, raíz de apio, nabos o chirivías) y triture con las papas.

◆ Para un puré suave, pase las papas cocinadas por un prensa purés en lugar de triturarlas.

◆ Haga pastelitos o hamburguesas con las sobras del puré y fríalas al día siguiente; acompañe con huevos.

Camotes y ñames

TEMPORADA: FINALES DE OTOÑO HASTA EL INVIERNO

Los camotes y los ñames son prácticamente intercambiables en la cocina. Los camotes tienen una pulpa seca, de color amarillo pálido y con sabor a nuez. Las variedades más comunes de ñame son la Jewel y la garnet: ambas tienen una piel de color rojizo-morado una pulpa húmeda, dulce y de color naranja brillante. Busque camotes y ñames firmes y sin golpes. Ambos se siguen endulzando después de cosecharse, pero no se conservan bien y tienden a estropearse con mucha rapidez. Lave y hornéelos enteros con la piel, o retire la piel y prepárelos fritos, al vapor o al horno.

Camotes con lima

Los camotes hawaianos, pequeños, dulces y de pulpa morada, y que a veces se encuentran en el mercado, son especialmente sabrosos preparados de esta forma. Escoja camotes firmes, frescos y dulces. Lave y restriegue bien. Hornee a 375°F hasta que estén tiernos, por 1 hora aprox. Córtelos cuando estén hechos, unte con mantequilla, espolvoree con sal y exprima jugo de lima. Agregue un poco de cilantro toscamente picado si desea.

Ensalada marroquí de camote

4 PORCIONES

Pele:
   2 camotes (1 libra aprox.)
Corte en cubos grandes y mezcle con:
   Aceite de oliva
   Sal
Acomode en un plato para hornear y ase hasta que estén tiernos en un horno a 375°F. Retire del horno y deje enfriar. Mientras tanto, prepare un adobo. Mezcle:
   Una pizca de hebras de azafrán
   ½ cucharadita de jengibre fresco rallado
   Una pizca de comino molido
   1 cucharadita de pimiento
   Sal
   2 cucharadas de jugo de limón fresco
   3 cucharadas de aceite de oliva extra virgen
Añada:
   2 cucharadas de cilantro picado (los tallos y las hojas)
   1 cucharada de perejil picado (las hojas solamente)
Vierta la marinada sobre los camotes tibios y deje reposar 30 minutos, removiendo de vez en cuando. Pruebe la sal y rectifique si es necesario. Sirva a temperatura ambiente.

VARIACIONES

• Añada 1 cucharada de aceitunas verdes picadas.

• Añada la ralladura de ½ limón al adobo.

• Para un adobo un poco diferente, cocine ½ cebolla finamente picada en un poco de aceite de oliva con jengibre y azafrán, hasta que estén blandas pero no doradas, por 7 minutos aprox. Transfiera la cebolla a un tazón, añada el resto de ingredientes del adobo y siga las indicaciones anteriores.

✦ Tomates

TEMPORADA: VERANO

Nada se compara con un tomate colorido, fragante y madurado en la vid. Los mercados agrícolas (¡y su propio patio trasero!) son los mejores lugares para conseguir tomates frescos. La mayor parte de las variedades que se venden todo el año en el supermercado han sido cultivadas para que tengan estructura, pero no sabor. Se pueden enviar a cualquier parte del mundo, pero no le darán buen sabor a ninguna comida. Hay una gran variedad de tomates. Los pequeños tomates cherry maduran con rapidez. Vienen en muchos colores; los que tienen más sabor son los dorados y los rojos. Los tomates tipo ciruela son buenos para salsas. Y también están los llamados "heirloom", que fueron cultivados localmente por nuestros antepasados. Hay tomates amarillos, dorados, anaranjados, verdes, morados, con franjas y rojos. Tienen tantos tamaños como colores.

Elija tomates de colores intensos que no estén muy blandos ni firmes. Los tomates se siguen madurando y lo hacen mejor lejos de la luz solar directa. No los guarde en el refrigerador, pues pierden su sabor. Lávelos y corte un cono en el extremo del tallo para eliminar el corazón. Es mejor pelarlos si la piel es muy gruesa. Para hacer esto, sumerja en agua hirviendo y retire cuando la piel se desprenda; tardará entre 15 segundos y un minuto aprox. (Examine los tomates con frecuencia para saber cuándo retirarlos). Enfríe rápidamente en agua helada y retire la piel. Para quitar las semillas, corte los tomates horizontalmente por la mitad y apriete suavemente, expulsando las semillas con los dedos. Puede colar el jugo para cocinar con él, o tomarlo.

Tomates confitados

4 PORCIONES

Preparar los tomates de esta forma concentra e intensifica su sabor. Cada uno es como una cucharada de salsa dulce.

Precaliente el horno a 350°F. Pele y retire el corazón de:

4 tomates medianos

Esparza en el fondo de una bandeja para hornear:

Unas pocas ramitas de albahaca

Acomode los tomates sobre la albahaca, con el corazón hacia abajo. Espolvoree con:

Sal

Añada:

1½ tazas de aceite de oliva aprox.

Hornee por 50 minutos aprox. Los tomates estarán hechos cuando estén ligeramente dorados en la parte superior, y completamente tiernos. Retire con cuidado antes de servir. Puede reservar el aceite y añadir a una a vinagreta o salsa.

Tomates rellenos al horno

Los tomates dulces y pequeños de final de temporada, especialmente de la variedad Early Girl, son maravillosos para rellenar y hornear. Puede pelar los tomates para una textura más delicada, pero es opcional. Haga un relleno de migas frescas de pan (con pan de estilo rústico), ajo picado y albahaca fresca en abundancia. La albahaca Piccolo fino, una variedad muy picante y de hojas pequeñas, es especialmente apropiada para esta receta. Retire el corazón de los tomates, corte por la mitad horizontalmente y elimine las semillas. Sazone el interior con sal y pimienta y rellene las cavidades con las migas de pan adobadas, presionando bien y de manera que el relleno sobresalga ligeramente.

Acomode los tomates en un plato de cerámica y rocíe cada uno con aceite de oliva. Hornee a 375°F por 30 minutos aprox., hasta que estén bien dorados.

Ratatouille

6 A 8 PORCIONES

Para un ratatouille colorido, use pimientos, calabacines y tomates de diferentes colores. No dude en preparar el doble de esta receta, pues el ratatouille sabrá incluso mejor al día siguiente.

Corte en cubos de una pulgada:

1 berenjena mediana

Espolvoree con:

Sal

Vierta en un colador y deje escurrir 20 minutos aprox.

Caliente en una olla de fondo grueso:

2 cucharadas de aceite de oliva

Seque la berenjena, agregue a la sartén y cocine a fuego medio, removiendo con frecuencia, hasta que esté dorada. Añada un poco más de aceite si la berenjena lo absorbe todo y se pega al fondo de la cacerola. Retire la berenjena cuando esté hecha y reserve a un lado. Vierta:

2 cucharadas de aceite de oliva

Añada:

2 cebollas medianas, cortadas en dados de ½ pulgada

Cocine por 7 minutos aprox., o hasta que estén blandas y traslúcidas. Agregue:

4 a 6 dientes de ajo picados
½ manojo de albahaca, atado en un ramo con hilo de cocina
Sal
Una pizca de hojuelas de chile

Cocine por 2 o 3 minutos, y luego agregue:

2 pimientos, cortados en dados de ½ pulgada

Cocine por unos minutos, y luego añada:

3 calabacitas medianas, cortadas en dados de ½ pulgada

Cocine por unos minutos más, y luego añada:

3 tomates medianos maduros, cortados en dados de ½ pulgada

Cocine por 10 minutos más, luego añada la berenjena y cocine por 10 minutos más, hasta que las verduras estén blandas. Retire el ramo de albahaca, apretándolo para extraer todos sus sabores, y rectifique el punto de sal.

Añada:

6 hojas de albahaca picadas
Aceite de oliva extra virgen

Sirva frío o caliente.

VARIACIONES

✦ Cocine todas las verduras (excepto los tomates) por separado hasta que estén tiernas y luego mezcle con los tomates, las hierbas, el ajo y sal. Caliente y sirva.

✦ Para el Ratatouille de verduras a la parrilla, consulte la página 160.

Tomates de invierno asados

Esta es una receta muy sencilla que satisfará el antojo de tomate que sentimos en invierno. No es necesario utilizar proporciones exactas.

Utilice una fuente de cerámica ancha y poco profunda y vierta aceite de oliva hasta cubrir el fondo. Añada una cebolla en cubitos, 2 o 3 dientes de ajo en rodajas finas y hierbas frescas como mejorana, perejil, romero o albahaca. Sazone con sal. Escurra una lata grande de tomates enteros y orgánicos (reserve el jugo para otro uso o para beberlo), y acomode los tomates en una sola capa sobre las cebollas, el ajo y las hierbas. Sazone con sal y pimienta, rocíe con un poco de azúcar y agregue aceite de oliva. Hornee sin cubrir a 275°F por 4 a 5 horas. Trocee los tomates y sirva como una salsa con pasta tibia, carnes asadas y frijoles, o con el alimento que desee. Los tomates también son deliciosos servidos sobre pan crujiente como un aperitivo.

Nabos y colinabos

Los nabos están relacionados con la rúgula y los rábanos. Comparten un poco de su sabor picante y a nuez, pero son más dulces. Vienen en varios colores: los más comunes son los que tienen la parte superior morada, y los Tokio, que son completamente blancos. Las hojas de los nabos, salteadas o al vapor, tienen mucho sabor, y de hecho, algunas variedades se cultivan sólo para consumir sus hojas.

Los nabos se consiguen todo el año, pero son más dulces y tiernos cuando están recién cosechados. A comienzos de primavera y de otoño se consiguen nabos pequeños y tiernos, todavía con sus hojas. Se pueden cocinar enteros y muchas veces no necesitan pelarse. Cuando maduran, la piel se hace más gruesa y dura, y el sabor más picante. Busque nabos firmes, brillantes y coloridos, con la piel suave y las hojas verdes y frescas. Los nabos más pequeños se pueden cocinar con las hojas y la única preparación que necesitan es lavarlos bien. Las hojas de los nabos más grandes se deben cortar, pero puede dejar casi una pulgada del tallo para darles color. Los nabos grandes se deben pelar y limpiar completamente, removiendo un poco de la carne junto con la piel.

Las colinabos pertenecen a otra especie, a un cruce entre el nabo y la col. Parecen nabos grandes y amarillos, pero la parte superior es de color morado. Tienen más almidón que los nabos, y su sabor es más dulce y agradable en la estación de invierno. Se preparan y cocinan como los nabos grandes.

Nabos en mantequilla

Los nabos tienen mucha humedad interna y se pueden cocinar sin agua. Esta receta funciona bien con nabos grandes o pequeños. Pele los nabos si es necesario y corte en trozos medianos. Deje enteros los nabos más pequeños, o córtelos por la mitad. Vierta en una olla pesada con una pizca de sal y un trozo grande de mantequilla. Cubra y cocine a fuego medio hasta que estén tiernos, removiendo ocasionalmente. Reduzca el fuego si la olla comienza a oscurecerse. Sirva los nabos solos, o triture con un poco de mantequilla fresca. También puede cortarlos en rodajas y dorarlos —sin cubrir— a fuego más alto; son deliciosos caramelizados. Evite que se doren demasiado, pues tendrán un sabor amargo.

Nabos y hojas de nabos al vapor

Si encuentra nabos pequeños con hojas frescas, inclúyalas. Lave bien los nabos; retire las hojas amarillas o estropeadas y la raíz. Si los nabos son grandes, corte en mitades o en cuartos. Vierta los nabos y las hojas con los tallos en una olla pesada con una pizca de sal y ¼ de pulgada de agua. Cocine cubiertos a fuego medio-alto, hasta que los nabos y las hojas estén tiernos, de 3 a 6 minutos. Retire los nabos del agua. Sirva con un poco de sal y de mantequilla, o con aceite de oliva extra virgen.

Los nabos grandes también se pueden cocinar con los tallos y las hojas. Retire las hojas, dejando casi una pulgada de los tallos. Pele los nabos y corte en cascos. Retire las hojas de los tallos. Vierta los nabos y las hojas en una olla y cocine en un poco de agua como se indica anteriormente.

Puré de calabaza de invierno

Un puré dulce de calabaza es un relleno agradable para raviolis, o un sustituto para el pastel de calabaza; escoja su variedad favorita. Corte por la mitad y retire las semillas. Acomode las mitades con la parte cortada hacia abajo en una bandeja engrasada con aceite y cubierta con papel aluminio o pergamino. Hornee a 350°F hasta que la calabaza esté tierna. El tiempo variará según el tipo de calabaza. Saque del horno, deje enfriar y retire la pulpa. Triture con un prensa purés o cuchara. Sazone el puré con aceite o mantequilla y sal, y un poco de crema si desea. También puede añadirle cubitos de pera madura, o adornar con hojas de salvia fritas.

Calabaza butternut al horno

Pele 1 calabaza pequeña, cortada por la mitad, y retire las semillas. Corte en dados de ¼ de pulgada. Coloque la calabaza en un plato de cerámica para hornear poco profundo, espolvoree con sal, rocíe con aceite de oliva extra virgen, añada unas hojas de salvia en pedazos grandes. Agite bien, y hornee a 350°F hasta que estén suaves y ligeramente doradas por encima, por 1½ horas aprox. Puede agregarle 4 dientes de ajo finamente picados, y ¼ de taza de perejil picado en lugar de la salvia.

Calabaza de invierno

Temporada: finales de otoño hasta finales de invierno

El zapallo, la Delicata, la bellota, la butternut, la espaguetti y la kabocha son algunas de las muchas variedades de calabaza de invierno que tienen pulpa dulce. Todas estas calabazas se comen cuando han madurado y su piel se ha endurecido; se siguen endulzando después de cosecharse. Escoja calabazas que sean firmes, pesadas y sin golpes. No necesita refrigerarlas a menos que las haya partido. Corte la calabaza por la mitad con un cuchillo pesado en una superficie estable. Retire las semillas y las fibras de la cavidad interior. Puede hornear las mitades hasta que estén tiernas, con el lado cortado hacia abajo, o pelarlas (con un pelador de verduras con cuchilla giratoria) y partir en trozos para preparar al horno, al vapor, o salteadas. Son deliciosas en sopas, con otros vegetales o solas, con un caldo lleno de sabor, o en puré.

◆ Zucchini y otras calabazas de verano

TEMPORADA: VERANO

Las calabazas de verano más comunes son el zucchini verde, la pattypan, de color verde pálido y con forma de platillo volador, y la crookneck amarilla, que tiene forma de cuello de ganso. También se pueden encontrar otras variedades menos conocidas, con sabores y texturas diferentes, en los mercados agrícolas. Una de mis favoritas es la Costata Romanesco, una calabaza con forma de calabacín, con anillos y manchas verdes. Tiene un sabor dulce y una textura que no se deshace con la cocción. Escoja calabazas pequeñas y firmes con piel brillante. Las más grandes pueden ser acuosas y tener muchas semillas. Lave las calabazas o frote y limpie con un trapo húmedo. Recorte y deseche el tallo y los brotes. Una vez cortada, puede guardar la calabaza en el refrigerador envuelta en una toalla húmeda por varias horas. Los brotes de las calabazas de verano también son comestibles. Retire los tallos y sacuda bien para eliminar los insectos que haya en su interior. Corte los brotes, saltee y agregue a una omelette, salsa para pasta, o risotto. O cocine enteros, rellenos con queso, escalfados, horneados, o empanizados y fritos.

Calabacines gratinados

4 PORCIONES

Precaliente el horno a 375°F. Lave, seque y recorte los extremos de:

6 calabacitas medianas, de la misma variedad, o de distintos tipos para más color

Corte la calabaza muy fina. Una mandolina japonesa facilita esta labor. Corte en una chiffonade:

Las hojas de unas cuantas ramitas de albahaca

Acomode una capa de calabaza en un plato para hornear de tamaño mediano. Lo ideal es hacer tres capas. Espolvoree con la chiffonade de albahaca y:

Sal

Pimienta negra recién molida

Repita con el resto de la calabaza para hacer dos capas más, y espolvoree cada una con albahaca, sal y pimienta. Añada:

½ taza de crema regular

½ taza de crema *light*

El líquido debe cubrir ligeramente la calabaza. Hornee hasta que burbujee y esté dorado por encima, por 1 hora aprox. Para un dorado más uniforme, presione la calabaza una o dos veces hacia abajo con una espátula mientras se gratina.

VARIACIONES

◆ Añada 2 dientes de ajo en rodajas finas con la albahaca.

◆ Rocíe ¼ de taza de queso parmesano rallado o de otro tipo en las capas.

◆ Utilice otras hierbas como ajedrea, mejorana o perejil en lugar de la albahaca.

◆ Para una versión sin lácteos, saltee 1 cebolla, corte en rodajas y cocine en aceite de oliva hasta que esté suave, por 10 minutos aprox. Sazone con el ajo en rodajas, sal y albahaca u otras hierbas. Vierta las cebollas en el fondo, agregue la albahaca y sazone con sal. Rocíe con aceite de oliva. Cubra con papel pergamino y cocine hasta que la calabaza esté translúcida. Retire el papel pergamino, presione la calabaza hacia abajo con una espátula y hornee hasta que esté tierna y ligeramente dorada por encima.

Ragú de zucchini con tocino y tomate

4 PORCIONES

Limpie y retire los extremos de:

4 a 6 calabacines pequeños y firmes, preferiblemente Costata Romanesco

Corte en rodajas de ¼ de pulgada y mezcle con:

Sal

Escurra en un colador.

Caliente en una cacerola de fondo grueso:

2 cucharadas de aceite de oliva

Añada:

2 rebanadas de tocino o panceta, cortadas en trozos pequeños

1 cebolla, pelada y cortada en cubitos

Cocine por 10 minutos, hasta que estén tiernas, y luego añada:

¾ de libra de tomates, pelados, sin semillas y cortados en cubitos

Cocine por 7 minutos o hasta que los tomates comiencen a deshacerse. Agregue el zucchini y cocine, removiendo ocasionalmente hasta que esté tierno y la salsa haya espesado. Reduzca el fuego si la salsa está hirviendo con mucha rapidez o comienza a pegarse. Agregue en los minutos finales:

Pimienta negra recién molida

2 cucharaditas de perejil picado

2 cucharaditas de albahaca picada

Pruebe la sal, añada un poco si es necesario, y sirva tibio o a temperatura ambiente como un antipasto, o sobre pan asado o tostado, frotado con un diente de ajo.

Zucchini salteado con mejorana

4 PORCIONES

Lave, seque y retire los extremos de:

1 libra de zucchini

Ralle con los agujeros grandes de un rallador (o utilice la juliana de una mandolina). Haga una capa de zucchini en un tazón, agregue un poco de sal a cada capa, y deje reposar 20 minutos aprox. (pruebe la sal; el zucchini no debe estar muy salado). Escúrralo en un colador, apretando bien para retirar todo el líquido. Vierta en una sartén de fondo pesado a fuego medio alto:

2 cucharadas de aceite de oliva o mantequilla

Añada el zucchini y saltee, removiendo con frecuencia hasta que esté ligeramente dorado, por 7 minutos aprox. Esparza el zucchini en la sartén con una cuchara de madera y dórelo. Retire del fuego y agregue:

3 cucharadas de hojas de mejorana frescas y picadas (pude añadir flores de mejorana)

1 diente de ajo en puré

Sirva caliente o a temperatura ambiente.

Pescado y mariscos

(CONTINÚA)

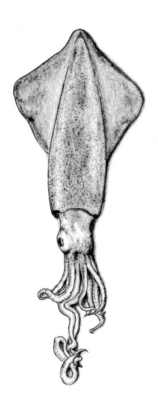

Cómo comprar pescado

El pescado es uno de los pocos alimentos silvestres que vemos con frecuencia en la mesa del comedor, pero lo cierto es que nuestros océanos están peligro. Es importante estar informado y pensar cuidadosamente en las consecuencias que tienen nuestras decisiones. La sostenibilidad de la pesca es un tema muy complejo y hay que estar al día para saber qué pescados se pueden consumir sin problemas. Debido a que la pesca se ha vuelto cada vez más industrializada en todo el mundo, muchas pequeñas empresas han sido obligadas a retirarse del negocio y muchas otras se han visto al borde del colapso. Las poblaciones de los océanos se están desplomando, parcialmente porque un gran número de peces jóvenes son utilizados como alimento para peces y camarones de cultivo. El salmón y los cultivos de camarones también contaminan las aguas costeras, para no hablar de los efectos adversos que tienen los fármacos y las tinturas que les aplican a estos animales. Las decisiones que tomemos como consumidores y cocineros tendrá un efecto sobre la disminución o recuperación de nuestros recursos marinos.

Para mantenerme informada, recurro a mi pescadero, Paul Johnson, de Monterey Fish, quien se ha dedicado a estos temas y a sus complejidades. Él tiene un maravilloso sitio web (www.webseafood.com), lleno de artículos, ensayos, y enlaces. Otro recurso valioso es el Monterey Bay Aquarium Seafood Watch (www.mybayaq.org/cr/seafoodwatch.asp), una guía del consumidor para opciones sostenibles de mariscos.

Pescado al horno

Casi cualquier tipo de pescado se puede hornear, ya sea entero, en rodajas, o en filetes. Sazone el pescado con sal y coloque en un plato o bandeja para hornear engrasada: el pescado puede despedir un poco de líquido mientras se hornea, así que es mejor utilizar un recipiente con paredes. Hornee los filetes y las rodajas a 425°F. Los pescados enteros tardan más tiempo en estar, y deben hornearse a 375°F. La mayoría de los filetes estarán hechos cuando estén cocinados en el centro, con la carne opaca pero todavía húmeda. Algunas excepciones son el atún rojo, el atún blanco y el salmón, que son mucho más sabrosos cuando están cocinados a término medio, y con la carne todavía translúcida en el centro. Todos los tipos de pescado se deben cocinar hasta que la carne pueda desprenderse de los huesos, pero sólo hasta este punto. Es importante no cocinar el pescado en exceso, pues se volverá duro y seco. Los filetes se cocinan con mucha rapidez: tardan de 7 a 10 minutos dependiendo del grosor. Una buena medida para pescados enteros es cocinarlos 10 minutos por cada pulgada de grosor, medida en la parte más gruesa del pescado. Los pescados enteros se pueden cortar diagonalmente hasta el hueso para acelerar la cocción. Estos son sólo algunos parámetros básicos; examine el pescado con frecuencia mientras lo cocina para determinar el punto de cocción. Haga esto insertando un dedo en la carne; lo sentirá suave si no está cocinado; lo sentirá un poco más elástico a medida que se cocina. No dude en hacer un corte para determinar con certeza el punto de cocción.

Además de sazonarlo con sal, puede agregarle un chorro de vino y un poco de aceite de oliva extra virgen, o un trozo de mantequilla para más sabor y humedad. El pescado también se puede marinar antes de hornear; prepare adobos con hierbas, especias, ralladura y jugo de cítricos, y aceite de oliva. Puede agregarle Pesto (página 230), Chermoula (página 233) u otras salsas a los filetes y rodajas de pescado antes de hornear. Envuelva el pescado entero o los filetes en hojas aromáticas de higo o de uva, o en ramas de lima, limón o hinojo para que las hojas perfumen el pescado y le ayuden a conservar su humedad. También puede hornear el pescado en una salsa jugosa, como por ejemplo de tomate, sazonada con cebollas salteadas, o con un ragú de vegetales. Si va a hornear el pescado en salsa, agréguele cinco minutos al tiempo de cocción.

Salmón al horno y mantequilla con hierbas

4 PORCIONES

Los filetes de salmón tienen espinas fáciles de ver; son una hilera de huesitos finos y blancos (como los huesos de las costillas) que van desde la parte posterior de las agallas hasta la parte del centro.

Frote la carne con los dedos para localizar estas espinas y utilice unas pinzas para retirarlas. Prepare:

> **½ taza de Mantequilla con hierbas (página 48)**

Retire las espinas de:

> **1 filete de salmón silvestre de 1 a 1½ libras, cortado en pedazos de 4 a 6 onzas**

Refrigere hasta el momento de hornear.

Precaliente el horno a 425°F y retire la mantequilla del refrigerador para ablandarla.

Sazone el salmón con:

> **Sal**
>
> **Pimienta negra recién molida**

Engrase un molde o bandeja para hornear con paredes y acomode el salmón con la piel hacia abajo. Rocíe con aceite. Hornee hasta que la carne esté firme y tenga un color rosado en el centro, de 7 a 10 minutos, dependiendo del grosor de los filetes. Vierta un poco de mantequilla con hierbas sobre cada filete y sirva el resto en un tazón pequeño.

VARIACIONES

* Agregue 4 filetes de anchoas envasadas con sal a la Mantequilla con hierbas.
* Otra manera de cocinar el salmón es hornearlo lentamente. Deje el salmón entero y con la piel. Engrase un molde o bandeja para hornear con bordes y cubra el fondo con una capa de ramas de hierbas frescas. Coloque el salmón sobre las hierbas con la piel hacia abajo. Engrase la parte superior del salmón y hornee a 225°F por 30 minutos aprox. El salmón estará hecho, completamente suculento y tierno. Sabe delicioso a temperatura ambiente, servido con una vinagreta elaborada con ralladura y jugo de limón.
* Si tiene hojas frescas de higo, no dude en utilizarlas. Aunque las hojas no se comen, le añaden un delicioso aroma al pescado. Sazone y engrase el salmón, envuelva cada filete en una hoja de higo, y hornee como se indica anteriormente.

Pescado al vapor

Cocinar al vapor es una manera extraordinaria de preparar el pescado, pues conserva su sabor natural y la textura delicada de su carne, especialmente la de pescados de carne blanca y escamosa, como eglefino (o abadejo), halibut, lenguado y salmón. Sazone el pescado y cocine al vapor a fuego lento en una olla con tapa. Puede agregar hierbas, especias y vegetales aromáticos para más sabor. Cocine el pescado hasta que la carne esté firme pero transparente en el centro, a excepción del salmón, que queda mejor si el centro está translúcido. Cocinar al vapor tiene el beneficio adicional de retener toda la humedad interna del pescado; sin embargo, no lo cocine en exceso, pues se secará. Al igual que al horno, el pescado preparado al vapor se puede envolver en ramas o en hojas aromáticas. El pescado al vapor se complementa particularmente bien con salsas como Salsa verde (página 45) y Pesto (página 230), así como con cualquier salsa elaborada con mantequilla.

Lenguado al vapor con beurre blanc

4 PORCIONES

El lenguado al vapor es completamente liviano y la beurre blanc (salsa de mantequilla) le añade ácido y riqueza. Otras salsas sabrosas para tener en cuenta son la Salsa verde (página 45) o de Mantequilla con hierbas (ver página 48). Para un sabor muy puro, agregue sólo un chorro de aceite de oliva extra virgen y unas gotas de limón al pescado.

Retire los huesos o la piel de:

1½ libras de filetes de lenguado (petrale, rex, limón o Dover)

Sazone los filetes con:

Sal

Prepare:

1 taza de beurre blanc (Salsa de mantequilla tibia, página 228)

Deje a un lado sobre una olla de agua tibia (pero no caliente) o en un termo para mantener el calor.

Llene una olla con 2 pulgadas de agua aprox. y lleve a ebullición. Acomode los filetes en una vaporera y coloque sobre el agua hirviendo. Cocine hasta que estén firmes pero húmedos. Esto tardará de 4 a 7 minutos, dependiendo del grosor del pescado. Retire la vaporera de la olla y transfiera el pescado a un plato tibio, o a platos individuales. Vierta la beurre blanc sobre el pescado.

Adorne con:

2 cucharadas de hierbas frescas como cilantro, perifollo, perejil, cebollino o estragón

VARIACIÓN

◆ Si puede conseguir capuchinas, retire los tallos verdes de un puñado, corte finamente las flores y agregue a la salsa de mantequilla. Le añaden un color y un sabor maravilloso y se complementan muy bien con el lenguado.

Pescado frito

Este método de cocción funciona mejor con filetes y rodajas finas, o con pescados enteros que no tengan más de 1 pulgada de grosor. Sazone el pescado con sal y pimienta, y con otros aderezos como hierbas frescas picadas o especias molidas según desee. Para filetes sin piel, caliente bien una sartén o cacerola pesada; agregue aceite, mantequilla clarificada, o una mezcla de aceite y mantequilla entera solo hasta cubrir el fondo de la cacerola. Vierta el pescado con cuidado y cocine a fuego medio-alto por 3 minutos (o de 4 a 5 minutos para un pescado entero) y luego dele vuelta. Cocine por otros 3 minutos y compruebe el punto de cocción. Retire el pescado de la sartén cuando le falte un poco para estar, pues se seguirá cocinando en el calor residual. Si cocina el pescado con la piel, añada más grasa a la sartén, a ⅛ de pulgada de profundidad aprox. Ponga el pescado en la sartén con la piel hacia abajo. La piel se encogerá mientras se cocina, haciendo que el pescado se levante ligeramente del fondo de la cacerola. Para mantener la piel en contacto con la sartén caliente (lo cual es necesario para que quede crujiente), coloque una sartén un poco más pequeña y cubierta con papel aluminio sobre el pescado. Esto garantiza que toda la piel quede crujiente. Cocine los filetes con la piel hacia abajo la mayoría del tiempo, de 5 a 7 minutos aprox., dependiendo del grosor, y luego deles vuelta y cocine sólo un minuto o dos, hasta que la carne esté firme. Recuerde que la sartén debe estar muy caliente antes de añadir el pescado, para evitar que se pegue. No apretuje los filetes, pues sudarán y despedirán líquido, arruinando cualquier posibilidad de quedar dorados y crujientes. Por último, no cocine el pescado en exceso.

Puede preparar una salsa rápida después de retirar el pescado y la grasa en que lo ha cocinado. Añada salsa de tomate a la sartén caliente y raspe los pedazos oscuros del fondo para más sabor, o desglase la sartén caliente con vino o jugo de limón, y termine con un poco de mantequilla o aceite de oliva extra virgen y un puñado de hierbas. Agregue un puñado de nueces tostadas para más sabor y textura.

Lubina frita con salsa de limón

4 PORCIONES

La lubina rayada, que una vez estuvo en peligro de extinción, se ha recuperado totalmente y está prosperando. Este pescado es especialmente delicioso con la piel, salteado hasta que esté dorado y crujiente.

Para la salsa, mezcle:

¼ de taza de aceite de oliva extra virgen
¼ de cucharadita de ralladura de limón
2 cucharadas de jugo fresco de limón
Sal
Pimienta negra recién molida

Pruebe la sal y el jugo de limón y rectifique si desea. La salsa se separará al cocinarse, pero esto es normal.

Sazone:

4 filetes de lubina rayada, con la piel (de 4 a 6 onzas cada uno)

con:

Sal
Pimienta negra recién molida

Fría el pescado en una sartén pesada. Envuelva otra, ligeramente más pequeña, con papel aluminio para mantener todo el pescado en contacto con el fondo de la sartén, de modo que toda la piel se cocine y quede crujiente. (Verá que el pescado se contrae cuando entra en la sartén caliente, a medida que la piel se encoge debido al calor). Caliente la sartén más grande a fuego medio-alto. Luego vierta:

Aceite de oliva hasta cubrir el fondo

Acomode el pescado con la piel hacia abajo y ponga la sartén cubierta con papel aluminio sobre el pescado. Cocine hasta que la piel esté dorada y crujiente, por 7 minutos aprox. Examine ocasionalmente para comprobar que el pescado se esté dorando, pero no en exceso. Ajuste la intensidad del fuego para aumentar o disminuir la cocción si es necesario. Retire la sartén pequeña y dele vuelta al pescado cuando la piel esté dorada. Cocine por otro minuto aprox., hasta que el pescado esté cocinado, pero aún tierno y húmedo en el interior. Mientras tanto, bata de nuevo la salsa de limón y vierta en un plato tibio. Sirva el pescado con la piel hacia arriba sobre la salsa.

VARIACIONES

- Decore el pescado con un par de cucharadas de hierbas tiernas y picadas como perejil, cebolletas, perifollo, cilantro o albahaca.
- Remoje, enjuague y escurra una cucharada de alcaparras. Cuando el pescado esté cocido, agregue las alcaparras a la sartén y saltee por un minuto o dos. Retire las alcaparras con una espumadera y vierta sobre el pescado.
- Haga una beurre blanc (salsa de mantequilla tibia; página 228) y vierta en lugar de la salsa de aceite de oliva.

Atún a la parrilla con pan a la parrilla y alioli

4 PORCIONES

Prepare:

1 taza de Alioli

(Mayonesa de ajo; página 47)

Diluya ligeramente con agua. La salsa debe estar muy espesa, pero desprenderse de la cuchara. Corte en ½ pulgada de grosor:

6 rebanadas de pan de estilo rústico

Unte con:

Aceite de oliva

Mientras tanto, prepare un fuego de brasas calientes. Cuando la parrilla esté limpia y caliente, unte:

4 pedazos de atún (de 4 a 6 onzas cada uno)

con:

Aceite de oliva

Sazone con:

Sal

Pimienta negra recién molida

Coloque el pescado sobre la parrilla y cocine por 3 minutos aprox., por cada lado. El atún se cocina con mucha rapidez y sabe mejor cuando está poco hecho y bastante rojo en el centro. Quedará completamente seco si lo cocina en exceso. El tiempo varía dependiendo del grosor del pescado. No dude en cortar un pedazo para comprobar el punto de cocción. Cuando el pescado esté cocinado, páselo a un plato tibio. Lleve las rebanadas de pan a la parrilla y ase hasta que estén tostadas por cada lado. Vierta un poco de alioli sobre cada trozo de pescado y sirva con el pan a la parrilla y un poco de:

Cascos de limón

VARIACIONES

- Sirva con Tapenade (página 217) en vez del alioli. Diluya la tapenade con un poco de aceite de oliva extra virgen.
- Sirva con Salsa verde (página 45) en lugar del alioli. La Salsa verde es especialmente sabrosa con atún si reemplaza una parte del perejil por una cantidad abundante de mejorana.
- Triture 2 cucharaditas de semillas de hinojo o comino y añada a la sal y a la pimienta cuando sazone el pescado.

Sardinas curadas

4 PORCIONES

Si no puede conseguir sardinas frescas, sustituya por macarela, anchoas frescas, o rodajas finas de atún.

Pídale a su pescadero que pese y corte en filetes:
12 sardinas frescas
Sazone bien los filetes con:
Sal
Pimienta negra recién molida
Acomode los filetes en un plato y esparza:
1 diente de ajo, en rodajas finas
½ limón, en rodajas finas
2 cucharaditas de vinagre de vino tinto
Unas pocas ramas de hierbas frescas
  (ajedrea, perejil, tomillo o mejorana)
2 hojas de laurel
Exprima el jugo de la otra mitad del limón en los filetes y luego vierta:
3 cucharadas de aceite de oliva extra
  virgen
Deje reposar 1 hora antes de servir. Las sardinas se mantendrán 2 días en el refrigerador. Sirva con crutones, o con pan fresco con mantequilla y una cucharada de la marinada.

VARIACIONES

◆ Corte rodajas de ½ pulgada de grosor de pan baguette o de otro tipo y vierta un poco del adobo encima. Coloque un filete encima, con la piel hacia arriba, y corte los filetes si es necesario. Tueste por 4 minutos en un horno a 450°F.
◆ Ase los filetes curados sobre brasas calientes durante un minuto o dos por cada lado.

Tartare de pescado

4 PORCIONES

Muchos peces se pueden servir crudos como tartare: atún rojo o blanco, halibut, salmón y varios más. Es supremamente importante utilizar un pescado absolutamente fresco; asegúrese de decirle a su pescadero que va a comerlo crudo. Manténgalo refrigerado todo el tiempo. Corte el pescado en una superficie limpia con un cuchillo afilado y lleve a un tazón con hielo. Calcule ½ libra de pescado para cuatro personas como una entrada abundante; necesitará una mayor cantidad si la tartare es el platillo principal.

Corte el pescado en rodajas muy finas y en sentido contrario a las vetas, y elimine todos los tejidos conectivos. Corte las rodajas en julianas, y luego transversalmente y en dados finos. Puede cortar el pescado con antelación y cubrir bien con plástico para evitar que se seque. Agregue los otros ingredientes antes de servir. Sirva la tartare de pescado con crutones pequeños, o con hojas de endibia, o sobre una cama de vegetales de hojas verdes.

Corte en dados finos:
½ libra de pescado completamente fresco
Mantenga refrigerado con hielo. Justo antes de servir, mezcle en un tazón pequeño:
Cáscara de ½ limón
El jugo de 1½ limones
¼ de cucharadita de semillas de cilantro,
  molidas
2 cucharadas de aceite de oliva extra
  virgen
Mezcle los cubos de pescado con un poco de sal. Agregue la mezcla de jugo de limón y combine de nuevo. Añada:
1½ cucharadas de cilantro picado
Pruebe y rectifique con sal y jugo de limón si es necesario.

VARIACIONES

◆ Para la mezcla de jugo de limón y cilantro, sustituya el cilantro por 1 cucharada de jugo de limón, 2 de aceite de oliva extra virgen, 2 cucharaditas de alcaparras enjuagadas y picadas, sal y 2 cucharaditas de albahaca, menta, o mejorana picada.

✦ Para la mezcla el jugo de limón y cilantro, sustituya el cilantro por 1 cucharada de jugo de limón fresco, 2 cucharadas de aceite de oliva extra virgen, ½ cucharadita de jengibre fresco rallado, pimienta negra recién molida, una pizca de cayena, sal y 2 cucharaditas de hojas de shiso o perejil.

Court bouillon

RINDE 1 LITRO APROX.

El court bouillon es un caldo de verduras, rápido y aromático para hervir el pescado. (En francés, *bouillon* significa "caldo", y *court* significa "corto").

En una cazuela grande, combine y lleve a ebullición:

1½ tazas de vino blanco y seco
4 tazas de agua
2 zanahorias, peladas y en rodajas
1 tallo de apio en rodajas
2 cebollas, peladas en rodajas
1 hoja de laurel
7 granos de pimienta negra
6 semillas de cilantro
3 ramitas de tomillo
Un puñado de tallos de perejil
2 cucharaditas de sal

Retire la espuma. Reduzca el calor y cocine a fuego lento por 45 minutos. Cuele y deseche los sólidos.

VARIACIÓN

✦ Si no tiene vino blanco, sustituya por 2 cucharadas de vinagre de vino blanco de buena calidad.

Caldo de pescado

PARA 1 LITRO

El caldo de pescado es delicado; se hierve suavemente y por poco tiempo para un mejor sabor. Los huesos y cabezas se utilizan para darle sabor y cuerpo al caldo; se deben lavar, y retirar las branquias y las vísceras para un caldo claro y de sabor limpio. Los pescados de carne blanca son los mejores para este caldo; el salmón, la macarela y otros pescados grasos tienen un sabor demasiado fuerte. Si no compra el pescado entero, pídale a su pescadero cabezas y huesos para preparar caldo.

Lave y limpie:

l ½ a 2 libras de huesos y cabezas de pescados de carne blanca (sin las branquias)

Vierta los huesos y cabezas en una olla grande y pesada (córtelos en trozos si es necesario para acomodarlos), con:

1½ tazas de vino blanco y seco
8 tazas de agua
Sal

Lleve a ebullición y reduzca inmediatamente a fuego lento. Retire la espuma de la superficie y añada:

1 zanahoria, pelada y en rodajas
1 cebolla mediana, pelada y en rodajas
1 tallo pequeño de apio en rodajas, sin las hojas
¼ de cucharadita de granos de pimienta negra
Tallos de perejil

Cocine a fuego mínimo por 45 minutos. Cuele y deseche los sólidos. Deje enfriar, cubra bien y refrigere si no va a usar de inmediato. El caldo de pescado se mantendrá un día o dos en el refrigerador, pero sabe mejor el mismo día.

VARIACIONES

✦ Utilice vino tinto en lugar de blanco, en caso apropiado (por ejemplo, para un guiso de pescado con vino tinto).

✦ Añada un par de tomates a las verduras.

Sopa de pescado al estilo provenzal con rouille

RINDE DE 8 A 10 PORCIONES

Esto es más que una sopa: es una comida generosa para una reunión, y tiene todo lo que me encanta en materia culinaria y de sabor. Lulu, mi "madre" me enseñó a hacer este platillo. Es una de las recetas más largas del libro, pero no es difícil de hacer. Consiste en varios pasos: en primer lugar, se hace un caldo de pescado, se preparan el pescado y los mariscos, se hace el *rouille* (mayonesa con ajo saborizada con puré de pimientos). Luego se hace la base de la sopa con verduras y con el caldo de pescado, se tuestan crutones con ajo, y finalmente se mezcla todo, cocinando el pescado y los mariscos en la base de la sopa. Se sirve con *rouille* y crutones.

Para hacer el caldo de pescado, lave y limpie:

3 libras de huesos y cabezas de pescados de carne blanca (sin las branquias)

Si es necesario, corte los huesos y acomode en una olla grande y pesada. Prepare:

l cebolla, pelada y en rodajas

l zanahoria pequeña, pelada y en rodajas

1 bulbo pequeño de hinojo, recortado y en rodajas

3 tomates medianos, sin semillas y toscamente picados

1 cabeza de ajo, cortada horizontalmente y por la mitad

Lleve una olla grande a fuego medio-alto y vierta:

Aceite de oliva hasta cubrir el fondo de la olla

Añada los huesos de pescado, fríalos 2 minutos, y luego agregue las verduras preparadas con:

¼ de cucharadita de granos de pimienta negra

¼ de cucharadita de semillas de hinojo

¼ de cucharadita de semillas de cilantro

Unas ramitas de hierbas frescas (como tapas de hinojo, hinojo silvestre, ajedrea, tomillo o perejil)

1 hoja de laurel

Una pizca de hebras de azafrán

Continúe la cocción durante unos minutos más, hasta que las verduras comiencen a ablandarse. Vierta:

2 tazas de vino blanco y seco

Lleve a ebullición y cocine un par de minutos; luego añada:

1½ litros de agua

Sal

Lleve a ebullición y reduzca inmediatamente a fuego lento. Retire la espuma de la superficie. Cocine a fuego lento por 45 minutos y cuele. Mientras tanto, corte los huesos de:

2 libras de filetes de pescado surtidos (pescado de roca, bacalao maruca, halibut, rubio, o una mezcla)

Añada los huesos al caldo de pescado hirviendo. Corte los filetes en trozos de 2 o 3 pulgadas y marine en:

Aceite de oliva extra virgen hasta cubrir el pescado

2 cucharadas de tapas de hinojo picadas, hinojo silvestre o perejil

4 dientes de ajo, aplastados y picados toscamente

Sal

Frote y retire las barbas de:

1 libra de mejillones

Prepare:

Rouille (opuesto)

Para la base de la sopa, caliente una olla pesada a medio fuego y vierta:

3 cucharadas de aceite de oliva

Cuando esté caliente, añada:

1 cebolla mediana, finamente picada

Cocine durante 5 minutos y agregue:

1 puerro (la parte blanca solamente), limpiada, lavada y cortada en cubitos

1 bulbo de hinojo mediano, limpiado y cortado en cubitos

Una pizca de hebras de azafrán

Cocine, removiendo de vez en cuando, hasta que estén blandos, pero no oscuros, por 7 minutos aprox. Añada:

Sal

4 o 5 tomates medianos (¾ de libra aprox.) pelados, sin semillas, y cortados en cubitos

Cocine durante otros 3 o 4 minutos. Vierta el caldo de pescado colado y lleve a ebullición. Reduzca a fuego lento y cocine por 5 minutos. Pruebe y rectifique la sal. Puede hacer esto con antelación; de hecho, sabe mejor si deja reposar un rato antes de agregar el pescado.

Prepare los crutones. Unte:

8 a 10 rebanadas de pan de estilo rústico

con:

Aceite de oliva

Acomode el pan en una bandeja para hornear y tueste en un horno a 375°F por 10 minutos, o hasta que esté dorado. Frote los crutones con:

1 diente de ajo, pelado

Lleve la base a fuego lento y añada el pescado al momento de servir la sopa. Cocine durante 3 minutos, y luego agregue los mejillones. Cocine a fuego lento hasta que las conchas se abran. Pruebe la sal y rectifique si es necesario. Sirva con el pan frito y el *rouille*, y lleve a la mesa.

VARIACIONES

♦ Añada ¾ de libra de camarones, sin pelar o pelados, en adición a los mejillones. (Si pela los camarones, añada también las cáscaras al caldo).

♦ Utilice almejas pequeñas además de los mejillones.

Rouille

RINDE 1 TAZA APROX.

Hornee o ase a la parrilla:

1 pimiento grande ó 2 pequeños

Pele los pimientos, retire las semillas, y haga un puré con un mortero (o procesador de alimentos).

Transfiera los pimientos a un tazón, y añada al mortero:

3 dientes de ajo

Sal

Haga un puré, y luego añada:

Una pizca de cayena

1 yema de huevo

½ cucharadita de agua

Cuando haya mezclado, agregue un chorro pequeño y constante, batiendo todo el tiempo:

1 taza de aceite de oliva

Agregue el puré de pimientos. Pruebe la sal y rectifique si es necesario. Refrigere el *rouille* si va a utilizar después de una hora.

VARIACIÓN

♦ Para más picante, use chiles anchos secos (u otros chiles secos) en lugar de los pimientos dulces, o en adición a estos. Tueste los chiles secos en un horno a 400°F por 4 minutos, y luego remoje en agua hirviendo por 10 minutos aprox. Escurra y haga un puré. Pase por un colador para retirar las pieles duras.

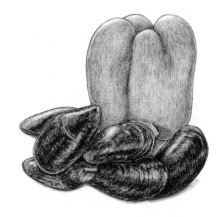

Bourride

4 PORCIONES

El *bourride* es otra sopa de pescado provenzal, espesada con mayonesa de ajo. El caldo es suave, refinado y con sabor a ajo.

Caliente en una olla:

1 libra de huesos de pescados de carne blanca, lavados y cortados en trozos
½ puerro, sólo la parte blanca, limpiado, en rodajas, y lavado
½ cebolla pequeña, cortada
½ bulbo de hinojo, cortado en rodajas
4 dientes de ajo, machacados y pelados
¾ de taza de vino blanco y seco
Unos pocos granos de pimienta negra
1 hoja de laurel
2 o 3 ramitas de tomillo
l pizca grande de sal
4 tazas de agua

Lleve a ebullición y reduzca inmediatamente a fuego lento. Retire la espuma y cocine por 45 minutos. Cuele en un tamiz fino; deseche los huesos y las verduras.

Mientras el caldo se está cocinando, haga una mayonesa con mucho ajo. Mezcle:

2 yemas de huevo
1 cucharadita de agua

Bata, y agregue en un chorro lento y constante:

⅓ de taza de aceite de oliva extra virgen

Añada:

4 dientes de ajo, triturados hasta formar una pasta, con una pizca de sal

Prepare los crutones. Unte:

4 rebanadas de pan de estilo rústico

con:

Aceite de oliva

Coloque el pan en una fuente para hornear y tueste a 375°F durante 10 minutos, o hasta que esté dorado. Frote los crutones con:

1 diente de ajo, pelado

Limpie quitando todas las espinas, y corte en trozos de 3 pulgadas:

1 libra de pescado de carne blanca y firme (pescado de roca, bacalao maruca, rape o halibut)

Sazone con:

Sal

Vierta el caldo colado en una olla pesada y lleve a ebullición. Reduzca inmediatamente a fuego lento y añada el pescado sazonado. Hierva el pescado durante 6 minutos o hasta que esté cocido. Pase el pescado a un recipiente con una espumadera y mantenga caliente. Vierta un poco de caldo caliente en la mayonesa de ajo y luego agregue la mayonesa diluida al caldo. Cocine a fuego medio, removiendo constantemente, hasta que el caldo se espese y cubra una cuchara. No deje hervir la sopa, pues se cuajará. Sirva el pescado en platos tibios y luego vierta el caldo espesado. Adorne con los crutones.

VARIACIONES

◆ Saltee 1 cebolla pequeña, 1 puerro pequeño y 1 bulbo de hinojo pequeño, en rodajas muy finas, y cocine hasta que estén suaves. Sazone con sal y añada al caldo con el pescado.

◆ Agregue 1 libra de mejillones al mismo tiempo que el pescado, lavando y retirando las barbas.

Clam chowder con crutones en mantequilla

4 PORCIONES

Lave y escurra bien:

2 libras de almejas

Vierta en una olla pesada con ⅓ de taza de agua. Cubra y cocine a fuego medio-alto hasta que las almejas se abran. Retire las almejas. Deje enfriar y sáquelas de sus conchas. Píquelas si son grandes; de lo contrario, déjelas enteras. Cuele el líquido de la olla con un par de estopillas.

Pele y corte en cubos pequeños:

¼ de libra de papas (¾ de taza aprox., en cubos)

Cocine las papas en agua hirviendo con sal hasta que estén casi hechas. Escurra y reserve. Caliente en una olla pesada:

2 cucharaditas de mantequilla

Derrita y agregue:

1½ rebanadas de tocino, cortado transversalmente en trozos de ¼ de pulgada

Cocine a fuego medio hasta que esté casi crujiente.

Retire los trozos de tocino y añada:

1 cebolla, finamente picada

2 ramitas de tomillo, las hojas solamente

Cocine por unos minutos y agregue:

1 tallo de apio pequeño, finamente picado

Siga cocinando, removiendo de vez en cuando, hasta que las cebollas estén suaves y doradas. Sazone con:

Sal

Pimienta negra recién molida

Agregue las papas y el tocino y cocine un par de minutos. Añada las almejas con su licor. Caliente hasta que hierva, reduzca de inmediato a fuego mínimo, y cocine hasta que las papas estén suaves, por 3 o 4 minutos aprox. Vierta:

¾ de taza de leche

⅓ de taza de crema

Caliente suavemente sin dejar hervir. Pruebe la sazón y rectifique si es necesario. Sirva adornada con:

Crutones con mantequilla (ver página 58)

Pimienta negra recién molida

VARIACIONES

- Utilice mejillones en lugar de almejas.
- Haga una sopa de pescado. Corte los filetes de pescado en trozos pequeños y use agua o caldo de pescado en lugar del líquido de las almejas.

◆ Cangrejo y langosta

Al momento de seleccionar los cangrejos vivos en los tanques de los mercados, escoja aquellos que se vean más pesados. Manténgalos refrigerados y cocine tan pronto como sea posible; es importante cocinarlos vivos pues comienzan a perder sus propiedades y sabores cuando están fuera del agua.

La forma más fácil de cocinar un cangrejo es hervirlo. Lleve a ebullición una cantidad abundante de agua, de modo que los cangrejos queden bien sumergidos. (Se necesita una olla muy grande para cocinar uno o dos cangrejos grandes, como Dungeness; si va a preparar más cangrejos, hiérvalos de a uno o de a dos). Vierta una cantidad abundante de sal; el agua debería tener un sabor salado. Cuando el agua hierva con rapidez, agarre el cangrejo vivo de las patas traseras y vierta en la olla. Comience a contar el tiempo desde este momento. Mantenga la olla a fuego alto, pero no se preocupe si no hierve. Los cangrejos Dungeness tardan de 12 a 15 minutos en estar, mientras que los pequeños cangrejos azules tardan sólo unos pocos minutos. Pídale consejo a su pescadero, o investigue en línea; hay muchas páginas Web con información sobre la cocción y limpieza de las diferentes variedades de cangrejo.

Una vez cocidos, los cangrejos se pueden limpiar y comer de inmediato, o enfriar brevemente en agua fría y guardar hasta 2 días en el refrigerador. Sirva el cangrejo partido, con mantequilla derretida o con mayonesa casera (ver página 47), o con un chorrito de limón para un toque cítrico. Me gusta servir mayonesa de ajo (ver página 47), saborizada con la mantequilla anaranjada del cangrejo (o tomalley) que se encuentra debajo del caparazón.

Asegúrese de probar la mantequilla del cangrejo y utilícela sólo si no está amarga.

Para limpiar un cangrejo, coloque con las patas hacia arriba y abra la cavidad triangular. Hale y retire del caparazón. Dele vuelta al cangrejo y agarre por el borde de la carcasa superior, o caparazón. Hágalo con un movimiento giratorio. Retire los pulmones, los dedos plumosos que tiene a los lados, y la boca. Saque y reserve la mantequilla del cangrejo si desea, desechando el intestino blanco. Lave el cangrejo en agua corriente y fría. Parta el cangrejo en dos (opcional) y rompa las muelas con un mazo o utensilio para descascarar. Los cangrejos grandes se pueden recalentar después de cocinar, limpiar y sacar la carne del caparazón. (La punta de las patas del cangrejo es la herramienta perfecta para retirar la carne del caparazón). Para recalentar el cangrejo, unte con mantequilla derretida o aceite (saborizado con hierbas y especias si desea) y caliente de 5 a 7 minutos en un horno a una temperatura mínima de 400°F.

Muchas de las instrucciones anteriores para cocinar el cangrejo se aplican a la langosta. Escoja langostas vivas y pesadas y cocínelas tan pronto como pueda. Hágalo en abundante agua con sal hirviendo por 7 minutos. Introduzca la langosta en el agua con la cabeza hacia abajo y empiece a contar el tiempo. Reduzca a fuego lento si el agua está hirviendo antes del tiempo total de cocción (la carne se endurecerá si la hierve a fuego muy alto), así que préstele atención al tiempo. Cocínela sólo por 5 minutos si va a recalentarla o añadirla a un salteado o a otro plato. Escurra la langosta y sirva de inmediato, o deje enfriar en agua fría o en una cama de hielo por unos pocos minutos.

La langosta se puede servir entera, cortada por la mitad, o con las muelas, los nudillos y la cola por separado. Para hacer esto, arranque la cola halándola y retire las muelas girándolas en círculo. Rompa las muelas con un mazo o utensilio para descascarar cangrejos y retire la carne. Haga un corte en la cáscara suave y casi transparente debajo de la cola con tijeras de cocina. Sujete los dos lados de la cola con una toalla para proteger sus manos, y doble de nuevo, abriendo la caparazón a lo largo del corte. También puede cortar la cola en dos y a lo largo para retirar la carne.

Algunas recetas recomiendan cocinar la langosta cortada en pedazos. Para matar una langosta, póngala con las patas hacia arriba, y mientras le sujeta la cabeza con una toalla, haga un corte con un cuchillo pesado y afilado en la base de la cabeza. Puede cortarle la cola o dejarla entera.

Las hembras, que pueden tener huevas en el abdomen, adquieren un color rojo brillante cuando se cocinan y son muy sabrosas. El hígado verde o "tomalley" se encuentra en todas las langostas, es comestible y se puede utilizar para darle sabor a una salsa.

Pasteles de cangrejo

4 PORCIONES

Estos pasteles son un regalo de temporada aquí en California, donde los cangrejos Dungeness están disponibles (desde finales de noviembre hasta junio aprox.). Dos cangrejos Dungeness dan una libra de carne aproximadamente; utilice tantos cangrejos azules o de otro tipo como necesite para esta cantidad, o compre carne de cangrejo.

Lleve a ebullición una olla grande de agua salada. Vierta con cuidado:

2 cangrejos Dungeness vivos

Hierva por 15 minutos. Retire los cangrejos y déjelos escurrir y enfriar. Quite la carcasa superior grande y los pulmones fibrosos. Enjuague suavemente, retire las patas y parta el cangrejo por la mitad. Rompa las patas, saque la carne y viértala en un tazón. Retire los fragmentos del caparazón que pueda haber en la carne. Refrigere hasta el momento de usar.

Haga un poco de mantequilla clarificada. Derrita en una olla pequeña a fuego medio:

5 cucharadas de mantequilla sin sal

Cocine la mantequilla hasta que se separe y los sólidos de la leche se doren ligeramente. Vierta en un colador fino para eliminar los sólidos de la leche.

Prepare:

1 taza de mayonesa (ver página 46)

Añada:

2 cucharadas de cebollino picado
2 cucharadas de perejil picado
2 cucharadas de perifollo picado
1 cucharada de jugo de limón fresco
Sal

Una pizca de cayena

Agregue la mayonesa a la carne de cangrejo, mezclando suavemente pero a fondo. Pruebe y añada más sal y jugo de limón si es necesario. Forme 8 hamburguesas con la mezcla. Amase y cubra con:

1½ tazas de Migas de *pain de mie*, o de
otro pan blanco y firme (ver página 62)

Caliente una sartén de fondo grueso (las de hierro fundido funcionan bien) a fuego medio. Vierta la mantequilla clarificada. Cuando esté caliente, agregue los pasteles de cangrejo y fríalos hasta que estén dorados, 4 minutos aprox.

por cada lado. Reduzca el fuego si las migas empiezan a quemarse.

VARIACIONES

❖ Sirva con Salsa tártara (página 225), Alioli (Mayonesa de ajo, página 47), o Mayonesa de limón (vea la página 47).

❖ Sirva con Ensalada de hinojo (página 246) o con ensalada del jardín.

❖ Para los pasteles de pescado, use 2 tazas de filetes de pescado de carne blanca, firme y picada como halibut, abadejo, o bacalao maruca en lugar del cangrejo.

Langosta a la parrilla

4 PORCIONES

Prepare:

½ taza de Mantequilla con hierbas
(página 48)

Lleve a ebullición una olla grande de agua con sal. (Debe tener un sabor tan salado como el agua del mar). Vierta:

4 langostas (de 1 a 1½ libras cada una)

Cocine durante 1 minuto. Sumerja en un recipiente con agua fría para detener la cocción. Escurra 1 minuto después.

Rompa las muelas con el dorso romo de un cuchillo pesado. Asiente cada langosta sobre el lomo y haga un corte longitudinal dejando al descubierto la carne de la cola, pero dejando intacto el caparazón superior. Retire el saco de arena y la vena de la cola. Vierta 2 cucharadas de Mantequilla con hierbas en la cola.

Mientras tanto, prepare una brasa a fuego medio-alto. Cuando el fuego esté listo, ponga la langosta en la parrilla con la parte cortada hacia arriba y ase 4 minutos por cada lado. Sirva caliente con rodajas de limón y el resto de la mantequilla (derretida, si desea).

✦ Vieiras

Las vieiras que vemos en los mercados son los músculos aductores blancos y redondos que abren y cierran las conchas de los escalopes, impulsándolos a través del agua. Sus huevos, conocidas como coral, también son deliciosos, aunque rara vez se consumen aquí; pregúntele a su pescadero por ellas. Las vieiras frescas deben tener un olor dulce y no flotar en el líquido; de lo contrario, no estarán frescas. Las vieiras se pueden preparar de muchas formas —fritas, salteadas, escalfadas, al vapor, a la parrilla, al horno— o servir crudas en un cebiche o tartare. Tienen un sabor suave y saben mejor en preparaciones sencillas. Todas las vieiras son dulces, pero especialmente las "bay").

Retire el pequeño músculo vertical adherido a un lado de la vieira antes de cocinar. No las lave a menos que sea absolutamente necesario, ya que absorben mucho líquido. También se cocinan muy rápido: las "bay" sólo tardan un minuto o dos, y las más grandes de cuatro a seis. Puede cortar horizontalmente y en dos o tres rodajas las vieiras grandes si va a saltear o gratinar. Para una ensalada, córtelas después de cocinar.

Vieiras salteadas con salsa verde

4 PORCIONES

Prepare:

½ taza de Salsa verde (página 45)

Retire el músculo delgado adherido a un lado de:

1 libra de vieiras

Sazone con:

Sal

Pimienta negra recién molida

Caliente una sartén de fondo grueso a fuego medio-alto y luego vierta:

Aceite de oliva hasta cubrir el fondo de la cacerola

Aumente a fuego alto y agregue las vieiras en una sola capa. No llene demasiado la sartén, para evitar que suden y no se doren. Cocine las vieiras de 2 a 3 minutos por cada lado. Haga esto en tantos lotes como sea necesario y mantenga las vieiras tibias mientras termina de preparar los demás. Vierta la salsa verde encima y sirva de inmediato.

VARIACIONES

✦ Utilice vieiras "bay" en vez de vieiras de mar.

✦ Cocine durante 3 o 4 minutos, removiendo en la sartén mientras se cocinan.

✦ Inserte las vieiras en pinchos, unte con aceite, y ase a la parrilla sobre brasas calientes, de 2 a 3 minutos por cada lado.

✦ Camarones

La producción industrial del camarón tiene un fuerte impacto en las zonas costeras. Siempre que sea posible, compre camarones silvestres, producidos de manera sostenible. Saben mejor y es la práctica más responsable con el medio ambiente. El camarón es un alimento delicado que se debe cocinar poco después de comprar. Manténgalo en hielo hasta el momento de usar. Se vende por tamaño (grande, jumbo, bahía, etc.), y algunos se etiquetan con el número de camarones por libra (por ejemplo, 16-20 significa de 16 a 20 camarones por libra).

Ya sea pelados o en su caparazón, los camarones se pueden preparar a la parrilla, al horno, al vapor, hervidos o salteados. Adquieren un color rosa brillante o rojo al cocinarse, dependiendo de la variedad. Este cambio de color es señal de que están hechos. Los camarones se cocinan en tres o cuatro minutos si están en sus caparazones; tardan apenas un minuto o dos si se pelan. Examínelos atentamente mientras se cocinan.

Sazone los camarones con generosidad si va a cocinarlos con cáscara, ya que el adobo necesita penetrar el caparazón para darle sabor a la carne que hay adentro. (La cáscara también le da sabor al camarón). No pele los camarones si va a hervir o saltear. Puede partirlos a la mariposa si va a asar, hornear o asar a la parrilla sin pelar. Ponga el camarón sobre el lomo y corte a lo largo, a través de la parte inferior de la cáscara hacia atrás, dejando las dos mitades unidas. Aplane el camarón. Para asar a la parrilla, inserte el camarón en un pincho, sazone y unte con aceite o mantequilla.

Para pelar los camarones, retire la cáscara con cuidado, presionando con los pulgares hasta apartarla, desde adentro hacia fuera. Si desea, puede dejar la última articulación de la cáscara y la cola para más color. Los camarones tienen una vena de arena a lo largo de la cola en el lado dorsal. Las venas de los camarones grandes pueden ser arenosas cuando están llenas. Si es así, la vena será oscura y se debe retirar (no es necesario hacerlo si está vacía). Pase el cuchillo por el centro de la parte posterior del camarón, retire la vena y deseche.

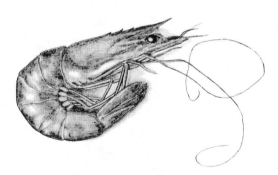

Camarones salteados con ajo y perejil

4 PORCIONES

Prefiero los camarones salteados con la cáscara. Es un poco engorroso pelarlos con los dedos (algunos dirán que es divertido), pero el sabor de la cáscara es delicioso.

Sazone:

1 libra de camarones

con:

Sal

Pimienta negra recién molida

Sazone generosamente los camarones porque el adobo necesita penetrar la cáscara.

Pele y pique:

4 dientes de ajo

Cubra con un poco de aceite de oliva para que no se oxiden. Deshoje:

6 ramitas de perejil

Pique las hojas; debe haber al menos 3 cucharadas. Caliente una sartén de fondo grueso y luego vierta:

2 cucharadas de aceite de oliva extra virgen

Lleve a fuego alto y agregue los camarones sazonados. Cocine, removiendo con frecuencia, hasta que las cáscaras comiencen a adquirir un color rosado, por 3 minutos aprox. Apague el fuego y agregue el ajo picado y el perejil. Agite los camarones en la sartén hasta cubrir con el ajo y el perejil. Sirva de inmediato.

VARIACIONES

◆ Añada 4 cebolletas en rodajas con el ajo y el perejil.

◆ Agregue una pizca de hojuelas de chile.

◆ Sustituya el perejil por cilantro picado o por una chiffonade de hojas de albahaca.

◆ Pele y desvene los camarones antes de cocinarlos.

◆ Calamares

El calamar no sólo es barato y delicioso, sino también muy abundante en nuestros mares, convirtiéndolo una excelente opción para la mesa. Escoja calamares limpios y frescos. La piel debe ser brillante y translúcida, los ojos completamente claros, y el olor fresco y dulce.

El calamar se debe limpiar antes de cocinar. Corte primero los tentáculos tan cerca de los ojos como sea posible para aprovecharlos al máximo. Los tentáculos rodean el pico, que es duro y no se come. Para retirarlo, apriete suavemente allí donde los tentáculos se separan del cuerpo. Extienda el calamar y, mientras sostiene el extremo de la cola, pase el lado romo de un cuchillo de pelar firmemente sobre el cuerpo, desde la cola hasta la cabeza, retirando los órganos interiores y la pluma trasparente, una estructura ligeramente ósea que va de un extremo al otro del calamar. Si la pluma se quiebra, corte la punta de la cola y retire la pluma. No le quito la piel a los calamares, pues me gusta su aspecto. No enjuague los calamares, pues absorben una gran cantidad de agua. Puede dejar los calamares enteros para rellenar, asar a la parrilla u hornear, o cortar en anillos para saltear, freír o hacer un guiso.

El calamar tiene un contenido muy alto de proteína, y su carne se vuelve elástica y dura a medida que se cocina. Para conservar su textura suave, cocine rápidamente a fuego alto, por un máximo de 3 o 4 minutos. El calamar estará cocinado, pero la carne no habrá tenido tiempo de endurecerse. Otra opción es hervir la carne a fuego lento por un mínimo de 30 minutos. La cocción larga afloja la proteína, y el calamar quedará tierno de nuevo.

Calamares a la parrilla

4 PORCIONES

Me gusta servir calamares a la parrilla como aperitivo, con pescado a la parrilla o como parte de una combinación de pescado, verduras y Alioli (página 47). El aroma del calamar asado a la parrilla es irresistible.

Limpie (ver a la izquierda):
1 libra de calamares pequeños
Sazone y adobe los cuerpos y tentáculos con:
2 a 3 cucharadas de aceite de oliva
Sal
Pimienta negra recién molida
Hojuelas de chile
2 cucharadas de cilantro, orégano o perejil fresco

El calamar es más fácil de asar en pinchos, con los cuerpos y los tentáculos cocinados por separado. Inserte los cuerpos en pinchos de bambú a través de la abertura, de modo que queden planos, y ensarte los tentáculos por la parte más gruesa del anillo del calamar. Ase sobre brasas calientes. Si los calamares son pequeños, sólo tendrá que asarlos unos pocos minutos por cada lado. Deles vuelta con mayor frecuencia si el fuego está muy caliente; es ideal si quedan un poco crujientes por fuera y tiernos por dentro. Sirva calientes o a temperatura ambiente.

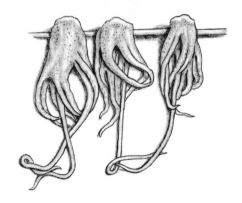

Aves

Pollo cocinado debajo de un adobe

Este es el platillo clásico italiano conocido como *pollo al mattone*. Cocinar el pollo colocándolo un peso encima hace que la piel quede excepcionalmente crujiente.

En esta versión, las piernas se deshuesan, y el muslo y la pierna se dejan unidos. Pídale al carnicero que haga esto. Si no, utilice un cuchillo muy afilado de pelar o deshuesar, y corte la piel y los tendones junto al "tobillo" del muslo. Acomode la parte canosa de la pierna hacia arriba y, comenzando por el tobillo, parta un lado del hueso y corte a lo largo de toda la articulación. Continúe a lo largo del hueso del muslo hasta llegar a la bola o protuberancia que hay en el extremo. Retire la carne hacia atrás para exponer el hueso mientras corta el otro lado, retirando la carne mientras introduce el cuchillo debajo de los huesos para que la carne quede unida sólo en la articulación. Doble y una los extremos de los huesos y corte con cuidado el resto de la carne alrededor de la articulación: tenga cuidado de no estropear la piel, pues está muy cerca del hueso. Puede reservar los huesos para hacer un caldo.

Sazone bien las piernas con sal y pimienta y, si desea, con hojuelas de chile y hierbas en trozos grandes, como tomillo, romero, ajedrea o salvia. Coloque una cacerola de hierro fundido a fuego medio. Cuando esté caliente, añada una cucharada de aceite de oliva, y luego acomode los muslos de pollo con la piel hacia abajo, de modo que toda la piel esté en contacto con la sartén. Envuelva otra sartén del mismo tamaño en papel aluminio y coloque sobre el pollo; esto hará que toda la piel esté en contacto con la sartén caliente, y tenga una textura más crujiente. Lleve a fuego medio hasta que el pollo chisporrotee. El objetivo es que la piel quede completamente dorada y crujiente, y que la grasa se derrita un poco, sin quemar la piel ni cocinar la carne en exceso. Retire la sartén de arriba unos minutos después y examine la piel de una de las piernas para ver el punto de cocción. Reduzca el fuego si se está dorando con mucha rapidez. Auméntelo si la piel está clara. La carne estará casi hecha cuando la piel esté crujiente y bien dorada, de 10 a 12 minutos aprox. Retire la sartén de arriba y deles vuelta a las piernas; habrán soltado mucha grasa, y puede retirar una buena parte de ella. No coloque la sartén sobre la piel, pues perderá su textura crujiente. Cocine por unos pocos minutos más hasta terminar de cocinar, y sirva caliente.

VARIACIONES

⬩ Puede cocinar las piernas deshuesadas a fuego medio a la parrilla, colocando un peso encima.

⬩ Puede cocinar pechugas deshuesadas del mismo modo. El tiempo de cocción será más corto.

Pollo frito

PARA 4 PERSONAS

Sazone al menos 1 hora antes o desde la noche anterior, si es posible:

2 mitades de pechuga de pollo, con el hueso y la piel

2 muslos de pollo, con la piel

con:

Sal

Pimienta negra recién molida

Corte cada pechuga en 2 pedazos, y la pierna a través de la articulación, separándola del muslo. Vierta los 8 pedazos de pollo en un recipiente y cubra con:

2 tazas de suero de leche

Deje reposar 20 minutos. Lleve una cacerola grande de hierro fundido a fuego medio. Vierta 1 pulgada de:

Aceite de cacahuate, o vegetal

Mezcle en un molde para cubrir las piezas de pollo:

2 tazas de harina aprox.

Una pizca de cayena (opcional)

Sal

Pimienta negra recién molida

Compruebe si el aceite está caliente sumergiendo a un dedo en el suero y luego en la harina. Vierta un poco de harina en el aceite; tendrá la temperatura adecuada si la harina chisporrotea y flota alrededor de la sartén. Sumerja los trozos de pollo en la harina, dándoles varias vueltas para cubrir de manera completa y uniforme, y vierta el pollo enharinado en el aceite caliente; debe caber en una sola capa sin estar muy apretujado. Fría en lotes si es necesario, y mantenga el pollo frito en un horno a temperatura muy baja. Cocine el pollo en la sartén, removiendo ocasionalmente, hasta que esté dorado y cocido, por 15 minutos aprox. Corte un pedazo y compruebe el punto de cocción. Escurra el pollo en papel toalla.

VARIACIONES

◆ Puede reemplazar la mitad de la harina por harina de maíz para una textura crujiente.

◆ Utilice pechuga y carne de muslo deshuesada si quiere cocinar más rápido.

◆ Para una capa más fina, suprima el suero de leche. Vierta la harina sazonada en una bolsa de papel grande, añada los trozos de pollo y agite. Retire el pollo enharinado y deje secar 30 minutos antes de cocinar.

Hígados de pollo salteados

4 PORCIONES

Retire la grasa y el tejido conectivo de ½ libra de hígados. Separe y deseche las manchas verdes, ya que pueden ser residuos de la vesícula biliar y son muy amargas. Corte el hígado por la división de los dos lóbulos. Sazone con sal y pimienta negra recién molida. Caliente aceite de oliva o mantequilla en una sartén pesada a fuego alto y vierta los hígados (sin amontonarlos) y cocine 3 minutos por un lado. Deles vuelta y cocine otros 2 minutos aprox. Los hígados tienen una sabor más suave cuando el interior está rosado. Para más sabor, añada un chalote picado a la sartén después de incorporar el hígado. Si desea, retire los hígados de la sartén cuando estén hechos y vierta 2 cucharadas de coñac o vino para desglasar la sartén. Termine agregando un poco de mantequilla. Puede servir los hígados tibios, o enfriar y hacer un puré con mantequilla ablandada para un paté de hígado.

Para una entrada rápida, cocine uno o dos hígados como se indica arriba. Corte y sirva en crutones con mantequilla, con unas pocas gotas de vinagre balsámico y de perejil picado por encima.

Pollo entero a la parrilla

4 PORCIONES

Un día antes de cocinar, retire el hueso (o pídale a su carnicero que lo haga) de:

1 pollo (de 3½ a 4 libras aprox.)

Use tijeras o un cuchillo para cortar la articulación del muslo y separar los huesos de las costillas a lo largo de la columna vertebral. Coloque el pollo con la pechuga hacia arriba y presione el esternón hacia abajo con la palma de la mano, hasta que oiga el crujir de los huesos. Adobe el pollo con un poco de:

Aceite de oliva

Sazone con:

Sal

Pimienta negra recién molida

Cubra y refrigere. Saque el pollo del refrigerador una hora antes de asar. Prepare un lecho de brasas a fuego medio (el carbón debe estar cubierto de ceniza blanca). Limpie la parrilla y coloque a 5 o 6 pulgadas arriba de los carbones. Acomode el pollo en la parrilla caliente con el hueso hacia abajo y cocine hasta que la piel esté dorada y crujiente, de 10 a 15 minutos aprox. Dele vuelta cada cinco minutos hasta que esté hecho. El pollo tardará de 30 a 40 minutos, dependiendo de la intensidad del fuego. Compruebe el punto de cocción en el hueso del muslo. Tenga cuidado con las llamas y no deje cocinar el pollo en exceso. Pase el pollo a un lugar menos caliente de la parrilla si se está cocinando con mucha rapidez, o dele vuelta con más frecuencia desde el comienzo. Retire de la parrilla cuando esté hecho y deje reposar 10 minutos antes de cortar y servir.

VARIACIONES

◆ Marine el pollo con hierbas frescas picadas, ralladura de limón, y semillas de comino trituradas además de la sal y la pimienta.

◆ Si va a adobar el pollo con una salsa, hágalo 10 minutos antes de asar. Si lo hace antes, la salsa se quemará.

◆ Ase pedazos más pequeños de pollo del mismo modo; estarán listos en menos tiempo.

Pechuga de pato a la parrilla

Tres pechugas de pato suelen ser suficientes para cuatro personas. Para preparar las pechugas, acomode con la piel hacia abajo y retire los lomos, unos músculos largos que se desprende fácilmente y que cubren casi toda la pechuga (puede cocinarlos por separado). Retire la piel que sobresale alrededor de los bordes. Dele vuelta a las pechugas y utilice un cuchillo afilado para cortar la piel y la parte grasosa en forma de diamante. Esto permite que la piel suelte más grasa al cocinarse. Sazone las pechugas generosamente con sal y pimienta negra recién molida. Para más sabor, sazone con hierbas y especias.

Saque las pechugas del refrigerador 15 minutos antes de asarlas. Prepare un fuego medio alto con carbones que estén grises y no rojos. (Si los carbones están muy calientes, las pechugas se quemarán; si están muy fríos, la grasa no se derretirá y la piel no quedará crujiente ni dorada). Ase las pechugas con la piel hacia abajo por 10 minutos, o hasta que la piel esté bien dorada. Evite que los carbones despidan llamas si les cae grasa. De ser así, retire las pechugas de las llamas para evitar que se quemen. Deles vuelta y cocine por otros 3 o 4 minutos. El pato debe quedar a término medio. Si queda cocinado en exceso, la carne se secará mucho. Deje reposar las pechugas de 5 a 10 minutos antes de cortar en rodajas para que los jugos se estabilicen. Corte en rodajas finas vertiendo los jugos acumulados sobre ellas y sirva.

Piernas de pato estofadas con puerros y aceitunas verdes

4 PORCIONES

Este platillo es especialmente satisfactorio y delicioso servido con polenta suave, puré de papas o frijoles de vaina. Las aceitunas Lucques o Picholines con hueso son opciones acertadas.

Retire el exceso de grasa de:

4 piernas de pato (con los muslos y las piernas juntas)

Varias horas antes o desde la noche anterior, sazone con:

Sal

Pimienta negra recién molida

Cubra y refrigere.

Precaliente el horno a 425°F.

En una sartén para hornear donde quepan cómodamente las piernas de pato, caliente:

2 cucharadas de aceite de oliva

Añada:

2 puerros, las partes blancas y verdes solamente, lavadas y toscamente picadas

1 zanahoria, pelada y en trozos

Cocine a fuego medio por 3 minutos. Agregue:

Sal

6 ramitas de tomillo, las hojas solamente

6 ramitas de perejil, las hojas solamente

1 hoja de laurel

1 taza de aceitunas verdes

Cocine 3 minutos más. Acomode las piernas de pato en la sartén con la piel hacia abajo. Añada:

½ taza de vino blanco

1½ tazas de caldo de pollo

y:

1 tira de cáscara de de limón

El líquido debe tener 1 pulgada de profundidad aprox.; añada más si es necesario. Aumente el fuego y lleve la sartén al horno. Retire la sartén del horno 30 minutos después y coloque las piernas con la piel hacia arriba. Si es necesario, retire y reserve un poco de líquido para que toda la piel quede al descubierto. Reduzca la temperatura del horno a 325°F y cocine entre 1 y 1½ horas más. El pato estará hecho cuando la piel esté dorada y la punta de un cuchillo entre y salga fácilmente de la carne.

Reserve las piernas a un lado y vierta los jugos de la cocción y los vegetales en un recipiente pequeño. Deje que el líquido se asiente, y luego retire y deseche la grasa; las piernas de pato sueltan una gran cantidad. Pruebe la sal y rectifique la sazón si es necesario. Si el líquido de la cocción está muy aguado, reduzca para concentrarlo. Vierta el líquido y los vegetales de nuevo en la sartén, y coloque las piernas de pato encima. Caliente de nuevo por unos minutos antes de servir.

VARIACIONES

◆ Puede reemplazar las aceitunas deshuesadas, pero en menor cantidad, ½ taza aprox., y agregar al estofado 15 minutos antes de terminar la cocción.

◆ Sustituya la mitad del vino por Jerez seco.

◆ Sustituya las aceitunas por frutas secas como ciruelas, pasas o higos. Utilice vino tinto en lugar de blanco y añada un trozo de tocino o panceta al estofado. Suprima la cáscara de limón.

◆ Sustituya las piernas de pato por piernas de pollo. Reduzca el tiempo de cocción en 30 minutos.

Pato al horno

4 PORCIONES

Retire la grasa que está en la cavidad de:

1 pato (3 a 4 libras)

Haga incisiones pequeñas en toda la piel de las piernas y la pechuga con la punta de un cuchillo afilado o pincho, para que el pato suelte tanta grasa como sea posible durante la cocción. Sazone bien el pato por dentro y por fuera, desde el día anterior si es posible, con:

Sal

Pimienta negra recién molida

Saque el pato del refrigerador una hora antes. Precaliente el horno a 400°F. Ponga el pato en una fuente para hornear con la pechuga hacia arriba. Hornee 20 minutos, dele vuelta, y cocine otros 20. Saque la fuente con cuidado del horno, retire el pato, y elimine toda la grasa. Ponga el pato de nuevo en la fuente, con la pechuga hacia arriba y hornee por otros 20 minutos, o hasta que esté hecho. La carne que está junto al hueso debe estar rosada. Deje reposar 10 minutos antes de servir. Parta igual que un pollo.

Pavo al horno

Un pavo que tenga entre 12 y 18 libras es más fácil de manipular que otro más pesado. Rinde para 8 a 12 personas y tal vez queden sobras.

Sazone el ave generosamente con sal y pimienta por dentro y por fuera, por lo menos un día antes, y preferiblemente dos o tres. Queda más sabroso si se sumerge en una salmuera de agua salada por un máximo de un día o dos. No me gusta marinar el pavo por más tiempo, especialmente porque las razas tradicionales, que tienen más sabor, están disponibles de nuevo. Sazone el pavo si desea: rellene la cavidad con ramas de hierbas, frote la piel con hojas picadas, ramitas, o inserte las ramitas debajo de la piel de la pechuga y los muslos.

Asegúrese de que el pavo esté a temperatura ambiente antes de llevar al horno y adóbelo con mantequilla por ambos lados de la piel. Si va a rellenar, hágalo justo antes de hornear, con ingredientes recién preparados y a temperatura ambiente. Rellene toda la cavidad para que el pavo se cocine uniformemente. Puede hornear más relleno en una fuente refractaria y por separado.

Coloque el pavo en una fuente pesada, con lapechuga hacia arriba, preferiblemente en una rejilla o sobre un lecho de ramas de hierbas, en un horno precalentado a 400°F. Calcule 12 minutos aprox. por cada libra para un pavo sin relleno de 15 libras (y menos para uno más grande). Calcule unos 5 minutos más por libra si lo rellena.

Divida el tiempo de cocción en tres partes; reduzca la temperatura a 350°F y el pavo con la pechuga hacia arriba después ponga de la primera parte. Dele vuelta en la segunda parte, y vuelva a colocar la pechuga hacia arriba en la última parte de la cocción. Humedezca el pavo con sus propios jugos un par de veces después de darle la última vuelta. Compruebe el punto de cocción en la articulación de la pierna, como lo haría con un pollo. Hornee a una temperatura no mayor de 160°F en las partes más gruesas de la pechuga y el muslo. Saque el pavo del horno y deje reposar por un mínimo de 20 minutos antes de cortarlo (su temperatura interna seguirá aumentando). Los jugos del pavo son maravillosos para una salsa (ver página 226).

Carnes

Costillitas estofadas

4 PORCIONES

Estofar costillitas con el hueso es uno de los platos de carne más suculentos que existen.

Sazone con un día de antelación, si es posible:

3½ libras de costillas de una vaca alimentada con pasto, cortadas en trozos de 2 pulgadas

con:

Sal

Pimienta negra recién molida

Cubra y refrigere hasta una hora antes de hornear. Precaliente el horno a 450°F. Ponga las costillas en un molde para hornear en una sola capa, con el hueso hacia abajo. Hornee de 25 a 30 minutos aprox. para que la carne se dore y suelte un poco de grasa. Retire del horno, elimine la grasa y deje a un lado las costillas.

Cocine los vegetales mientras asa las costillas. Caliente en una sartén grande:

1 cucharada de aceite de oliva

2 cebollas pequeñas peladas y en cuartos

2 zanahorias, peladas y cortadas en trozos grandes

1 tallo de apio, pelado y cortado en cuartos

6 dientes de ajo, pelados y en trozos gruesos

6 ramitas de tomillo

6 ramitas de perejil

l hoja de laurel

Cocine a fuego medio, removiendo ocasionalmente durante 10 minutos. Agregue y cocine por otros 5 minutos:

3 tomates, sin corazón y en cuartos

Vierta y lleve a fuego lento:

¾ de taza de vino tinto

2 tazas de caldo de pollo o carne de res

Retire las costillas de la fuente y vierta el contenido de esta en la sartén. Acomode las costillas sobre las verduras, con el hueso hacia arriba. Cubra bien con una tapa o papel aluminio. Vuelva a colocar la bandeja en el horno caliente. Reduzca la temperatura a 325°F unos 20 minutos después, cuando el líquido empiece a hervir, y afloje la tapa o papel de aluminio para que el líquido no hierva. Siga horneando las costillas hasta que la carne esté muy tierna y comience a desprenderse de los huesos, por 1 a 1½ horas más aprox. Retire las costillas del líquido y reserve. Cuele el líquido, presionando las verduras aromáticas hacia abajo con la parte posterior de una cuchara para extraer todos los jugos. Deseche las verduras. Deje reposar el líquido y quítele la grasa. Pruebe el líquido; puede añadirle un chorrito de agua si se ha reducido demasiado o está un poco salado. Vuelva a calentar las costillas en el líquido antes de servir.

VARIACIONES

• Añada una rodaja de tocino o panceta a las verduras mientras se están cocinando.

• Añada unos cuantos hongos porcini secos y saltee las verduras aromáticas.

• Caliente las costillas en la parrilla durante el verano. Sirva con el líquido estofado caliente a un lado.

• Las costillas que sobren, desmenuzadas y cocinadas con el líquido del estofado y vegetales aromáticos (cebolla, zanahoria, apio y tomate picado y cocido), son una buena salsa para pastas o polenta.

• Para un excelente relleno de ravioles, pique finamente la carne de las costillas que han sobrado y mezcle con cebollas, zanahorias y apio cocidos y troceados, con mantequilla ablandada, y con hierbas picadas como perejil y mejorana.

• Cocine el rabo de toro del mismo modo. El tiempo de cocción puede ser más largo.

• Espolvoree con Gremolata (página 231) antes de servir.

Albóndigas italianas

4 PORCIONES

Me gusta que las albóndigas tengan el tamaño de pelotas de ping-pong y agregarlas a la salsa de tomate y espaguetis. A veces las hago un poco más pequeñas, cubriendo con queso parmesano rallado cuando están calientes y las sirvo como un aperitivo.

Sazone:
> **1 libra de carne molida de una vaca alimentada con pasto**
> **¾ de libra de espaldilla molida de cerdo**

con:
> **Sal**
> **Pimienta negra recién molida**

En un tazón pequeño, combine:
> **1 taza de trozos de pan de estilo rústico del día anterior, sin la costra**
> **½ taza de leche**

Deje remojar. Ralle con los agujeros grandes de un rallador de caja:
> **1 cebolla amarilla pequeña, pelada**

Tendrá un puré con grumos que le dará humedad y sabor a las albóndigas. Exprima la mayor parte de la leche del pan y colóquelo en un recipiente grande con la carne sazonada y la cebolla rallada. Añada:
> **1 cucharada de aceite de oliva**
> **2 dientes de ajo, pelados y triturados en una pasta, con una pizca de sal**
> **1 cucharada de orégano fresco picado (o 1 cucharadita de orégano seco y desmenuzado)**
> **1 cucharada de perejil picado**
> **Una pizca de cayena**
> **1 huevo, ligeramente batido**
> **¼ de taza de queso parmesano rallado**
> **Sal**
> **Pimienta negra recién molida**

Mezcle los ingredientes con las manos, suavemente pero a fondo. Si los mezcla en exceso, las albóndigas quedarán duras. Fría una albóndiga pequeña en una sartén pequeña y pruebe. Rectifique la sazón si es necesario. Agregue un poco de leche si la mezcla está seca. Forme las albóndigas con cuidado, ya sea a mano o con una cuchara pequeña para helados. Lleve las albóndigas a una bandeja para hornear con bordes, cubierta con papel aluminio, y hornee a 450°F hasta que estén hechas, por 6 minutos aprox.. O fríalas en un poco de aceite en una sartén de hierro fundido, dándoles vuelta de vez en cuando hasta que se doren.

VARIACIONES

* Sustituya la carne de res por pavo o pollo.
* Añada otras hierbas como menta, mejorana, salvia o tomillo picado.
* Agregue 2 dientes de ajo, triturados en puré, y 2 o 3 cucharadas de vino tinto o blanco.
* Añada piñones y pasas de Corinto a la mezcla y sirva con polenta y Rodajas de cebollas al horno (página 314).
* Sustituya una parte o todas las carnes por carne de cordero molida. Agregue un poco de comino y de cilantro molido. Suprima el orégano y el queso.
* Dore las albóndigas y luego rehóguelas con el caldo de cordero o de pollo hasta que estén tiernas, por 30 minutos aprox. Rocíe con cilantro, y sirva con cuscús.
* Substituya el pan por arroz o papas frías y cocidas.

Hamburguesas

4 PORCIONES

Me gusta la carne molida de vacas alimentadas con pasto para hacer hamburguesas debido a su proporción de grasa y de carne magra.

Mezcle:

1¾ libras de carne molida de una vaca alimentada con pasto
Sal
Pimienta negra recién molida
2 dientes de ajo, picados finos

Haga 4 hamburguesas, compactando bien la carne. Nivele los bordes de cada hamburguesa para una cocción uniforme, y haga una depresión en el centro para compensar el crecimiento de la carne mientras se cocina. Si quiere las hamburguesas a término medio, cocine 9 minutos sobre brasas a fuego medio-alto, dándoles vuelta una vez o dos veces.

Tueste por un lado:

8 rebanadas de pan (el *levain* o la focaccia son buenas opciones)

Sirva las hamburguesas en el pan tostado con cebollas a la parrilla, hojas de rúgula o lechuga y sus condimentos favoritos.

VARIACIÓN

+ Pique 2 cucharaditas aprox. de hierbas y añada a la carne. El apio de monte es especialmente bueno.

Rosbif

Un rosbif puede ser una simple costilla, o un sofisticado lomo entero. Se utiliza la misma técnica, independientemente del corte. Los pasos más importantes son: sazonar la carne con anticipación, tener la carne a temperatura ambiente antes de asar, y dejar reposar al sacarla del horno. Todos estos pasos mejoran el sabor y la textura de la carne, y hacen que se cocine de manera más uniforme.

Retire casi todo el exceso de grasa de la carne antes de sazonarla, dejando una capa de ¼ de pulgada de grosor. Sazone con sal y pimienta negra recién molida. Puede sazonar de 2 a 3 libras de carne desde el día anterior, pero es mejor aún si lo hace con 2 días de antelación. Si la cantidad de carne es mayor, es mejor sazonarla 2 o 3 días antes.

No es necesario atar la carne, pero se cocinará de manera más uniforme si lo hace. Pídale a su carnicero que haga esto, o pase un hilo de algodón alrededor de la carne —ajustado, pero no muy apretado— y haga un nudo simple cada 3 pulgadas aprox.

Saque la carne del refrigerador una hora antes de cocinar si la cantidad es pequeña. Hágalo 2 o 3 horas antes para una mayor cantidad.

Yo aso pequeñas cantidades a 400°F, y a 375°F si tengo 5 libras o más. Calcule 15 minutos aprox. por libra, y comience a medir la temperatura interna poco tiempo después de llevar al horno.

Saque la carne del horno cuando esté un poco menos hecha de lo que quisiera, ya que la temperatura seguirá aumentando mientras la carne reposa. Mida la temperatura en varias partes, especialmente en las más gruesas. Deberá guiarse por la temperatura más baja. Dejar reposar la carne después de asarla hace que la temperatura interna se estabilice y los jugos se asienten. Sugiero dejarla reposar por un mínimo de 20 minutos si es una cantidad pequeña, o 30 minutos si es más grande. Para mantener la carne tibia, puede cubrir con papel aluminio pero sin sellar los bordes, pues el calor quedará atrapado y la carne se seguirá cocinando.

Estas son las temperaturas internas por las cuales me guío:

120°F para término crudo (o rojo inglés)
125°F para término medio crudo
135°F para término medio
145°F para término medio a tres cuartos
155°F para término bien cocido

Olla de rosbif

4 PORCIONES

Sazone con varias horas de anticipación, o desde la noche anterior:

3 libras de espaldilla o aguja de una res alimentada con pasto

con:

Sal

Pimienta negra recién molida

Cubra y refrigere hasta una hora antes de cocinar. Caliente una olla grande y pesada. Vierta:

2 cucharadas de aceite de oliva

Vierta rápidamente la carne en la olla, inclinándola un poco para esparcir el aceite alrededor de la carne. Dore la carne de 3 a 4 minutos por cada lado. Añada:

1 cucharada de mantequilla

Dele vuelta a la carne, espolvoreando por todas partes con:

1 cucharada de harina

Dore otros 3 minutos por cada lado, y luego añada a la olla:

1 cebolla, pelada y cortada en trozos grandes

1 puerro, recortado, lavado y troceado

1 zanahoria, pelada y cortada en trozos

2 tallos de apio, lavados y cortados en trozos

3 dientes de ajo cortados a la mitad

4 ramitas de tomillo

1 ramita de perejil

1 hoja de laurel

Vierta:

½ taza de vino tinto

Agua o caldo

Agregue agua hasta cubrir la carne casi por completo. Lleve a fuego lento, removiendo ocasionalmente y retire la espuma. Cubra, reduzca a fuego lento y cocine hasta que la carne esté muy suave, por 2½ horas aprox.

Mientras la carne está a fuego lento, cocine por separado, en agua hirviendo con sal, hasta que estén muy tiernas:

3 zanahorias, peladas y cortadas en trozos

3 tallos de apio, cortados en trozos

4 papas amarillas medianas, peladas y cortadas en trozos

Cuando la carne esté cocida, retire del líquido y mantenga tibia mientras cuela el líquido de la cocción, presionando hacia abajo con el dorso de una cuchara para extraer todos los jugos de los vegetales; deséchelos. Deje reposar el líquido y retire la espuma y la grasa. Vierta de nuevo el líquido en la olla y hierva a fuego lento. Parta la carne, vierta de nuevo en la olla y agregue los vegetales cocidos por separado. Hierva a fuego lento y sirva caliente.

VARIACIONES

◆ Añada una rodaja gruesa de panceta a la olla para un sabor más rico.

◆ Sustituya o añada otras verduras para servir con la carne. Por ejemplo, utilice chícharos, nabos y chirivías en primavera, y habas frescas y tomates pelados en verano.

◆ Sirva con Salsa verde (página 45), con rábano picante rallado y sazonado con un poco de vinagre de vino blanco, o con mostaza.

Espaldilla de cordero estofada

4 PORCIONES

La espaldilla de cordero es muy suculenta y tierna cuando está cocida, porque es un corte que tiene muchos tejidos conectivos. Pídale al carnicero una espaldilla entera, con el hueso.

Sazone desde la noche antes si es posible:
> **Espaldilla de cordero con hueso
> (3 a 4 libras)**

con:
> **Sal
> Pimienta negra recién molida**

Mezcle en una cazuela grande de barro, o en una fuente para hornear:
> **4 tomates medianos, o una lata de
> 14.5 onzas
> de tomates enteros, pelados y orgánicos,
> sin el corazón y picados en trozos
> gruesos
> 2 cebollas medianas, peladas y picadas en
> trozos gruesos
> 2 zanahorias, peladas y picadas en trozos
> gruesos
> 5 dientes de ajo
> 3 ramas de ajedrea
> 3 ramas de tomillo
> 7 granos de pimienta negra
> 1 chile**

Ponga el cordero encima y vierta:
> **2 tazas de caldo de pollo o de agua
> ¾ de taza de vino blanco**

Cocine sin cubrir en un horno a 375°F por 2½ horas aprox. Compruebe el nivel del líquido de vez en cuando y añada más caldo o agua si se reduce mucho. Dele vuelta 1½ horas después y cocine por otros 30 minutos. Dele vuelta una vez más y cocine por 20 minutos, o hasta que esté dorado. El cordero deberá estar suave y tierno, casi desprendiéndose de los huesos; en caso contrario, siga cocinando, dándole vuelta cada 20 minutos. Retire el cordero de la fuente cuando esté hecho, y vierta los vegetales y el líquido en un recipiente. Retire toda la grasa y deseche. Pase los vegetales por un prensa purés y vierta de nuevo en el líquido de la cocción. Pruebe la sazón y rectifique si es necesario. Puede diluir la salsa con caldo o con agua si es necesario. Corte o retire la carne de los huesos y parta en trozos grandes. Recaliente la carne en la salsa y sirva.

VARIACIONES

✦ Si ya ha cocinado el cordero, puede recalentar la carne en una parrilla a fuego medio alto, para que quede crujiente por fuera. Corte en rodajas y sirva con papas crujientes y con una ensalada.

✦ Haga un guiso de cordero en lugar de un asado utilizando 3 libras de lomo de cordero cortadas en trozos de 2 pulgadas. Dore la carne en el aceite de oliva a fuego alto, y agregue a la sartén con las verduras. Añada los líquidos, cubra y hornee a 325°F hasta que la carne esté tierna, por 2½ horas aprox.

Chamorro de cordero estofado

4 PORCIONES

El chamorro es la mejor parte del cordero para cocinar a fuego lento. Es un corte carnoso de la pata delantera y constituye una porción generosa; rehogue entero o pídale a su carnicero que lo corte por la mitad y a lo largo. La Gremolata, una mezcla de perejil, ajo y ralladura de limón, es un adorno fresco y vibrante para esta carne de cocción lenta.

Retire todo el exceso de grasa de:
> **4 chamorros de cordero**

Sazone generosamente, un día antes si es posible, con:
> **Sal
> Pimienta negra recién molida**

Vierta en una cacerola de fondo grueso a fuego medio-alto:
> **Aceite de oliva**

Cubra generosamente el fondo de la cacerola con aceite. Añada el chamorro y dore bien. Esto tomará 12 minutos aprox. Retire el chamorro de la sartén cuando esté dorado, deseche la mayoría de la grasa y añada:

2 cebollas,
    peladas y cortadas en trozos grandes
2 zanahorias,
    peladas y cortadas en trozos grandes
1 cabeza de ajo, cortada por la mitad
1 chile seco y pequeño
4 granos de pimienta negra
1 ramita de romero
1 hoja de laurel

Cocine por unos minutos, removiendo de vez en cuando, hasta que las verduras se ablanden. Añada:

¾ de taza de vino blanco
2 tomates medianos, o la mitad de una
    lata de 14.5 onzas de tomates enteros,
    orgánicos, sin corazón y troceados

Suba el fuego para reducir el vino y raspe los pedacitos oscuros del fondo de la sartén. Cuando el vino se haya reducido a la mitad, vierta de nuevo el chamorro en la sartén y agregue:

2 tazas de caldo de pollo

El líquido debe cubrir el chamorro hasta la mitad. Lleve a ebullición, reduzca el fuego de inmediato, cubra y cocine a fuego mínimo de 2½ a 3 horas en una estufa, o en un horno a 325° F. Si va a hornear, retire la tapa en los últimos 20 minutos de la cocción para que la carne se dore un poco. La carne debe estar muy tierna y desprenderse de los huesos. Retire el cordero y elimine toda la grasa. Pase la salsa por un prensa purés y diluya con un poco de caldo de pollo si está muy espesa. Pruebe y rectifique la sazón si es necesario. Vierta la carne de nuevo en la salsa.

Prepare:

Gremolata (página 231)

Caliente la salsa y la carne y sirva rociada con gremolata.

Chuletas de lomo de cordero a la parrilla

4 PORCIONES

Sazone:

8 chuletas de lomo de cordero cortadas en
    trozos de 1½ pulgadas de grosor,

con:

Sal
Pimienta negra recién molida

Prepare una brasa de carbones a fuego medio-alto. Cepille y limpie la parrilla. Adobe las chuletas con aceite y ponga en la parrilla. Cocine por 3 minutos y gire 45 grados si desea para hacerle marcas con la parrilla. Dele vuelta 6 minutos después y cocine hasta que estén a término medio crudo, por otros 4 minutos aprox. Deje reposar 4 minutos antes de servir.

VARIACIONES

⬥ Prepare 3 chuletas por persona y sazone como se indica anteriormente, asando 3 minutos aprox. por cada lado en brasas calientes.

⬥ Ase las chuletas de cerdo sobre carbones de tamaño mediano. Las chuletas de cerdo de 1 pulgada de grosor tardarán de 10 a 12 minutos en estar.

Costillas de cerdo a la parrilla

4 PORCIONES

Puede hacer un chile en polvo para esta receta tostando ligeramente y triturando chiles dulces y secos como Anaheim o anchos.

Sazone la noche anterior, si es posible:

**2 tajadas de costillas de cerdo
(3 libras aprox.)**

con:

**Sal
Pimienta negra recién molida**

Mezcle:

**2 cucharaditas de semillas de cilantro,
tostadas y molidas
1 cucharadita de semillas de hinojo,
tostadas y molidas
3 cucharaditas chile en polvo
2 cucharaditas de pimiento dulce**

Adobe las costillas por ambos lados con la mezcla de especias. Refrigere. Lleve las costillas a temperatura ambiente antes de cocinar. Encienda un fuego con madera o con carbones. Rocíe las costillas con:

Aceite de oliva

Cuando el fuego esté medio-alto, ponga la carne en la parrilla y cúbrala con papel aluminio. Las costillas se deben cocinar lentamente. Si se asan muy rápido, la carne se endurecerá y las especias podrán quemarse y tener un sabor amargo. Deles vuelta a las costillas cada 10 minutos aprox., hasta que estén doradas y bien cocidas, por 1 hora aprox. Mantenga el fuego a una temperatura constante. Corte entre los huesos para separar las costillas y sirva.

VARIACIONES

◆ Ase las costillas en una bandeja para hornear a 375°F durante 1 hora, dando vuelta cada 10 minutos.

◆ Reemplace el chile en polvo y el pimiento dulce por hojuelas de chile y agregue hojas frescas y enteras de tomillo, romero y salvia a la mezcla.

Salchichas caseras

PARA 1 LIBRA APROX.

Las salchichas son muy fáciles de hacer. En esta receta, la carne no se embute en una envoltura. Sirve para hacer empanadas y albóndigas, para rellenos y en salsas para pastas. En general, las salchichas deberían tener 25 a 30 por ciento de grasa para una buena textura. Gran parte de esta grasa se derrite mientras las salchichas se cocinan, pero sin ella, la carne quedará seca y sin sabor. Por esta razón, la mejor carne para hacer salchichas es la espaldilla, que tiene más grasa que la pierna o el lomo. Si se preparan con carne fresca, las salchichas se mantendrán hasta una semana en el refrigerador.

Mezcle suavemente con las manos:

**1 libra carne molida de cerdo
1 cucharadita de sal
¼ de cucharadita de pimienta negra recién
molida
2 cucharaditas de hojas de salvia fresca o
1 cucharadita de salvia seca
Una pizca de nuez moscada recién rallada
Una pizca de cayena**

Mezcle bien para distribuir los condimentos uniformemente, pero no triture la carne. Haga un pastelito de carne, fríalo en una sartén pequeña y pruebe. Rectifique la sazón si es necesario.

VARIACIÓN

◆ Para hacer salchichas de hinojo, reemplace la salvia, la nuez moscada y la cayena por 2 cucharaditas de semillas de hinojo, tostadas y ligeramente molidas, 2 clavos de ajo en puré, 3 cucharadas de vino tinto, y si desea, 2 cucharadas de perejil picado y ½ cucharadita de hojuelas de chile.

Lomo de cerdo al horno

4 PORCIONES

El cerdo asado, tierno por dentro y jugoso y crujiente por fuera, es una verdadera delicia. Se puede asar con o sin hueso. Si quiere un lomo con hueso, pídale a su carnicero que lo corte desde el extremo de la costilla y que retire el hueso espinal (o de la columna). El lomo con hueso se puede cortar en trozos grandes con pedazos de hueso, o retirarlos después de asar y cortar la carne en rodajas finas. En este caso, retire los huesos y sírvalos con la carne.

Sazone, un día antes si es posible:

1 de lomo de cerdo con 4 costillas, o

1 lomo de cerdo de 2½ libras sin el hueso,

con:

Sal

Pimienta negra recién molida

Si la carne tiene huesos, use un cuchillo afilado para separar parcialmente la carne de las costillas, llegando a 1 pulgada aprox., antes del extremo de los huesos. Sazone la carne generosamente. Saque la carne del refrigerador 1 hora antes. Ate suavemente con un hilo de algodón en algunos lugares para que quede uniformemente asada.

Precaliente el horno a 375°F. Coloque la carne en una fuente de hornear con la grasa hacia arriba, y cocine hasta que la temperatura interna marque 130°F, por 1 hora y 15 minutos aprox. Empiece a comprobar el punto de cocción 45 minutos después. Cuando la carne esté hecha, deje reposar 20 minutos antes de partir. Elimine un poco de la grasa de la fuente para hornear y luego desglase la fuente con un poco de vino y caldo o agua, raspando todos los pedacitos oscuros del fondo. Agregue los jugos del asado y caliente de nuevo. Cuando vaya a servir, retire el hilo, corte la carne en rodajas y sirva con los jugos del asado.

VARIACIONES

◆ Después de separar la carne de los huesos, sazone generosamente con una mezcla de hierbas (como salvia, hinojo o romero), ajo, sal y pimienta; ate la carne con un hilo de algodón y vierta más mezcla de hierbas por fuera.

◆ Corte un limón en rodajas muy finas y colóquelas en los huesos y en la carne antes de atarla, poco antes de estar a temperatura ambiente,. Si ha retirado los huesos, inserte las rodajas debajo de la carne.

◆ Ase una pierna de cerdo de la misma manera.

Carnitas

4 PORCIONES

Las carnitas son el relleno tradicional y crujiente para los tacos, acompañados con chiles, queso y todo tipo de salsas. Se cocina hasta que esté tierna y luego se dora en su propia grasa.

Corte en cubos de una pulgada:

1½ libras de lomo de cerdo sin hueso

Acomode la carne en una fuente ancha y de fondo pesado en una sola capa. Añada agua hasta cubrir ligeramente la carne.

Agregue:

½ cucharadita de sal

2 cucharaditas de jugo de limón fresco

Lleve a ebullición, cubra la fuente y cocine suavemente hasta que esté tierna, por 45 minutos aprox. Retire la tapa y aumente el fuego hasta que el líquido se evapore. Cuando la carne comience a chisporrotear, reduzca el fuego y fría suavemente hasta que esté dorada. Retire la carne de la fuente y escurra el exceso de grasa. Pruebe la sal y añada más si es necesario.

Postres

(CONTINÚA)

Compota de frutas de invierno

8 PORCIONES

Casi cualquier combinación de frutas secas se puede utilizar de esta forma y convertirse en un postre, servido con una tajada de pastel, o con un poco de crème fraîche. Las frutas cítricas y frescas de invierno también sirven para hacer deliciosas compotas de invierno cuando se cubren en un jarabe saborizado con su cáscara.

Mezcle en una cacerola mediana:
> **½ taza de pasas doradas**
> **¼ de taza de pasas tipo Zante**
> **¼ de taza de cerezas secas**
> **½ taza de damascos secos, cortados en cubitos**
> **½ taza de manzanas secas, cortadas en cubitos**
> **1¾ tazas de jugo de naranja fresco**
> **3 tiras de cáscara de naranja**
> **¼ de taza de azúcar morena**

Corte a lo largo:
> **Una vaina de vainilla de una pulgada**

Utilice la punta de un cuchillo afilado para raspar las semillas negras de la vaina y vierta en la cacerola; agregue la vaina y:
> **1 estrella de anís (opcional)**

Cocine a fuego medio hasta que las frutas secas hayan crecido y el jugo se haya espesado ligeramente, de 3 a 5 minutos aprox. Deje enfriar un poco y deseche la vaina, la cáscara de naranja y la estrella de anís.

VARIACIONES

◆ Agregue rodajas de peras o membrillos escalfados a las frutas cuando se hayan enfriado.

◆ La compota es un relleno inolvidable para tartas. Cuele el líquido y use la fruta para hacer una galette (ver Tartas de frutas, página 178). Reduzca el líquido y utilice para glasear la galette después de hornear. Sirva con crème fraîche, crema batida o helado.

Compota de frutas de verano

4 PORCIONES

Este es sólo un ejemplo de todas las compotas de frutas que se transforman en postres deliciosos. Todas las frutas de verano —ciruelas, duraznos, damascos, nectarinas, cerezas e higos— se pueden cortar y remojar en su propio jugo con un poco de azúcar y zumo de limón. Las compotas de frutas de verano son deliciosas solas, en pancakes o waffles, con pastel de almendras, de ángel, con galletas, helado, crema batida o con un sorbete.

Deshoje y corte:
> **1 taza (½ pinta) de fresas**

Añada:
> **½ taza de arándanos azules**
> **½ taza de moras**
> **½ taza de frambuesas**

Añada al gusto:
> **El jugo de 1 limón**
> **2 a 3 cucharadas de azúcar**

Mezcle suavemente. Cubra y deje remojar las frutas por un mínimo de 10 a 15 minutos.

Kumquats escalfados

RINDE 4 TAZAS APROX.

Acostumbro escalfar más kumquats de los que necesito para hacer un postre; se conservan bien en su líquido de cocción, por 2 semanas o más en el refrigerador. Son deliciosos con rodajas de naranja o con otras frutas escalfadas, especialmente con ciruelas pasas (escalfe los kumquats, sáquelos cuando estén hechos, cubra las ciruelas en el mismo almíbar; mezcle cuando las ciruelas estén hechas y el almíbar se haya enfriado un poco).

Lave y retire los extremos de:
1 libra de kumquats
Corte en diagonal, en rodajas de ⅛ a ¼ de pulgada, y deseche las semillas. Mezcle en una cacerola pequeña:
2 tazas de agua
1 taza de azúcar
Una vaina de vainilla de 1 pulgada, cortada a lo largo, y vertiendo las semillas en la cacerola.
Lleve a ebullición, removiendo para disolver el azúcar: reduzca a fuego lento y añada las rodajas de kumquat. Déjelas cocer suavemente hasta que translúcidas y tiernas, de 12 a 15 minutos aprox. Retire del fuego y deje enfriar en el almíbar.

Fresas en jugo de naranja

4 PORCIONES

Este postre, completamente sencillo, es un refrescante toque final para cualquier comida. Asegúrese de utilizar fresas rojas y maduras.

Lave y deshoje:
1½ pintas de fresas dulces y maduras
Corte las fresas por la mitad o en cuartos si son grandes.

Mezcle:
1½ tazas de jugo de naranja fresco (de 3 naranjas grandes)
3 cucharadas de azúcar, o al gusto
Vierta el jugo sobre las fresas y deje remojar por un mínimo de 30 minutos. Sirva frías.

VARIACIONES
* Sustituya el jugo de naranja por un vino tinto afrutado y añada un chorro de jugo de limón.
* Agregue los cascos de 1 o 2 naranjas a las fresas rebanadas.

Shortcake de fresa

6 PORCIONES

Deshoje y corte en rodajas:
4 tazas de fresas (dos canastas de 1 pinta aprox.)
Agregue:
¼ de taza de azúcar
Triture la cuarta parte de las fresas. Vierta el puré de nuevo en las rodajas de fresa y deje reposar 15 minutos.
Mezcle en un recipiente:
1 taza de crema batida
½ cucharadita de extracto de vainilla
1 cucharada de azúcar, o al gusto
Bata hasta que la crema tenga una textura suave.
Corte por la mitad:
6 magdalenas con crema horneadas, de 2 pulgadas (página 275)
Sirva las galletas en platos.
Vierta las fresas y un poco de crema batida en cada galleta. Ponga encima la otra mitad de la galleta y espolvoree con:
Azúcar pulverizada (opcional)
Sirva de inmediato.

VARIACIÓN
* Reemplace las fresas por cualquier fruto del bosque en temporada y en cualquier combinación.

Duraznos al horno

4 PORCIONES

Las nectarinas y damascos también son deliciosos de esta manera.

Precaliente el horno a 400°F.
Corte por la mitad:

4 duraznos grandes y maduros

Retire los huesos y acomode los duraznos con el lado cortado hacia arriba en un plato para hornear de cerámica, poco profundo, y de 9 por 13 pulgadas.

5 cucharadas de mermelada de damasco
2 cucharadas de miel
1 taza de agua
1 cucharada de ralladura de limón
2 cucharaditas de jugo de limón fresco

Vierta la mezcla sobre el durazno en mitades Espolvoree cada mitad con:

½ cucharadita de azúcar

Hornee de 30 a 45 minutos, hasta que los duraznos estén tiernos. Se cocinarán más rápido si están muy maduros. Compruebe varias veces el punto de cocción, humedeciendo los duraznos con sus jugos. Sirva tibios con helado. Vierta el almíbar encima; es una salsa deliciosa.

VARIACIÓN

♦ Sustituya la mitad del agua por ½ taza de vino Sauternes (u otro dulce). Suprima la miel.

Tarta tatin

8 PORCIONES

Esta es una de las tartas más deliciosas. Las manzanas se caramelizan en el fondo de la fuente, la pasta se hornea crujiente y dorada encima de la fruta, y toda la tarta se sirve hacia abajo, dejando al descubierto las manzanas oscuras y caramelizadas.

Amase en un círculo de 11 pulgadas en una superficie ligeramente enharinada:

9 a 10 onzas de Masa para tartas y pasteles
(página 174) o de hojaldre

Retire el exceso de harina, transfiera la masa a una bandeja para hornear cubierta con papel pergamino y refrigere.
Parta en cuatro, pele y retire el corazón de:

3 a 4 libras (manzanas Granny Smith,
Golden Delicious o de otra variedad
que no se deshaga al cocinarse)

No se preocupe si las manzanas pierden el color cuando las pela. Las partes oscuras serán invisibles cuando se caramelicen.
Precaliente el horno a 400°F. Coloque una sartén de hierro forjado y de 9 pulgadas a fuego medio-alto. Añada:

2 cucharadas de mantequilla
6 cucharadas de azúcar

Agite la sartén, o remueva con una cuchara de madera o espátula refractaria para caramelizar la mezcla de manera uniforme. Cocine hasta que el caramelo esté oscuro y burbujeante, pero no lo deje quemar. Retire la sartén del fuego cuando el caramelo tenga un color café ámbar. Se seguirá cocinando y oscureciendo cuando retire del fuego; regrese la sartén al fuego para oscurecer el caramelo si es necesario. El éxito de la tarta depende del sabor profundo a caramelo.

Mientras la sartén se enfría, corte los cuartos de manzana por la mitad y a lo largo. Disponga las rodajas de manzana formando un anillo en los bordes de la sartén, con los lados redondos hacia abajo y los más angostos hacia el centro. Acomode otro anillo de manzanas dentro del primer anillo. Haga dos anillos más, con los lados redondos hacia arriba, acomodando entre los cuartos de manzana que forman los anillos. Corte pedazos más pequeños de manzana para llenar los agujeros; las manzanas se achican cuando se cocinan. Presione suavemente las manzanas hacia abajo para acomodar bien. Coloque la masa sobre las manzanas. Cuando se haya suavizado un poco, acomode los bordes de la masa entre la fruta y los bordes de la sartén. Haga 3 o 4 tajos pequeños encima de la masa para que salga el vapor mientras se hornea. Hornee a temperatura media de 35 a 40 minutos, o hasta que la masa esté bien dorada. El relleno debería moverse ligeramente al agitar la sartén. Retire del horno y deje enfriar un minuto o dos. Cubra la sartén con un plato más grande, y hacia abajo. Levante ambos, sosteniendo el plato contra la sartén, y dele vuelta rápidamente. Sacuda la sartén con suavidad y levante. Si un pedazo se ha adherido a la sartén, retire con una espátula y vierta en la tarta.

Sirva la tarta tibia con crème fraîche, con helado de vainilla, o con crema batida.

Tarta de cuajada de limón

PARA UNA TARTA DE 9 PULGADAS

Para hacer una tarta de cuajada de limón, llene una corteza de Masa para tartas dulces de 9 pulgadas (página 183), pre-horneada, con 2 tazas de Cuajada de limón (página 199). Nivele la cuajada y lleve a un horno precalentado a 375°F, de 15 a 20 minutos o hasta que la cuajada se asiente.

Pastel de arándanos azules

PARA UN PASTEL DE 9 PULGADAS

Lleve a temperatura ambiente:

Dos discos de masa para tartas y pasteles de 10 onzas (página 174)

Amase uno de los discos en un círculo de 12 pulgadas. Extienda la masa en un molde para tartas o pasteles de 9 pulgadas. Recorte los bordes y deje un voladizo de ½ pulgada. Ponga sobre una bandeja para hornear cubierta con papel pergamino. Refrigere la bandeja y la masa mientras prepara la fruta.

Coloque una rejilla en el tercio inferior del horno. Precaliente el horno a 400°F.

Mezcle en un tazón mediano:

6 tazas de arándanos

¾ de taza de azúcar

4 cucharadas de tapioca de cocción rápida, pulverizada en un mortero

2 cucharaditas de ralladura de limón

1 cucharada de jugo de limón fresco

¼ de cucharadita de sal

Deje reposar 1 minuto. Vierta la mezcla en el molde con la masa.

Corte en cubos pequeños y espolvoree los arándanos con:

2 cucharadas de mantequilla sin sal

Cubra el pastel con la corteza superior. Doble el borde de la corteza superior debajo del borde de la corteza inferior. Apriete y una las cortezas, sellando todos los bordes. Bata en un tazón pequeño:

1 huevo

Esparza el huevo batido sobre la cubierta superior. Haga 4 ranuras en la cubierta. Coloque el pastel en una bandeja para hornear y hornee por 15 minutos. Reduzca la temperatura a 350°F y hornee hasta que el pastel esté dorado y los jugos espesos burbujeen por las ranuras, por 45 minutos más aprox. Si los bordes se oscurecen con mucha rapidez, cúbralos con papel aluminio. Deje enfriar completamente el pastel antes de partirlo.

VARIACIONES

◆ Puede reemplazar los arándanos azules por moras, frambuesas negras, zarzamoras, zarzas de olallie, o cualquier combinación de frutos del bosque.

◆ Para el pastel de manzana, mezcle 3 libras manzanas (como Golden Delicious, Sierra Beauty, o Gravenstein, sin el corazón y cortadas en trozos de ½ pulgada) con ¼ de taza de azúcar y, si desea, con 2 cucharaditas de brandy o Calvados, o con ¼ de cucharadita de canela. Rellene y termine como se indica arriba.

Pastel de calabaza

PARA UN PASTEL DE 9 PULGADAS

El puré de calabaza es fácil de hacer y es ideal para este pastel. Sin embargo, la mayoría de las calabazas no son comestibles, y su carne es muy aguada e insípida como para hacer un buen puré. Busque variedades dulces de calabaza (por ejemplo, Sugar Pie Long Pie, o Cinderella) o utilice calabaza butternut. Para hacer un puré, consulte la página 324.

Ablande a temperatura ambiente:

Un disco de masa para tartas y pasteles (página 174) de 10 onzas

Extienda la masa en un círculo de 12 pulgadas.

Ponga la masa en un molde de 9 pulgadas. Refrigere por un mínimo de 1 hora. Precaliente el horno a 375°F. Pinche la parte inferior por todas partes con un tenedor. Cubra la tarta con papel de aluminio o pergamino y llene con una capa de frijoles secos reservado para este fin (o utilice otros pesos para repostería). Hornee a 375°F por 15 minutos, o hasta que esté ligeramente dorada en los bordes. Saque la tarta del horno; retire el papel y los pesos. Regrese al horno y cocine por otros 5 a 7 minutos, hasta que toda la tarta esté ligeramente dorada.

Deje enfriar.

Mezcle en una cacerola pequeña:

¼ de taza de crema

2 cucharaditas de harina

Caliente la mezcla a fuego lento hasta que hierva y espese. Bata lentamente:

¾ de taza de crema

Continúe batiendo hasta que la mezcla hierva de nuevo. Retire del fuego. Mezcle en un tazón mediano:

15 onzas (1½ tazas) de puré de calabaza

3 huevos

Mezcle en otro tazón:

¼ de taza de azúcar morena

1 cucharada de azúcar granulada

1 cucharadita de canela en polvo

1 cucharadita de clavos triturados

¼ de cucharadita de jengibre molido

½ cucharadita de sal

Una pizca de pimienta negra recién molida

Agregue la mezcla de azúcar y especias y la crema espesa a la calabaza.

Añada:

1½ cucharaditas de brandy (opcional)

Vierta en la tarta y hornee de 45 a 50 minutos, hasta que el centro haya cuajado ligeramente. Cubra con papel aluminio si los bordes se están oscureciendo con mucha rapidez. Deje enfriar completamente antes de cortar.

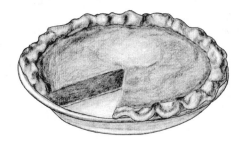

Pastel invertido de arándanos rojos

Para un pastel redondo o cuadrado de 8 pulgadas

Este pastel es muy versátil y se puede hacer con manzanas, peras, duraznos, ciruelas, o con cualquier fruta con mucho sabor y ligeramente ácida. Acomode las rodajas de fruta como si se tratara de una Tarta tatin (página 366).

Precaliente el horno a 350°F.

Vierta en una sartén de hierro fundido o bandeja para hornear pesada de 8 pulgadas:

4 cucharadas (½ barra) de mantequilla sin sal

¾ de taza de azúcar morena

Cocine a fuego medio, removiendo constantemente, hasta que la mantequilla se derrita y empiece a burbujear. Retire del fuego y deje enfriar.

Caliente en una cacerola pequeña:

2¾ tazas de arándanos frescos

¼ de taza de jugo de naranja fresco

Cocine hasta que los arándanos comiencen a reventar. Retire del fuego y vierta uniformemente sobre el caramelo frío.

Separe:

2 huevos, a temperatura ambiente

Mida:

½ taza de leche entera, a temperatura ambiente

Mida y mezcle:

1½ tazas harina sin blanquear para todo uso

2 cucharaditas de polvo para hornear

¼ de cucharadita de sal

Bata bien en otro recipiente o en una batidora:

8 cucharadas (1 barra) de mantequilla sin sal, ablandada

Añada:

1 taza de azúcar granulada

Remueva hasta que esté suave y esponjosa. Vierta 2 yemas, de una en una. Agregue:

1 cucharadita de extracto de vainilla

Cuando esté bien mezclada, añada la mezcla de harina alternativamente con la leche, comenzando y terminando con un tercio de la harina. Remueva solo hasta incorporar la harina. Bata las claras hasta que formen picos suaves. Vierta un tercio de las claras a la masa y luego agregue el resto. Vierta la masa sobre los arándanos en una fuente y suavice con una espátula. Hornee de 30 a 35 minutos, o hasta que la cubierta que esté dorada y el pastel se retire de los bordes de la fuente. Saque del horno y deje enfriar 15 minutos. Pase un cuchillo por los bordes de la fuente e invierta el pastel en un plato para servir.

Pastel de almendras

Para un pastel redondo de 9 pulgadas

Precaliente el horno a 325°F.

Engrase un molde para pasteles de 9 por 3 pulgadas con mantequilla y cubra con papel pergamino. Engrase el papel con mantequilla y espolvoree el molde con harina, sacudiendo el exceso.

Tamice juntas:

1 taza de harina para pasteles

1½ cucharaditas de polvo para hornear

¼ cucharaditas de sal

Mezcle:

7 onzas de pasta de almendras

1¼ tazas de azúcar

Remueva hasta que la pasta de almendras se quiebre en pedazos muy pequeños. Para mayor facilidad, pulverice en un procesador de alimentos o en una batidora de pie.

Bata a mano o con una batidora:

½ libra, más 4 cucharadas (2½ barras) de mantequilla sin sal, blanda

Añada la pasta de almendras y la mezcla de azúcar a la mantequilla; incorpore hasta que esté liviana y esponjosa, y luego agregue:

1 cucharadita de extracto de vainilla

Agregue de uno en uno:

6 huevos, a temperatura ambiente

Raspe los lados del recipiente con frecuencia para asegurarse de que todos los ingredientes estén completamente mezclados. Añada gradualmente la mezcla de harina y remueva hasta incorporar. Vierta la masa en el molde preparado y hornee por 1 hora y 15 minutos, o hasta que un palillo insertado en el centro salga limpio. Retire del horno y deje enfriar. Saque el pastel del molde y retire el papel pergamino. Sirva el pastel solo o con fruta en rodajas y crema batida.

VARIACIONES

♦ Para un pastel rectangular, prepare una bandeja para hornear como se indica anteriormente, vierta la masa, suavice la parte superior y hornee por 40 minutos aprox. Puede utilizar también dos bandejas para hornear de 9 pulgadas para un pastel de dos capas.

♦ Para 24 mini pasteles individuales, hornee en moldes para muffins engrasados con mantequilla, con papel pergamino en el fondo, y enharinados como se indica arriba. Llene cada molde a ⅔ de su capacidad y hornee por 30 minutos aprox. O haga cupcakes en moldes individuales.

♦ Para la cobertura, esparza una capa fina de mermelada de damascos o frambuesas. Espolvoree con almendras tostadas en rodajas y azúcar pulverizada.

Pastel de chocolate

PARA UN PASTEL REDONDO DE 9 PULGADAS

Este pastel es húmedo y versátil, y se conserva bien. Se puede hacer en cualquier forma, desde cupcakes hasta un pastel de bodas con varios niveles.

Precaliente el horno a 350°F.

Engrase con mantequilla una bandeja para hornear y cubra el fondo con papel pergamino. Engrase el papel con mantequilla, y cubra la bandeja con harina o cocoa, retirando el exceso. Vierta en un molde refractario:

4 onzas de chocolate sin azúcar, troceado

Coloque el molde sobre una olla con agua hirviendo. (El agua no debe tocar el molde). Retire del fuego. Remueva el chocolate de vez en cuando hasta que esté completamente derretido y suave.

Retire el molde de la olla.

Tamice juntos:

2 tazas de harina de pastel
2 cucharaditas de bicarbonato de soda
½ cucharadita de sal
6 cucharadas de cacao en polvo

En un tazón grande, bata hasta que esté cremosa, manualmente o con una batidora de pie:

8 cucharadas (1 barra) de mantequilla, ablandada

Añada y bata hasta que estén claras y esponjosas:

2½ tazas de azúcar morena
2 cucharaditas de extracto de vainilla

Agregue de uno en uno:

3 huevos, a temperatura ambiente

Agregue el chocolate derretido cuando haya incorporado por completo. Añada la mitad de los ingredientes secos a esta mezcla y combine; luego agregue:

½ taza de suero de leche, a temperatura ambiente

Añada el resto de los ingredientes secos. Vierta gradualmente, mezclando hasta incorporar:

1¼ tazas de agua hirviendo

Vierta la mezcla en el molde preparado y hornee por 45 minutos, o hasta que un palillo de dientes insertado en el centro salga limpio. Coloque el molde sobre una rejilla y deje que el pastel se enfríe completamente. Pase un cuchillo alrededor del molde para despegar el pastel. Retire el pastel y el papel pergamino del molde. Deje el pastel en el molde si no va a comer el mismo día y cúbralo bien.

VARIACIONES

◆ Para un pastel rectangular, prepare una bandeja para hornear como se indica anteriormente. Vierta la mezcla, nivele la parte superior, y hornee por 20 minutos aprox. También puede hornear un pastel de dos capas en dos moldes de 9 pulgadas.

◆ Para 24 cupcakes individuales, hornee por 30 minutos aprox.

Pavé de chocolate

PARA UN PASTEL DE 9 POR 13 PULGADAS

Pavé es una palabra francesa que significa "adoquín". Los pavés de chocolate son muy ricos, suaves y densos. A los pasteles de chocolate de este tipo se le suele llamar pasteles sin harina, porque son completamente libres gluten.

Precaliente el horno a 350°F.

Engrase con mantequilla un molde para hornear de 9 pulgadas y cubra el fondo con papel pergamino. Engrase el papel y cubra el molde con harina o cocoa, sacudiendo el exceso.

Ponga encima un recipiente refractario de tamaño mediano sobre agua hirviendo (pero sin tocar) y añada:

3½ onzas de chocolate sin azúcar, troceado
4 onzas de chocolate semidulce, troceado
15 cucharadas (2 barras, menos 1
    cucharada) de mantequilla sin sal

Caliente hasta que se derrita y esté suave, removiendo con frecuencia. Deje enfriar.
Separe:

6 huevos a temperatura ambiente
Bata las 6 yemas con:

½ taza de azúcar
Continúe batiendo hasta que la mezcla forme una cinta al retirar el batidor del tazón y todo el azúcar se haya disuelto, por 10 minutos aprox. Vierta la mezcla de las yemas en el chocolate derretido.

En otro tazón, bata las 6 claras de huevo hasta que estén espumosas. Añada poco a poco:

½ taza de azúcar
¼ de cucharadita de sal
Continúe batiendo hasta que la mezcla se vea brillante y tenga una consistencia suave.

Vierta las claras en la mezcla de chocolate en tres partes, y sólo hasta que no haya vetas blancas.

Vierta la mezcla en el molde, nivele la parte superior, y hornee de 35 a 40 minutos. Aparecerán grietas en la parte superior del pastel a medida que se hornea; esto es normal. El pastel estará listo cuando el lado y los centros estén todavía un poco suaves. Deje enfriar por completo. Invierta el pastel en una bandeja para hornear, retire el papel pergamino y luego invierta sobre un plato. Espolvoree por encima con:

Azúcar pulverizada y tamizada

VARIACIÓN

◆ Decore la parte superior del pastel con chocolate derretido o con Salsa de chocolate (página 386). Inserte ligeramente un tenedor en la capa de chocolate y haga líneas poco profundas.

Pastel de ángel

10 PORCIONES

Alto y esponjado, el pastel de cabello de ángel es delicioso sin nada más, pero acostumbro servirlo con Compota de frutas de verano (página 364) y crema batida. Es delicioso un día después, en rodajas finas y tostadas.

Precaliente el horno a 350°F.
Mezcle:

> **1 taza de harina para pasteles**
> **¾ de taza de azúcar**
> **½ cucharadita de sal**

Bata hasta que estén espumosas en un recipiente mediano o en una batidora de pie:

> **1½ tazas de claras de huevo (12 huevos blancos aprox.), a temperatura ambiente**

Añada:

> **1 cucharada de agua**
> **1 cucharada de jugo de limón fresco**
> **1 cucharadita de crema tártara**

Siga batiendo hasta que la espuma esté muy suave, tenga una consistencia liviana, y haya aumentado de 4 a 5 veces en volumen.
Agregue:

> **¾ de taza de azúcar**

Continúe batiendo hasta que la mezcla forme picos suaves y brillantes. La mezcla no debe estar dura o seca. Pase a un tazón grande. Vierta una capa fina de los ingredientes secos sobre las claras y mezcle con una espátula de caucho, de manera suave y rápida. Siga añadiendo los ingredientes secos y mezcle hasta incorporar bien.

Vierta la mezcla en un molde de rosca sin engrasar de 10 por 4 pulgadas con fondo desmontable. Aplane la capa superior y hornee de 40 a 45 minutos. El pastel estará cuando se mueva al tocarlo suavemente. Invierta el molde para evitar que el pastel se pegue o desinfle. (Si el molde tiene patas, repliéguelas; de lo contrario, invierta el molde de rosca sobre el cuello de una botella grande). Dejar enfriar completamente. Para retirar el pastel del molde, pase un cuchillo por los bordes y por la rosca. Empuje suavemente la parte inferior hacia arriba, utilizando el cuchillo para sacar el pastel si es necesario. Utilice un cuchillo de sierra para cortar el pastel, humedeciéndolo con agua entre cada corte para evitar que el pastel se pegue.

VARIACIONES

• Añada ¼ de cucharadita de agua de flor de naranja o de rosas para perfumar ligeramente el pastel.

• Para un pastel con sabor a limón o naranja, añada la cáscara finamente rallada de 1 limón o de 1 naranja.

Flan

6 A 8 PORCIONES

Vierta en una olla pesada y pequeña:

> **¼ de taza de agua**

Espolvoree por encima en una capa uniforme:

> **¾ de taza de azúcar**

Mida y tenga a mano:

> **¼ de taza de agua**

Cocine el azúcar y el agua a fuego medio-alto hasta que el azúcar se caramelice. No remueva la olla, pero agítela suavemente si el caramelo se cocina de manera desigual. Deje que el azúcar se caramelice hasta tener un color bien dorado. Retire del fuego. El caramelo se seguirá cocinando y oscureciendo. Vierta el agua cuando el caramelo tenga un color dorado oscuro. El caramelo despedirá burbujas y salpicaduras. Remueva el azúcar caramelizado y el agua con una cuchara de madera. Vierta inmediatamente en un molde refractario redondo y de 9 pulgadas, de vidrio o cerámica, para que el caramelo se enfríe y se endurezca. Mezcle en una cacerola de fondo grueso:

> **2¾ tazas de leche**
> **¼ de taza de crema**

Caliente a fuego medio hasta que despida vapor, pero sin hervir. Añada:

¾ de taza de azúcar

2 cucharaditas de extracto de vainilla

Retire del fuego, remueva para disolver el azúcar y deje enfriar hasta que esté tibia.

Bata:

3 yemas de huevo

3 huevos

Agregue los huevos a la crema.

Cuando vaya a hornear, precaliente el horno a 350°F. Vierta la mezcla de flan en el recipiente preparado. Ponga el recipiente dentro de una bandeja para hornear más grande y llene con agua tibia hasta la mitad del recipiente. Cubra la bandeja con papel aluminio, lleve al horno, y hornee de 55 minutos a 1 hora, o hasta que el flan haya cuajado en los bordes pero esté flojo en el centro. Retire el flan del baño María y deje enfriar. Pase un cuchillo alrededor del flan para retirarlo. Cubra con un plato grande. Invierta rápidamente el flan en el plato. Dele un golpe suave al fondo de la bandeja para hornear y retire con cuidado. Sirva el flan en tajadas, y vierta la salsa encima con una cuchara.

VARIACIONES

✦ Para hacer flanes individuales, divida el caramelo y el flan en 8 recipientes o en tazas refractarias. Hornee al baño María de 35 a 40 minutos o hasta que cuaje.

✦ Suprima la vainilla y caliente la leche con 1 barra de canela y 1 cucharada de ralladura de naranja. Cuele la leche en un colador fino cuando se haya enfriado.

Panna cotta

8 PORCIONES

Engrase ligeramente ocho moldes de 4 onzas con:

Aceite de almendra o aceite vegetal sin sabor

Enfríe los moldes hasta el momento de usar.

Mida en un tazón pequeño:

3 cucharadas de agua

Espolvoree:

Un paquete de gelatina de .25 onzas

Deje a un lado hasta que la gelatina se diluya.

Mezcle en una cacerola de fondo grueso:

3 tazas de crema de leche

1 taza de leche

¼ de taza de azúcar

3 tiras de cáscara de limón

Parta por la mitad y a lo largo:

½ vaina de vainilla

Vierta las semillas en la crema y añada la vaina. Caliente a fuego lento sin dejar hervir. Retire del fuego. Vierta 1 taza de la crema caliente sobre la gelatina y remueva para disolver. Agregue esta mezcla de nuevo a la crema y deje enfriar hasta que tenga una temperatura aproximada de 110°F. Retire la vaina, exprima las semillas y todo el líquido, y vierta de nuevo en la mezcla de la crema. Esparza la mezcla en los moldes. Cubra y refrigere por un mínimo de 6 horas.

Para servir, pase un cuchillo pequeño por los bordes de cada molde. Invierta cada uno en un plato pequeño, agite suavemente, y levante. Sirva con fresas o frutos del bosque, o con una compota o salsa de frutas.

Helado de vainilla

PARA 1 LITRO

Una cuajada de vainilla puede transformarse en un helado completamente delicioso, y se le pueden agregar más sabores de los que uno imaginaría.

Separe:

6 huevos

Agite las yemas solo hasta romperlas.
Vierta en una olla de fondo grueso:

1½ tazas de crema de leche

⅔ de taza de azúcar

Una pizca de sal

Corte a lo largo:

½ vaina de vainilla

Vierta las semillas en la olla con la crema y el azúcar, y luego añada la vaina. Caliente a fuego medio hasta que despida vapor, pero sin dejar hervir. Revuelve para disolver el azúcar. Agregue un poco de la crema a las yemas para templarlas, y luego vierta las yemas en la crema. Cocine a fuego medio, removiendo constantemente, hasta que la mezcla se espese y cubra la parte posterior de una cuchara (170°F). Retire del fuego y cuele sobre un recipiente.
Saque la vaina del colador, exprima todas las semillas y el líquido, y agregue a la crema. Bata:

1½ tazas de crema de leche

Cubra el flan y refrigere bien.

Vierta el flan en una máquina para hacer helados siguiendo las instrucciones del fabricante. Transfiera el helado a un recipiente limpio y seco. Cubra y guarde en el congelador por varias horas para que se endurezca antes de servir.

VARIACIONES

✦ Agregue al helado 1 taza de chocolate picado, de nueces tostadas y picadas, de nueces confitadas, de cáscara escarchada de cítricos, o cualquier combinación antes de llevarlo al congelador.

✦ Helado de chocolate: derrita 5 onzas de chocolate semi dulce y 1 onza de chocolate sin azúcar, en trozos grandes, con 2 cucharadas de mantequilla. Agregue gradualmente a la mezcla del flan, añada la crema espesa, y congele como se indica anteriormente.

✦ Helado de café: suprima la vainilla y añada ¾ de taza de granos café con el azúcar a la crema. Cuando esté tibia, retire del fuego y deje reposar 15 minutos. Cuele, caliente de nuevo y proceda con la receta.

✦ Helado de jengibre: suprima la vainilla. Pele un trozo de jengibre de 3 pulgadas y corte en rodajas finas. Añada la crema y el azúcar. Cuando esté tibia, retire del fuego y deje reposar 15 minutos. Cuele, caliente de nuevo y proceda con la receta.

✦ Helado de canela: suprima la vainilla y añada 2 barras de canela, ligeramente aplastadas, a la crema y al azúcar. Cuando esté tibia, retire del fuego y deje reposar 25 minutos aprox. Cuele, recaliente y proceda con la receta.

✦ Helado de menta y chocolate: suprima la vainilla y añada 1 taza de menta fresca a la crema y al azúcar. Cuando esté tibia, retire del fuego y deje reposar 10 minutos aprox. Cuele, recaliente y proceda con la receta. Si desea, agregue 1 taza de chocolate semi amargo.

✦ Helado de caramelo: caramelice el azúcar con ¼ de taza de agua. Retire del fuego cuando tenga un color café oscuro, vierta otro ¼ de taza de agua, remueva para disolver el caramelo, añada a la crema y proceda con la receta.

✦ Helado con sabor a licor: suprima la vainilla y añada ¼ de taza de ron oscuro, coñac, Calvados, u otro licor con la crema.

Sorbete de pera

RINDE 1 LITRO APROX.

Elija peras maduras, jugosas y llenas de sabor, pero no suaves o blandas. La pulpa debería ceder ligeramente si se presiona con suavidad cerca del tallo. Recomiendo las variedades Comice y Bartlett, pero utilice las que estén disponibles en su área; también me gustan las Warren y las Kiefer.

Pele, retire el corazón y corte en cuartos:

6 a 8 peras maduras (3 libras aprox.)

Corte los cuartos en rodajas de ½ pulgada de grosor. Ponga las rodajas en un recipiente de acero inoxidable o de otro tipo que no sea reactivo. Vierta de inmediato a través de un colador fino:

1 cucharadita de jugo de limón fresco

Añada:

1 cucharada de azúcar

Mezcle la fruta hasta cubrir con el azúcar y el jugo de limón; esto evita que la fruta se oscurezca. Continúe con el resto de las peras, cubriendo con jugo de limón y azúcar. Cuando haya terminado con todas las peras, añada:

⅓ de taza de azúcar

1 clara de huevo

Triture la mezcla de las peras en un procesador de alimentos o en la licuadora hasta que estén suaves. Pruebe y añada más jugo de limón o azúcar; debería tener un sabor a la vez dulce y agrio. Congele de inmediato en una máquina para hacer helado siguiendo las instrucciones del fabricante. La fruta se oscurecerá sino la congela de inmediato.

VARIACIÓN

◆ Añada una cucharadita o dos de Armañac, coñac, o Poire William a la mezcla; no añada más, pues el sorbete no congelará bien.

Sorbete de limón

RINDE 1½ LITROS

Mezcle en una cacerola mediana:

1 taza de jugo de limón fresco

2 tazas de agua

1¼ tazas de azúcar

Caliente solo hasta que el azúcar se disuelva. Retire del fuego y añada:

¾ de taza de leche

Transfiera la mezcla a un recipiente, cubra y lleve al refrigerador hasta que esté completamente fría. Vierta en una máquina para hacer helados siguiendo las instrucciones del fabricante. Transfiera el sorbete congelado a un recipiente limpio y seco; cubra y guarde varias horas en el congelador para que se endurezca antes de servir.

VARIACIONES

◆ Añada la ralladura de 2 tiras de limón cuando disuelva el azúcar. Retírelas antes de congelar el sorbete.

◆ Use limones Meyer y reduzca el azúcar a 1 taza.

Duraznos congelados

PARA 6 PORCIONES

Pele, deshuese y corte en pedazos:

5 duraznos medianos (2½ tazas aprox.)

Triture en una licuadora o procesador de alimentos hasta que esté suave. Añada:

½ taza jugo de uvas blancas

Vierta el puré de fruta (con una cuchara de madera) en moldes o en recipientes de papel previamente congelados. Deje un espacio de ½ pulgada en la parte superior para que la mezcla se expanda al congelarse. Congele por un mínimo de 4 horas o desde la noche anterior. Retire suavemente el helado del molde. Remoje el molde con agua caliente por unos segundos si es necesario.

VARIACIÓN

◆ Sustituya los duraznos por 2½ tazas (2 litros aprox.) de arándanos azules, fresas, nectarinas o ciruelas.

Cuajada de vainilla o Pots de crème

4 PORCIONES

Bata hasta mezclar ligeramente en un tazón mediano:

4 yemas de huevo

Mida y vierta en un tazón mediano:

¾ de taza de crema batida

Mezcle en una olla pequeña:

¾ de taza de crema light

¾ de taza de azúcar

Una vaina de vainilla de 2 pulgadas, cortada a lo largo, (vierta las semillas y la vaina en la sartén)

Caliente a fuego medio sólo hasta que despida vapor. Remueva de vez en cuando para disolver el azúcar. Incorpore las yemas de huevo. Vierta esta mezcla en la crema fría e incorpore bien. Retire la vaina, exprima todas las semillas y el líquido, y vierta de nuevo en la mezcla de la crema. Puede refrigerarla hasta 2 días.

Precaliente el horno a 350°F. Vierta la mezcla en un molde de 2½ tazas, o en 4 moldes individuales. Ponga en una bandeja grande y profunda y vierta agua caliente hasta la mitad. Cubra la parte superior de la bandeja con papel aluminio y selle herméticamente. Hornee hasta que los lados del flan cuajen, pero el centro esté blando, 50 minutos aprox. para el molde grande, y de 25 a 30 minutos para los pequeños.

Retire del baño María y deje enfriar. Sirva tibio o enfríe en el refrigerador.

VARIACIONES

⬧ Vierta unas cucharadas de puré de frambuesa sobre los flanes enfriados.

⬧ Vierta 2 cucharadas de Marsala seco, jerez, o de otro licor al flan.

⬧ Derrita 3 onzas de chocolate amargo y ½ onza de chocolate sin azúcar en agua caliente. Vierta chocolate derretido a la crema caliente. Agregue la crema y las yemas de huevo. Añada ½ cucharadita de brandy o coñac si desea.

⬧ Para una crème brûlée, enfríe los flanes y espolvoree uniformemente con una cucharada de azúcar blanca. Con un pequeño soplete de propano, pase la llama sobre el azúcar para caramelizar uniformemente. Caliente hasta que el azúcar tenga un color café oscuro y ambarino.

⬧ Puede caramelizar también el azúcar en un horno, pero tenga cuidado con el flan, pues se quema fácilmente. Deje enfriar para que se endurezca, y sirva.

Crema pastelera

PARA 1 TAZA APROX.

La crema pastelera se puede utilizar como una base para suflés, o en cortezas para tartas horneadas, donde la crema se utiliza como una capa dulce que se cubre con frutas crudas como cascos de naranja o frambuesas. También es el relleno clásico para éclairs, sola, con sabores añadidos, o mezclada con crema batida.

Caliente en una sartén pequeña, hasta que despida vapor pero sin dejar hervir:

1 taza de leche

Mientras la leche se calienta, bata hasta espesar en un tazón pequeño:

3 yemas de huevo

½ taza de azúcar

Añada y bata hasta que esté suave:

3 cucharadas de harina

Continúe batiendo mientras agrega lentamente la leche caliente. Vierta la mezcla en la sartén y lleve a fuego medio. Siga batiendo hasta que la mezcla espese. Retire con una cuchara de madera o espátula resistente al calor por 2 o 3 minutos más, raspando los lados y el fondo de la sartén para que no se queme.

Retire del fuego y añada:

1 cucharada de mantequilla

Una pizca de sal

½ cucharadita de extracto de vainilla

Remueva hasta que la mantequilla se derrita y la masa esté suave. Pase a un tazón pequeño, cubra la crema pastelera con plástico para evitar que se forme una película y refrigere bien antes de usarla.

Suflé de damascos

6 PORCIONES

La mermelada casera de damasco es el secreto para este suflé sencillo. Otras opciones agradables son la mermelada de ciruela y de frutas cítricas.

Engrase generosamente un molde refractario de 1 litro con mantequilla y cubra con una capa fina de azúcar. Precaliente el horno a 425°F y coloque la rejilla en el centro del horno. Mezcle en un recipiente mediano:

> **½ taza de Crema pastelera**
> **(página anterior)**
> **6 cucharadas de Mermelada de damasco**
> **(página 385)**
> **Unas gotas de extracto de almendra**

Mezcle bien y reserve. Combine en un recipiente grande de cobre o de acero inoxidable:

> **6 claras de huevo a temperatura ambiente**
> **Una pizca de sal**

Bata hasta que se formen picos suaves
Añada:

> **2 cucharaditas de fécula de maíz**

Bata unos segundos más, y luego agregue:

> **⅓ de taza de azúcar**

Continúe batiendo las claras por unos segundos más. Vierta rápidamente —pero con cuidado— en la mezcla de damasco sólo hasta incorporar. Vierta la mezcla en el molde. Coloque en el medio del horno y hornee de 20 a 25 minutos, hasta que se infle y se dore. Sirva de inmediato con crema de leche o con Crème Anglaise (página 198), si desea.

Suflé grand marnier

6 PORCIONES

La cáscara confitada de naranja o mandarina (página 382) hecha en casa hace que este suflé sea muy especial.

Prepare con varias horas de antelación, o el día anterior:

> **Crema pastelera (opuesto)**

Mezcle en un tazón pequeño:

> **2 cucharadas finamente picadas de**
> **cáscara confitada de naranja o mandarina**
> **½ taza de licor grand marnier**

Cubra bien y deje remojar varias horas o toda la noche.

Al momento de hacer el suflé, engrase generosamente con mantequilla un molde de 1 litro (o seis moldes de 4 onzas) y espolvoree con una capa fina de azúcar.

Precaliente el horno a 425°F. Coloque la rejilla superior en el medio del horno. Vierta el Grand Marnier en un recipiente mediano y mezcle:

> **½ taza de crema pastelera**

Mezcle en un recipiente grande de cobre o de acero inoxidable:

> **6 claras de huevo, a temperatura ambiente**
> **Una pizca de sal**

Bata hasta que formen picos suaves. Añada:

> **2 cucharaditas de fécula de maíz**

Bata unos segundos más, luego espolvoree con:

> **⅓ de taza de azúcar**

Bata hasta que formen picos suaves. Agregue rápidamente las claras a la crema pastelera hasta incorporar, pero hágalo con cuidado. Vierta la mezcla del suflé en el molde. Coloque el molde en el centro del horno y hornee hasta que el suflé haya subido y esté dorado, por 25 minutos aprox. (de 7 a 8 minutos para moldes individuales). Sirva de inmediato con crema de leche o con Crème Anglaise (página 198) si desea.

Crepes de alforfón

PARA 4 TAZAS DE MEZCLA APROX.,

RINDE PARA 30 CREPES

En una época, mi afición a las crepes era tal que casi abro una crepería. Mis amigos prevalecieron y abrí un restaurante, pero las crepes siguen siendo uno de mis postres favoritos, especialmente cuando se hacen con harina de alforfón. Es mejor preparar la mezcla con un día de antelación.

Caliente en una cacerola pequeña:

2 tazas de leche

¼ de cucharadita de sal

½ cucharadita de azúcar

4 cucharadas (½ barra) de mantequilla

Cuando la mantequilla se derrita, retire del fuego y deje enfriar. Mida y mezcle en un recipiente:

1 taza de harina sin blanquear para todo uso

¼ de taza de harina de alforfón

Haga un pozo en la harina y añada un poco de:

1 cucharada de aceite vegetal

3 huevos

Remueva hasta que la mezcla esté dura y sin grumos. Añada poco a poco la mezcla de la leche, batiendo hasta suavizar después de cada adición. Si la mezcla tiene grumos, pase por un colador. Añada:

½ taza de cerveza

Cubra y refrigere desde la noche anterior. Saque la mezcla del refrigerador 1 hora antes de hacer las crepes.

Caliente una sartén para crepes (de acero, y con paredes bajas e inclinadas) a fuego medio. Humedezca con aceite una toalla de papel doblada y engrase ligeramente el molde. Utilice una cuchara grande, y vierta 2 cucharadas aprox., de la mezcla. Incline y gire la sartén para cubrir de manera uniforme con la mezcla. Cocine hasta dorar, por un minuto o dos; levante un borde con un cuchillo y dele vuelta con la mano.

La crepe estará muy delgada y dura como para darle vuelta con una espátula; la mejor manera de hacerlo es con las manos, y será fácil con un poco de práctica. Cocine brevemente el otro lado por un máximo de un minuto, y gire la crepe sobre un plato. (Al igual que con los pancakes, las dos primeras serán de prueba). Sirva las crepes de inmediato, o siga preparando más y apile. Las crepes se pueden dejar reposar varias horas a temperatura ambiente y calentar de nuevo antes de servir. Esparza mantequilla saborizada en las crepes, doble en triángulos en una bandeja para hornear como si fueran pañuelos; espolvoree con azúcar y caliente por unos minutos en un horno caliente. También puede recalentarlas en una sartén para freír, dobladas o no). Las crepes (y la masa que haya sobrado) se pueden cubrir y guardar hasta dos días en el refrigerador.

VARIACIONES

◆ Las crepes de alforfón son deliciosas con una mantequilla con jugo y cáscara de cítrico, y azúcar. Acompañe con conserva o mermelada de frutas.

◆ Rocíe las crepes con mantequilla y miel tibia.

◆ También puede preparar crepes de sal, con queso gruyere rallado y jamón.

Crepes de alforfón con mantequilla de mandarina y kumquats escalfados

4 PORCIONES

Prepare y cocine:

12 crepes de alforfón (opuesto)

Apile las crepes después de cocinar. No las refrigere si va a consumir en pocas horas.

Prepare:

Kumquats escalfados (página 365)

Haga la mantequilla de mandarina. Retire con un rallador fino la ralladura de:

1 mandarina

Corte la fruta por la mitad y exprima el jugo en una taza de medir.

Mezcle en un tazón pequeño:

4 cucharadas (½ barra) de mantequilla, ablandada

2 cucharadas de azúcar

Bata hasta que esté suave y cremosa. Remueva la ralladura y la mitad del jugo de mandarina con un tenedor. Cuando esté mezclado, agregue:

2 cucharadas de Grand Marnier o Cointreau

Esto tomará algún tiempo; siga mezclando que el líquido se incorpore. Si es posible, añada un poco más de jugo de mandarina. La mantequilla tendrá grumos, pero esto es normal.

Retire una crepe de la pila, coloque el lado más claro hacia arriba y esparza una cucharada de mantequilla sobre la mitad de la crepe. Doble la crepe en dos sobre la mantequilla, y doble de nuevo para formar un triángulo. Repita con el resto de las crepes. Acomode las crepes en una bandeja para hornear engrasada con mantequilla de modo que se superpongan ligeramente. Si desea, vierta un poco más de licor. Antes de servir, hornee las crepes en un horno precalentado a 350°F de 5 a 8 minutos hasta calentar bien. Mientras tanto, caliente los kumquats escalfados. Sirva las crepes calientes y vierta encima unas cucharadas de kumquats escalfados con su almíbar.

VARIACIONES

◆ Sirva las crepes con los cascos de 3 mandarinas, crudos y con su jugo, en lugar de los kumquats escalfados.

◆ Utilice naranja en lugar de mandarina para hacer la mantequilla. Utilice sólo 1 cucharadita de ralladura y empiece con una tercera parte del jugo.

◆ Sirva con helado de vainilla o con sorbete de mandarina.

Galletas de avena con pasas Zante

PARA 3 DOCENAS DE GALLETAS

Lo que hace que estas galletas queden crujientes es mezclar el bicarbonato de soda y el agua hirviendo antes de añadirlos a la mezcla.

Precaliente el horno a 375°F.
Vierta en una cacerola pequeña:
   ½ taza de pasas Zante
   ¼ de taza de agua
Caliente a fuego medio hasta que las pasas se hinchen y el agua se absorba.
Vierta en una licuadora y procese hasta triturar:
   1½ tazas (6 onzas) de copos de avena
Transfiera a un tazón y agregue:
   ½ taza de harina
   ½ cucharadita de sal
   ½ cucharadita de canela en polvo
Añada otro tazón, hasta que estén suaves y esponjosas:
   8 cucharadas (1 barra) de mantequilla sin sal
   6 cucharadas de azúcar granulada
   6 cucharadas de azúcar morena
Mezcle en un tazón pequeño:
   1 cucharadita de bicarbonato de soda
   1 cucharadita de agua hirviendo
Vierta esta mezcla en la mantequilla, y luego añada:
   1 huevo
   1 cucharadita de extracto de vainilla
Vierta los ingredientes secos y las pasas.

   Haga bolas de 1 pulgada con una cuchara para helados y vierta en moldes para hornear cubiertos con papel pergamino, dejando unas 2 pulgadas de distancia. Hornee de 8 a 10 minutos. Gire los moldes en el horno a mitad de la cocción. Las galletas deben estar bien doradas en los bordes y blandas en el centro.

Galletas con trozos de chocolate

PARA 3 DOCENAS DE GALLETAS APROX.

Trocee finamente, o pulverice en un procesador de alimentos:
   1 taza de almendras, tostadas
   2 cucharadas de azúcar
Vierta en un recipiente, y pase por un colador:
   ½ taza de harina
   ½ cucharadita de polvo para hornear
Mezcle juntos.
Derrita en un recipiente refractario sobre agua hirviendo a fuego lento:
   8 oz de chocolate amargo, en trozos gruesos
   3 cucharadas de mantequilla
Añada:
   1½ cucharadas de brandy
Retire la mezcla del fuego. Bata:
   2 huevos, a temperatura ambiente
   ¼ de taza de azúcar
Siga batiendo hasta que la mezcla forme una cinta, de 5 a 7 minutos aprox. Agregue el chocolate derretido y las almendras a la mezcla de harina. Enfríe en el refrigerador de 1 a 2 horas o hasta que esté firme.
   Precaliente el horno a 325°F.
   Llene un tazón pequeño con:
   Azúcar granulada
Llene otro tazón pequeño con:
   Azúcar pulverizada y tamizada
Forme bolas de 1 pulgada con la masa de galletas. Espolvoree con azúcar granulada hasta cubrir, y luego agregue el azúcar pulverizado. Vierta en moldes para hornear cubiertos con papel pergamino a 1 pulgada de distancia. Hornee de 12 a 15 minutos. Gire los moldes a mitad de la cocción para un horneado informe. Las galletas tendrán grietas y estarán firmes en los bordes, pero todavía blandas en el centro cuando estén listas. No hornee en exceso.

Galletas de mantequilla

PARA 4 DOCENAS DE GALLETAS APROX.

Estas galletas clásicas se sirven con trozos de fruta, o con una compota de fruta escalfada (ver página 364). Puede hacer la masa en barras, o en formas diferentes —redondas, cuadradas u ovaladas— antes de enfriar y cortar en rodajas con un cuchillo o cortador de galletas.

Bata hasta que esté suave y esponjada:
> **1 taza (2 barras) de mantequilla sin sal, ablandada**
> **⅔ de taza de azúcar**

Añada:
> **1 cucharadita de extracto de vainilla**
> **½ cucharadita de sal**
> **1 cucharadita de ralladura de limón (opcional)**
> **1 huevo, a temperatura ambiente**
> **2 cucharaditas de leche**

Añada poco a poco, removiendo hasta incorporar:
> **2¼ tazas de harina sin blanquear para todo uso**

Divida la masa en tres partes y forme un tronco con un diámetro de 1½ pulgadas aprox. con cada una. Forme los troncos en óvalos, cuadrados, o rectángulos para galletas de formas diferentes. Envuelva los troncos con plástico y refrigere hasta que estén firmes, por 2 horas aprox. Puede congelar los troncos por un máximo de 2 meses. Sepárelos y corte en galletas de ¼ de pulgada de grosor. Si desea, corte solo las galletas que necesita y guarde el tronco en el congelador.

Divida la masa en dos si les va a dar forma a las galletas con un cortador. Amase cada mitad entre dos pedazos de papel pergamino hasta que toda la masa tenga ¼ de pulgada de grosor. Transfiera a una bandeja para hornear y refrigere de 20 a 30 minutos, o hasta que la masa esté firme. Retire suavemente el papel pergamino de arriba y dele vuelta a la masa sobre otro pedazo limpio de papel pergamino. Retire la segunda capa de papel pergamino. Corte la masa en la forma que desee con un cuchillo o con un cortador.

Precaliente el horno a 350°F. Transfiera las galletas con una espátula a una bandeja para hornear cubierta con papel pergamino, y deje a 2 pulgadas de distancia. Hornee por 10 minutos, o hasta que estén doradas. Decore las galletas horneadas con crema si desea.

VARIACIONES
* Para galletas especiadas, añada 1 cucharadita de canela y ¼ de cucharadita de jengibre junto con la harina.
* Espolvoree las galletas con azúcar granulada o almendras molidas antes de hornear.

Galletas lengua de gato

PARA 3 DOCENAS DE GALLETAS

Estas galletas son muy delgadas, crujientes y frágiles, y se complementan con postres suaves como sorbetes, helados, y compotas de fruta.

Precaliente el horno a 325°F.
Bata hasta que estén suaves y esponjosas:
> **4 cucharadas (½ barra) de mantequilla, ablandada**
> **⅓ de taza de azúcar**

Agregue de una en una, mezclando bien después de cada adición:
> **2 claras de huevo, a temperatura ambiente**

Añada:
> **¼ de cucharadita de extracto de vainilla**

Mezcle hasta incorporar:
> **½ taza, menos 1 cucharada de harina**
> **¼ de cucharadita de sal**

Vierta la masa con una manga pastelera de punta redonda y pequeña. Cubra las bandejas con papel pergamino o, mejor aún, con láminas antiadherentes de silicona. Vierta líneas rectas de masa, de 2 pulgadas de largo, dejando 1 pulgada de distancia. Hornee de 7 a 10 minutos o hasta que estén doradas, girando las bandejas a mitad de la cocción para un horneado uniforme. Retire las galletas con cuidado mientras están tibias, pasando una pequeña espátula por debajo de cada una. Guarde en un recipiente hermético cuando estén frías.

VARIACIÓN

• En vez de usar una manga pastelera, utilice una cuchara o espátula para esparcir la masa hasta que esté muy fina y tenga forma de lenguas de gato, u otras formas.

Trufas de chocolate

PARA 30 TRUFAS APROX.

Vierta en un tazón pequeño y reserve:
½ taza de cocoa
Derrita en un recipiente mediano y refractario sobre agua hervida:
½ libra de chocolate amargo
10 cucharadas (1¼ barras) de mantequilla sin sal
Agregue:
6 cucharadas de crema de leche
1 o 2 cucharadas de brandy (opcional).
Refrigere la mezcla hasta que esté muy firme (tardará unas pocas horas). Vierta bolas de ½ pulgada en una bandeja para hornear cubierta con papel pergamino, utilizando una cuchara pequeña o para melón. Enrolle las bolas con las palmas de las manos para suavizarlas, y luego pase por la cocoa tamizada, de una en una. Cubra bien con la cocoa y coloque las bolas en la bandeja cubierta con papel pergamino. Deje enfriar en el refrigerador hasta que estén firmes. Puede guardar las trufas en el refrigerador hasta 2 semanas. Para un mejor sabor, sirva las trufas a temperatura ambiente.

VARIACIÓNES

• Use licores como coñac, *eau-de-vie* de pera, o grapa, para diferentes sabores.
• Cubra las trufas con azúcar pulverizada o con nueces tostadas en lugar de cacao.

Cáscara de cítricos confitada

Esta es una manera deliciosa de usar cáscaras de cítricos después de exprimirles el jugo. Las cáscaras confitadas, ya sean solas o bañadas en chocolate, son un final sabroso para una comida. Confite solo frutas orgánicas.

Corte 2 toronjas, 8 limones o mandarinas, o 4 naranjas medianas por la mitad. Exprima el jugo, bébalo o guarde para otro propósito. Coloque las mitades en una olla y cubra con una pulgada aprox. de agua fría. Hierva a fuego medio. Reduzca a fuego lento y cocine hasta que las cáscaras estén muy tiernas al tocarlas con la punta de un cuchillo de pelar. Empiece a comprobar el punto de cocción 10 minutos después. Deje enfriar las cáscaras hasta que pueda manipularlas con facilidad. Retire toda la pulpa y la corteza blanca de la cáscara con una cuchara. Corte las cáscaras en tiras largas, de ⅛ a ¼ de pulgada de ancho. Vierta las tiras en una olla pesada y añada:
4 tazas de azúcar
2 tazas de agua
Cocine a fuego medio, removiendo con frecuencia, hasta que el azúcar se disuelva y el almíbar esté hirviendo. (Si las cáscaras no están completamente cubiertas en almíbar, agregue más agua y azúcar en la misma proporción de dos a uno). Siga cocinando a fuego lento, hasta que la cáscara esté translúcida y el almíbar esté espeso y con burbujas. Aumente el fuego hasta formar hilos (el almíbar formará un hilo cuando lo vierta desde una cuchara), y tenga una temperatura de 230°F, tomada con un termómetro de repostería. Retire del fuego y deje enfriar 5 minutos.

Coloque en una rejilla sobre la bandeja para hornear y acomode cuidadosamente las tiras con una espumadera pequeña y plana. Disponga las tiras de manera uniforme en la rejilla y deje secar toda la noche. Al día siguiente, espolvoree las tiras con azúcar granulada en un recipiente grande, y separe las tiras que se hayan pegado. Guarde en un recipiente hermético en el refrigerador. La cáscara confitada se conservará durante varios meses. Reserve el almíbar para agregarle a bebidas, o diluya con agua y use para escalfar frutas secas.

Jaleas de manzana

PARA 64 PORCIONES DE 1 PULGADA

Las jaleas, también conocidas como pasta de fruta o *pâte de fruit*, son confecciones del tamaño de un bocado, y tienen un intenso sabor a frutas. Las frutas como manzanas, membrillos, y ciruelas se cocinan lentamente con azúcar hasta formar un puré concentrado, y luego se enfrían en un molde o bandeja hasta que cuajen y estén firmes. Las jaleas se pueden cortar en todo tipo de formas, cubrirse con azúcar y servirse como un dulce o postre. La pasta de fruta también es un complemento delicioso con el queso cuando no se cubre con azúcar.

Engrase ligeramente un molde para hornear de 8 por 8 pulgadas con aceite vegetal sin sabor. Cubra con papel pergamino y engrase ligeramente el papel.
Mezcle en una olla grande y de fondo grueso:

8 manzanas medianas (3 libras aprox.), lavadas, cortadas en cuartos y sin el corazón

1 taza de agua

Cubra y cocine a fuego medio hasta que las manzanas estén suaves, por 20 minutos aprox. Pase la mezcla por un prensa purés o tamiz. Regrese el puré a la olla y agregue:

1½ tazas de azúcar

El jugo de 1 limón

Hierva a fuego lento, removiendo a menudo, por 1 hora aprox. La mezcla se espesará y despedirá burbujas a medida que se cocine y se reduzca. Raspe el fondo de la olla mientras remueve para evitar que el puré se pegue y se queme. Use un guante para horno a fin de evitar posibles quemaduras. El puré estará listo cuando tenga forma de montículos. Para mayor seguridad, deje enfriar previamente una pequeña cantidad en un plato llevado al congelador. La pasta debe tener una consistencia espesa.

Extienda la mezcla uniformemente en el plato preparado. Enfríe varias horas o desde la noche anterior. Cuando esté completamente frío, invierta en una bandeja para hornear cubierta con papel pergamino. Retire la capa superior de papel. Deje secar desde la noche anterior sin cubrir. La pasta debería estar lo suficientemente firme como para poder cortarla. En caso contrario, cocine la pasta en un horno a 150°F por una hora o más, hasta que esté firme. Deje enfriar completamente antes de cortar. Puede guardar la pasta entera, envuelta en plástico. O puede recortar los bordes en porciones de 1 pulgada antes de envolver. La pasta se conserva hasta un año a temperatura ambiente o refrigerada.

VARIACIONES

⟡ Cubra las porciones con azúcar granulada antes de servir.

⟡ La pasta de membrillo y de ciruela se puede hacer de la misma manera. Lave bien los membrillos y retíreles las pelusas antes de cortar.

⟡ Aumente el agua a 3 tazas y el azúcar a 2. Agregue el jugo de limón cuando haya terminado de cocinar la pasta.

Frutos secos confitados

PARA 3¼ TAZAS

Sirva estos frutos secos como golosinas, utilícelos para adornar pasteles, o agregue a un helado hecho en casa.

Precaliente el horno a 325°F.
Vierta en un tazón mediano hasta formar espuma:
1 clara de huevo
Añada:
¾ de taza de azúcar morena
1 cucharada de canela en polvo
½ cucharadita de jengibre molido
Una pizca de clavos molidos
Una pizca de cayena
¼ de cucharadita de sal
2 cucharaditas de extracto de vainilla
Remueva hasta mezclar, y luego añada:
3½ tazas (1 libra aprox.) de pecanas o nueces en mitades, o de almendras enteras
Mezcle hasta que todas las nueces estén cubiertas. Coloque en una bandeja para hornear ligeramente engrasada. Hornee por 30 minutos. Deles vuelta a las nueces de vez en cuando con una espátula larga hasta que todas estén secas y cubiertas. Deje enfriar antes de servir. Guarde en un recipiente hermético.

Jarabe de frambuesa

PARA 2½ TAZAS APRX.

Pruebe este jarabe mezclado con agua con gas para hacer refrescos de fruta, o añada a una limonada con una ramita de menta para hacer una limonada de frambuesa. Para un aperitivo, vierta una pequeña cantidad en un vaso y añada vino blanco, champán o licores.

Combine en una cacerola mediana y pesada:
1 pinta (2 tazas) de frambuesas
1 taza de agua
2 cucharadas de azúcar
Cocine a fuego medio, removiendo constantemente, hasta que las frutas comiencen a deshacerse y suelten su jugo, por 4 minutos aprox.
Añada:
1½ tazas de agua fría
½ cucharadita de jugo de limón fresco
Lleve a ebullición, y reduzca de inmediato a fuego lento, retirando la espuma de la superficie. Cocine por 15 minutos. Pase la mezcla por un colador cubierto con una gasa o estopilla, presionando la fruta para exprimir los jugos. Regrese el líquido a la cacerola y añada:
1½ tazas de azúcar
Remueva hasta que el azúcar se disuelva. Lleve a ebullición y cocine por 2 minutos. Retire del fuego y deje enfriar. Guarde en un recipiente hermético hasta 3 semanas en el refrigerador.

VARIACIÓN
◆ Use otros frutos del bosque; por ejemplo, arándanos, moras, o zarzas de Olallie.

Mermelada de damasco

RINDE 4 TAZAS

No siempre hay que preparar una gran cantidad de mermelada. Algunas veces hago pequeñas cantidades y las guardo en el refrigerador en lugar de enlatarla. La mermelada de damasco es especialmente versátil, como un glaseado para una tarta de manzanas o pastel de almendras, o como una base para un suflé.

Lleve un plato pequeño al congelador para determinar la consistencia de la mermelada más adelante. Deshuese y corte en trozos de ½ pulgada:

**2½ libras de damascos maduros
(6 tazas aprox.)**

Si quiere darle un poco del sabor amargo de la almendra a la mermelada, parta el hueso de los damascos con un martillo, retire cuatro pedazos y reserve. Vierta los trozos de damasco en una olla mediana de fondo pesado y no reactiva, y agregue:

3¾ tazas de azúcar

Hierva los damascos y el azúcar, reduzca a fuego medio y hierva constantemente, removiendo con frecuencia, de 20 a 25 minutos, retirando toda la espuma de la superficie. Cuando el líquido se espese y la fruta esté blanda y translúcida, empiece a comprobar la consistencia vertiendo una cucharada de mermelada en el plato enfriado. Cuando tenga la consistencia deseada, agregue:

El jugo de 1 limón

Deje enfriar la mermelada, vierta en un recipiente con un hueso de damasco en cada uno, y guarde en el refrigerador hasta por un año.

VARIACIÓN

◆ Si va a almacenar por mucho tiempo, prepare cuatro jarras de 8 onzas con tapa de cierre automático según las instrucciones del fabricante. Cuando la mermelada esté lista, ponga un hueso de damasco en cada jarra previamente esterilizada con agua caliente y vierta la mermelada con cuidado, dejando un espacio de al menos ¼ de pulgada de altura. Siga las instrucciones del fabricante para sellar las jarras.

Salsa de caramelo

PARA 1 TAZA APROX.

Sirva caliente con salsa de caramelo o con helado, o agregue (a temperatura ambiente) a un helado recién hecho antes de guardarlo en el refrigerador para que se endurezca. La salsa de caramelo es deliciosa con peras escalfadas.

Mida y reserve a un lado:

¾ de taza de crema batida

Vierta en una cacerola mediana de fondo grueso:

1 taza de azúcar

Añada:

6 cucharadas de agua

Cocine a fuego medio sin remover, hasta que el azúcar comience a caramelizar. Agite ligeramente la sartén si el azúcar no se está dorando de manera uniforme. Retire del fuego cuando el caramelo esté bien dorado. Agregue ¼ de taza de la crema. Remueva despacio con una cuchara de madera hasta mezclar bien. Añada el resto de la crema, y:

**½ cucharadita de extracto de vainilla
Una pizca de sal**

Deje enfriar y cuele si es necesario. Sirva tibia o deje enfriar y guarde hasta 2 semanas en el refrigerador. Recaliente suavemente sobre agua hervida antes de servir.

VARIACIÓN

◆ Para una salsa de caramelo con café, añada 3 cucharadas de café espresso recién hecho a la segunda adición, y si desea, 1 cucharada de licor con sabor a café.

Glaseado sencillo

2 TAZAS APROX.

Esta es una crema básica para cupcakes, y también para decorar galletas. Esta receta alcanza para decorar un pastel de 9 pulgadas o 24 cupcakes.

Bata hasta que estén suaves y esponjosas:
> **12 cucharadas (1½ barras) de mantequilla sin sal, ablandada**

Añada:
> **1⅓ tazas de azúcar en polvo, tamizada**

Siga batiendo hasta que esté liviana y esponjosa.

Añada:
> **1 cucharadita de extracto de vainilla**
> **½ cucharadita jugo de limón fresco**

Bata hasta que esté suave.

VARIACIÓN

◆ Saborice la crema con 2 onzas de chocolate semi amargo, frío y derretido, o con ½ cucharadita de ralladura de limón, naranja o mandarina.

Salsa de chocolate

PARA 2 TAZAS APROX.

Caliente en una cacerola mediana de fondo grueso:
> **½ taza de crema batida**
> **½ taza de leche**
> **¾ de taza de azúcar**
> **2 cucharadas de mantequilla sin sal**

Remueva hasta disolver el azúcar. Cuando la mantequilla esté derretida, añada:
> **½ libra de chocolate semi amargo, troceado**
> **1 cucharadita de extracto de vainilla**

Retire del fuego. Deje reposar la mezcla por unos minutos y bata hasta que esté suave.

Sirva tibia. Esta salsa puede guardarse cubierta hasta 2 semanas en el refrigerador.

Vuelva a calentar sobre agua hirviendo.

VARIACIÓN

◆ Para un glaseado espeso de chocolate, utilizado a modo de crema, caliente ½ taza de crema, retire del fuego, añada 4 onzas de chocolate semi dulce troceado, deje reposar y mezcle cuando el chocolate esté derretido; se espesará mientras se enfría. Vierta o esparza sobre pasteles o cupcakes mientras está suave.

Crema batida

2 TAZAS APROX.

Mezcle en un recipiente frío de acero inoxidable:
1 taza de crema batida, fría
1 cucharada de azúcar, o al gusto
½ cucharadita de extracto de vainilla
Siga batiendo hasta que la crema esté suave.

VARIACIONES
◆ Añada ⅛ de cucharadita de agua de flor de naranja.
◆ En lugar del extracto de vainilla, divida un pedazo de vainilla de 1 pulgada y vierta las semillas en la crema.
◆ Agregue 1 cucharada de ron, coñac, Calvados, o de otro licor de sabor fuerte.

Tisana

La tisana es un té fresco, una infusión de hierbas o de flores y especias fragantes en agua hervida. Es una forma suave y refrescante de terminar una comida, se complementa con casi todos los postres, y es una alternativa suave al café. Se pueden preparar tisanas de sabores como cedrón, menta, tomillo de limón, limón bálsamo, hisopo, manzanilla, corteza de cítricos y jengibre, solos o mezclados. La que hago más a menudo es una combinación de menta y de limón verbena. Tiene un aspecto hermoso cuando se prepara en una tetera de cristal, ya que las hojas verdes y brillantes están a la vista. Enjuague varias ramas de hierbas frescas, vierta en una tetera (o en una olla) y agregue agua hirviendo. Deje reposar la tisana varios minutos antes de servir. Me gusta utilizar vasos pequeños como lo hacen en Marruecos, para que su hermoso color verde pálido sea visible.

Recursos

ACTUALMENTE SE puede encontrar casi cualquier cosa que uno quiera buscando en Internet. Se puede acceder de forma instantánea a una gran cantidad de información gratuita acerca de los alimentos, gran parte de ella confiable. Se pueden investigar temas como la agricultura ecológica y los productos pesqueros sostenibles, puede encontrar los mercados agrícolas locales, granjas CSA (agricultura apoyada por la comunidad) huertas comunitarias, y centros de reciclaje. También es muy fácil encontrar cosas como como técnicas de cocina demostradas en videos, archivos de recetas e innumerables comunidades en línea y blogs dedicados a diversos aspectos de los alimentos. Además, se pueden leer reseñas y comentarios, comparar precios, y comprar semillas puras, aceite de oliva orgánico, frijoles secos, especias, cuchillos y utensilios de cocina, y así sucesivamente.

No se olviden, sin embargo, que los beneficios de comprar en los mercados agrícolas locales les ofrecen la oportunidad de aprender sobre la agricultura de su zona o región directamente del agricultor, para no hablar de que si hacen esto, podrán participar en una verdadera comunidad, y no en una virtual. Y en lugar de depender exclusivamente del comercio en línea para adquirir productos que no son locales, les recomiendo que hagan siempre sus compras en las tiendas y mercados de su comunidad, donde podrán degustar y adquirir información de primera mano sobre los productos antes de comprarlos. Esto es particularmente útil en la compra de alimentos básicos como el queso, el vino y el aceite de oliva.

El Internet tampoco puede reemplazar una biblioteca propia de libros de cocina y de otros acerca de la gastronomía. Me gustan tantos libros de cocina que la lista sería demasiado larga de enumerar, pero quiero recomendar algunos autores que me han inspirado con su pasión por las tradiciones y la belleza de comida sencilla y los ingredientes frescos. Richard Olney y Elizabeth David son los dos cocineros del siglo veinte que más influyeron para sincronizar mi sensibilidad en materia de alimentos. Los siguientes libros de estos dos autores son mis favoritos, pero vale la pena leer todos los que han escrito. Olney fue también el consultor editorial en jefe para la producción de una importante serie de veintiocho libros de cocina ilustrados, publicados por Time-Life a finales de los años setenta y principios de los ochenta, titulada *The Good Cook* (El buen cocinero).

Simple French Food, de Richard Olney
Elizabeth David Classics, de Elizabeth David
French Provincial Cooking, de Elizabeth David
Honey from a Weed, de Patience Gray

Y como referencia:

The Oxford Companion to Food, de Alan Davidson
On Food and Cooking: The Science and Lore of the Kitchen
de Harold McGee

El Oxford Companion no sólo es un compendio del conocimiento actualizado, completo y confiable; también es un libro relajado, agradable, divertido y bellamente escrito. Éste libro brillante de McGee ofrece un amplio y convincente tratamiento científico acerca de los conocimientos actuales sobre los muchos misterios cotidianos de cocinar y comer, pasando desde lo histórico a lo molecular. McGee tiene un interesante Sitio web:

www.curiouscook.corn

Paul Johnson ha sido pescado de Chez Panisse por más de treinta años: nos ha enseñado todo lo que hay que saber sobre pescados; en qué consiste un pescado fresco, y cuáles son las pesquerías sostenibles. Tiene una gran cantidad de información y enlaces valiosos en su sitio web:

www.webseafood.com.

Participo en algunas organizaciones, las cuales le recomiendo a cualquier persona interesada en la preservación en los valores de la comida tradicional:

Slow Food Internacional (Comida Lenta Internacional):
www.slowfood.com
Slow Food EE.UU. (Comida Lenta EE.UU.):
www.slowfoodusa.org
Chez Panisse Foundation: (Fundación Chez Panisse):
www.chezpanissefoundation.org
Seeds of Change (Semillas del Cambio):
www.seedsofchange.com

Glosario

Batir: mezclar o remover rápidamente con un movimiento liviano y amplio. (Un batidor de mano consta de una especie de jaula en forma de bulbo con cables unidos a un mango).

Blanquear: sumergir brevemente en agua hirviendo.

Bouquet garni: hierbas o plantas aromáticas atadas con un cordel, utilizadas para darle sabor a guisos y salsas. Se retiran antes de servir.

Cáscara o ralladura: la capa delgada y aceitosa de una fruta cítrica, que se puede retirar en tiras tan final como el papel con un pelador de verduras de hoja giratoria (o en julianas pequeñas, utilizando un rallador de mano) o rallada con un rallador de agujeros pequeños.

Caramelizar: en sentido estricto, significa cocinar el azúcar hasta que se licúe y se dore. Mientras más se cocina el azúcar, más dorada se vuelve, y más pronunciado es el sabor fuerte y distintivo del azúcar quemada. Se dice en general que los alimentos están caramelizados cuando se oscurecen al prepararse a la parrilla, al horno, o colocados bajo la llama directa de un asador o antorcha de propano.

Chiffonade: cortar hojas, lechugas o vegetales en sentido transversal y en tiras o cintas muy finas.

Cocinar a fuego lento: cocer los alimentos en agua o en otro líquido calentado hasta un punto en que las burbujas aparecen suavemente en la superficie, pero sin hervir.

Court bouillon: caldo de verduras de poca cocción y con sabor a vino blanco, utilizado principalmente para escalfar pescado.

Cremar: batir mantequilla y azúcar hasta que tenga una consistencia liviana y esponjosa.

Crème fraîche: crema que ha sido cultivada y espesada con una enzima viva como la que se encuentra en el suero. La crème fraîche tiene un maravilloso sabor rico y fuerte, y es muy útil en la cocina ya que no se separa cuando se hierve.

Desglasar: añadir líquido a una olla o sartén para disolver los sabroso residuos que quedan después dorar o asar carnes o verduras.

Desmenuzar: cortar un alimento fibroso (como una pechuga de pollo cocida o un lomo de cerdo estofado), o col y otras verduras de hojas en tiras muy finas.

Doblar o plegar: incorporar suavemente una mezcla o ingrediente más pesado con otro más liviano y esponjoso, como claras de huevo batidas, sin remover o batir, mezclándolos al hacer un corte en el centro y levantando con una espátula de caucho o con otro utensilio mientras se gira el recipiente.

Dorar: aplicado a carnes y verduras; cocinar la superficie hasta que tenga un color dorado.

Escalfar: cocer suavemente un alimento sumergido en un líquido que hierve a fuego lento.

Espolvorear: cubrir ligeramente con harina, azúcar u otro ingrediente en polvo.

Estofar: cocinar lentamente con una pequeña cantidad en una cacerola cubierta.

Filetear: retirar el hueso de un pescado al separar las partes carnosas de su caja torácica. También refiere a un pedazo de carne sin hueso, o a la parte sin hueso de un pescado.

Gratinar: plato que se ha dorado en el horno o debajo de un asador, formando una corteza crujiente y delgada en la parte superior.

Hervir: calentar al punto de ebullición; sumergir un alimento en agua, a una temperatura de 212°F (100°C), estando el agua al nivel del mar.

Juliana: cortar verduras u otros alimentos en cerillas largas y finas.

Macerar: ablandar y darle sabor a un alimento al sumergirlo en un líquido.

Mandolina: utensilio para cortar verduras, que tiene un marco plano con cuchillas ajustables.

Mantequilla clarificada: mantequilla a la que se le ha retirado toda el agua y los sólidos lácteos. Esta mantequilla soporta altas temperaturas y es apropiada para saltear y freír.

Marinar: darle sabor a pescados, carnes u otros alimentos agregándoles un adobo (una mezcla de aceite, hierbas, especias, vegetales aromáticos, y vinagre o vino) antes de la cocción.

Mirepoix: término francés para una mezcla de cebolla, zanahoria y apio picados (suele llevar casi el doble de cebolla que de zanahoria y apio). Se utiliza como una base aromática para muchos guisos, sopas y salsas.

Mise en place: término francés que significa la forma como se han medido, preparado, y presentado los ingredientes con antelación, por lo que están listos y al alcance cuando realmente se comienza a cocinar.

Olla doble: una olla con un compartimento superior desmontable que se calienta al hervir agua en el compartimiento interior. Se utiliza para proteger los alimentos del calor directo.

Picar finamente: cortar los alimentos en trozos muy pequeños y uniformes.

Puré: triturar, apretar o moler un alimento hasta que tenga la consistencia de una pasta suave o de un líquido espeso.

Reducir: hervir y concentrar un líquido o salsa.

Remover: mezclar los ingredientes de forma leve y suave.

Rociar: verter lentamente —moviendo el recipiente— un chorro muy fino de líquido sobre la superficie de los alimentos.

Saltear: cocinar rápidamente los alimentos con una pequeña cantidad de grasa y en un recipiente poco profundo, removiendo continuamente a fuego alto.

Sazonar: realzar los sabores de los alimentos agregándoles sal, pimienta, hierbas o especias.

Soffritto: término italiano para una mezcla salteada de vegetales aromáticos picados, los cuales se cocinan al comienzo de una receta. Es la base para muchas sopas, salsas y guisos. Ver *mirepoix*.

Vegetales aromáticos: son vegetales que pueden soportar largos tiempos de cocción y le añaden una dulce profundidad a sopas, potajes o caldos, rellenos, guisos y estofados; los más utilizados son la cebolla, la zanahoria y el apio, pero el hinojo y los puerros también pertenecen a esta categoría.

Índice

Colin Finlay

Alice Waters nació en 28 de abril de 1944 en Chatham, Nueva Jersey. Se graduó de la Universidad de California en Berkeley en 1967, donde obtuvo un título en Estudios Culturales Franceses, antes de recibir entrenamiento en la Escuela Internacional de Montessori en Londres. Su hija Fanny nació en 1983.

El Restaurante Chez Panisse abrió 1971, sirviendo un solo menú que cambiaba todos los días, por el mismo precio. Este formato es uno de los postulados básicos de la filosofía de Alice en el sentido de servir los productos orgánicos más sabrosos sólo cuando están en temporada. Durante tres décadas, Chez Panisse ha desarrollado una cadena de agricultores y granjeros locales cuya dedicación a la agricultura sostenible le garantiza a Chez Panisse una provisión constante de ingredientes frescos y puros.

El café del segundo piso abrió sus puertas en 1980 con una cocina abierta, un horno de leña para pizas, y un menú a la carta. El Café Fanny, un café de pie que sirve desayuno y almuerzo, abrió a pocas millas en 1984.

En 1996, y en celebración del 25° aniversario del restaurante, Alice creó la Fundación Chez Panisse, siendo su principal beneficiario el Patio Comestible de la Escuela Media Martin Luther King Jr., de Berkeley. Para más información sobre la Fundación, visite la página Web: www.chezpanissefoundation.org.